중세 신학자들 이야기

중세 신학자들 이야기

초판 1쇄 발행 2021년 2월 27일 인쇄

지 은 이	이은선
펴 낸 이	이정현
펴 낸 곳	도서출판 지민(指民)
등록번호	140-90-13084
주　　소	경기도 시흥시 배곧3로 27-8, 802-1601호(배곧동)
전화번호	431-4817
팩시밀리	031-432-4818
e-mail	jimin60@hanmail.net

* 도서출판 지민(指民)이란, 글자그대로 혼탁한 세상속에서 글로써
　하나님의 백성을 인도하고 지도한다는 뜻이다.

ISBN 978-89-93059-49-6(93230)

값 25,000원

중세 신학자들 이야기

철학박사 이 은 선 교수 지음

도서출판 지민(指民)

들어가는 말

중세 신학자들 이야기는 중세의 중요한 신학자들을 선정하여 그들의 기본적인 신학 사상을 이해함으로써 중세교회사의 전반적인 신학적인 흐름을 이해하고자 한다. 중세교회사는 1000년의 시간을 가지고 있고, 1054년에 동서방 교회가 분열함으로써 그 사상적인 흐름을 파악하기가 쉽지 않다. 그래서 본서에서는 주로 서방교회 신학자들의 이야기를 중심으로 서술하면서, 중세 초기에 형성되는 동방신학자들의 기본적인 사상만을 서술하려고 한다.

중세 신학자들 이야기는 다음과 같은 방법으로 이야기를 풀어가고자 한다. 중세 신학은 근본적으로 아우구스티누스의 신학을 그 시대적인 상황에 맞추어 발전시켜 나간 측면이 강하다. 그래서 중세 신학자들을 서술할 때에 맨 처음에 아우구스티누스의 신학 사상을 다루는 것이 일반적이다. 그렇지만 본인이 저술한 『초대 교부들의 이야기』에서 이미 아우구스티누스의 신학의 기본적인 내용을 다루었으므로 중복을 피하기 위해 이 책에서는 다시 그의 신학은 다루지 않겠다. 그의 신학 사상의 선이해가 필요한 독자들은 앞의 책을 참고해 주기 바란다.

본서에서는 첫 번째로 6세기에서 7세기 초에 걸쳐 활동한 중세 초기의 신학자들부터 이야기를 시작하려고 한다. 훈족의 침입으로 시작된 게르만족의 본격적인 대이동이 진행되는 가운데 서로마제국은 476년에 망했고, 게르만족들이 여러 나라들을 세웠다. 이 혼란기에 활동했던 중요한 세 명의 신학자들을 다루고자 한다. 한 사람은 동고트족이 이탈리아를 지배하던 6세기 전반기에 활동했던 보에티우스이다. 그는 서방 지역에서 점차 헬라어가 사용되지 않고 라틴어만을 사용하게 되자 플라톤과 아리스토텔레스의 헬라어 저술들을 라틴어로 번역하고자 했다. 그러나 그는 아리스토텔레스의 저술의 일부만을 번역한 상태에서 처형의 위기를 당했을 때 좌절하지 않고 생의 위기를 극복하고자 『철학의 위안』을 저술하였다. 둘째 인물은 동방교회에서 활동했던 위 디오니시우스로 『신명론』, 『천상의 위계』, 『신비주의 신학』 등을 저술하여 중세신비신학의 토대를 놓았다. 셋째 인물은 6세기 후반 롬바르드족의 침입으로 혼란에 빠진 로마를 구출하여 질서를 세우며 중세교황제와 중세신학의 토대를 세운 교황 그레고리우스 1세이다.

둘째 이야기는 동방교회의 중요한 신학적인 특성을 이루는 성화상논쟁을 다루고자 한다. 이 성화상논쟁은 726년부터 시작되어 843년에 종결되었는데, 성화상 사용은 오늘날까지 동방교회의 가장 중요한 신학적인 주장을 이루고 있다. 그리고 1054년의 분열의 중요한 신학적 논쟁이었던 필리오큐베 논쟁도 간략하게 서술하고자 한다.

셋째 이야기는 샤를마뉴대제가 서로마제국의 재건했을 때 일어났던 9세기 카롤링거 르네상스시기에 활동했던 신학자들 이야기이다. 이 시기에는 영국의 알퀸, 성례논쟁을 했던 코르비 수도원 출신의 라르베르투스와 라트람누스, 예정론 논쟁을 했던 힝크마르와 고트샬크와 에리우게나 등이 활동하였다.

넷째 이야기는 11세기말 안셀무스에서부터 시작되어 14세기에 서서히 붕괴되어 갔던 스콜라주의 신학자들 이야기이다. 이 시기에는 너무나 많은 신학자들이 활동했으므로, 다음의 몇 그룹으로 나누어 이야기하고자 한다.

먼저 일반적으로 첫 번째 스콜라주의 신학자라고 평가되는 안셀무스의 사상을 이야기하려고 한다. 안셀무스는 『모놀로기온』과 『프로스로기온』을 저술하면서 존재론적 신존재증명을 시도하였고 『하나님이 왜 인간이 되셨는가?』라는 책을 저술하여 속죄론에서 사단배상설을 극복한 만족설을 제시하였다. 다음으로 그의 만족설을 비판하고 도덕적 모범설을 제시하고 변증론을 신학의 방법론으로 제시한 피에르의 아벨라르두스와 제2차 십자군 운동을 주도하면서 그리스도 중심의 신비주의를 주장한 클레르보의 베르나르두스를 살펴보고자 한다.

12세기에 접어들어 교부들의 신학적인 견해들을 종합하여 4권으로 된 중세의 조직신학책을 썼던 인물이 페트루스 롬바르두스이다. 그의 저술인 『문장집』(Sententia)은 각각의 신학적인 주제들에 대한 교부들의 의견들을 종합하면서 당시의 시대적인 요청에 맞추어 저술한 책인데, 중세에 가장 표준적인 저술로 활용되었다.

중세 탁발 수도원의 두 개의 대표적인 교단이 성 프란시스 교단과 도미니크 교단이다. 성 프란시스 교단이 배출한 가장 대표적인 신학자가 보나벤투라이고, 성 도미니크 교단이 배출한 가장 걸출한 신학자가 토마스 아퀴나스이다. 이들의 이야기를 통해 중세 두 교단의 신학이 집약된 모습을 이해하고자 한다. 이들과 거의 같은 시기에 수도원에서 발전했던 신비주의자들을 살펴보고자 한다. 신비주의자들 가운데 에크하르트와 타울러 하인리히 수도 등의 신비주의를 이야기하고자 한다.

토마스 아퀴나스가 계시와 이성을 종합시켜 형성했던 스콜라주의는 그 이후에 둔스 스코투스와 윌리엄 오컴에 의해 비판받기 시작하였다. 이들은 토마스 아퀴나스의 온건실재론을 비판하고 서서히 유명론으로 이동해가면서, 신학은 믿음으로 하는 것이고 일반학문들은 이성으로 하는 것이라고 주장하여 신앙과 이성을 분리시켜 나갔다.

그리고 유명론 철학이 발전하는 가운데 유명론 철학을 수용하면서 그들의 신학 안에서는 비아 모데르나(via moderna)와 신 아우구스티누스 학파가 형성되었다. 비아 모데르나는 오컴의 사상을 이어받으면서 로버트 길워드비, 가브리엘 비엘에게로 전수되었다. 그리고 이러한 비아 모데르나의 신학사상을 비판하면서 아우구스티누스의 신학사상을 발전시키려는 흐름이 아우구스티누스 수도원 안에서 일어났다. 아우구스티누스 신학의 부흥을 신아우구스티누스 학파라고 부르기도 한다. 여기에 속한 인물은 그레고리우스의 리미니와 홀코트 등이다. 특히 유명론 철학을 공유하는 비아 모데르나와 신 아우구스티누스 학파는 루터의 종교개혁 사상의 형성에 중요한 영향을 미쳤다.

이러한 중세 인물들의 신학사상의 이야기를 통하여 중세 신학사상의 전반적인 흐름을 추적하면서 결론에서 중세 말기의 신학사상이 종교개혁과 어떻게 연결되면서 분리되는지를 분석해보고자 한다.

이 책의 내용들 가운데 일부는 본인이 발표했던 논문들을 각주를 없애고 내용을 약간 수정하여 실었음을 밝혀둔다. 안셀름에 대한 내용은 1998년에 안양대학교 「논문집」에 실린 "안셀름의 이해를 추구하는 신앙"(3권, 97-118)을, 페트루스 롬바르두스에 대한 내용은 "페트루스 롬바르두스의 신학방법론"(「한국교회사학회지」 19(2006), 243-273)과 "페트루스 롬바르두스의 신론"(「역사신학논총」 11(2006), 29-57)을 수정하여 실었다. 토마스 아퀴나스의 삼위일체론에 대한 내용은 "토마스 아퀴나스의 삼위일체론의 방법론"(「한국교회사학회지」 23 (2008), 135-170)을, 오컴에 대한 내용은 "윌리엄 오컴의 신학에서 하나님의 절대적 능력과 규정된 능력"(「한국교회사학회지」15 (2004), 177-199)을 수정하여 실었다.

2021. 2. 20
연구실에서 이은선

목 차

들어가는 말 ·· 4

1장 보에티우스(Boethius) ··· 13
1. 보에티우스의 생애 ··· 14
2. 헬라어 저술들의 번역 ··· 16
3. 기독교 관련 저술들 ·· 18
4. 철학의 위안 ·· 20

2장 위 디오니시우스(Pseodo-Dionysius) ························· 26
1. 위 디오니시우스의 생애 ·· 27
2. 위 디오니시우스의 저술들 ··· 28
3. 『천상 위계론』 ·· 29
4. 『교계 위계론』 ·· 32
5. 위 디오니시우스의 위계 이해 ··· 34
6. 『신명론』 ··· 36
7. 『신비신학』 ·· 37
8. 위 디오니시우스의 신비 신학 분석 ·································· 39

3장 그레고리우스 1세(Gregorius I) ··································· 44
1. 시대적 배경 ·· 45
2. 교황으로 선출된 그레고리우스 ······································· 47
3. 중세 예배와 목회 규범 저술 ··· 49
4. 영국과 독일의 선교 계획 시행 ·· 51
5. 교황제의 확립 ·· 52
6. 그레고리우스의 저술들 ··· 53

4장 9세기 성만찬에 관한 라드베르투스와 라트람누스의 견해와 논쟁(Radbertus & Ratramnus) ·········· 57
   1. 성찬에 실재론과 상징론의 역사적인 흐름 ············ 58
   2. 라드베르투스와 라트람누스의 성만찬에 대한 주장 ·········· 60

5장 9세기 예정론 논쟁 ·········· 69
   1. 고트샬크의 예정론 ······················ 70
   2. 힌크마르의 예정론 ······················ 73
   3. 에리우게나의 예정론 ···················· 74

6장 동방교회의 성상논쟁과 동서교회 분열 ············ 79
   1. 동방기독교와 성상파괴논쟁 ················· 80

7장 안셀무스(Anselmus) ················· 87
   1. 안셀무스의 교육과정 ···················· 88
   2. 캔터베리 대주교로 승진과 영국에서의 서임권 투쟁 ········· 90
   3. 저술 ······························ 92
   4. 『모놀로기온』의 신존재증명 ················ 93
   5. 『프로스로기온』의 신존재증명 ··············· 97
   6. 안셀무스의 작은 작품들 ··················· 100
   7. 속죄의 필연성이 아닌 적합성의 증명 ············· 101
   8. 안셀무스에 대한 평가 ···················· 108

8장 아벨라르두스(Abelardus) ··············· 111
   1. 아벨라르두스의 교육과정과 교육활동 ············· 112
   2. 아벨라르두스의 저술들 ··················· 114
   3. 아벨라르두스에 대한 스와송과 상스 종교회에서의 정죄 ··· 116
   4. 아벨라르두스의 온건실재론(개념론) ············· 117
   5. 속죄에 관한 아벨라르두스의 도덕적 감화설 ·········· 119

9장 성 빅토르의 휴고와 리카르두스 (Hugo & Richardus) ········· 121
1. 성 빅토르 수도회 ········· 122
2. 성 빅토르의 휴고의 생애와 저술 ········· 122
3. 성 빅토르 휴고의 작품 해설 ········· 123
4. 휴고의 신비주의 ········· 128
5. 성 빅토르의 리카르두스의 생애 ········· 131
6. 리카르두스의 이성주의적 사랑의 삼위일체론 ········· 132
7. 리카르두스의 신비주의 작품들과 신비주의 ········· 135

10장 페트루스 롬바르두스(Petrus Lombardus) ········· 141
1. 페트루스 롬바르두스의 생애와 저술 ········· 143
2. 페트루스 롬바르두스의 시편과 바울 주석 ········· 143
3. 12세기의 여러 명제집들 ········· 147
4. 페트루스의 『명제집』의 구성 원리 ········· 149
5. 권위들의 취급과 논리 전개 ········· 153
6. 페트루스 롬바르두스의 신론 ········· 155
7. 롬바르두스에 대한 평가 ········· 171

11장 클레르보의 베르나르두스(Bernardus) ········· 173
1. 클레르보의 베르나르두스의 생애 ········· 174
2. 베르나르두스의 저서들 ········· 178
3. 베르나르두스 신학사상 ········· 182
4. 『은혜와 자유의지에 관하여』의 내용 ········· 186
5. 『하나님을 사랑하는 것에 대하여』 ········· 190
6. 아가서 설교 ········· 200
7. 그리스도의 인성 ········· 205
8. 평가 ········· 206

12장 보나벤투라(Bonaventura) ·········· 208
1. 생애와 교육과 작품들 ·········· 209
2. 보나벤투라의 저작들 ·········· 210
3. 보나벤투라의 신학 연구의 토대들 ·········· 212
4. 『신학요강』 ·········· 218
5. 『성령의 7가지 은사들에 대한 강연』 ·········· 223
6. 보나벤투라의 『학문의 신학적 환원론』 ·········· 226
7. 보나벤투라의 『독백록』 ·········· 230
8. 영적 상승의 신비주의 ·········· 232

13장 토마스 아퀴나스(Thomas Aquinas) ·········· 242
1. 토마스 아퀴나스의 교육활동과 저술들 ·········· 243
2. 아퀴나스의 사상적 배경 ·········· 248
3. 아퀴나스의 『신학대전』의 저술 방식과 구성내용 ·········· 251
4. 아퀴나스의 삼위일체론 ·········· 255
5. 아퀴나스에 대한 평가 ·········· 278

14장 둔스 스코투스(Duns Scotus) ·········· 280
1. 둔스 스코투스의 생애 ·········· 281
2. 스코투스의 작품 ·········· 283
3. 스코투스의 사상 ·········· 284
4. 스코투스의 인식론 ·········· 286
5. 일의성 교리 ·········· 290
6. 신의 무한성 교리 ·········· 292
7. 온건실재론과 형상적 구별 ·········· 294
8. 형상질료론 ·········· 295
9. 개체성(haecceitas)과 보편(universalia)과 개체화 ·········· 297
10. 의지 중심의 인간 이해 ·········· 297
11. 신의 존재 증명 ·········· 301
12. 스코투스에 대한 평가 ·········· 306

15장 윌리엄 오컴(William Ockam) ········ 308
1. 생애 ········ 309
2. 오컴의 저서들 ········ 312
3. 오컴의 유명론 사상 ········ 314
4. 오컴의 학문의 단일성 이론 ········ 317
5. 신앙과 이성 ········ 322
6. 오컴의 정치사상 ········ 325
7. 오컴의 신학에서 하나님의 절대적 능력과 규정된 능력 ····· 329
8. 오컴에 대한 평가 ········ 340

16장 13-14세기 독일의 신비주의자들 ········ 343
1. 마이스터 에크하르트 – 신과의 합일을 추구한 신비주의자 ·· 345
2. 하인리히 수소(Heinrich Suso) ········ 355
3. 요한 타울러(Johannes Tauler) ········ 360
4. 에크하르트부터 하인리히 수도와 타울러의
   신비주의에 대한 평가 ········ 368

17장 가브리엘 비엘(Gabriel Biel) ········ 371
1. 가브리엘 비엘의 생애 ········ 372
2. 가브리엘 비엘의 신학사상에 대한 배경 ········ 374
3. 가브리엘 비엘에게서 최선을 다하는 삶 ········ 377

18장 중세 후기 아우구스티누스주의 ········ 382
1. 후기 스콜라주의와 아우구스티누스주의 ········ 383
2. 중세 후기 아우구스티누스니즘에 대한
   최근의 연구 성과들 ········ 389

중세 신학자들 이야기의 결론 ········ 395

1장

보에티우스

(Boethius, 477(?)-524/5)

보에티우스는 동고트족이 지배하던 이탈리아 지역에서 활동했던 정치가이자 학자였다. 그는 헬라어에 능통하여 아리스토텔레스의 헬라어 작품들을 라틴어로 번역하여 중세 학문발전의 기틀을 놓았다.

1. 보에티우스의 생애

보에티우스는 황제들과 통령들을 배출한 로마의 명문 아니치아(Anicia) 가문 출신이었다. 그의 아버지 만리우스 보에티우스(Manlius Boethius)는 487년에 통령에 지명되었는데, 그가 어렸을 때 세상을 떠났다. 따라서 귀족출신인 심마쿠스(Symmachus)가 그를 입양하여 그에게 문학과 철학에 대한 사랑을 심어주면서 양육하였다. 양아버지인 심마쿠스가 헬라어에 능통했는데, 보에티우스도 주로 라틴어를 사용하는 당시 서로마제국에서는 보기 드물게 헬라어에 능통하였다. 그래서 일부 학자들은 그가 아테네나 알렉산드리아에서 교육을 받았다고 주장하기도 하지만, 존 무어헤드(John Moorehead)에 따르면 그는 다른 지역으로 여행을 하지 않고 로마에서 열심 있는 학습으로 헬라어를 배웠다. 그는 장성해서 자신의 양아버지인 심마쿠스의 딸과 결혼하였다.

보에티우스가 활동하던 시기에 이미 서로마제국은 476년에 망하였고, 이탈리아 지역에는 동고트족의 왕인 테오데릭(Theoderic)이 489년 이후부터 통치하고 있었다. 보에티우스는 그의 뛰어난 학문적 능력으로 어린 나이에 테오데릭 왕을 섬기기 시작하였고 이미 25세에는 원로원 의원이 되었다. 그는 테오데릭 국왕 치하에서 중요한 직책들을 거치면서 510년에는 통령에 임명되었다. 522년에 이르러서는 자신과 함께 두 아들들이 공동 통령으로 임명되었다. 그는 『철학의 위안』에서 자신의 가장 중요한 성취는 이처럼 두 아들을 공동 통령 자리에 앉힌 것이라고 서술하였다. 그는 바로 같은 해에 모든 정부 및 궁정 관리들의 책임자인 마기스터(magister)의 직책에 지명되었다. 이와 같이 보에티우스는 장인인 심마쿠스의 후원과 자신의 뛰어난 능력으로 동고트족의 테오데릭 왕의 치하에서 최고의 관직에 오르는 영예를 누렸다.

 이렇게 승승장구하던 테오데릭이 523년에 모함을 받아 모든 관직을 빼앗기고 투옥당하는 처지가 되었다. 그가 이렇게 모함을 당한 배후에는 기독교 신앙의 문제가 관련되어 있었다.

 당시 테오데릭은 국제적인 사건들로 인해 위협을 받고 있었다. 동방교회와 서방교회는 단성론 문제를 둘러싸고 발생했던 484년부터 519년까지의 분열을 해결하고 화해하게 되었다. 동서교회가 화해를 한 후에 테오데릭 왕국의 니케아 신조를 따르는 기독교 귀족들은 콘스탄티노플과의 관계를 새롭게 하려고 노력하였다. 보에티우스는 520년경부터 로마 교구와 콘스탄티노플 교구 사이의 관계를 개선하려고 노력했다. 그러한 과정에서 아리우스파 이단들을 박해하고 처형하는 사건들이 발생하였다. 테오데릭은 고트족출신으로 아리우스파 기독교인이었다. 그런데 가톨릭신자인 힐데릭이 반달 족의 왕이 되어 테오도릭의 누이를 아리우스파라는 이유로 처형하였다. 이와 함께 동로마의 수도인 콘스탄티노플에서 황제 저스틴 1세는 523년부터 칙령을 내려 아리우스파들을 박해하였다. 테오데릭 왕은 이러한 동로마 황제의 칙령을 고트족들에 대한 직접적인 위협으로 인식하고 있던 차에, 보에티우스를 중심한 로마의 원로원 의원들이 동로마제국의 정책을 지지하자 그러한 생각을 더욱 굳히게 되었다.

 아리우스파 신앙을 가진 고트족들이 박해받고 있는 상황에서 로마의 원로원 의원들 가운데 일부가 동로마 제국의 박해 정책을 지지하고 있었다. 그러므로 테오데릭의 라벤나 궁정에는 그러한 원로원 의원들에 대한 의심의 분위기가 조성되어 있었다. 523년 베로나(Verona)에서 열린 궁정회의에서 키프리아누스(Cyprianus) 통령이 이전에 통령을 지낸 알비누스(Albinus)를 동로마제국의 황제인 저스틴 1세(518-527)와 반역적인 서신 교환을 했다고 고발하였다. 보에티우스는 알비누스를 변호하면서 키프리아누스의 고발이 거짓이라고 주장하였다. 그러자 키프리아누스는 보에티우스도 동일한 범죄로 고발하였고, 동로마제국의 정책을 지지하면서 양국의 관계 개선을 추진했던 이들은 이러한 모함을 받아 체포되어 구금되었다. 이 때 보에티우스는 아리우스파의 삼위일체론을 반박하고 정통삼위일체론을 주장하는 삼위일체론을 저술하기도 하였다. 이러한 저술은 아리우스파 신앙을 신봉하는 테오데릭에게는 분노의 대상이 될 수 있었다. 그리하여 보에티우스는 523년 감옥에 갇히게 되었다. 너무나 갑작스러운 투옥 속에서 절망에 빠졌던 보에티우스는 감옥에 갇혀 있으면서 『철학의 위안』을 저술하면서 인생의 목적을 성찰하였다. 이 책은 철학을 의인화하여 대화하는 형태로 저술되었다. 그는 이 책을 저술한 후에 즉결심판을 받고 524년이나 525년에 처형되었으며, 장인인 심마쿠스도 같은 운명을 맞이하였다. 그를 처형했던 테오데릭 왕도 526년에 이질에 걸려 세상을 떠났다.

2. 헬라어 저술들의 번역

보에티우스는 중세 신학에서 크게 보아 세 가지의 중요한 역할을 하였다. 첫째로 헬라어에 능통했던 그는 로마제국에서 헬라어가 점점 사용되지 않으면서 플라톤과 아리스토텔레스의 저술들이 이용될 수 없는 상황을 개선하고자 이들의 전체 저술들을 라틴어로 번역하고자 하는 원대한 계획을 세웠다. 그렇지만 이러한 계획은 그의 갑작스러운 죽음으로 이루어지지 못하였다. 그는 처형당하기 이전에 아리스토텔레스의 논리학 저서의 일부인 『범주론』과 『명제론』[1]과 포르피리오스의 『범주론 입문』(Isagoge)을 번역하고 주해하여 중세 사상가들에게 아리스토텔레스의 논리학의 기초만을 전해주었다. 그러므로 중세시대에는 아리스토텔레스의 논리학의 전체 내용과 형이상학은 13세기에 이르러 아랍학자들을 통해 전달될 때까지 알려

---

1) 아리스토텔레스의 논리학에 대한 저술들은 오르가논(organon)이라고 불리는데, 『범주론』(Categoriae), 『명제론』 혹은 『해석론』(De Interpretatione), 『분석론전서』(Analytica Priora), 『분석론후서』(Analytica Posteriora), 『토피카』 혹은 『변증론』(Topica), 『소피스트적 논박』 또는 『궤변론』(De Sophisticis Elenchis)의 6권으로 되어 있다. 보에티우스가 『범주론』과 『해석론』의 두 권만을 번역하여 알려진 아리스토텔레스의 논리학을 구논리학이라고 하고, 13세기 이후에 알려진 논리학들은 신논리학이라고 부른다.

지지 않았다. 그러므로 아우구스티누스와 다른 교부들의 저술을 통한 플라톤 사상의 간접적인 전달을 제외하면 플라톤의 저술들도 접할 수가 없었다.

그는 포르피리오스의 『범주론 입문』의 라틴어 번역을 주해하면서 세 가지 문제를 발견하였다. 첫째 예를 들어 동물, 인간 등 보편적인 것들인 유나 종이 존재하는가? 아니면 존재하지 않는가? 둘째로 만약에 유와 종이 자체로 존재한다면 물질적인 것인가? 아니면 비물질적인 것인가? 셋째로 만약에 유와 종이 비물질적인 것이라면 그것들은 감각적인 사물에 분리되어 존재하는가? 아니면 감각적인 사물 안에 존재하는가? 포르피리오스는 이러한 문제들을 제기하였지만 입문서에서 이렇게 어려운 문제를 다루는 것은 적합하지 않다고 지적하면서 답변을 하지 않았다. 그렇지만 보에티우스는 아리스토텔레스의 정신에 입각하여 그 해답을 시도하여 온건실재론을 성립시키는데 기여한다.

그는 이러한 질문들에 대해 보편개념이 형성되는 과정에 대한 설명을 토대로 답변을 하였다. 첫 번째 질문에 대해 개별적인 인간들이나 동물들에게서 그들이 공통적으로 지닌 본성들이 추상되며, 이러한 추상의 결과로 종의 개념이 형성된다. 유의 관념은 여러 종들의 유사성을 생각함으로 형성된다. 그러므로 유와 종과 같은 보편적인 관념들은 개체적인 것들을 추상하여 형성된 것이다. 개체자로부터 추상화되어 보편자가 생겨난다고 말한 보에티우스는 유나 종이 개체 속에 존재하며 정신이 그것을 사유할 때 곧 보편자가 된다는 결론을 내린다. 이러한 방식으로 보편자는 정신과 대상 사물 속에 동시에 존재한다. 다시 말해 보편자는 정신에 의해 사유되고 사물 안에 내재한다. 그러므로 이러한 보편적인 것들은 그것을 끌어내는 인간의 정신에서는 비물질적으로 혹은 추상적으로 존재하고 사물 속에서는 구체적으로 존재한다. 셋째 문제에 대해서 보편적인 것들은 감각적인 것들과 일치하고 합치하여 존재하지만, 우리의 인식작용에서는 감각적인 것들로부터 분리되어 인식된다. 그는 이와 같이 사물에서 보편적인 것이 개체와 연결되어 있다고 생각한 점에서는 아리스토텔레스를 따랐으나, 정신에서 보편적인 것이 개체와 분리하여 존재한다고 주장한 점에서는 이데아가 개체 사물과 독립적으로 존재한다는 플라톤의 입장을 따르고 있다. 이러한 점에서 그는 아직 플라톤과 아리스토텔레스의 입장을 완전하게 조화시키지 못하고 있지만, 그는 양자의 입장이 근본적으로 일치한다는 생각을 하고 있었기 때문에, 불완전하지만 양자의 조화의 가능성을 열어 두게 되었다.

3. 기독교 관련 저술들

둘째로 그는 『삼위일체론』과 『그리스도의 한 위격과 두 본성론』(*De una persona et duabus naturis in Christe*), 『공리론』(*De Hebdomadibus*) 등의 5편의 기독교 신학 관련 저술을 하였다. 그는 『그리스도의 한 위격과 두 본성론』에서 인격을 다음과 같이 정의하였다. "인격은 합리적 본성을 지닌 개별적인 실체이다." 인격의 정의에서 먼저 동물과 구별되는 인간의 합리적이고 이성적 본성을 강조한다. 그는 이렇게 이성적인 본성임을 강조하지만 동시에 인격을 보편적 본성과 동일시하지 않고 개별적 실체라는 개념을 부각시킨다. 그는 인격의 이러한 정의를 통해 인격의 개체들의 고유한 지위를 인정한다. 그는 인격의 이성적 본성과 개별적 실체의 양면성을 함께 지시하여 인간을 단순히 영혼과 동일시하거나 개체들이 지닌 물질적인 측면만을 강조하는 두 극단을 극복할 수 있었다.

그는 『삼위일체론』에서 아우구스티누스의 동일 제목의 책을 알고 있었지만, 전거로서 이 책을 주목하면서도 논리학자로서 이성의 도움을 받아 삼위일체론에 접근하고자 하였다. 보에티우스는 삼위일체 교리를 개체화와 수적 동일성의 논리적이고 철학적인 방식으로 취급한 첫 번째 인물이었다. 보에티우스는 『삼위일체론』에서, "성부, 성자, 성령이 실체적으로 신성에 대하여 서술되는지 여부"를 다루면서 형상, 신성의 통일성과 위격의 복수성, 위격에서 동일성과 차이의 개념들을 탐구한다. 그는 성부, 성자,

성령은 공통적으로 가지는 신성에 대해서 실체적으로 서술되지만, 하나의 위격에 대해서 서술되는 것은 실체적으로가 아니라 관계적으로 서술된다고 설명한다. 신적 실체는 질료 없는 형상이고, 그러므로 하나이다. 보에티우스는 삼위일체론에서 형상과 관련하여 "모든 존재는 형상에서 존재하는 것이며, 그것으로 인해 하나라고 불리는 것은 통일성이다"라고 말하여 형상에 통일성이 있다고 말한다. 그는 아리스토텔레스의 "범주들"이 하나님에게는 다르게 적용된다는 점을 지적한다. 신성에서는 모든 우유들도 실체적이다. 따라서 하나님은 '선한(good)' 것이 아니라 "선(goodness)"이시다. 관계만이 삼위일체의 위격들 사이에 절대적으로 존재한다. 아우구스티누스와 같이, 보에티우스는 삼위일체의 위격들이 동등하다는 것을 강조하나, 그는 동등한 것들이 어떻게 다를 수 있는지의 문제를 심도있게 취급한다. 왜냐하면 아버지, 아들, 그리고 성령은 동일하지(identical) 않기 때문이다. 아우구스티누스가 하나님의 본질 차원의 통일성을 강조한데 반하여 보에티우스는 "위격"을 "합리적인 본성을 지닌 개별적 실재"라고 보아, 삼위의 구별을 강조하였다. 하지만 이와 같은 구별이 삼위의 공동체성이 아니라 한 위격의 개체성을 강조하는 결과를 가져왔다

그는 선과 실체의 관계를 다루는 『공리론』에서 "실체들이 본질적으로 선한 것이 아닐지라도 어떻게 그들의 존재의 견지에서 선할 수 있는가?"의 문제를 제기한다. 보에티우스는 선한 것들이 최고의 선(Good)과 동일한 방법으로 선한지 아니면 그들의 선은 단지 속성인지를 질문한다. 이에 대해 그는 사물들은 그것이 존재하는 한 선한 것이며 그것들은 어디선가 유래되는 것으로서 선한 것이다. 이러한 그의 답변은 참여 혹은 분여(participatio)의 개념에서 나오는 것이다. 이러한 논제는 선은 존재를 초월하므로, 존재하는 모든 것들은 선으로부터 파생된다는 플라톤의 믿음의 암시이다.

그는 『그리스도에게 있어서 한 위격과 두 본성론』을 저술하여 유티키스(Euthyches)와 네스토리우스의 기독론을 비판하였다. 기독론 이단들과

관계된 이 저술은 약 513년경 헬라 감독이 칼케돈 신조의 형식에 몇 가지 요점들을 추가하여 채택하도록 격려하고자 로마 감독 심마쿠스에게 편지를 썼던 것이 계기가 되었다. 보에티우스는 이로 인해 일어난 논쟁에 직접 참여하였다. 그는 그리스도가 두 본성으로 구성되어 있고 두 본성으로 존재한다는 네스토리우스의 견해와 그리스도는 두 본성으로 구성되어 있으나 두 본성이 아닌 한 본성으로 존재한다는 유티키스의 단성론 견해를 알게 되었다. 그는 "본성"과 "위격" 그리고 그들의 관계에 대한 근본적인 질문들을 취급하였다. 그는 위격을 "합리적 본성의 개별적인 실체"라고 정의하고 그리스도는 참으로 두 본성들을 가진 한 위격이라고 주장한다. 성육신한 말씀의 한 본성이 존재하고, 그 성육신한 주(Lord)가 "삼위일체의 한 분"이라고 주장한다. 그는 하나님이 고난 받을 수 있다거나 하나님이 신적 존재에서 복수성이 있다는 것을 암시하는 것 없이 이러한 것이 언급될 수 있다고 믿었다. 여기서 그는 기독교 세계의 동방에서 헬라어로 진행되고 있었고, 이러한 결론들이 서방에서 라틴어로 표현되어야만 했을 때 새로운 논쟁을 일으키고 있던 기독론 논쟁에 대한 안목을 가지고 이 책을 저술하였다.

4. 철학의 위안

셋째로 보에티우스는 감옥에 수감되어 있는 동안에 『철학의 위안』을 저술하여 인생의 목적에 관해 논하였다. 『철학의 위안』은 (플라톤의 『대화편』(*Dialogues*)과 같은) 고전 헬라어 대화록과 구조는 비슷하지만 보다 개인적이고 종교적이며 신비적인 의미를 지닌 철학적 작품이다. 이 책은 스타일과 감정은 통제되는 반면에, 철학적 탐구의 개인적 성격은 분명하다. 이 작품은 다섯 권의 책으로 구성되어 있으며, 대부분은 보에티우스와 철학의 여신 사이의 대화로 구성되어 있다. 철학의 여신이 감옥에서 보에티우스에게 나타나고 철학적 탐구에서 진정한 위로를 얻는 방법을 보여준다.

그는 이 책을 산문과 운문을 교차시키는 형식으로 저술했는데, 길이가 다양한 서른아홉 개의 시들이 책 전체에 산재 해 있으며 철학에 대한 찬사와 찬송가이다. 시는 질적으로 다양하지만, 일부는 라틴어 운문의 최상위 수준에 속한다. 이 시들은 종종 각 책의 전반적인 의미나 요점을 요약하는 역할을 한다. 철학의 장점과 그 실제적인 적용에 대해 논의하는 대화는 위안(consolatio)이라고 부르는 라틴어 형식이다. 이 오래된 헬라어와 라틴어의 문학적 형태는 비판 장르의 인기 있는 분야였다. 모든 철학 학교들은 그들의 견해를 정당화하기 위해 위안의 형식을 사용했다. 독자들은 위안을 도덕적, 철학적 또는 영적 질병을 진정시킬 수 있는 도덕적 또는 철학적 약물로서 이해하는 경향이 있었다. 따라서 이 책은 중세 청중들에게 매력적인 것으로 드러났다.

보에티우스는 섭리가 우주를 지배하고 있는지, 만약에 그렇다면 이것이 자비롭고 강력하여 어떤 사태들에 선한 결과를 가져올 수 있는지를 질문하였다. 그는 또한 어떤 사태들이 단순한 운명의 수중에 놓여 있을 수 있는 증거를 고찰하고 있는데, 운명의 변덕스러움은 인간을 언제나 운명의 갑작스러운 역전의 위험에 빠뜨린다. 이러한 논의들은, 적어도 고대 세계에서 친숙한 그 용어의 의미에서, 신학이나 철학의 영역이다.

철학의 여신이 1권에서 보에티우스를 처음 방문했을 때, 그녀는 권력을 빼앗긴 로마 관리가 그의 슬픔을 달래기 위해 시를 쓰려고 하는 것을 발견한다. 그는 시의 뮤즈(Muse) 신들에 둘러싸여 있었는데, 철학의 여신이 그들을 떠나보낸다. 여신은 즉시 보에티우스에게 지상의 명예, 위안, 쾌락에 그의 신뢰와 희망을 두는 어리석음에 대해 강의하기 시작한다. 이것은 심지어 자신의 육체적 삶에 대한 너무 강한 애착을 포함하고 있다. 여신은 그에게 그가 육체적인 존재에 더하여 영적인 존재라는 것과, 영적인 진리와 추구만이 어떤 실질적이거나 지속적인 행복을 제공한다는 것을 상기시킨다. 여신은 보에티우스가 두려움에 사로잡혀 있고 지상의 것들에 너무 집착하는 병에 걸려 있다는 것을 알아차린다. 그래서 그녀는 보에티우스가 신에 대해 진정으로 믿는 것과 인간의 본성에 대해 그에게 질문함으로써 천천히 자신의 치료를 시작한다.

작품 내 철학의 여신과 보에티우스는 (신이 만든) 우주가 선으로 가득 차 있고, 따라서 악은 실체가 없다는 데 동의한다. 하나님의 생산물들은 선하지만, 궁극적인 선은 지상의 사물에서 찾을 수 없다. 왜냐하면 이 모든 것들은 곧 사라져 가기 때문이다. 보에티우스는 모든 지상의 선은 환상이며 알아야 할 가치가 있는 유일한 실재는 마음과 영적이고 철학적 추구의 실재라고 주장한다. 철학은 보에티우스의 기독교와 함께 완전히 정통적이지만 그 안에 있는 증명은 대부분 논리적이다. 자유 의지와 섭리 같은 특정한 논증들은 매우 유명하며 다른 저자들, 특히 중세 유럽의 기독교 작가들에 의해 참조된다.

『철학의 위안』의 앞부분의 책들에서 보에티우스는 육체의 추구는, 심지어 육체의 미적 즐거움과 같이 영적인 면을 가진 것으로 보이는 그러한 추구들조차도 무가치하고 무의미하다는 것을 분명히 밝히고 있다. 운명의 장난과 변덕스럽고 예측할 수 없는 성격을 설명하면서, 철학의 여신은 지구상의 어떤 것도 진정한 행복을 줄 수 없다고 설명한다. 행복은 영적 또는 철학적 사색을 통해서만 얻을 수 있다. 부, 권력 또는 명성과 같은 지상에서 얻을 수 있는 것은 진정으로 자신의 것이라고 할 수 없으며, 따라서 진정한 행복으로 가는 길이 될 수 없다.

『철학의 위안』에 나오는 시들은 고전 문학과 고전 시들에 대한 언급이 많다. 호머의 서사시인 일리아드와 오디세이는 많은 암시를 제공하며, 특히 하나님이 하늘에 간직하고 있는 "선악의 항아리"의 이미지를 제공하는데, 이것으로부터 행운이 따르는 모든 변천들이 온다. 그리스 철학자, 특히 플라톤과 신플라톤주의자인 포르피리의 저술들이 자주 인용되는데, 키케로, 세네카, 오비드와 같은 로마인들도 그러하다. 주목할 만한 것은 감옥에서 『철학의 위안』을 쓰는 동안 보에티우스는 도서관에 접근할 수 없었으므로, 이 언급들은 완전히 기억으로부터 구성되었다는 것이다.

일반적으로, 이 언급들은 지상의 산만함에서 떠나라는 철학 여신의 주장을 뒷받침하는 데 사용된다. 제4권에 나오는 (신화 속의 새들의 호수를 가리키는) 스팀팔루스(Stymphalus)와 같은 일부 언급들은 모호하지만, 보에티우스의 언급은 동시대의 독자들에게는 즉시 의미가 있었을 것이다. 그러나 많은 언급들은 태양신 피버스(Phoebus)와 호머의 『일리아드』와 『오디세이』에서 온 오디세우스처럼 오늘날도 쉽게 알아볼 수 있다.

제2권에서 충분히 설명된 세상의 재화들은 실제로 전혀 '재화'가 아니다. 그것들은 단순히 지구상에서 가장 높은 선인 지적 능력과 인간의 영혼에 대한 장식품으로 가장한 열등한 재화들이다. 소위 세상의 모든 재화들, 즉 가족의 사랑이나 자연의 아름다움 같은 무형의 재화들까지도 단지 일시적일 뿐, 따라서 영원한 영혼을 만족시킬 수 없다는 이러한 생각은 철학의 위안에 있어서 주요한 "위안"들 가운데 하나이다. 물질적이거나 현세적인 것들의 손실이 슬픔의 원인이 되어서는 안 된다. 가치 있는 유일한 것들은 자기 안에 있고 영원하며, 결코 빼앗길 수 없기 때문이다.

제3권은 참된 행복을 만들어 내기 위한 인간 욕망의 무능함에 근거하여 신의 존재에 대한 증명을 취급한다. 모든 인류가 완벽한 행복을 판단하는 기준은 선천적인 것이며, 어떤 인간도 지상적인 재화를 통해 행복을 성취하지 못한다. 그러므로 그 완전한 행복의 원천인 완전한 행복이 가능한 존재는 지상의 영역 밖에 존재해야 한다. 이것이 이 책 전체에서 가장 중요한 주제지만, 신의 증명은 핵심사항이 아니다. 그는 지상의 욕망을 통해 행복을 찾는 무의미함을 강조한다.

제4권은 세상에 있는 악을 다루고 있는데, 악은 최고선의 추구에 참여하지 않기 때문에 실체가 없다고 주장한다. 악인은 그들이 진정으로 원하는 것을 그들에게 줄 수 없는 것들을 추구하기 때문에 그들은 아무런 힘을 가지고 있지 못하다. 사악한 사람들이 덕에 대한 힘을 가지고 있을 때에도 그들의 힘은 단지 육체나 소유물에 대한 것일 뿐, 결코 그들의 마음이나 영혼에 대한 것이 아니기 때문에, 결국 그것은 진정한 힘이 아니다. 보에티우스는 사악한 사람들은 궁극적인 목표에 참여할 수 없기 때문에 동물 수준으로 내려갔다고 말한다.

5권에서 이해하기 어려운 개념인 섭리는 대략 우주의 질서를 세우는 하나님의 이성으로 설명된다. 섭리는 (지상에서의 사건들의 질서를 세우는) 운명(Fate)이 무질서한 것처럼 보일 때에도 신이 세상에 대해 가지고 있는 전체적인 계획이다. 철학의 여신은 신에게 있어서 모든 것이 동시에 일어나기 때문에, 이것은 실로 신비이고, 우리가 현세에서는 이것을 이해할 수 없다고 인정한다.

그 때 보에티우스는 "어떻게 이 촘촘한 일련의 사건에 자유 의지가 있을 수 있느냐?"고 묻는다. 보에티우스는 인간의 자유를 환상의 영역으로 보아, 원인으로부터 결과로 냉혹하게 나아가는 스토아 철학의 관점에서 시작한다. 철학은 이것에 대하여 자유 의지는 반드시 있어야 한다고 주장한다. 왜냐하면 그것 없이는 어떤 합리적 본성도 존재할 수 없기 때문이다. 판단력과 선택할 수 있는 능력은 합리적 본성에 내재되어 있다. 그는, 철학의 도움과 함께, 자신이 프로클루스(Proclus)에게 많은 신세를 지고 있는 기독교 플라톤주의에 공감하는 입장으로 나아간다. 영혼은 모든 변화를 초월하여 존재하고 악들과 아무런 관련을 맺지 않는 일자인 창조주를 찾으려고 한다. 모든 선들은 하나이고 행복의 추구는 선이신 일자와의 합일의 추구이다. 그는 영원을 끝없는 생명의 완전하고, 동시적이며, 그리고 완전한 소유로 이해한다(interminabilis vitae tota simul et perfecta possessio, Con. V. 6). 보에티우스는 여기서 (그 때 서방에서 접근 가능한 모든 것인) 플라톤의 『티매우스』(Timaeus)의 첫 부분에 실질적인 신세를 지고 있다. 섭리는 이제 다르게 보이기 시작하며, 우리가 잠시 동안 선한 것으로 인식하지 못하나, 우리에게 올바른 것으로 밝혀지는 일들을 허용하는 힘으로 나타난다. 따라서 보에티우스는 스토아철학의 운명론을 수용하는 것과는 전혀 다른 종류의 소망에 도달한다. 철학을 통해 보에티우스는 악명 높게 신뢰할 수 없는 운명을 신뢰하는 것이 어리석다는 것을 상기하게 된다.

그러므로 보에티우스는 기독교의 죄와 죄의 용서, 구원, 그리고 영생의 요소들을 취급하지 않으면서 인간 운명에 대한 조직적인 설명을 만들어낸다. 그는 플라톤과 함께 영혼이 인간의 몸을 받기 전에 존재한다고 생각했다. 그러나 그는 영혼의 윤회의 만개한 교리를 주장하지 않으며, 사실상 그의 플라톤주의 안에 궁극적으로 기독교 신앙과 양립할 수 없는 것은 아무 것도 없다.

진정한 행복은 지적, 정신적 수단을 통한 신의 추구다. 보에티우스는 이것을 최고의 선으로 여기며, 추구할 만한 가치가 있는 유일한 선으로 여긴다. 모든 지상의 재화는 거짓 재화이며, 오직 우리의 정신과 지성만이 우리를 영혼의 진정한 선인 신으로 인도할 수 있다.

이같이 보에티우스는 중세초기에 아리스토텔레스의 작품들을 번역하여 라틴어로 이용할 수 있도록 했고, 기독교 교리들을 철학적인 용어들을 사용하여 설명함으로써 중세 스콜라주의가 발전하는데 일조하였다.

더 읽어야 할 책과 논문들

보에티우스. 정의채 역. 『철학의 위안』, 바오르딸, 2007.
박병준. "보에티우스의 『철학의 위안』과 철학실천 - 철학상담에의 적용을 위한 '초월적-3인칭적' 방법론 모색 - ." 「철학논집」 32(2013): 7~38.
박승찬. "인격 개념의 근원에 대한 탐구 -그리스도교 신학과 보에티우스의 정의를 중심으로." 「인간연구」 1/13 (2007): 83~119.
전재원. "아리스토텔레스의 삼단논법과 보에티우스의 삼단논법." 「대동철학」 85(2018): 1~19.

2장

위 디오니시우스

(Pseodo-Dionysius, 연대 미상)

위 디오니시우스는 그의 본명은 알려져 있지 않은 5세기 후반에서 6세기 초반에 시리아 지역에서 활동했던 인물이다. 그는 중세 초기 동방정교회에서 부정신학과 신비신학을 정립하는데 크게 기여하였다.

1. 위 디오니시우스의 생애

위 디오니시우스는 자신을 사도 바울이 아테네에서 만났던 "아레오파고스 관리 디오니시우스"(행17:34)라고 주장했는데, 중세 시대를 통해 이러한 그의 주장이 그대로 받아들여져 그의 저술들은 사도적인 권위를 가진 것으로 인정받았다. 그러나 르네상스 시대의 로렌조 발라와 에라스무스가 그의 작품의 사도적 권위의 신빙성에 의문을 표현하였고, 특히 종교개혁자 루터가 1520년에 "디오니시우스는 가장 유해한 인물이다. 그는 기독교화 하는 것보다 훨씬 더 많이 플라톤화했다"고 비판하면서 종교개혁 진영에서 그의 권위는 무너졌다. 특히 19세기 학자들은 그의 저술들이 5세기 후반의 신플라톤주의자인 프로클루스의 저술의 내용과 유사하다는 점을 지적하였고, 그래서 바울이 만난 디오니시우스와 구별하여 위 디오니시우스라고 부르게 되었다.

역사의 기록에서 그의 저술은 532년 콘스탄티노플 교회회의에서 처음으로 언급된다. 이 때 그의 저술이 그리스도교 교리 확정에 큰 영향을 미쳤고 중세 내내 그는 사도 바울의 제자라고 인정받기에 이르렀다. 따라서 오늘날 학자들은 위 디오니시우스 아레오파기테스(Διονύσιος ὁ Ἀρεοπαγίτης)는 5세기 말부터 6세기 초까지 활동한 시리아 지역 출신의 기독교 신학자이자 철학자라고 평가한다. 그가 저술한 작품들의 모음은 『위 디오니시우스 전집』(Corpus Dionysiacum)으로 알려져 있다. 이 책은 4권의 저서와 10통의 편지로 구성되었는데, 내용은 신플라톤주의의 영향을 받은 신비주의적인 그리스도교 사상이다. 4권의 저서는 『신명론』(De Divinis Nominibus), 『신비신학』(De Mystica Theologia), 『천상 위계론』(De Caelesti Hierarchia), 『교계 위계론』(De Ecclesiastica Hierarchia) 등이다.

532년 동방교회회의에서 그의 저술이 언급된 후에 스키토폴리스의 주교 요한(Ioannes Scythopolotanus)이 그의 작품들을 주석한 주해 총서를 저술하기 시작했으며, 신비신학자였던 고백자 막시무스(Maximus Confessor)가 총서 저술 작업을 이어받아 마무리했다.

위 디오니시우스의 신비 신학에 대한 가르침이 서방 교회에 알려진 것은 9세기경이었다. 비잔틴 황제가 서프랑크 국왕인 루이 경건왕에게 이 책의 사본을 보냈다. 루이왕은 생 드니 수도원장 힐두인(Hilduin)에게 명하여 이 책을 838년에 라틴어로 번역시켰다. 프랑크 왕국이 특히 이 책을 중요하게 여긴 것은, 7세기의 창건 이래 프랑크 왕가의 묘지로서 존중되어 온 생 드니 수도원의 수호성자인 디오니시우스와 이름이 동일해서 이 책의 저자로 오인되었기 때문이다. 그러나 힐두인의 번역이 없어졌기 때문에 왕은 다시 궁정 소속 학자 요한 스코투스 에리우게나(Ioannes Scotus Eriugena)에게 번역을 명령하여 862년경에 완성했다. 에리우게나는 고백자 막시무스를 통해 디오니시우스의 작품들을 접하고 난 후, 디오니시우스의 작품들을 라틴어로 번역해 서방 교회에 소개했다. 그 후 중세에 리카르두스와 휴고, 보나벤투라(Bonaventura), 토마스 아퀴나스 등이 그의 저술을 번역하고 주석하여 중세신학 사상에 상당한 영향을 미쳤다.

2. 위 디오니시우스의 저술들

신비적이고 비전적인(esoteric) 위 디오니시우스의 작품들은 상징과 상징론, 긍정신학과 부정신학, 위계, 발출과 귀환 등의 담론을 가지고 중세시대에 큰 영향을 미쳤다. 위 디오니시우스의 신학사상에 가장 큰 영향을 미친 것은 신플라톤주의 사상이다. 신플라톤주의적인 용어 및 진술 형식을 추적할 경우 머무름-발출-회귀라는 이 삼원성(trias) 구조는 디오니시우스의 전 작품 안에서 발견된다. 물론 그 도식이 작품마다 소개된 주제들을 따라 거시적 혹은 포괄적으로 설명되기도 하지만, 때로 미시적 혹은 집약적으로 설명되기도 한다. 예를 들어 『신명론』은 '머무름'과 그로부터의 기본적인 '발출'을 주로 다루고, 『신비신학』은 그 '회귀'가 이제 어떻게 완전하게 실현되는지 소개하고 있다. 『교계 위계론』과 『천상 위계론』은 '발출' 및 '회귀'의 다양한 단계를 지상 세계와 천상 세계라는 두 차원으로 나누어 소개하고 있다.

3. 『천상 위계론』

『천상 위계론』에서 위 디오니시우스는 훗날 교회에서 소위 '천사론'이라는 천상 존재의 다양한 등급을 신플라톤주의 사상의 세 단계 틀을 통해 제시했다. 그는 이 책에서 천상의 아홉 천사들의 위계에 대한 성경적 자료들과 그에 대한 해석학적인 설명들을 담고 있다. 그는 이 책의 앞부분에서 상징을 해석하는데 필요한 신학적이고 해석학적인 방법론을 설명한다. 그는 상징주의와 위계라는 용어를 사용하여 자신이 발전시킨 독특한 위계 개념을 제시한다. 이 개념은 성경적 근거와 예전 행위들과 연결되어 있다. 따라서 그의 『천상 위계론』과 『교계 위계론』은 한 쌍을 이루고 있다고 말할 수 있다.

그는 천사들의 위계를 9등급으로 나누어 설명한다. 천사 혹은 순수한 정신은 "신적인 침묵을 알리는 자"로서 "감히 접근할 수 없는 곳에 머무시는 분의 현존을 멀리서 비추는 횃불"과도 같다. 이들 천사들은 세 등급을 따라서 그리고 다시 세 가지 역할을 따라서 구별된다. 첫째 등급에 치품(熾品)천사(Seraphim), 지품(知品)천사(Cherubim), 좌품(座品)천사(Ophanim)가 있으며, 둘째 등급에 주품(主品)천사(Dominions), 역품(力品)천사(Virtus), 능품(能品)천사(Potestates)가 있고, 셋째 등급에 권품(權品)천사(Principatus), 대(大)천사(Archangelus), 천사(Angelus)가 있다. 이들 천사들은 이미 자신들이 머무는 단계 및 위계질서를 따라 저마다 신적 진리를 알맞게 전해 받은 자들로서 천상의 위계질서의 구성원으로 존재하면서 교회의 위계질서에 그 진리를 전해 주는 역할을 수행한다. 그들은 무엇보다도 전달자로서의 고유한 소명을 받았다. 물론 이 같은 품계의 구별은 신에게 나아가는 단계별 과정을 함의할 뿐이다. 이 구별은 더 이상 품계 간의 위화감을 조성하거나 인간의 왜소함 및 불완전함을 들추어내는 데에 목적이 있는 것이 아니다. 그것은 다만 "신적 아름다움"의 풍요로움과 신비에 대한 깨달음을 목표로 삼는다. 이러한 '천상의 위계'는 중세 스콜라 신학 안에서 그 체계가 확고히 마련되어 로마가톨릭교회에 지금도 전해지고 있는 '천사들의 9품계'와 부합한다.

위 디오니시우스는 구약 성경과 여러 교부들의 글에서 산발적으로 이루어졌던 천사, 특별히 천상의 존재에 대한 논의를 처음으로 조직적으로 분류하였다. 그의 천상의 위계론은 세라핌에서 일반천사에 이르는 아홉 종류의 천사들을 세 개씩 나누어 설명한 중세의 대표적인 천사론 논의였다. 그는 이 과정에서 다양한 천사들을 다룬 정경적 성경내용에 새로운 이름을 전혀 첨가하지 않았다. 그의 독특한 공헌은 바로 세 개씩 분류된 삼중의 방법으로 천사를 배열하는 조직적 방법, 이들을 설명하는 구조적인 측면, 그리고 새로운 이해의 체계를 제시한데서 찾을 수 있다. 그의 천사론은 상승구조를 가진 그레고리우스의 천사론과 달리 위에서부터 아래로 내려오는 하강구조를 지니고 있으며, 세 개씩 묶여진 구조는 위계라는 보다 큰 인식론적 구조 하에서 설명되고 있다. 더 나아가 이 과정에는 상징론, 긍정과 부정신학, 계시와 권위, 그리고 발현과 회귀 같은 신학적 논의들이 면밀하게 섞여 있다. 한 가지 더 중요한 것은 이러한 천사론의 시작을 위 디오니시우스는 디오니시우스의 제자인 히에로테우스(Hierotheus)와 연결시켜 사도적 권위에 결부시키고 있다는 점이다. 그는 이와 같이 아홉 개의 천사들을 세 개씩 한 묶음으로 묶어 세 개의 그룹으로 나눈 분류법의 기원에 사도적 권위를 부여하였다.

위디오니시우스의 천사론은 그레고리우스 1세의 천사론과 비교하면 그의 특징과 영향이 잘 드러난다. 그레고리우스 1세는 천사론을 전개하는 데 있어 디오니시우스의 이름을 분명하게 언급하면서, 그를 "고대의 존경할 만한 아버지"라고 부르지만 더 이상의 언급은 없어 이 두 사람 간의 정확한 상관관계를 추론하기는 어렵다. 아홉 개의 천사에 대한 그레고리우스 1세의 설명은 욥기서 주석과 누가복음 설교에 나타나는데, 위 디오니시우스의 하강 구조와 달리 상승하는 구조로 배열되었다. 그는 이러한 배열의 기원에 대해 위 디오니시우스와 달리 어떠한 사도적 인물과의 연결을 시도하지 않는다. 누가복음 15장의 잃어버린 동전에 대해 그레고리우스는 전형적인 모형론적인 해석방법을 따라 천사들을 설명하고 있다. 잃어버린 한 동전이 타락한 인간을 의미한다면, 아홉 동전은 전혀 타락한 적이 없는 아홉 천사를 상징적으로 나타낸다고 해석한다. 그레고리우스는 아홉 단계의 천사들을 언급하지만 세 단계씩 나누지도 않았으며, 세 그룹으로 묶어 상징적이고 신학적인 색칠을 입히지도 않는다. 그렇지만 그레고리우스 1세가 그의 이름을 언급하는 것을 볼 때 그의 천사론이 위 디오니시우스의 『천상 위계론』에 대한 지식을 가졌을 가능성은 충분히 있다.

천사들의 조직적 배열과 그 배열에 따른 신학적인 논의는 서방기독교에서 상당기간 지속되었다. 위 디오니시우스의 천사론의 영향은 9세기 위 디오니시우스 전문가인 에리우제나에 의해 가장 잘 드러나고 있다. 그 후 에리우제나 작품의 지속적인 영향과 12세기 성 빅토르의 휴고의 추종자들의 부상은 위 디오니시우스의 영향이 지속되게 하는데 결정적인 영향을 미쳤다. 휴고 역시 위 디오니시우스의 『천상의 위계』에 대한 주석서를 썼는데, 휴고의 주석서가 이후에 영국에까지 전해졌고, 아랍인들에 의해 더욱 더 발전되었다.

특히 롬바르두스(Peter Lombard)는 위 디오니시우스의 천사론을 더 깊이 천착시켰다. 롬바르두스의 『명제집』은 그레고리우스의 천사론을 언급하기는 하지만, 위 디오니시우스의 천사론을 채택하였다. 중세 중반기 이래 교육과 신학연구의 기초가 된 롬바르두스의 『명제집』이 가진 위치와 함께, 이후에 위 디오니시우스의 천사론은 중세 기독교에서 지속적인 영향력을 행사하게 되었다. 이러한 모습은 롬바르두스에게서 적지 않은 영향을 받은 아퀴나스의 신학사상에서도 그대로 드러난다. 위 디오니시우스의 『신명론』에 대한 주석까지 남긴 아퀴나스는 천사론을 더욱 발전시켜 천사가 갖는 공간적 개념에 대한 논의를 진행하기도 했다. 천사론에 대한 위 디오니시우스의 독특한 공헌은 단테(Dante)의 『신곡』 마지막 부분에서도 잘 드러난다. 단테는 여기서 그레고리우스 1세를 희극적으로 묘사하면서 천사론에 대한 위 디오니시우스의 공헌을 강조하고 있다. 그러나 단테에 이르러 역설적으로 위 디오니시우스의 천사론은 쇠퇴하게 되었다. 이어지는 초기 인문주의자들과 종교개혁가들의 역사적이고 신학적인 비평은 위 디오니시우스의 천사론이 설 자리를 그만큼 사라지게 만들었던 것이다.

4.『교계 위계론』

위 디오니시우스는 『교계 위계론』에서 교회에서 성직 제도에 따른 지상 존재의 구분을 역시 세 가지씩 세 등급으로 제시했다. 그런데 이러한 세 단계 구분은 그리스도교 영성 생활의 세 가지 길인 정화, 조명, 완성의 단계와 일맥상통한다. 먼저 2-4장에 걸쳐 다룬 첫째 등급은 성례와 관련되었는데, 조명이라 불리는 세례, 영성체를 시행하는 미사라고 부르는 신성한 예전, 그리고 성유를 바르는 성화였다. 5장에서 다룬 둘째 등급은 성직 계급과 관련되었는데, 부제, 사제, 주교였으며 이들 성직들이 갖는 계층, 힘, 활동을 논하였다. 6장에서 다룬 셋째 등급은 평신도와 관련되었는데, 아직도 정화가 필요한 예비신자, 조명된 신실한 자들인 세례받은 자, 완전하게 된 수도자 등이었다. 결국 각 등급에서 세 가지는 각각 정화, 조명, 완성의 관점에서 발전의 여정을 걷게 된다는 것이었다. 마지막 7장은 죽음과 장례에 대한 논의로 끝맺는다. 이와 같이 『교계의 위계』는 이미 기독교 안에 자리 잡은 교계 제도인 평신도, 부제, 사제, 주교와 같은 성직자들의 서열과 관련된 상징적인 의미를 조명한 것이라고 말할 수 있다.

위 디오니시우스는 상징을 통해서 드러내면서 감추는 예전의 측면을 잘 설명하였다. 성찬으로 말하자면, 성찬에서 사용되는 떡과 잔은 물질계에 속한 것이다. 그렇기 때문에 이것들은 실제 그리스도의 살과 피를 그만큼 제대로 드러내지 못하는 것이다. 그럼에도 불구하고 이 물질들을 통하여 그리스도의 살과 피가 상징됨으로써 그리스도의 살과 피는 우리에게 알려진다. 한편에서 그리스도의 살과 피로 고양시키지만, 다른 한편으로는 그것들이 실제 살과 피는 아닌 어떤 감추는 기능을 가진 것이다.

이와 같이 예전적인 주석서인 교회의 위계를 중심으로 전개된 디오니시우스의 예전이해는 구성형태와 예전해석에 있어서 구체적인 예전의 절차를 다루는 이전의 예전연구와는 큰 차이를 보였고, 이후의 서방과 동방, 특별히 비잔틴기독교에 큰 영향을 미쳤다. 특별히 그의 예전해석은 구체적인 예전의 실천과정이나 단계들에 대한 설명보다는 예전에 담긴 상징적이고 신학적인 해석을 강조했다. 동시에 그의 신비주의와 발현과 회귀 같은 신학적 인식 틀과 긴밀하게 연결되어 있다.

위 디오니시우스 이전에도 제롬, 시릴, 테오도르 등은 예전을 상당부분 발전시켰다. 제롬(Jerome)은 세례와 주기도문의 의미를 설명하지만, 예전 자체에 대한 구체적인 설명은 하지 않았다. 시릴(Cyril)은 성례전 일반과 예전과 관련된 본문들을 주석했는데, 그의 각종 예전서들에 대한 해석은, 위 디오니시우스의 설명과는 그 내용과 강조점이 상당히 달랐다. 테오도르(Theodore of Mopsuestia)는 예전을 설명하면서 구약과 신약의 연결과 관련해 모형론을 강조했는데, 그의 예전적 모형론은 다가올 내세에 대한 종말론적인 성취로 이어졌다. 이와 함께 그의 모형론적 해석은 과도하게 그리스도의 수난과 부활에 연결되어 있었다.

이에 반해 위 디오니시우스는 예전의 구체적인 내용에 치중하지 않아 예전의 구체적인 진행에 대하여는 거의 논의하지 않았고, 그러한 과정자체에 대한 해석을 시도하지도 않았다. 그 대신, 건물 안과 제대를 중심으로 이루어진 활동들이 갖는 상징적이고 영적인 의미에 대한 면밀한 고찰을 제공해 주었다. 또한 위 디오니시우스의 예전해석은 모형론에 근거하지 않았고, 예전의 어떤 요소도 그리스도의 수난과 연결되어 등장하지 않는다. 반면에 그는 하나님, 그리고 우리와 하나님과의 관계에 대한 외적인 진리를 설명하는데 강조점을 두었다.

5. 위 디오니시우스의 위계 이해

위계는 위 디오니시우스의 독특한 신조어(neologism)로서 그의 사상을 가장 잘 드러내 준다. 위계는 그의 저술 전반에서 중요한 사상적 개념으로 사용되고 있는데, 특히 천상의 위계와 교회의 위계는 그 내용자체가 천상의 가장 높은 단계에서 교회의 가장 초보적인 직분에 이르는 위계의 연결고리를 직접적으로 보여주고 있다. 천사들의 위계와 교회의 위계는 세 개씩 한 묶음이 되어 권위와 계시, 그리고 각각의 위계가 갖는 상징적이고 신학적인 해석을 제공해 주었다. 기본적으로 "하나님 자신이 제정하신 질서"를 의미하는 위계라는 개념은 교회 성직자들과 천상의 천사들의 안정된 질서를 의미했고, 결과적으로 중세사회 기독교 군주들이 이 개념을 광범위하게 수용했다. 원래, 비기독교적인 맥락에서 사용되던 "성스러운 의식의 지도자"라는 의미의 "고위성직자(hierarch)"라는 용어에서 위 디오니시우스는 위계(hierarchy)라는 추상적 개념을 만들어 거룩함을 만들어 내거나 매개하는 구조 혹은 제도라는 의미에서 이 개념을 사용했다. 이 개념은 동시에 하나님 및 신적인 거룩한 것들을 획득하는데 있어 주교나 사제들의 매개적인 역할과 그 기능 안에서 갖는 권위를 의미하기도 한다. 기독교적 맥락에서 주교를 의미하는 고위성직자(hierarch)는 모든 제도와 위계를 주도하게 되지만, 그러나 디오니시우스에게 있어서 위계(hierarchy)는 가장 높은 주교계층 만이 아니라 가장 하층의 단계까지 모두 포함하고 있다. 이런 의미를 갖는 위계에 대한 설명을 『교계 위계론』 2장은 잘 설명해주고 있다.

모든 위계는 그 안에 구성된 성스러운 요소들에 대한 완벽한 표현이라고 주장하는 존경할만한 거룩한 전승을 갖고 있다. 그것은 그 모든 거룩한 구성체들의 완전한 합이다. 그러므로 우리 자신의 위계는 그 거룩한 구성체 각각을 포괄하고 있다고 언급된다. 이것 덕분에, 하나님의 주교는, 자신의 성직수임을 따라서 그의 가장 거룩한 활동들에 참여할 것이다. 참으로, 이것이 그가 '고위성직자(hierarch)'라고 불리는 이유이다. 참으로, 너희가 '위계'에 대하여 말하고 있다면, 너희는 사실 모든 거룩한 실제들의 배열을 언급하고 있는 것이다. '고위성직자(Hierarch)'에 대한 말에서 우리는 거룩하고 영감을 가진 사람을 언급하고 있는 것이며, 모든 거룩한 지식을 이해하고 있는 사람, 그 안에서 전체적인 위계가 완벽하게 완전하게 되고 알려지는 사람을 의미하는 것이다.

위 디오니시우스는 기존에 일상적으로 사용되고 있던 위계에 대한 개념을 사상적이고 신학적인 맥락에서 명료하고 함축적으로 담아내었다. 때문에 그 개념은 동방과 서방기독교에서 쉽게 수용되었을 뿐만 아니라, 정치적이고 종교적인 맥락에서 확고한 자리매김을 할 수 있었다. 그래서 계시와 권위를 매개하는 피라미드적인 연결고리를 의미하는 위계는 12-3세기에 이르러 정치적이고 종교적인 차원에서 널리 사용되었다. 교황권과 세속권력의 투쟁 가운데서도 그의 위계개념은 교황권의 우선권과 그 권위를 옹호하는데 있어 강력한 종교적 지원군으로 등장했다.

그는 헬라어에 (자신이 발견한 것으로 보이는) "위계질서"라는 단어를 도입하였으나, 서열화된 굴종이 아니라, 그가 말하는 바와 같이, "가능한 한 하나님께 동화된 거룩한 질서와 지식과 활동"을 의미한다(『천상 위계론』Ⅲ.1). 그의 비전은 하나님의 영광을 발산하고, 질서정연한 위계질서에서 표현된 미에 의해 하나님과의 연합으로 모든 것을 끌어가는, 신현으로 창조된 질서에 속한다. 천상의 예배를 반영하면서, 지상의 예전은 창조와 구원에서 하나님의 사랑의 확산을 축하하고, 그 사랑에 응답하면서, 인류, 참으로 우주 자체는 존재를 넘어서시는 하나님과의 연합, 변화시키면서 신화로 인도하는 연합으로 끌려간다.

하나님께로 되돌아가고 있는 이러한 전체 과정에서, 위 디오니시우스는 정화, 조명, 그리고 연합의 근본적인 리듬을 찾아낸다. 그의 영향은 세 가지 영역에서 느껴졌다. 첫째로 그의 철학적 언어는 비잔틴 신학자들에게 하나님의 초월, 우주의 질서정연한 구조, 기도와 섭리의 성격, 그리고 또한 특히 중요하게, 존재가 하나님의 흘러넘치는 활동에 참여하는 실재에서 유지되는 방식에 대한 그들의 이해를 표현할 언어를 제공하였다. 이러한 언어는 하나님의 알 수 없는 본질과 하나님이 피조물에 의해 알려지고, 자신을 피조물들에게 전달하는 그의 활동들 (혹은 에너지들) 사이를 구별하는 길을 준비한다. 둘째로 비잔틴의 금욕주의 신학 전통이 신속하게 위 디오니시우스의 피조물들을 하나님과의 연합으로 이끌어가는 정화, 조명, 그리고 연합의 삼중적인 리듬을 흡수하였다. 이러한 금욕주의 신학은 그 자체가 주로 에바그리오스의 영감에 속하였다. 셋째로 가시적인 상징과 운동, 우리를 향한 하나님의 운동, 하나님 안에서의 안식에서 목표를 발견하는 우리의 사랑하는 응답, 하나님의 사랑에 대한 사랑스러운 반응을 통한 인간 내면성의 회복뿐만 아니라 우주의 운동을 반영하는 운동에서 표현되는 상징을 통한 (이미 전통적인 주제인) 천사의 예배를 반영하고 연출하는 것으로서 위 디오니시우스의 예전 이해라는 이 모든 것이 비잔틴의 예전 이해와 경험, 특히 성찬식 예전에 심원하게 영향을 미쳤다

6.『신명론』

위 디오니시우스의 저작들 중에서 가장 긴 작품이다. 제한적인 인간이 초월적인 신을 묘사하는 다양한 이름에 대하여 후기 신플라톤주의자들이 사용했던 것과 유사한 방법론을 사용하여 신을 묘사하는 다양한 이름들을 정교하게 설명해 나가는데, 상당히 난해하다. 그는 1장에서 성경에 나오는 여러 이름들 중에서 어떤 이름을 다른 이름보다 유용하다고 말한다. 그렇지만 하나님은 그 모든 이름들을 초월하여 우리가 말로 표현할 수 없고 알 수 없는 분이라는 점도 분명하다. 2장에서 성경에서 나오는 하나님의 이름 가운데 성부, 성자, 성령만이 다른 이름을 가지고 있으며, 다른 모든 이름들은 하나님의 신성과 관련된다고 지적한다. 그래서 그는 이후에 성경

에 나오는 하나님을 일컫는 여러 가지 명칭을 제시하면서 철학적인 주석을 시도했다. 즉, 인간이 '선', '존재', '생명', '지혜', '권능' 등으로 부르는 하나님에 대해서 무엇을 말할 수 있는가에 대해 숙고했다. 그는 하나님의 이름으로서 선을 논의하면서 악은 실체가 없다는 신플라톤주의의 입장을 채택했다. 그는 8-12장까지는 힘, 의, 위대함, 작음 같은 형이상학적 주제를 다루었다. 13장은 완전과 하나에 대한 복잡한 논의를 한 후에 하나님과의 합일이라는 주제로 전체 논의를 마치고 있다.

7. 『신비신학』

『신비신학』은 분량은 작지만 중세 기독교 신비주의와 영성 발전에 커다란 영향을 미친 내용을 집약적으로 다루고 있다. 이 책은 하나님에 대한 어두움과 그것이 가지는 신학적이고 상징적인 의미를 깊이 있게 기술하고 있다. 하나님은 그 자체가 무한하고 불멸적인 반면에, 인간은 유한하고 죽을 운명을 가진 것들만을 이해할 수 있다.

5장으로 구성된 이 책에서 가장 긴 장인 제1장은 신비적 지식의 궁극적 정상으로 인도하려는 짧은 기도로 시작하여, 디모데에게 감각과 지성적 작용을 넘어 초월할 것을 권면하면서 시작한다. 위 디오니시우스는 영혼의 상승과 초월을 설명하면서 긍정과 부정의 신학적 인식론의 방법을 사용하는데, 이는 시내 산에서 "무지의 어두움"(darkness of unknowing)과 구름 속에 있는 모세에 대한 신비적이고 상징적인 해석에서 정점을 이룬다. 모세는 여기서 "모든 추론하는 능력의 정지를 통해 완벽하게 알려지지 않은 존재와 최고로 결합된" 모습을 보여주고 있다.

제2장은 모든 것들의 원인이고 모든 것들을 초월하는 분과 연합하여 찬양을 드릴 필요성을 논하는데, 부정의 방법을 조각상을 만들어내기 위해 대리석을 깎아 내서 조각하는 석공에 비유하고 나서, 제거하여 추상화하는 부정의 방법으로부터 하나님의 속성을 취급하는 하나님에 대한 긍정의 방법을 구별한다. 제3장은 긍정과 부정의 방법을 설명하는데, 자신이 지은

이전의 세 개의 작품들은 가장 높은 것에서부터 가장 낮은 것으로 긍정의 "하강하는 과정"을 설명한 작품들이다. 그리고 현재의 작품인 『신비신학』은 가장 낮은 것에서 높은 것으로 올라가는 부정의 과정을 설명하고 있다. 긍정의 신학은 하나님과 가장 밀접하게 관련되고 나머지 주장들이 의존하는 속성에서 출발하기 때문에, 위에서부터 아래로 하강하고, 모든 추상화를 넘어선 것에 도달하는 부정적인 방법을 추구할 때, 우리는 하나님에서부터 가장 멀리 떨어진 사물들에 우리의 부정을 적용해야 하기 때문에 아래에서부터 위로 올라간다. 따라서 그의 신학에서 이러한 "하강하는" 과정은 긍정과 부정의 이분법적 구별을 넘어 말로 표현할 수 없는 하나님에게 회귀하는 일련의 부정의 과정으로 이루어진 "상승하는 과정"과 하나의 쌍을 이루고 있다. 제4장은 하나님은 감각적으로 인식될 수 있는 모든 것을 초월하시는 분이시므로, 하나님에 대해 "감각적 인식"에 속한 온갖 범주를 부정하는 것을 하나 둘씩 설명하고 있다. 하나님은 존재가 아닌 것도 아니고, 생명이 없는 것도 아니며 지성이 없는 것도 아니고, 물질적인 몸도 아니며, 형태나 모습, 질이나 양적인 측면을 갖고 있지도 않으며, 무게를 갖고 있지도 않는다. 제5장은 하나님은 지성적으로 인식될 수 있는 모든 것을 초월하시는 분이시므로, 이제 감각에서 지성으로 올라가면서 하나님은 영혼도 지성도 아니고, 인식될 수도 없고 표현될 수도 없으며, 신에 관한 모든 종류의 개념과 신의 이름들에서 나온 하나님의 모든 이름을 부정하고 절대자인 하나님에게로 회귀하는 과정을 보여주고 있다. 위 디오니시우스의 신비주의에 따르면 어떠한 긍정적 표현도 하나님을 묘사하기에 충분하지가 않으며, 신성(Godhead)은 모든 것을 초월해 있다.

 이러한 다섯 장에 불과한 짧은 논의 속에서 우리는 신플라톤주의에서 볼 수 있는 "넘쳐흐름"(overflowing)의 사상을 분명하게 엿볼 수 있다. 하나님은 모든 존재를 넘어서 존재하지만, 그 스스로의 선과 자비에 근거해 만물 위에 스스로 넘쳐흐른다. 하나님과 세상 사이에 관계를 나타내는 주는 어떤 것이 존재하는데, 이는 만물을 초월해 있는 궁극적인 존재인 신이 자신 스스로를 세상 안에 계시하는 것을 의미한다.

8. 위 디오니시우스의 신비 신학 분석

이같이 위 디오니시우스는 신비 신학을 설명하기 위해 '긍정신학(cataphatic theology)', '상징신학(symbolic theology)', '부정신학(apophatic theology)'이란 세 가지 신학을 소개한다. 먼저 긍정신학은 삼위일체이신 하나님의 본성과 속성을 인간의 언어로 설명하려고 시도한다. 이때 계시를 통해 알게 된 다양한 명칭이 하나님께 제공된다. 상징 신학은 감각 세계에서 선택한 바를 통해 무엇이 신적 형상이며, 어떻게 하나님을 상징적으로 묘사하는지 설명한다. 끝으로 부정신학은 상승의 여정을 통해 하나님께 도달했을 때 더 이상 인간의 언어가 필요 없다는 점을 깨닫게 되는 순간 하나님과 합일되어 하나 된다고 설명한다.

위 디오니시우스의 신비신학은 이미 니사의 그레고리우스가 「모세의 생애」에서 사용한 부정신학적 방법론을 활용하고 있다. 위 디오니시우스도 모세가 시내산 정상에서 하나님을 직접 뵙지 못했지만, 그가 거주하시는 곳을 보면서 가시적인 세계를 벗어나 무지의 어둠으로 들어가 하나님에 대해 아무것도 모르게 되었을 때 이러한 무지의 인식을 통해 그의 지식 너머에 있는 하나님을 알게 된다는 것이었다. 위 디오니시우스는 이후 서방 교회에서 부정신학적 방법론으로 신비체험을 설명하는 신비신학 형성에 오랫동안 많은 영향을 주었다.

위 디오니시우스는 『신비신학』에서 플로티누스의 신플라톤주의철학에서 다룬 머무름, 유출, 귀환의 순환 과정 중에 상승의 여정을 통해 하느님께 돌아가는 인간의 귀환을 다루었다. 위 디오니시우스의 신학은 말하자면 쉽게 풀이된 신플라톤주의였다. 위 디오니시우스는 발출과 귀환이라는 신플라톤주의의 개념을 그대로 취한다. 프로클로스가 좀 더 정교한 언어로 가르쳤던 것처럼, 모든 생명은 머무름, 발출, 그리고 귀환의 과정으로 이루어진다. 위 디오니시우스는 프로쿨루스와 대체적으로 비슷한 입장을 취하여 이러한 구조를 수용한다. 발출은 말하자면 모든 존재하는 것에 대한 존재의 수여이며, 복귀는 다시 천상적 존재에로 돌아가는 구원의 과정이다. 위 디오니시우스는 이렇게 한편에서 하향적이고 다른 한편 상향적인 운동에 있어서의 인식론을 강조한다. 그가 다룬 『천상 위계론』은 발출은 하나님의 포용적 계시이고, 복귀는 앎과 무지를 통한다고 말하여, 신플라톤주의의 인식론을 전개하고 있다. 발출과 복귀라는 이 두 운동은 통합적으로는 신적인 빛이 "고양시키면서 은폐한다"는 의미이다. 이상적인 방향만을 생각한다면 고양만이 중요하겠으나, 은혜를 통하여 그것이 너무 차원 높은 것이어서 알 수 없게 되는 것으로, 없지 않으나 알 수 없는 그 무엇이 된다는 의미에서 은폐도 있어야 하는 것이다. 그래서 우리는 말하자면 고양시키면서 은폐하는 신적인 빛에 접하게 되는 것이고, 그렇기 때문에 하나님을 알 수 있고, 또한 그것이 우리 존재의 설명이자 구원이 된다는 것이다.

여기에서 우리는 위 디오니시우스의 부정의 방법이라는 방법론을 알 수 있다. 저급한 상징은 그 자체가 신적인 존재를 설명하는 것은 아니지만, 그 상징을 통하여 인간을 신적인 실체에로 이끈다. 즉 상향하는 복귀가 일어나는 것이다. 이런 상향하는 복귀는 단계를 거듭하는데, 다음 단계로 나갈 때마다 그 전 단계는 부정된다. 그러나 저급한 상징은 반면에 초심자라 할지라도 상승의 길을 알 수 있게 한다. 따라서 저급하다 해서 완전히 버려질 이유도 없고, 완전에 가깝다고 해서 그것만으로 진리의 인식이 일어나는 것은 아니다. 위 디오니시우스는 그래서 발출과 복귀라는 기본적인 틀 안에서 '정화, 조명, 완전'이라는 단계의 인식론을 제시한다. 위 디오니시우스는 이것을 천사의 계급과 성례전이나 교회의 계급에 연결시켜 천상위계론 혹은 교회위계론 이라는 틀을 이루었다.

그는 이런 3단계적 인식론을 보다 일반적인 인식 용어로도 말하는데, 즉 감각에서 개념으로, 다시 개념을 부정하는 것에로 나아가는 인식을 말한다. 여기서도 감각, 개념, 개념부정의 3단계를 말하는데, 이것은 실은 대부분 종교가 가지는 인식 방법론에 가깝다. 이리하여 위 디오니시우스는 탈아(엑스타시)의 관점을 그 결절점마다에서 보여준다. 크게 말해서 신적인 탈아는 발출 과정에서 생기고, 인간의 탈아는 복귀 과정에서 일어난다. 즉 발출 과정에서는 신적인 것이 소원해지고, 반면 복귀 과정에서는 물질적인 요소가 버려지는 탈아가 일어나는 것이다. 후기의 신비주의자들은 이 엑스타시 개념을 그들의 신비주의의 중요개념으로 삼아 그 신비주의를 발전시켜 갔다.

그리고 전체적으로 탈아적 관점은 신비주의를 하나의 침묵에로 이끈다. 감각을 부정하고, 다시 개념을 부정한다. 그리고는 부정조차도 부정하고 보면 이제는 아무 것도 남는 것이 없으니 곧 침묵이다. 이 위대한 침묵은 영성을 논하여야 하는 사람들에게는 여전히 중요한 문제로 남아 있다. 하나님 앞에서 침묵할 수밖에 없는 인간 존재를 생각하면 이 침묵이라는 개념은 어느 정도 이해할 수 있다. 탈아가 비록 인식론적으로 유용하다 할지라도 일하시는 하나님에 대한 존재론적 접근을 던져버린다면 우리는 또다시 예수의 십자가를 무용하게 하는 자리에 이를 것이다. 위 디오니시우스는 땅에서 신비를 구하는 인간의 끝없는 추구의 일단이라고 하겠다.

중세 신비주의 역시 위 디오니시우스에게 많은 빚을 졌다. 위계나 예전의 경우에서와 같이 위 디오니시우스는 신비적 경험의 단계나 구체적인 행동에 대한 설명을 제시해 준 것은 아니었다. 그러나 그는 긍정 신학과 부정 신학, 지(knowing)와 무지(not-knowing)라는 인식론적 개념을 만들어 내고 체계적으로 발전시켰다. 이러한 개념들은 그의 저서 전반에 깊이 자리잡고 있으며, 발현과 회귀 같은 다른 중요한 개념들과 함께 밀접하게 연결되어 있다. 긍정신학과 부정신학은 세계의 창조와 분화, 그리고 구속과 종말론에 이르는 거대한 신학적 구조에서 기능하고 있다. 이러한 신학적 구조 속에서의 기능을 통해 긍정개념과 부정개념은 신-플라톤주의적 사상을 잘 보여주고 있다.

위 디오니시우스의 긍정신학과 부정 신학은 신의 이름들과 신비주의 신학에서 구체적인 예를 찾아 볼 수 있다. 위 디오니시우스에게서 긍정신학은 비록 신의 본질과 존재가 인간의 인식과 경험을 초월해 있지만, 그 존재와 본질, 그리고 모든 자연 안에서 신의 현현 등을 긍정적으로 나타내 준다. 동시에 긍정신학은 절대적 선(Goodness)과 지고의 존재(Supreme Being)로 묘사된 하나님과 삼위일체의 개념을 설명해 준다. 하나님은 절대적인 선이며, 스스로가 창조의 원천이 되며, 종말과 창조의 근본적인 이유가 된다. 그리고 세계의 창조와 분화는 이러한 지고의 선인 하나님 자신의 "넘쳐흐름"으로 가능했다. 끝없는 "부정의 길"(via negativa)을 통해 "신과의 궁극적 합일"이라는 종말을 시도해 가는 과정에서도 이러한 "긍정의 길"(via positiva)의 사상적 기반은 중요한 역할을 한다.

위 디오니시우스에게서 부정신학은 하나님의 절대적인 초월성을 인식하고 하나님과의 절대적 합일을 이루기 위한 필수적인 인식론이다. 특히 긍정신학에 기초한 기나긴 창조와 분화의 여정을 중단하고, 지고의 선이며 "본질을 넘어서 있는 어두움"인 하나님에게 돌아가는 출발점은 부정신학의 필요를 인식하는 데서부터 시작한다. 위 디오니시우스는 이러한 부정신학을 조각상을 만드는 조각가의 이미지를 빌려 잘 설명해주고 있다. 우리가 하나님을 가장 잘 찬양할 수 있는 것은 존재하고 있는 모든 것을 부정하거나 제거하는 일이며, 이는 마치 대리석에서 조상을 조각하는 사람이 잠재적인 표상에 대한 선명한 지각을 방해하는 모든 장애물을 제거하고 오로지 이 제거에 의해서만 숨어 있는 아름다움 속에 숨겨져 있는 조상을 나타내는 것과 같은 것이다.

더 읽어야 할 책들

위 디오니시우스. 엄성옥 역. 『위 디오니시우스 전집』. 은성, 2007.
위 디오니시우스. 김재현 역. 『천상위계론』. KIATS(키아츠), 2011.
서종원. "디오니시오스가 아우구스티누스를 만났을 때: 중재(mediation) 와 무매개성(immediacy) 및 위계(hierarchia)의 개념을 중심으로." 「한국기독교신학논총」 94(2014): 117~158.
조규홍. "위-디오니시오스의 신비신학—플로티노스의 신비사상과의 비교 및 오늘날 종교적 체험을 위한 의미 모색—." 「가톨릭신학과 사상」 66(2012): 81~112.

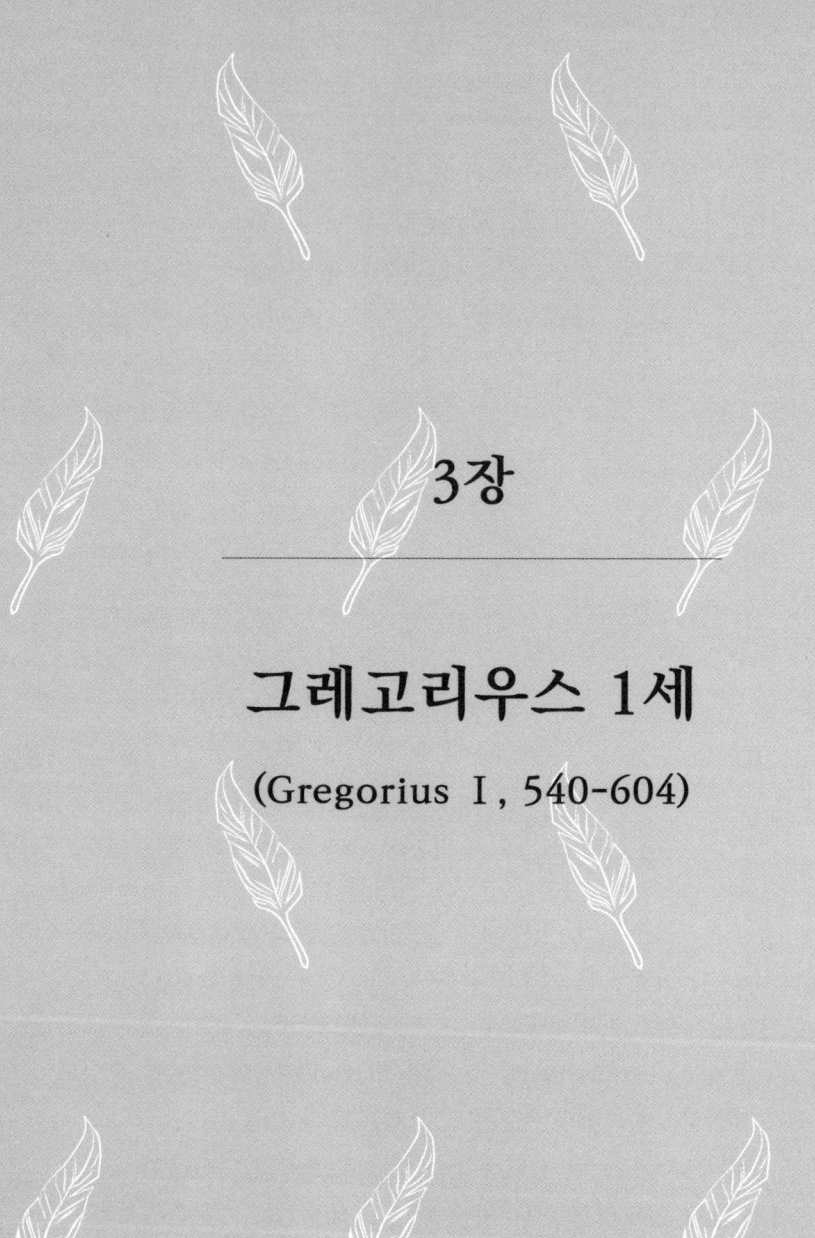

3장

그레고리우스 1세

(Gregorius I, 540-604)

그레고리우스 1세는 중세 시대를 열었던 초대 교황으로 유명하다. 초대 교회 시대에 성직자들 사이에 계급이 서서히 생겨나기 시작했는데, 교회사에서 초대교황으로 인정받는 인물이 그레고리우스 1세이다. 그는 교황으로서 중세 시대의 예배 모범을 정하고 목회규범을 저술하여 중세교회가 발전할 수 있는 기반을 마련하였다.

1. 시대적 배경

그레고리우스는 원로원 귀족 가문에 속하는 부유한 부모에게서 540년경에 태어났다. 그의 조상들 가운데 로마 감독 펠릭스 3세(Felix III), 아마도 또한 로마 감독 아가페트 1세(Agapet I) 등이 속해 있는 명문 가문이었다. 그의 아버지 고르디아누스(Gordianus)는 7개의 로마 행정구역 가운데 하나의 행정장관이었다. 그의 어머니 실비아(Silvia)는 아주 헌신적인 신앙인이어서 후에 (두 명의 시누이와 함께) 대중의 동의에 의해 성인으로 선포되었다. 젊은 그레고리우스는 시대의 혼돈 속에서 고전교육의 유산들을 교육받았다. 그는 아버지의 자리의 혜택을 입어 고전적인 인문학들과 함께 법률과 행정을 배웠으나, 헬라어를 배울 기회를 놓쳤다.

그가 성장하던 시기 로마는 동로마 제국의 영향력 하에 있었다. 그런데 로마에 영향력을 행사하던 동로마의 유스티니아누스 황제가 565년 사망하자 아리우스파를 신봉하는 롬바르드족이 북쪽에서 남하하면서 이탈리아 반도를 공격하기 시작하였다. 이후 이탈리아 반도는 롬바르드족의 공격과 지배 하에서 정치경제적인 혼란과 신앙적인 혼란을 겪었으며 롬바르드족은 573년에는 로마 근처까지 진격하였다. 이러한 혼란기에 그레고리우스 1세는 로마의 귀족 가문 출신으로 570년에 관직에 들어가 573년경에 로마 도시의 주요한 행정 관리를 의미하는 시장(Praefectus)에 지명되었다. 당시 그의 아버지가 돌아가시고 어머니는 수도원에 들어가셨으므로, 자신이 도시에서 최고 관리 일뿐만 아니라 가장 부유한 독신자의 위치에서 업무를 수행하게 되었다. 당시 그의 업무는 로마시를 관장하고 원로원의 의장직도 겸하면서 로마 시 주변 지역을 돌보고 로마 시민들을 위한 양식 공급과 상하수도의 관리와 티베르 강의 관개시설 관리 등을 맡고 있었다. 이렇게 그레고리우스는 정치적 기반을 다지며 최고 행정관인 라벤나(Ravenna) 총독의 야망도 가질 수가 있었으나 그는 기독교의 완전성을 추구하기로 결단하고 모든 세속적 욕망을 포기하였다. 그래서 그는 일 년 후인 574년에 이 자리를 내려놓고 수도사가 되었다. 4세기 밀란의 암브로시우스와 몇몇 다른 유명한 인물들의 모범을 따르면서, 그는 종교생활에서 급진적인 회심을 경험하게 되었다. 그는 아버지의 많은 재산을 팔아 시실리에 6개 수도원을 설립하였고 다수의 로마 시 빈민들을 구제하는 기금으로 사용하였다. 그는 또한 로마 도시의 몬테 셀리오(Monte Celio)에 있는 부모의 농장을 수도원으로 만들고, 자신도 이 수도원에 들어가 여러 해 동안 검소한 수도사가 되었다. 그는 베네딕트 수도원의 형태에 속하는 곳에서 4년 동안 그러한 자발적인 은둔과 엄격한 규율의 공동체 생활을 하였다. 그는 이 시기에 대해 한 편지에서 다음과 같이 설명했다. "그때 나는 명상을 통하여 죽어가고 멸망하는 모든 사물들을 초월하여 높이 날아올라 천국의 일들 외에는 아무것도 생각지 않았다. 나의 영혼은 비록 몸에 갇혀 있었음에도 불구하고 육신의 감옥을 뛰어 넘었으며 나는 죽음을 진정한 생명으로 통하는 길로 사모하였다." 그는 또한 성서를 읽고 금욕생활을 실천했는데, 이러한 그의 포괄적인 성경에 대한 독서는 성경을 기억하는 그의 비범한 능력을 통해 그의 후기의 모든 저술들에 스며들어 가게 되었다.

4년 동안의 수도사 생활을 한 후에 그레고리우스는 578년 로마 감독 펠라기우스 2세(Pelagius II)에 의해 로마에 있던 7개 교회 가운데 하나를 담당하는 부제로 임직 받은 후 다음 해에 교황의 외교사절로 지명받아 콘스탄티노플로 파견되었다. 당시 동로마 제국의 황제는 티베리우스 2세(Tiberius II)였고 총대주교는 유티키우스(Eutycius)였다. 당시 로마 시는 홍수가 범람하였고 풍토병이 돌았으며 지속적으로 롬바르드족의 침략에 직면하여 대단히 비참한 상태에 있었다. 당시 라벤나에 동로마황제가 임명한 총독이 있었으나, 총독은 로마의 방어를 위해 아무런 역할을 하지 못하고 있었기 때문에, 로마 감독은 동로마 황제의 원조를 받고자 직접 그레고리우스를 사절로 파견하였다. 그레고리우스의 이러한 임무는 여러 가지 요인들 때문에 아무런 결실을 거두지 못했다. 첫째, 당시 여황제 마우리스(Maurice)의 계승자인 티베리우스 2세는 그의 끈질긴 요청에도 불구하고 롬바르드족의 침략에 시달리는 로마 시를 구출하고자 전혀 노력하지 않았다. 이곳에서 체류하는 6년 동안, 그레고리우스는 라틴 수도사들의 공동체 안에서 생활하면서 이들에게 용기를 설교하였고, 이단들과 대화하였으며, 동로마제국의 고위공직자들과 다양한 접촉을 하였다. 그는 또한 세빌의 레안더(Leander) 주교 같은 외국의 방문자들을 만났다. 레안더는 장래에는 그의 협력자가 되었는데, 이곳에서는 욥기에 대한 주석인 『모랄리아』(Moralia)를 쓰도록 권면하였다. 레안더는 자신의 성체 공동체에게 이 주석을 사용하여 메시지를 전달했다. 이전의 안디옥의 총대주교였던 아나스타시우스(Anastasius)는 자신이 피해 나왔던 시리아에서의 가장 최근의 신학적인 폭풍에 대한 직접적인 정보를 그레고리우스에게 전달해주었다. 그레고리우스가 동방에 체류하는 동안에 약간의 헬라어를 배웠을 가능성이 있으나, 분명한 증거를 찾기는 어렵다. 그는 이곳에 머물면서 비잔틴 행정과 당시 제국 구성의 전체 구조에 대한 매우 귀중한 지식을 알게 되었지만, 실질적인 소득을 거의 얻지 못하고 빈손으로 로마로 돌아왔다.

2. 교황으로 선출된 그레고리우스

그는 586년 로마로 소환되어 교황 펠라기우스 2세(579-590)의 고문이 되어 교회의 일을 하게 되었으며 수도원장 직분을 수행했다. 교황이 사망하자 그레고리우스는 590년에 로마 교황으로 선출되었다. 대중들의 외침을 통해 서거한 교황 펠라기우스를 대신하여 교황이 되도록 그에게 요구했던 590년에 교황이 되어 새로운 중세 시대의 토대를 놓게 되었다. 물론 그는 교황이 되지 않았더라도 매우 책임감이 있고 명료한 지성을 갖춘 유창

함의 자연적인 자질을 가지고 당시 로마의 어려운 환경에 개입하여 문제를 해결할 더 많은 기회를 가졌을 수도 있을 것이다. 그의 교황 취임에 대한 비잔틴 황제의 승인이 6개월 후에 떨어졌다. 교황 직책을 달가워하지 않던 집사 그레고리우스는 9월 3일 성 베드로 성당에서 교황직에 올랐다.

그는 교황직에 있는 14년 동안 내내 세계적인 규모의 국제관계의 무대에 중심인물로 남아 있었다. 그레고리우스는 역사를 만들었으나, 그 자신이 권력을 행사했다기보다는 시대의 요청에 따라 로마를 위해서 섬겼다. 그는 자신의 영적인 메시지가 매우 타협적인 정치 협상을 통해서도 원래의 활력을 유지할 정도로 사심 없는 방식으로 그의 직책을 수행했던 것으로 보인다.

그가 교황이 되었을 때 로마 제국의 행정력은 롬바르드족의 침입으로 마비되었고 동로마 황제가 파송한 라벤나의 총독은 정치적인 영향력을 행사하지 못하고 있었다. 그레고리우스는 이러한 정황 가운데서 성직자들이 세속 관리들의 임무를 담당하지 않을 수 없다고 보았다. 그는 교황이 된 후에 589년 발생한 홍수와 기근과 함께 선 페스트의 전염병에 시달리던 로마의 행정 질서를 수립하였다. 그는 도량형을 정비하여 경제를 안정시키고 협상을 통해 롬바르드족의 침략을 격퇴하여(592-4) 로마 감독의 행정적인 권한을 강화시켰다. 이와 함께 그는 이전에 황제의 세속 정부가 관장 하던 몇 가지 일들을 자신의 감독 하에 교황청이 담당하게 했는데 즉 로마 교구에 속한 재산관리를 교황청의 권한으로 교황청에 예속시켰다. 당시 로마 교구의 유산은 이탈리아의 중남부와 지중해의 도서를 포함해서 방대한 영토를 차지하고 있었는데 롬바르드족의 침입으로 인해 제국의 행정력이 마비되어 있었으므로 교회가 곡물과 각종 자원을 정부 대신 공급하게 되었고 토지세도 교회에서 직접 징수하게 되었다. 또 세속 관리들이 빈농들을 억압하는 것을 교회가 중재하여 해결하기도 하였다. 그리고 전쟁 때문에 생긴 가난과 난민들의 고통을 해결해 주는 구제사업의 공적을 올리면서 또한 일곱 집사를 통하여 일반구제를 담당하게 하였다. 병자, 나그네, 고아, 무숙자 등은 교황청에서 유지하는 병원에 수용시켰다. 교회에 헌물 하는 곡물들인 포도주, 치즈, 채소, 베이컨, 생선, 기름 등을 빈민들에게 배급하였다. 그래서 사람들에게 교회가 전 로마시의 행정을 담당하여 도시민들을 먹여 살리는 공급자로 인식하게 되었고 따라서 교황권의 강화에 기여하였다.

3. 중세 예배와 목회 규범 저술

그레고리우스는 간결한 미사전서를 마련하여 복잡했던 예배의식을 통일하여 교회의 예배를 갱신하고 발전시켰다. 그는 단성률로 부르는 그레고리우스의 성가를 대중화시켜 이 성가는 중세 교회음악과 예배에 중요한 역할을 하게 되었다. 그는 희생제사의 반복으로서의 미사 개념을 정립하여 연옥교리와 연결시켰고, 세례를 원죄로부터의 구원받는 의식으로 정착시켰으며, 세례 후의 죄 문제를 해결하는 공적 개념을 도입하였고, 위계질서의 교직제도를 도입하였다. 구원론에서 예정과 불가항력적 은혜를 반대하고, 고행을 강조하여 고해성사에서 진정한 회개, 고해, 배상, 사제의 사죄(absolution) 선언을 주장하였다. 그리고 교황 밑에 성경과 전통 종속시켰다. 그는 이전부터 있어 왔던 이러한 신학적인 개념들을 교황제와 연결시켜 중세 교황제가 발전하는 토대를 놓았다.

그레고리우스는 또 목회자들의 지침서인 『목회규범』(*Liber Regulae Pastoralis*)을 만들어 성직자들의 자질 향상과 개혁을 시도하였다. 그가 처음에 자신을 로마 교황으로 추대하는 것을 거절하면서 그에 대한 변증으로 저술한 것이 이 책이다. 『목회규범』은 일종의 목회 프로그램의 성격을 가진 저술인데, 그레고리우스는 그의 "형제이자 동료 주교"인 라벤나의 존에게 헌정하였다. 이 책의 내용은 본질적으로 조상들의 로마 정신과 제국 이후 기독교의 내적인 종합이라는 것을 증명하기에 충분할 것이다.

서언은 잘 구성된 진술로 출발하며, 각 장은 서론적인 심사숙고, 분명하게 형성된 윤곽과 함께 나아간다. 전체적인 강해는 맨 먼저 주교들에게 전달되며, 그들의 직책의 의무와 도전들에 대한 그들의 인식을 향상시키려고 의도되었다. 저자는 그들에게 그의 개인적인 경험으로부터 직접적으로 발언한다. 그는 그들의 도덕적 가치들을 향상시키도록 그들에게 권면하면서 심리분석의 주목할 만한 재능을 보여준다. 그는 자신의 저술에 그의 금욕적인 자아의 전체적인 이상적 헌신을 투영시킴에 따라, 이 문제에서 확고부동하게 권위 있는 지도자의 목소리로 발언한다. 그는 자신의 과거들을 회상하고, 그의 두려움과 희망들을 표현하며, 그들의 친밀한 세계에서 최고의 직책인 교황의 사역을 위한 프로그램의 방식으로 자신의 입장을 제시한다.

실질적으로 전체적인 논문은 목회적인 관심사에 관련된 성경의 언급들에 대한 실용적인 주석으로 표현된다. 성서는 명백하게 인용되지 않았을 때에도 그레고리우스의 개인적인 서술들에 스며들어, 그 자신의 서술을 합법화시켰다.

이 책은 4부로 구성되어 있는데 성직에 합당한 인물과 목회에 대한 올바른 동기, 목회자의 덕성, 다양한 사람들에게 하는 강론, 목회자가 빗나가지 않도록 규제하는 양심의 성찰을 규정하고 있다. 그는 이 책의 1부에서 목회는 예술 중의 예술일 정도인 그 중요성을 가지고 있으므로 목회자는 신중함과 경외심을 가지고 자신의 직분을 결정해야 하며, 목회자에게 요구되는 성품은 겸손이고, 목회자는 배운 것을 삶으로 실천하고 외적인 것에 마음을 뺏기지 않는 자아성찰을 해야 한다고 설명한다. 그는 이 책의 2부에서 목자가 삶과 행위에서 어떻게 목양에 합당한 거룩한 모범이 되어야 하는지를 제시한다. 성직자의 삶은 순결한 마음과 바른 질서에 입각하여 언행의 일치를 비롯한 경건한 삶의 본을 보이면서 양떼를 이끌어야 한다. 성직자는 훈련된 인물이자 영성을 겸비한 사람이 되어야 하고, 좋은 설교자로서 모범적인 삶을 통해 죄를 훈계할 수 있고 섬기는 자가 되어야 한다고 강조했다. 그는 3부에서는 다양한 사람들을 가르치고 설교하는 방법들에 대해 개별적이고 구체적으로 가르친다. 그레고리우스는 3부에서 성서를 읽는 것이 설교자들을 위한 유일한 근원으로 제시한다. 설교에 관한 4부는, 아우구스티누스의 『기독교 교육론』(De doctrina christiana)에서와 같이, 전체적으로 설교자 자신이 아니라 회중의 관점으로부터 저술되었다. 매장마다, 그레고리우스는 성경의 인용들과 함께 그의 충고를 끝맺는다. 목회적인 관심의 구체적인 경험에 근거한 그 자신의 사고는 성서로부터 기원하는 것으로 나타난다. 성직자는 연주자가 악기를 상황에 맞게 연주하듯이, 영혼의 본성을 깊이 통찰하여 각자에 맞게 권면하고 다스려야 한다. 그는 자신의 다양한 경험을 살려 40여 가지의 권면의 방법을 제시하고 있다. 그는 4부에서 목회 사역 후에 자신의 관상생활로 돌아오는 방법을 제시하고 있다. 그는 『목회규범』을 통하여 목회자의 자질과 사역을 균형있게 설명하여 중세 목회의 규범을 제시하였다.

4. 영국과 독일의 선교 계획 시행

그는 시실리에 6개의 수도원을 세우고 코르시카에 있는 이교 신앙을 억압하며 선교활동을 하였으며, 596년에는 후에 캔터베리의 아우구스티누스가 되는 몬테 셀리오 수도원의 원장을 영국인들의 회심을 위해 파견하였다. 그의 영국에 대한 선교활동은 그가 수도사로 있을 때, 노예로 팔려고 내놓은 영국에서 끌려온 몇몇 죄수들을 만난 것이 계기가 되었다. 그가 파견한 수도원장과 40여명의 동료 수도사들은 597년에 영국 도착에 도착하여 앵글로 색슨족의 개종을 시도하였다. 당시 켄트지역을 다스리던 에델베트 왕은 이미 기독교인이었던 아내 베르타의 간청으로 아우구스티누스 일행에게 전도의 기회를 허락하였다. 이 해 켄트족의 에델베트가 일만 명의 부하들과 함께 회심하였으며, 영국에 켄터베리 대주교구를 설치하였다. 이렇게 그레고리우스 1세가 직접 파송한 선교사에 의해 개종된 앵글로 색슨족은 로마 교황청에 충성하게 되었고 종국에는 영국과 아일랜드의 수도원들이 로마에 귀속되는 발판을 마련하였다. 결국 아일랜드 수도원의 기독교와 영국의 로마식 기독교 이 두 조류의 기독교가 결합되어 나중에는 역으로 유럽 대륙 선교 열을 가중시켰다. 이들의 선교 활동이 후에 유럽이 기독교로 개종되는 물줄기 역할을 담당하게 된 것이다. 이는 그레고리우스 1세의 선교 비전의 결실이기도 하였다.

5. 교황제의 확립

그는 교황이 된 후에 로마의 안정에 결정적으로 기여한 활동들을 통하여 중세 교황제의 토대를 놓았다. 그레고리우스의 1세의 그러한 업적들은 사람들로 하여금 로마 교구와 교황에 대한 절대적인 권위를 부여하는 역할을 하였다. 그들은 '로마 교구는 모든 교회들의 으뜸이요 그 주교는 모든 교회를 다 책임지는 인물'이라고 생각하였다. 로마 교회가 유럽 교회의 전체의 오류와 잘못을 교정해야 하는 책임을 져야 한다는 의식이 심겨졌다. 그와 함께 그는 베네딕트 수도사 출신으로 교황이 된 첫 번째 인물이었으며, 교황제와 수도원의 상호 협력하는 관계를 정립하였고, 중세 교황제의 토대를 마련하였다. 그레고리우스는 콘스탄티노폴리스 총대주교 요한네스 4세가 자신을 가리켜 '세계총대주교'라고 칭하자 자신을 '하나님의 종들의 종(Servus servorum Dei)'이라는 칭호를 사용하여 교황권이 교회의 최고 권위임을 재확립하였다. 그는 콘스탄티노플의 보편적인 총대주교 칭호 사용을 거부하였으며, 성속양자의 관할권을 주장하였고, 로마교회의 거룩성, 이단과 분열을 배척하는 통일성, 사도계승권, 구원의 수단을 소유하는 성직주의를 내세우면서 자신을 교황(Pope)이라고 선언하였다. 그는 로마 교회가 전체 교회를 지도해야 한다는 신념을 갖고 있었으며 종교 회의의 칙령들도 "사도 교구인 로마 교구의 인정 없이는 권위가 없다"는 견해를 가지고 있었다. 이러한 사실들을 종합해 보면 그레고리우스 1세는 사실 중세의 기초를 튼튼히 구축하고 중세 교회를 잉태시킨 주된 인물이라고 평할 수 있다.

6. 그레고리우스의 저술들

그레고리우스는 그의 설교와 저술들을 통하여 아우구스티누스의 사상들을 전파시켜 대중화하는데 공헌하였다. 그의 가장 광범위하고 가장 대중적인 대작은 579년 콘스탄티노플에서 그곳에 있는 라틴 수도사들에게 욥기를 설교하면서 시작되어 595년에 완성된『욥기에 대한 도덕적 숙고 혹은 강해』(Moralia sive Epositio in Job)이다. 중세 저자들은 이 작품을 『대 도덕적 숙고』(Magna moralia)라고 인용하였다. 약간 자전적인 언급을 하면서 작품의 기원과 장르를 설명하는 헌정하는 편지가 "서문"에 연결되어 있다. 그는 이 편지에서 문자적, 풍유적, 도덕적 의미라는 세 가지 의미를 주목하면서 욥기를 강해할 것이라고 말한다. 그는 문자적인 의미가 도덕적인 의미를 제공하지 못하는 경우에는 그 문자를 넘어선 의미에 주의를 기울인다. 그는 문자적인 의미에 기반을 두면서 풍유적, 도덕적인 의미를 탐구해 나간다.

서문은 저자의 정신이 상당히 오랫동안 확립된 성경 이해에 토대를 두고 있는 것을 잘 보여준다. 교부들은 2세기부터 지속적으로 욥기를 언급하기 시작하였고, 오리겐은 22개의 설교를 했으며, 4세기에는 아리우스파인 줄리안이 욥기 전체를 주석했고, 소경 디디무스는 욥기 16장 3절까지 주석했는데, 욥을 도덕적 용기와 자유의지의 행사의 모델로 제시하였다. 그레고리우스 이전의 욥기 주석들은 주로 욥의 지위를 덕의 모범으로 내세웠다. 그들은 또한 죄, 정의, 인간의 자유를 논하기 위해 욥기의 어떤 구절을 사용하였고, 욥 때문에 그들은 고통을 단지 의인을 시험하는 것뿐만 아니라 은밀한 유익으로 보았으며, 지혜, 영적 인식, 분리가 그것을 통해 성취될 수 있는 한에서 섭리적 은총으로 보았다. 그레고리우스는 욥을 해석하는 이러한 교부 전통의 계승자로, 자신의 주석에서 이러한 모든 주제를 총체적으로 사용하여 논의한다.

이와 같이 그레고리우스는 명백하게 그의 동시대 독자들을 위해 교부 해석학과 엄격한 일치 속에서 욥기의 의미를 설명하려고 의도했다. 그는 교부 해석 전통을 계승하지만, 다른 한 편에서는 그 시대의 요구에 맞추어 새로운 주제들과 강조들을 첨가하였다. 이 주석가는 이야기체로 된 때로 장황한 강해 속에서 친숙하고 이미 중세화된 목소리를 여러 세대의 독자들에게 전달한다. 그는 "우리가 맨 먼저 역사의 뿌리까지 도달해야, 그 후에 알레고리의 열매와 함께 우리의 마음을 충분히 만족시킬 수 있다"고 말한다. 그는 도덕적 숙고를 제공하는데 목표로 둔 풍유적 해석을 통해 문자적 서사를 설명하고자 한다. 그는 3권으로부터 마지막 권까지 자신이 욥기의 알레고리(allegoriae)라고 부른 욥기의 윤리적 가치에 집중하면서 이 책의 영적인 중요성을 교부들로부터 학습된 모든 절차들과 함께 강조하고 있다. 그레고리우스는 롬바르두스족의 침입으로 인한 종말과 같은 그 시대의 인간의 비극, 무의미한 폭력의 모습, 무수한 무죄한 죽음과 비인간적인 야만성의 모습을 다루면서 동시에 그러한 모든 사회적 불법과 권력의 남용으로 나아가는데 수반되는 악들인 배반, 탐욕, 교만 등을 다룬다. 이 주석책은 학자의 설명의 결과나 신학의 추상적인 체계를 거의 다루지 않고 저자 자신의 경험에 토대를 둔 기독교 영성을 매우 실질적이고 응집력있게 제공한다. 인간 심리학에 대한 날카로운 이해와 함께, 그레고리우스는 매력적인 유창함으로 독자들에게 호소하면서, 그들이 경험해야만 했던 것의 목격자같이 잠재적인 독자들의 공통적인 경험을 묘사한다.

이 책의 교리는 신과의 신비적 합일에 토대를 두고 있다. 이 주석의 중심 주제는 시험당하는 영혼과 영혼의 상승이다. 아담과 이브의 타락 이후 인간의 마음은 빈약한 상태에서 항상 알 수 없는 미지의 존재와 대면한다. 단지 부정신학만이 올바른 신학으로 생각될 수 있다. 아우구스티누스도 이미 동일한 견해를 가지고 있었다. 하나님의 실재에 대한 묵상은 하나님의 은혜로 제공된다. 이러한 축복을 통해 그들은 흐릿하고 불확실한 비전, 초자연적인 것에 대한 밤 같은 이해에 도달할 수 있다. 그들의 영혼 자체가 눈이 멀고 하나님의 축복으로부터 추방된 상태에서, 그들은 그들의 내적인 여행의 극단적인 한계에서조차 소유가 아닌 소망의 백성으로 남아 있다. 사실상 사탄은 최소한 하나님이 허용한 한계 안에서, 언제나 영적인 진보를 방해하려고 노력할 것이다. 더 차원 높은 정화, 더 깊은 겸손, 더 심화된 개인적 회심의 계기가 되는 시험들이 극복되어야만 한다. 양심의 가책은 어떤 과거 실패에 대한 회개를 의미하나, 또한 이미 받은 하나님의 은혜에 대한 환희 속에 있는 기쁨의 눈물을 의미한다. 궁극적으로, 사랑만이 우리에게 올바른 이해를 제공한다.

　22개의 『에스겔 설교들』은 593년 동안 라테란 성당에서 성직자들과 수도사들의 소그룹에게 전달되었으며, 그로부터 8년 후에 편집되어 출판되었다. 다시 그 설교들은 임박한 재난들의 두려움과 고통과 함께 지속되는 전투로부터의 생생한 반향으로 채워진다. 그러나 『욥기 설교』이상으로, 에스겔 설교들은 내적인 삶의 아우구스티누스적인 이해와 함께 공명한다. 그레고리우스는 인간 영혼을 신적 초월로 인도하는 아우구스티누스의 기본적인 개념들에 의존한다. 그렇지만 그는 초월(Beyond)에 대한 그 자신의 소망과 종말에 대한 그의 비전에 의해 활력을 제공받음에 따라 그러한 개념들에 새로운 적합성을 부여한다. 하나하나가 다른 복음서 문단들에 대한 설교인 40개의 『복음서 설교들』은 590-592년 사이에 이루어진 것이다. 다시 많은 아우구스티누스 설교들 속에 있는 대중적인 단순성에 근접한 대화체 양식으로, 교황은 그의 무리들 가운데서 가장 겸손한 자의 언어로 말한다. 그레고리우스는 로마의 다른 군대 주둔지 교회들에서 주일날과 축일들에 한 시간 정도에 걸쳐 이러한 모든 복음서 설교들을 하였다. 그의 설교들은 동료 설교자들을 위한 모델로 의도적으로 작성되어, 그레고리우스의 복음서 설교들은 참으로 중세 설교를 위한 모범이 되었다. 그레고리우스에 의해 영감받았고, 중세 시대 동안에 엄청나게 영향을 미친 4권의 『대화록』(*Dialogues*)은 당시 기적을 행하는 200여명의 삶에 대한 기록인데, 2권 전체는 누르시아의 베네딕트의 광범위한 전기이고, 4권은 그레고리우스의 종말론을 취급한다. 『대화록』은 겸손, 복종, 사랑, 절제와 같은 평범한 기독교 생활의 미덕을 바탕으로 한 일관된 거룩함을 성공적으로 묘사한다.

그레고리우스는 중세 시대의 시작을 알리는 첫 번째 교황이었으며, 연옥과 반복적인 희생제사로서의 미사 개념을 비롯한 중세 신학적인 전개를 위한 토대를 마련하였다. 그는 그레고리우스 성가와 미사전서와 『목회규범』을 통해 중세 목회활동을 위한 규범을 제시하였다.

더 읽어야 할 책과 논문들

문성모. "그레고리안 찬트 유감."「기독교사상」670 (2014.10): 186-192.

손호현. "그림은 '빈자(貧者)의 성서'(biblia pauperum) 인가?: 그레고리우스 1세의 기독교 예술교육론."「기독교교육정보」14(2006): 283-311.

카톨릭대학교 사목연구소. "그레고리우스 1세의 사목지침서."「사목연구」3(1996): 64-73.

4장

9세기 성만찬에 관한 라드베르투스와 라트람누스의 견해와 논쟁

(Radbertus, 785-865 / Ratramnus, ?-868)

9세기에 접어들어 서방교회에서 성만찬에 대한 두 가지 상반된 견해가 생겨나서 대립하게 되었다. 라르베르투스는 성찬의 빵과 포도주가 역사적인 그리스도의 몸이라고 주장한 반면에, 라트람누스는 영적인 몸의 상징이라고 주장하였다.

1. 성찬에 실재론과 상징론의 역사적인 흐름

초대교회로부터 유래한 성찬에 대한 두 가지 흐름은 한 편으로는 떡과 포도주의 변화를 주장하는 '실재론적 교리'와 다른 한편으로는 그리스도와의 영적인 교제임을 주장하는 '상징주의적 해석'으로 명확히 구분되었다. 이러한 주장들을 계승하는 성찬에 대한 견해의 차이가 다시 한 번 9세기 코르비 수도원 안에서 발생하였다.

성찬론에 대한 논의의 전체적인 구조를 구성하는 것은 또한 기독론과 교회론 사이의 관계이다. 기독론에서 성찬에 참여하는 것이 그리스도의 역사적인 몸이냐 영적인 몸이냐?를 둘러싼 논쟁이었다. 교회론에서는 교회가 역사적인 그리스도의 몸과 연속성을 가지느냐? 그리스도의 신비적인 임재를 통한 신비적인 그리스도의 몸이냐? 하는 논쟁이었다.

코르비(corbie) 수도원의 수도사였던 라드베르투스(Paschasius Radbertus)는 822년에 삭소니의 새로운 코르베이(Corvey) 수도원을 개설하는데 참여하였다. 그는 그 후에 코르비 수도원학교의 교장이 되었다. 코르비 수도원 학교의 교장이었던 라드베르투스에게 그의 제자 바린(Warin)이 자신의 수도원에 있는 수도사들에게 교육할 성찬에 관한 교훈을 보내달라고 요청하였다. 바린은 삭소니에 있는 코르베이의 수도원 원장이었다. 그의 요청으로 라드베르투스는 831-3년 사이에 『주님의 몸과 피에 관하여』(De corpore et sanguine Domini)라는 책을 저술하였다. 이 저술은 당시에는 아무런 논쟁을 일으키지 않았다.

843년에 프랑크 왕국의 대머리 찰스 왕이 기도하려는 목적으로 코르비 수도원을 방문하였다. 이 때 라트람누스(Ratramnus)는 이 수도원에서 가르치는 교사의 직분으로 있었다. 국왕은 라트람누스와 교제하며 그의 신학적인 예리함에 감명을 받아 성찬에 대한 그의 견해를 요청하였다. 찰스는 "신자들이 교회에서 입에서 받는 그리스도의 몸과 피가 거기에 신비로 임하는가? 아니면 실제로 임하는가?"라고 질문하였다. 그는 국왕의 요청에 응하여 『주님의 몸과 피에 대하여』(De Corpore et Sanguine Domini)라는 책을 저술하였다.

라드베르투스는 843년 9월에 코르비 수도원 원장이 되었다. 수도원 원장이 그의 왕위 계승을 반대했기 때문이었는지 국왕과 사이가 좋지 않았다. 그는 국왕과 화해가 되기를 기대하면서 국왕에게 자신의 이전의 저술을 수정한 책을 증정하였다. 그의 수정된 두 번째 책은 『교부들의 생애』(Vitae Patrum)로부터 성만찬의 기적들을 포함시키면서 확장되었다. 가르치는 교사로서 라드베르투스의 자리를 계승했던 라트람무스는 전임자와는 다른 방법과 내용을 가르쳤으므로, 학생들이 그 두 가지 내용을 비교했을 수 있다. 이 두 사람이 동일한 제목으로 성찬에 대하여 저술을 했는데, 교부들을 인용하는데서 서로 상이한 경향을 보였다. 라드베르투스는 교부들을 인용할 때 자유롭게 인용하고 문맥도 고려하지 않아 잘 알지 못하면서 인용한다는 인상을 줄 가능성이 있었다. 반면에 라트람누스는 교부들을 광범위하게 인용한 후에 인용한 내용들을 해석하였다.

라드베르투스는 849년에 수도원장 자리에서 은퇴하였을 때, 그의 제자 가운데 프레두가르드(Fredugard)는 자신의 스승이 교부들을 정확하게 사용하지 않아 공격받을 위험성이 있다고 느꼈다. 그의 제자가 그러한 관심사를 표현했을 때, 라드베르투스는 그에게 두 개의 편지를 썼다. 그는 첫 번째 편지에서 자신이 전에 사용했던 명문선으로부터 끌어내면서 교부들을 인용하였다. 라드베르투스는 이러한 교부들의 인용을 통해 자신의 전통에 대한 지식을 강조하려는 의도를 가지고 있었다. 그러나 당시에 라드베르투스가 의심을 받았다는 증거는 나타나지 않았고 이를 둘러싼 논쟁이 일어나지도 않았다. 다만 10세기에 이르러 로베스의 헤리거(Heriger of

Lobbes)가 그들이 서로 다른 권위를 추종하면서 생겨나는 그들의 입장 사이의 불일치를 드러냈다. 그러므로 해리거의 분석 이후에 라드베르투스는 암부로시우스주의자로 그리고 라트람누스는 아우구스티누스주의자로 이해되어 왔다.

그렇지만 이들의 성찬에 대한 상이한 주장은 이후에 성찬론 논쟁의 주요한 사상적 근거가 되었다. 11세기에 란프랑쿠스(Lanfrancus)와 베렝가르(Berengar) 사이에 논쟁이 일어났고, 라트람누스의 상징설을 주장한 베렝가르가 이단으로 정죄되었다. 그리고 라드베르투스의 화체설의 주장은 1215년의 제4차 라테란 회의에서 지지를 받았고 13세기에 토마스 아퀴나스는 그가 주장했던 성찬식의 해석을 아리스토텔레스의 철학을 도입하여 완성하였다. 이러한 토마스 아퀴나스의 주장에 근거하여 트렌트 종교회의에서 화체설은 로마가톨릭교회의 정통교리를 규정되었다. 이와 함께 종교개혁이 일어났을 때에 이들의 주장들은 그들의 성찬 논쟁에서 중요한 근거로 등장하였다. 자연스럽게 종교개혁자들은 라드베르투스의 입장을 거부하였다. 오직 종교개혁 시기 동안에, 그 때에, 이러한 초기 중세의 논의는 실질적인 논쟁이 되었다.

2. 라드베르투스와 라트람누스의 성만찬에 대한 주장

그렇지만 라드베르투스와 라트람누스의 성만찬에 대한 상이한 주장은 당시 카롤링거 르네상스를 맞이하여 수도원에서 발전하고 있던 학문적이고 문화적인 발전상을 반영하고 있다. 이러한 발전상에서 두 사람의 성만찬에 대한 해석을 고찰해 보고, 다음으로 교부들을 인용하는 방법론의 차이점을 분석해 보고자 한다.

성찬에 대한 이들의 차이점은 궁극적으로 기독론과 함께 교회론과 연관되어 있다. 성찬에 대한 견해 차이는 미사의 중요성이 강화되면서 발생하였다. 9세기에 이르면 수도원 안에서 미사는 중세 초기에 비해 훨씬 더 중요한 것이 되어갔다. 외부 세상으로부터 기독교인들을 분리시키는 세례와 달리, 성찬은 기독교 공동체 내부에서 그들의 하나 됨을 강조하였다. 수도사들은 처음에는 평신도들이었지만, 다양한 카롤링거 왕조의 개혁들 덕분에 수도원들은 급속하게 아주 우월한 기독교 공동체로서 특권을 얻었다. 따라서 국왕도 라트람누스에게 이러한 신학적인 문제에 대해 조언을 구했던 것으로 보인다.

1) 역사적인 몸인가? 신비적인 몸인가?

이들의 작품을 분석해 보면 두 사람 사이에 신비로서의 성찬에 대한 아주 다른 관점이 드러난다. 라드베르투스는 그의 저술에서 4가지 문제를 취급했다. 첫 번째는 그리스도의 역사적인 몸과 성찬에서의 그리스도의 몸 사이의 관계이다. 둘째는 성례가 많은 장소에서 시행될 때 그리스도의 실질적인 임재가 어떻게 설명될 수 있는가? 셋째는 봉헌 이전과 이후의 빵과 포도주의 본성은 무엇인가? 넷째로 성례의 표지들과 기표되는 사물들 사이의 관계는 무엇인가?

첫 번째 문제에 대하여 라드베르투스는 성례 안에 있는 그리스도의 몸이 그의 지상의 생애 동안에 가시적이었으며, 고난 받고 죽었던 그리스도의 역사적인 몸과 동일하다고 주장했다. 그는 자신의 책에서 성찬은 사제의 기도를 통해 주님의 살과 피로 변하는데, 본질적이고 형이상학적 변화가 일어난다고 주장하였다. 이 변화는 물질적으로는 이해될 수 없고 오직 신앙을 통해서만 신적인 신비로서 이해될 수 있다. 오직 믿는 자들만 이 몸을 받을 수 있다고 하였다. 빵과 포도주가 우리 감각으로 인식할 수 없지만 영적으로 역사적인 그리스도의 몸과 피로 변화된다는 라드베르투스의 강조는 교부들 중에서 암브로시우스의 입장을 반영한다.

암브로시우스로부터 차용된 히브리서 1장 3절의 변형을 통하여 라드베르투스는 성육신한 몸과 피와의 동질성 때문에, 빵과 포도주는 그러한 실체들의 형상(character)이고, 그러므로 기록된 글자들이나 본문들과 유사해진다고 주장한다. 고대 유대인들에게 제공된 기독교 진리의 그림자들과 같이, 빵의 물질적인 모습들은 몸을 나타내고 포도주의 물질적인 모습들은 피를 나타내기 때문에, 성례는 그것의 물질적인 모습으로부터 구별되는 가시적으로 다른 실재를 가리킨다. 그러나 구약의 것(things)들은 그림자에 지나지 않지만, 그리스도의 인성은 가시적인 모양(figure)이고 그러므로 가려진 신성의 형상인 것과 같이, 성찬식도 외적인 특성을 통하여 표현되는 진리를 나타내는 기록된 특성 혹은 문자와 같다. 특히 주목해야 할 것은 성찬은 영적으로 그리스도의 역사적인 몸과 피를 포함하고 있기 때문에, 이것은 유일한 축제의 음식과 음료이다. 그는 그리스도는 신적인 진리이기 때문에, 빵이 세상을 위하는 나의 몸이라는 예수님의 선언은 완전히 진리(사실)임이 확실하다고 강조한다. 빵은 진실로 그의 몸이 된다.

다음으로 만약에 성찬에서 빵과 포도주가 그리스도의 역사적인 몸과 피로 바뀐다면, 어떻게 여러 장소에서 동시에 성찬식을 행할 때에, 그리스도께서 임재하시는 것이 가능한가? 라는 질문에 대하여, 그는 하나님의 창조적인 능력에 호소하여 해결한다. 성령은 매일 외형적으로는 시각이나 맛에 의해 이해되지 않지만, 그의 성찬의 성화를 통하여 불가시적인 능력으로 그리스도의 몸과 피를 창조하신다.

그는 봉헌 후의 빵과 포도주의 본성에 대해 취급할 때, 빵과 포도주의 외형은 남아 있지만, 그 본성은 완전히 사라진다고 주장한다. 봉헌 후에 빵과 포도주는 다름 아닌 그리스도의 살과 피이다. 성찬의 요소들은 기적 때문에 모양에서 외적으로 변화하지 않지만 내적으로 변화하는데, 이것은 신앙으로 성령 안에서 입증된다. 다시 말해서, 빵과 포도주는 그리스도의 살과 피가 되었지만, 하나님에 대한 우리의 신앙을 시험하려고 그 요소들은 빵과 포도주의 모양을 보존하고 있다. 이것이 의미하는 바는 성찬의 표지들과 지시되는 사물들 사이에 실질적으로 구별이 없다는 것이다. 그는 빵과 포도주의 실질적인 변화를 주장하면서, 따라서 신자들만이 빵과 포도주를 받을 수 있는데, 신앙으로 받아야만 한다고 강조했다.

라드베르투스에게 있어서, 성찬은 교회를 위한 일종의 성육신을 시작하기 때문에, 성찬의 가장 중요한 측면은 새로운 생명의 창조였다. 그리스도는 자신의 생명의 상실을 통하여 교회를 출산하였다. 제단에서 사제의 행위는 이것을 재연하여 이 성례가 동시에 진리와 외적 모양을 포괄하는 아주 심원한 신비를 나타낸다.

라드베르투스가 성찬을 해석하는데서 중요한 용어는 실체(veritas)와 모양(figura)이다. 그에게 있어서 더 중요한 실체와 덜 중요한 모양 사이를 구별하는 것이 그리스도의 신성과 인성의 위격적 연합뿐만 아니라 신자들의 구원과 신성의 참여를 이해하는 데서도 중요하다. 그리스도는 실체(veritas)인 신성과 모양(figure)인 육체의 연합으로서 아버지의 형상(character)이다. 이와 같이 성찬의 요소들은 그리스도의 살과 피인 실체들(veritas)과 빵과 포도주라는 모양(figura)의 연합으로서 그리스도의 형상(character)이다. 그러므로 성찬에서 신자들이 외적으로 지각하는 것은 모양이나 모습이고 내적으로 인식하는 것은 몸과 피의 실체이다. 그는 이러한 논의를 통해서 장래의 화체설의 토대를 놓았지만, 그 자신은 실체의 변화라는 논의를 전개하지는 않았다.

이렇게 라드베르투스가 성찬의 요소들과 그리스도의 역사적인 몸과 피의 동일성을 강조할 때, 라트람누스는 라드베르투스에게 두 가지 질문을 했다. (1) 그리스도의 몸과 피는 오직 믿음의 눈으로만 볼 수 있는 방식으로 임재 하는가? 아니면 인간의 눈이 실제로 그 몸과 피를 볼 수 있도록 실재하는가? (2) 성찬에 임재 하는 그리스도의 몸과 피는 마리아에게서 탄생하시고 고통당하시고 죽임당하시고 장사되시고 하늘로 올라가 아버지 우편에 앉으신 존재와 동일한가? 라트람누스는 라드베르투스와 똑같은 제목인 『주님의 몸과 피에 대하여』라는 책에서 자신이 질문한 것을 스스로 답을 하였다. 첫 번째 질문에 대한 답으로 그리스도는 성찬 안에 오직 '상징적으로' 임재하실 뿐 '실재로' 임재하지는 않는다는 것이다. 두 번째 질문에 대해 라트람누스는 성찬에 임재하는 그리스도의 몸은 마리아에게서 나신 것과 동일한 몸이 아니라고 대답했다. 왜냐하면 그 몸은 하늘에서 하나님 우편에 앉아 계시기 때문이다. 따라서 성찬에는 오직 그리스도의 영적 임재만이 있을 뿐이며 그것은 믿는 자들에 의해 영적으로 이해된다고 하였다. 라트람누스는 843년 같은 제목의 책에서 라트베르투스의 실질적인 변화를 반대하고 성례는 상징이고 하나님의 활동의 계기라는 상징설을 주장하였다.

2) 교부들의 인용방법

그러면 라드베르투스와 라트람누스는 자신들의 주장을 뒷받침하기 위해 교부들의 저술을 인용했는데, 그 인용 방법이 어떻게 다른지를 살펴보자. 라드베르투스는 교부들을 인용하는데, 수도원에서 했던 바와 같이 오래되었지만 덜 학문적인 방법을 나타낸다. 이러한 방법은 더욱 명상적이고 더욱 즉흥적이다. 그는 교부들을 인용할 때 정확한 문맥을 고려하지 않고, 자신의 주장을 뒷받침하기 위해 필요한 대로 인용하였다. 그러므로 그에게 있어서 교부는 자신의 주장에 대한 권위들이 아니라, 필요한 자료들이었다.

그가 사용한 무게 있는 라틴 교회의 자료들 가운데, 암브로시우스가 중요한 자리를 차지하였다. 라드베르투스는 비슷하게 성육신적이고 종말론적인 암브로시우스의 표상에서 분명하게 편안함을 느꼈다. 암브로시우스의 『신비에 관하여』(De mysteriis)로부터 그는 자연의 질서에 도전하는 기적인 성만찬 개념을 끌어냈다. 그렇지만 암브로시우스가 성찬을 세례에 수반되는 것으로 보았던 곳에서, 라드베르투스는 성체를 그들의 일생동안의 순례를 위해 하나님이 만든 양식이자 그와 수도사들을 위한 여행경비(viaticum)로 보았다. 세례와의 연결이 배후로 물러나면서, 수도사들의 일생의 신앙 여정은 이생으로부터 내생으로 이동하는 과정, 수도사들뿐만 아니라 모든 신자들에게 구원을 가져올 전이(transitus)를 예시하기에 이르렀다.

대조적으로 라트람누스는 성서와 교부의 증거로부터 자신의 해석을 뒷받침하는 훨씬 더 확실한 방법을 가지고 있었다. 그는 이러한 방법을 통해 자신의 입장을 명백하게 양자로부터 끌어온 증거들에 토대를 두면서, 자신이 또한 이러한 자료들에 의존한다는 것을 보여주었다. 그의 특별한 목표는 소위 거룩한 교부들의 흔적(vestigia sanctorum patrum)을 추적하려는 것이었다. 그는 궁극적으로 교부들의 말들을 통해 그들의 영감의 근원을 성서, 특별히 복음에까지 추적할 수 있었다. 라트람누스는 자신의 책 33장에서 아우구스티누스의 『기독교 교육론』 3권 16장 55절을 그의 중심적인 권위로 삼았다. 여기서 아우구스티누스는 그의 해석을 요한복음 6장 53절에 있는 그리스도의 말씀으로부터의 인용에 근거하였으므로 그의 해석에서 성경을 중심적인 권위로 삼은 것으로 나타난다. 여기서 아우구스티누스는 성례 참여자들에 대한 식인풍습(Capharnaism)의 비난을 피하기 위하여 살을 먹고 피를 마시라는 그리스도의 명령하는 말씀들을 문자적인 말이 아닌 비유의 말(figurata locutio)로 해석하였다. 라트람누스가 아우구스티누스의 입장을 취했을 때, 그는 그리스도의 말(verba Christi)과 일의 실체(veritas rei)인 그리스도의 희생 자체 사이의 차이를 강조하는 효과를 가져왔다.

라트람누스는 이와 같이 교부와 성경의 권위의 올바른 사용을 통해 성례를 정당화하기를 원했다. 그는 교부들의 기록된 증언을 차례로 정리한 것에 토대를 두고 성례의 중심성이 아니라 성례의 의미를 밝혀야할 필요성에 대하여 그의 선임자인 라드베르투스와 의견을 달리하였다. 라트람누스는 그리스도의 희생의 의미를 밝히는데서 아우구스티누스가 했던 성찬에 대한 영적인 해석(figurata locutio)을 채택했는데, 그 이유는 아우구스티누스가 복음서에 있는 그리스도의 말씀들을 중요한 결정 근거로 삼았기 때문이었다. 그는 이러한 방식을 통해 비유(figura)로서의 성례와 성례의 실체(veritas rei)사이의 차이를 올바르게 유지할 수 있었다.

라트람누스는 성례를 형이상학적 실재를 나타내는 물리적 일로 이해하는 점에서 아우구스티누스를 밀접하게 추종하였다. 찰스 왕에 대한 그의 주장은 기본적으로 세례와 성찬의 연결이었다. 세례가 신비스럽게 세례자들을 그리스도의 몸 안으로 인도하여 구원하는 바와 같이, 성찬은 참여자들을 그리스도의 몸 안으로 인도하여 구원한다. 그런데 이 그리스도의 몸은 역사적인 몸이 아니라 빵과 포도주 안에 그리스도의 신비적 임재를 통한 몸이다. 성찬의 요소들은 그리스도의 형상(character)이 아니고 단지 신비적으로 그러한 것을 포함하고 있다. 그는 성례와 성례가 나타내는 것을 구별한다.

라트람누스는 라드베르투스와 약간 다르게 실체와 모양을 정의한다. 라드베르투스에게 있어서 실체는 신앙이 가르치는 것이고, 모양은 그 실체를 외적으로 나타내는 것이다. 성례에서 실체는 그리스도의 몸과 피이고, 외형은 빵과 포도주이다. 반면에 라트람누스에게 있어서 모양은 모양의 사용이 나타내는 실체를 상징하는 모든 것이고, 실체는 어떤 것의 자연스러운 의미이며 오감의 감각으로 인식할 수 있는 것이다. 라트람누스에게 있어서 성찬의 빵과 포도주는 성례에서 실체적으로 변화하지 않고, 실질적인 빵과 실질적인 포도주의 덮개 아래 그리스도의 영적인 몸과 영적인 피가 존재하기 때문에 비유적으로(figuratively) 변화한다. 그러므로 빵과 포도주는 오감에게 있어서 실체로서는 빵과 포도주이며, 모양은 신비적인 그리스도의 몸의 임재를 상징하는 것이다.

라드베르투스는 신비가 진리와 모양을 포괄하기 때문에 성례를 신비로 고찰했지만, 그는 궁극적으로 성례를 양자를 통합하는 기적으로 이해하는 데 이르렀다. 자신의 수정된 논문에서 기적들이 성례의 효율적인 능력을 강조하기 때문에, 그는 『교부들의 생애』(Vitae Patrum)에서 수많은 기적들을 첨가하였다. 제단에서 수행되는 사제의 행동뿐만 아니라 성찬 제정사의 말들도 교회 의식에 따라 수행된다면, 신자는 성체와 나란히 또한 성체의 치료하는 능력을 마시는 셈이었다. 성례의 말씀, 사제들의 행동, 그리고 성례의 효과는 깊이 수행되는 신비의 특성을 구성하는 점에서 분리될 수 없다. 라드베르투스에게 있어서, 신자들이 문자 그대로 그리스도의 몸과 연합됨에 따라, 성례가 제공하는 새로운 생명은 그리스도의 몸인 교회의 특성에 첨가된다. 명백하게, 라드베르투스는 성찬의 능력이 모든 것에 스며들어 있어 그리스도가 하늘 문을 열기 위하여 올라가신 후에도, 그는 여전히 제단에 임재할 수 있었다. 진리와 모양이 성찬의 신비로 수렴되는 같이, 기독론과 교회론도 수도사들의 상징적이나 강력한 공동체, 카롤링거의 세상에서 거룩한 장소(locus)로 수렴된다.

마침내, 두 개의 다른 교회상이 출현한다. 라드베르투스에게 있어서 성찬은 그가 사는 폐쇄된 수도원 공동체에 비교되는 자체적으로 폐쇄된 성례였다. 성찬에 참여하는 신자들은 그리스도의 역사적인 몸이 된 성찬에 참여하여 구원을 얻을 수 있게 되었는데, 수도원 신학자들의 과제는 그러한 의미를 풀어내는 것이었다. 이 의미를 풀어내기 위해 라드베르투스는 교부들을 인용하는데, 자신이 선택한 저자들을 뽑아내서 그가 선호하는 방식으로 그들을 인용하였다. 그는 성찬의 구원의 의미를 설명해 낼 수 있다면 전통을 깨뜨리는 것을 걱정하지 않았다.

반면에 라트람누스는 그리스도의 희생의 실체의 진리(veritas rei)를 제단에서 이루어지는 성찬의 재연으로부터 분리시켰다. 결과적으로 단순하게 성례의 의식에 참여하는 것보다 성례 의식의 참여에서 신앙의 역할이 점차적으로 중요하게 되었다. 그에게 있어서 교부들은 영속적인 동료들이 아니라 그들의 견해들을 주의 깊게 측정하고 선택해야 하는 권위자들이 되었다. 교부들은 그리스도의 역사적인 몸으로 연결된 공동체가 아니라, 동일한 신앙을 토대로 연결되는 공동체였다.

라드베르투스와 라트람누스는 9세기 코르비 수도원에서 성찬의 실체와 모양과 형상에 대하여 논쟁하였다. 라드베르투스는 성찬은 실체인 그리스도의 신성과 모양인 그리스도의 인성의 연합이 그리스도의 형상이라고 말하였다. 그러므로 그에게 있어서 성찬의 빵과 포도주는 역사적인 그리스도의 몸과 피와 연속성을 가지고 있어서, 교회는 역사적인 그리스도의 몸이다. 반면에 라트람누스는 성찬의 실체인 부활한 그리스도는 하나님의 우편에 계시고, 그의 상징이고 모양인 빵과 포도주와는 구별된다. 그러므로 교회는 그리스도의 역사적인 몸과의 연속성이 아니라, 그리스도의 신비적인 임재로서의 그리스도의 몸이다.

더 읽어야 할 논문

손수호. "『주님의 몸과 피』에 나타난 성만찬 사상에 관한 연구."「한영논총」17(2013): 49-71.

5장

9세기 예정론 논쟁

9세기에 성찬론에 대한 라드베르투스와 라트람누스의 견해가 다른 것 때문에 실질적인 논쟁이 일어나지 않았으나, 예정론을 둘러싸고는 실질적인 논쟁이 발생했는데, 이 예정론 논쟁은 성찬론에 관한 견해 차이와 밀접하게 연관되어 있었다. 따라서 이 예정론 논쟁은 교회론과 관련되고, 이 교회론은 구원론과 인간론과 관련된다. 또한 이것은 하나님의 의지의 의미와 범위에 대한 토론인데, 특별히 하나님이 은혜와 구원을 인류의 모든 사람들에게 베푸시는지 아니면 일부에게만 베푸시는지에 초점을 맞춘다.

고트샬크(Gottschalk, 808-868)는 풀다(Fulda) 수도원의 수도사였는데, 성년이 된 후에, 수도원을 인간의 제도라고 간주하였기 때문에 수도원을 떠나고자 하였다. 수도원장 라바누스 마우루스(Rabanus Maurus)는 그를 이단으로 정죄하는 불공정한 수단들을 통하여 그를 단념시키려고 노력하였으나, 마인츠 종교회의가 그가 떠나는 것을 허용했을 때, 그는 계속해서 오르바이스와 코르비로 갔다. 그 후에 그의 가르침은 848년 마인츠 종교회의에서 정죄되었다. 이 때 대주교인 라바누스는 고트샬크가 주장하는 이중 예정에 대한 비난을 상세하게 기록한 편지와 함께 그를 그에 대한 재판권을 가지고 있던 라임즈의 힌크마르(Hincmar)에게 되돌려 보냈다. 이중예정은 하나님께서 구원하기 원하는 사람들뿐만 아니라, 그가 정죄하기 원하는 사람들도 선택했다는 입장이다. 정죄된 사람의 경우에, 죄를 삼가는 것과 교회에 복종하는 것이 그의 운명을 바꿀 수 없었다. 대머리 찰스 왕은 849년에 열린 퀴어지(Quierzy) 종교회의에서 고트샬크를 정죄하였고, 그가 하우트빌러스(Hautvillers)에 수감되어 있는 동안에, 그의 저술들을 불태워졌다. 그러나 그는 고립되기는커녕, 지지자들과 계속해서 서신 교환을 하였고 오르바이스와 코르비에서 지원을 받았다.

1. 고트샬크의 예정론

고트샬크는 하나님의 예정은 하나이나, 결과는 이중적이라고 주장한다. 하나님은 택자는 영생으로 유기자는 영원한 죽음으로 예정하셨다. 따라서 예정은 하나이나 이중적이다. 예정은 이중적이라고 언급되는데, 이것은 결코 두 개의 예정을 말하는 것이 아니고, 자비가 하나이면서 이중적이라고 언급되는 바와 같이 단지 하나이다. 전능하시고 불변하시는 하나님은 거룩한 천사들과 선택한 사람들을 은혜롭게 영생으로 예지하시고 예정하셨으며, 동등하게 모든 마귀들의 우두머리인 사단 자신을 배교한 모든 천사들과 또한 모든 유기된 사람들과 함께 영원한 죽음으로 예정하셨다.

이 하나의 예정이 이중적인 결과로 나타나는데서 고트샬크는 악에 대해 정당한 악과 부당한 악을 구별한다. 사람들이 범하는 부당한 악에 대하여 하나님은 정당한 처벌인 악, 즉 몸으로부터 영혼의 분리라는 정당한 악을 행하신다. 이것이, 모든 부당한 사람이 범해 왔고, 범하고 있고 범할 부당한 악한 일들과 하나님께서 정의로운 분이 적합하다고 보시는 바와 같이 현재와 영원한 고통 속에 있는 역경들을 통해 지불해 오셨고, 지불하고 계시며 지불하실 정당한 악한 일들 사이에 있는 차이이다.

유기자의 영원한 죽음으로의 예정은 그들의 악한 공적들에 대한 예지의 토대 위에서 일어난다. 하나님은 모든 악마의 우두머리인 사단을 배교한 천사들과 모든 유기된 사람들과 함께 가장 확실하게 그들 자신의 예지된 미래의 악한 공적들 때문에 동일하게 예정하신다.

그는 한 면에서 예지를 언급하지만, 예정은 언제나 그의 뜻의 경륜에 따른 것이고 하나님은 신적인 정의에 아무런 해를 끼치지 않고 그가 하고자 하는 누구라도 정죄한다고 분명하게 서술한다. 은혜를 하나님으로 확인하면서, 고트샬크는 원하는 누구라도 자유롭게 해방하고 구원하는 은혜는 하나님이고 전능하지 않은가? 라고 외친다.

하나님은 모든 사람을 구원하기 원하시지 않는다. 그는 라바누스 마우루스에 대한 답변에서 하나님이 구원하시고자 하는 모든 사람이 의심할 바 없이 구원받으며, 구원받지 못하는 모든 사람들에게 있어서 하나님은 그들이 구원받는 것은 원하지 않으신다고 서술한다. 그는 『예정론』(*De Predestinationa*)에서 다음과 같이 말한다. 참으로, 일반적으로 그리고 보편적으로, 동등하게 그리고 차별 없이 모든 사람이 구원받는 것을 원하시는 하나님께서 택자들이 구원받기 원하기 때문에 그들을 구원하고 유기자들이 자신들이 구원받기 원하지 않기 때문에 그들을 구원하지 못한다고 말하는 사람들은 선택자 안에 있는 하나님의 은혜를 확실하게 부인하고 부지중에 유기자 안에 있는 하나님의 전능을 부인하는 것이다.

인류는 택자와 유기자의 두 그룹으로 나누어진다. 택자는 하나님께 상실되어 유기될 수 없다. 그는 『예정론』에서 두 몸이 있는데, 하나는 그리스도의 몸이고 다른 하나는 적그리스도의 몸인데, 각각의 몸은 구성원들의 온전함이나 충만함에 의해 확립된다. 유기자들은 하나님의 도성에 속하지 않고, 사단의 도성에 속한다. 한 인류 안에 두 종류의 인간들이 있다. 그리스도의 죽음에 의해 구원받는 사람들은 멸망하지 않고 유기자들만이 치명적인 격노와 범죄들을 통해 멸망한다.

그리스도는 택자 만을 구원한다. 모든 피조물들의 근원이시고 창조주이신 우리의 전능하신 하나님은 모든 택자들과 그들만의 은혜로운 치유자이시고 고귀한 회복자이시다. 주께서 전체적으로 모든 사람들, 선택자와 유기자들의 구원과 구속을 위하여 고난당하셨다고 말하는 사람들은 하나님 아버지 자신과 모순된다. 예지와 예정을 구분하지 않기 때문에 가톨릭교회의 교리와 충돌하였다. 그는 이중예정을 주장하기 위하여 예지와 예정의 동시성을 강조한다.

코트샬크의 이중 예정의 견해가 가져올 수 있는 신학적 위험이 제기될 수 있지만, 그의 목표는 교회를 붕괴시키려는 것이 아니라, 오히려 교회의 능동적인 선교 정책의 필요를 강조하려는 것이었다. 이것은 고트샬크 자신의 선교 여행과 카롤링거 사회의 변두리에 있는 사람들에 대한 그의 세례 설교를 설명해 준다. 그러므로 예정론을 둘러싸고 계속해서 일어나는 교회적 갈등의 핵심에 라임스의 힌크마르와 라바누스 마우루스의 교회 권력과 정치에 대한 관심과 고트샬크의 복음을 전파하는 활동 사이의 충돌이 자리 잡고 있다.

2. 힌크마르의 예정론

예정론 논쟁의 전개과정에서 고트샬크는 자신의 입장이 아우구스티누스의 예정론에 근거하고 있다고 하면서 예지예정을 반대하고 이중예정인 절대예정론을 주장했으며, 그의 주장을 반박하면서 힌크마르는 유기는 인간의 책임이라고 하면서 구원 예정만을 주장하였다. 힌크마르는 고트샬크와 예정 교리가 당시의 교회 질서를 무너뜨릴 수 있다는 위기의식 속에서 그를 이단으로 정죄하고자 하였다. 그는 『폐쇄된 것과 단순한 것에 대하여』(Ad reclusos et simples)에서 신의 예지와 예정 사이의 전통적인 구별을 지지했고 신은 미리 죄인을 정죄하지 않는다고 주장했다. 예지와 예정을 구별하는 그러한 교리가 성서에 부합하지 않는다는 광범위한 비판 때문에, 힌크마르는 『신의 예정과 자유의지에 대하여』(De predestinatione Dei et libero arbitrio)를 썼는데, 이 책에서 그는 하나님이 죄의 저자로 여겨지지 않도록 하느님이 악인을 지옥에 이르게 할 수 없다고 주장했다. 따라서 힌크마르의 주도하에 퀴에르지(849)와 발렌스(855) 종교회의는 그의 견해를 교회의 공식입장으로 채택하면서 반복하여 고트살크를 정죄하였다. 힌크마르의 주장은 중세의 성례제도 유지와 선행의 공적 교리 유지를 위해 필요하였다.

이러한 예정론 논쟁은 당시의 성찬론의 견해 차이와 관련되어 있었다. 당시 성찬론의 견해 차이는 십자가를 통한 그리스도교의 구속 역사에 그 토대를 두고 있었다. 차이점은 성찬의 빵과 포도주가 성육한 그리스도의 몸과 피와 동일한지의 여부이다. 라트베르투스는 성찬의 요소들이 역사적인 그리스도의 몸과 피와 동일하다고 주장하고 있었는데, 이러한 주장을 반대하도록 촉매제 역할은 한 것이 고트살크가 주장한 이중예정론이었다. 고트샬크는 선택과 유기를 주장하면서 인간이 하는 덕스러운 행동이 구원에 아무런 영향을 미치지 못한다고 주장하였다. 고트샬크의 이중예정론에 대한 그러한 주장이 평신도들을 성찬의 거행에 참여시키려는 성직자들의 노력과 성도들의 다른 덕스러운 행동을 위태롭게 할 것이라는 두려움이 확산되었다. 따라서 당시 교회는 힌크마르가 주도하여 그를 여러 번 정죄했지만 다른 종교회의들과 개별적인 신학자들은 그의 교리의 주장들을 지지하였고 따라서 논쟁은 10여년 이상 지속되었다. 라드베르투스의 성찬에 그리스도의 임재에 대한 주장 이외에, 이 문제에 대해 논의한 인물들은 힌크마르, 고트샬크, 에리우게나, 라트람누스 등이다.

물론 이들의 논쟁은 학자들과 수도원과 관련된 논의였지, 일반들과는 거의 관련이 없었다. 라드베르투스의 입장에 가장 가까운 인물이 힌크마르이다. 그는 853-6년 사이에 빵과 포도주가 성육신한 그리스도의 살과 피를 포함하고 있다고 주장하는 입장을 예정론과 연결시켰다. 그는 860년대 후반 혹은 870년대 초반에 기록한『피해야 할 악과 추구해야 할 덕에 담론』(*De cavendis vitiis et virtutibus exercendis*)에서 이 문제를 더욱 폭넓게 논의한다. 대부분이 성경과 교부들의 저술들의 인용인 이 저술을 통해 그는 다음과 같이 주장한다. 성찬은 구원에 필수적이며, 유대인들을 해방시키는 유월절 어린 양에 의해 예시된 십자가의 수난은 잠정적이 아니라 영원한 생명의 근원인 빵과 포도주로 전이된다. 성례는 그 십자가에 못 박힌 몸과 피와 동일하다. 미사에서 희생제물로 드려지는 성찬을 받는 것은 신자와 그리스도의 연합을 강화시킨다. 반면에 이 성찬을 악한 마음으로 받는 사람은 그 자신의 심판을 먹고 마시는 것이다. 그렇지만 힌크마르는 유기에 대한 예정을 부인하고 생명으로의 예정만을 주장하면서 보편구원으로 나아간다. 악을 지속하는 사람은 정죄를 받을 것이나, 하나님은 그러한 사람을 정죄로 예정하지 않으시고 그의 종말을 예지하신다. 그러므로 미사는 그리스도의 구원하는 몸과 피(성찬)를 모든 사람이 이용할 수 있게 만든다.

3. 에리우게나의 예정론

힌크마르는 자신의 입장을 강화하기 위하여 에리우게나에게 고트샬크의 예정론에 반대하는 논문을 쓰도록 요청하였다. 에리우게나는 그의 이름이 나타내는 바와 같이 아일랜드에서 태어났고, 대머리 찰스왕의 궁정 학교에서 가르쳤다는 것 이외에, 에리우게나의 초기 생활에 대하여 거의 알려진 것이 없다. 따라서 이 논쟁은 그의 첫 번째 공식적인 등장을 나타내기 때문에 중요하다. 에리우게나는 그러한 요청을 받아들여 851년에 『하나님의 예정에 관하여』(De Divina praedestinatione)를 출판하여 고트샬크를 비판하였다.

힝크마르는 하나님의 예정은 이중적이다(gemina est praedestinatio), 즉 영원한 안식으로 선택자의 예정과 죽음으로 유기자의 예정이라는 고트샬크의 명제를 반박하도록 에리우게나에게 요청하였다. 그러므로 에리우게나에 대한 그의 강조하는 요구는 이것이 아우구스티누스의 견해들과 일치한다는 고트샬크의 주장을 부정하라는 것이었다. 전에 이러한 질문을 요구받았을 때, 코르비의 라트람누스와 프로덴티우스는 고트샬크에게 긍정적으로 대답하였다. 이들에게 고트샬크는 참으로 견고한 아우구스티누스의 토대에 근거하고 있는 것으로 보였다.

이 때 힝크마르의 요청을 받은 에리우게나는 유기에 대한 예정을 반대하는데, 그 이유는 하나님은 선한 일만을 하시기 때문이다. 따라서 그는 유기를 부정하기 때문에 만인구원론의 입장으로 나아간다. 에리우게나는 아우구스티누스의 하나의 인용이나 해석을 다른 것에 대립시키기 시작하는 통상적인 카롤링거의 방식에서 출발하지 않았고, 논의 지평을 모든 것들 가운데 최고의 지평인 하나님에게로 끌어올렸다. 은혜와 자유의지에 대한 전체적인 논의를 하나님의 본성의 수준으로 끌어올려서, 에리우게나는 단일 예정의 개념을 인정하였다. 에리우게나는 예정을 "이중에 반하는" 의미에서 하나가 아니라, 오히려 고트샬크의 이중적인 일(opus bipertitum)을 완전히 초월하는 하나이자 단순한 것으로 간주하려고 하였다. 에리우게나에 따르면, 하나님의 본성이 관련되는 한, 예정과 예지는 차이가 없었다. 하나님의 본성이 하나이기 때문에 예정은 이중적일 수 없었다. 에리우게나는 하나님의 예정 안에서 차이를 인정하는 반면에, 이것이 분리와 동일한 것은 아니었다. 왜냐하면 하나님은 일부 사람들에게 지복을 주시는 것을 능동적으로 선택하시는 반면에, 다른 사람들에게는 그들 자신의 범죄하는 교만 때문에 정죄를 얻도록 단지 허용하시기 때문이다. 에리우게나는 하나님이 어떤 방식으로든 강요받을 수 있는 외부 원리로 이해되는 필연성의 어떤 이념뿐만 아니라 모든 이념을 격렬하게 거부하였다. 그에게 있어서 하나님의 존재는 단순하게 그의 의지와 필연성이고 그것들과 동일하다. 연속적인 하나님의 동일성의 이러한 원리가 예정론에 대한 모든 에리우게나의 사고의 토대를 이루고 있다. 따라서 이러한 방식으로 하나님의 예지는 에리우게나에게 있어서 무리 없이 그의 예정론으로 변화될 수 있었다. 결국 하나님의 본성은 나누어지지 않는 하나의 실체에 속하였다.

하나님의 예정을 하나님의 하나이고 분리되지 않는 실체의 관점으로부터 광범위하게 고찰한 후에, 에리우게나는 인간의 자유의지를 분석하면서 또한 하나님의 예정을 인간의 측면으로부터 탐구하였다. 인간의 본질에 대한 그의 관점은 하나님의 실체에 대한 그의 관점을 반영하는데, 결국 인간의 본질은 신의 본질의 형상이다. 그러므로 인간 안에서 의지하고, 존재하며, 아는 것은 또한 본질적으로 하나이다. 광범위하게 아우구스티누스의 『자유의지에 관하여』를 인용하면서 에리우게나는 사람들이 아담의 범죄 이후에도 의지의 자유로운 선택(liberum arbitrium voluntatis)을 가지고 있어서, 모든 선한 일의 경우에 사실인 바와 같이, 그들이 자유의지를 악용하려고 선택할 수 있다고 주장하였다.

에리우게나의 성찬론은 위 디오니시우스의 작품들을 주석하면서 그리스도의 영화된 몸이라는 영성주의적인 견해로 나아가며, 따라서 그의 성찬론에서 라드베르투스와 같이 그리스도의 육체적인 몸과 피가 임재하는 것으로 나타난다. 그런데 이 임재하는 그리스도의 몸과 피는 성육신한 그리스도의 몸과 피가 아니라, 부활한 후에 그리스도의 인성이 신성에 동화된 결과이다. 그리스도의 성육신한 살과 피의 신성화가 성찬에 그리스도의 몸과 피의 임재를 가능하게 만들고, 종말에 모든 인간 본성이 하나님께 돌아가 만인구원이 가능하게 만드는 패턴을 형성한다. 그리스도의 부활한 몸의 신성화는 모든 성찬에 동일한 실체의 임재를 가능하게 만든다.

고트샬크는 849년 정죄받은 후에 850년경에 『그리스도의 몸과 피에 대하여』라는 성찬론 논문을 썼다. 고트샬크와 라트람누스는 성찬식에서 빵과 포도주가 내적으로 그리스도의 살과 피로 바뀐다는 것과 이 성찬식이 그리스도의 십자가 상에서의 구원에 토대를 두고 있다는데서 라드베르투스와 의견을 같이 한다. 그렇지만 고트샬크의 라드베르투스에 대한 반대는 이중예정에 근거하고 있으며, 그리스도의 역사적인 살과 피가 성찬에 임재한다면 그리스도의 십자가 고난이 반복되는 것이기 때문에 불가능하다고 주장한다. 그리스도는 십자가상에서 단번에 택자들만을 위하여 고난을 당하셨는데, 그리스도가 다시 성찬식에서 다른 사람들의 죄를 위하여 고난을 받는다면, 모든 사람들이 구원받게 될 것이기 때문에, 그것은 불가능하다는 것이다. 따라서 성찬식은 그리스도의 고난받은 몸을 포함할 수 없다. 이러한 견해는 아우구스티누스의 성찬과 예정교리를 밀접하게 따르는 것이다. 마리아에게서 태어난 몸은 이제 하늘에 있는 그리스도의 몸으로 이전되며, 성찬에는 참여할 수 없다.

라트람누스는 에리우게나가 유기에 대한 예정을 부인하는 논문을 쓰자, 이에 분노하여 2권으로 된 『예정론』 책을 저술하였다. 그는 교부들의 저술들을 인용하면서 이중예정을 지지하는데, 예정에 등급이 있다고 하여 고트샬크보다는 덜 엄격한 입장을 내세운다. 예정된 사람들 가운데 탈락하는 사람들이 있을 수 있다는 것이다. 이중예정을 주장하지만, 죄에 대한 예정의 관계는 부정하여 하나님이 죄의 원인이라는 것은 부정한다.

그는 성찬론에서 그리스도의 몸과 피가 실재로 임재 할 수 없다고 주장한다. 그도 아우구스티누스의 입장을 따라서 그리스도의 부활한 몸이 마리아에게서 난 몸과 연속성을 가진다고 말한다. 그러므로 성찬에서 빵과 포도주는 영적으로 그리스도의 몸과 피로 바뀌는 것이고, 성육하시고 부활한 몸과 동일한 몸이 아니다. 빵과 포도주의 가시적인 모습들과 영적인 내용들을 통하여, 성찬식은 역사적인 몸과 피를 닮고 나타낸다. 성찬은 그리스도가 마지막 때에 다시 나타낼 때까지 담보와 형상으로 봉사한다. 실체와 달리 모양은 성육신한 몸과 피와 구별되고 다르다.

  이와 같이 이 시기에 이러한 학자들은 예정론과 성찬론을 둘러싸고 지속적인 논쟁을 하였다. 라트베르투스의 입장에 동조하는 힌크마르와 그를 지지하여 참여한 에리우게나는 예정론에서 유기에 대한 예정을 부인하였다. 그리고 성찬은 그리스도의 성육신하고 부활한 역사적인 몸으로 변화된다고 주장한다. 물론 에리우게나는 부활한 후에 신성화된 몸이 성찬에 참여한다고 주장한다. 이들에 반대하여 고트살크와 라트람누스는 이중예정을 주장하고 성찬의 요소들은 그리스도의 역사적인 몸과 피가 아니고 비유적으로 혹은 상징적으로 그리스도의 몸과 피라고 주장한다. 물론 이들은 모두 성찬에 참여하는 것이 구원에 필수적이라고 주장하는 점에서는 의견을 같이한다.

6장

동방교회의 성상논쟁과 동서교회 분열

중세교회가 발전하는 가운데 동방교회와 서방교회가 충돌하게 되었던 중요한 사건이 성상파괴논쟁이었고, 이 성상파괴논쟁과 필리오큐베에 대한 신학적 차이 때문에 동서교회가 분리되었다. 여기서 이 성상파괴논쟁과 관련된 정치경제적인 쟁점과 함께 신학적인 쟁점을 고찰해 보고자 한다.

1. 동방기독교와 성상파괴논쟁

동로마 제국의 아사우리안 왕조(717-802) 하에서 성상파괴논쟁(iconoclasm)이 일어났다. 성상(icon) 혹은 성화상은 동로마제국교회에서 기독교와 관련하여 그렸던 그림들을 가리키는 용어이다. 십계명 가운데 제2계명은 "너를 위하여 새긴 우상을 만들지 말고 또 위로 하늘에 있는 것이나 아래로 땅에 있는 것이나 땅 아래 물 속에 있는 어떤 것의 형상도 만들지 말며 그것에게 절하지 말며 그것들을 섬기지 말라"고 되어 있다. 제2계명이 상을 새기지 말라고 했고 형상을 만들지 말라고 했기 때문에 동방교회에서는 양각을 하여 조각을 만들거나 형상을 주조하여 만드는 것을 반대했으나, 상을 그림으로 그리는 것에 대해서는 허용하였다. 초대교회에서는 성상 숭배를 반대했으나, 서방에서는 게르만 민족 이동 후에 교육적인 목적에서 성상을 사용하였고, 동방에서도 성도들 사이에 많이 사용되고 있었다. 동방교회에서 이러한 성상 사용의 일반화를 확인시켜 주는 것은 626년 사산조 페르시아와 동로마제국이 전쟁을 할 때, 당시 콘스탄티노플 총대주교였던 세르기오스 1세(Σέργιοος Α΄: 610-638)가 예수 그리스도의 얼굴이 그려진 성화(聖畵)를 들고 시가행진을 벌여 제국군과 시민들의 사기를 드높인 사건이었다. 이 전쟁에서 승리한 후에 동로마에서는 성화사용이 더 일반화되었다. 전설로는 예수님이 젖은 얼굴을 천으로 찍었을 때, 그 천에 예수님의 얼굴이 나타났으며 이것이 다대오를 통해 에뎃사의 아브가로스 왕에게 전달되어 그 왕이 한센씨 병에서 치유받았다는 전설이 전해오면서 성화상에 영험한 힘이 있다는 믿음이 퍼졌다.

1) 동로마 황제 레오 3세의 성화상 파괴(726)

동로마 제국에서 레오 황제에 의해 726년에 성상파괴명령이 내려지면서 성상파괴가 시작되었다. 그러나 현재 레오 황제가 전개한 성상파괴에 관련한 모든 문서들이 파괴되어 남아 있지 않고, 동로마제국에서는 황제 레오 3세가 유대인과 이슬람에 의해 영향을 받아 성상파괴를 일으킨 이단으로 정죄를 당했다. 따라서 레오 3세가 성상파괴명령을 내린 정확한 원인은 알기가 쉽지 않다. 지금까지 제기된 몇 가지 원인에 대한 추측은 다음과 같다. 첫째는 황제권 강화를 위한 정치적 의도이다. 황제권 강화를 위한 정치적인 의도는 황제교황주의와 관련이 있다. 동로마황제는 교회의 머리로서 교회에 대한 지배권을 가지고 있었으므로, 자신의 권한을 강화시키려는 목적으로 성상파괴 명령을 내리면서 교회에 대한 통제력을 강화한 조치였다. 이러한 성상 파괴 명령에 대하여 콘스탄티노플 총대주교와 로마 교황 그레고리우스 2세는 강력하게 반대하였다. 그레고리우스 2세는 "교회는 그림들과 성인들의 기적, 그리스도와 성모님, 그리고 성인들과 사도들의 고난을 표현하는 것들로 장식되어 있습니다. 사람들은 그러한 성화상에 그들의 부를 지출합니다. 게다가 성인 남녀 모두 이러한 그림들을 자신들의 어린이들과 젊은이들, 그리고 이교도 국가의 사람들에게 그들의 신앙을 가르치기 위해 사용합니다. 이는 이 그림들을 통해 사람들이 신에게 마음을 향하고 있다는 것을 표현하는 것입니다"라고 편지하였다. 이러한 교황의 반대에 대한 보복으로 황제는 시칠리아, 남부 이탈리아, 발칸 반도와 그리스를 로마 교황의 관할권에게서 빼앗아 콘스탄티노플 총대주교에게 예속시켰다. 따라서 이러한 영토 갈등까지 겹치면서 동로마 제국과 교황청의 적대감이 더욱 깊어져 갔다. 이와 같은 성상파괴명령이 황제 자신의 권한을 강화하려는 조치였다는 것은 자신의 정책을 반대하는 콘스탄티노플 총대주교를 게르마누스 1세에서 아나스타시우스로 교체하였고, 자신의 정책을 반대하는 교황도 폐위하고자 하였으며, 그들이 관할하던 영토의 관할권도 박탈하였다는 점에도 분명하게 드러난다.

둘째로는 경제적인 목적에서 성상파괴운동을 시작했다는 해석도 있다. 당시에 수도사들이 수도원에서 성상을 제작하여 판매함으로 많은 부가 수도원에 축적되면서 국가 재정이 어려워지는 것도 성상파괴논쟁의 하나의 요인이었다. 수도사들은 자신들의 영적, 경제적 세력을 확장하기 위하여 성상사용을 옹호하였고, 특히 여성들은 자신들의 신앙생활에 도움이 된다고 믿었기 때문에 성상사용과 공경을 지지하였다. 성상 공경을 지지한 사람들은 귀족층, 수도원, 그리고 일반 대중, 그 중에서도 특히 여성들이었던 반면에 황제와 함께 소수의 열심 있는 고위 성직자들과 그의 군대는 성상파괴를 강력하게 지지하였다.

셋째로 동로마 제국의 이러한 성상 사용에 대한 도전은 이슬람 세력의 침략 속에서 발생하였다. 이슬람 세력은 717년부터 718년에 걸쳐 콘스탄티노플을 포위하고 공격하였는데, 레오 3세 황제는 이 침략을 물리쳤다. 이러한 이슬람의 침략 하에서 어려움을 당하고 있던 황제 레오 3세는 이슬람들은 성상을 전혀 사용하지 않는데, 기독교인들은 성화상을 사용하여 제2계명을 위반하고 있기 때문에 전쟁에 진다고 판단하여 726년에 성상 파괴 칙령을 발표하였다. 황제는 성상이 유대인과 모슬렘의 기독교로의 회심의 장애물이자 제2계명의 위반이라고 주장하였다.

당시 비잔티움 제국 내 지역 및 정권 분쟁도 성상파괴운동에 영향을 끼쳤다. 이슬람 제국의 침입 뿐 아니라 발칸 반도를 침략한 불가르족으로 인해 비잔티움 제국의 영토는 급속도로 축소되었다. 그러한 결과로 성상파괴운동을 최초로 벌인 레오 3세 재위 당시 제국의 판도의 대부분이 소아시아 지방이었고 여기에 더하여 콘스탄티노플과 발칸반도의 몇몇 지역, 그리고 이탈리아 반도에 몇몇 영토가 전부였다. 당시 성상파괴를 지지한 사람들은 대체로 소아시아 지역 사람이었고 이에 반대한 사람들은 대체로 유럽 대륙, 특히 그리스 지역 사람들이었다. 일부 사람들은 당시에 일어난 화산 폭발을 성상숭배에 대한 하나님의 심판으로 여겨 성상파괴를 시작했다고 해석하기도 한다.

이러한 성상파괴 논쟁 중에 741년에 즉위한 콘스탄틴 5세는 753년에 히에리아 대회를 개최하여 성상은 그리스도의 인성만 표현하기 때문에 성상사용은 결국 성상숭배라고 하면서 성상사용을 반대하는 결정을 하였다. 이후 레오4세(775-80)까지는 박해를 지속했으나, 콘스탄틴 6세(780-797) 때에 이르러 박해가 진정되었다. 왕의 어머니 이렌의 영향으로 제7차 콘스탄티노플 에큐메니칼 종교회의(787년)에서 성상 숭배의 한계를 설정하여 성상공경을 회복하였다. 하나님께 드리는 예배는 라트레이아(latreia)이고 성상에게 드리는 공경은 둘리아(dulia)라고 하여 구분하였다.

이 종교회의에서 성상 공경을 합법화하는데 가장 중요한 근거를 제공한 인물이 다마스커스의 존(675-749)이었다. 그는 예수님의 성육신과 인간을 하나님의 형상으로 창조한 것을 성상공경의 근거로 제시하였다. 그는 727년에 『성상수호를 위한 첫 번째 변론』(First Oration in Defense of the images)을 저술하였고 729년에 『두 번째 변론』을 저술하였다. 그는 성상 사용의 근거로 가현설을 반대하기 위한 성육신의 교리를 제시하였다. 그는 성육신으로 제2계명은 폐기되었다고 주장하고, 이것을 다시 지키는 것은 유대교의 속박으로 되돌아가는 것이라고 주장하였다. 그는 또한 성육신 이후의 성찬식도 성상 사용의 근거라고 보았다. 그는 신플라톤주의 철학의 이론을 빌려와 형상(에이콘)이 원형을 가리키는데 사용될 수 있다고 주장하였다. 콘스탄티노플 종교회의는 이러한 요한의 주장에 근거하여 황제의 주장을 반박하고 성상사용을 결정하였다.

그러나 레오 5세는 841년부터 다시 2차 성상파괴 운동을 시작하였고,

군대들은 이 정책을 강력하게 지지하였다. 이후 성상파괴운동이 지속되었는데 테오필루스 황제가 842년에 서거하고 그의 부인인 테오도라가 섭정이 되자 테오도라는 성상공경을 지지하였다. 그녀에 의해 새로 총대주교로 선출된 메토디우스는 843년에 성상공경을 복원하였다.

성상파괴논쟁이 동서교회의 분리의 계기가 되었던 것은 로마 가톨릭 교회가 성상파괴운동을 진행하는 비잔틴 제국 황제의 정치권력으로부터 독립할 수 있는 구실로 삼았고, 때마침 서유럽에는 비잔티움 제국을 대체할 프랑크 왕국이 강성해지자 그들을 후원세력을 삼아 독립 세력을 구축했기 때문이다.

2) 동서방교회의 분리(1054)

동방에서 일어난 성상파괴 논쟁 과정에서 점차로 독립된 세력을 형성해 가던 서방의 교회와 동방교회는 1054년에 상호 파문하면서 분리되었다. 양교회가 분리되는 과정에서 기독교의 최고 지도권을 주장하던 로마 교황 레오 9세와 총대주교 미카엘 케룰라리우스(Michael Cerularius)의 정치적 대립이 중요한 역할을 하였다. 당시 성찬식에서 동방교회는 유교병을, 서방교회는 무교병을 사용하면서 서로 대립하고 있었다. 이 때 동방의 니키타스라는 수도사가 서방의 토요일의 금식, 무교병 사용, 사제 독신제를 비판하였다. 이 때는 노르만족이 동로마제국이 지배하고 있던 이탈리아 남부를 점령하여 자신들의 왕국을 세웠고 교황 레오 9세는 이들에게 체포당한 상태였으며, 동방도 이들의 공격을 받고 있어 양자의 협력이 절실한 시기였다. 그러나 양 세력은 서로의 우위성을 주장하며 양보 없이 대결하는 가운데 레오 9세는 총대주교에게 보낸 편지에서 콘스탄틴황제 기진장을 내세워 자신의 우위성을 주장하였고 교황이 파견한 사절 움베르 추기경은 7월 16일에 성소피아 성당에서 동방교회를 파문하고 이에 맞서 동방이 서방교회를 파문함으로 양교회는 분열하였다.

이러한 정치적인 대결이 분열의 주요한 요인이었고, 이에 더하여 헬라어와 라틴어 사용의 차이와 함께 라틴 문화와 헬라 문화의 차이가 자리하고 있었고 그러한 가운데 787년의 종교회의 이후에 공식적인 종교회의가 열리지 못하여 대화가 제대로 진행되지 못하고 있었다. 동로마의 동방교회는 헬레니즘의 지식문화를 통하여 교리중심의 교회였던데 반해 서로마의 서방교회는 현실을 중요시하는 제도중심의 교회였다. 동로마교회가 헬라의 학문적 정신으로 점점 사색과 철학, 형이상학적 신학을 형성해 나간 반면에 서로마교회는 로마의 법률과 정치적 천재성의 영향으로 교회 안에서의 의식을 중시하는 신학체계를 형성하였다

이와 함께 또 하나의 중요한 신학적인 원인은 필리오큐베(filioque)논쟁이었다. 381년의 니케아-콘스탄티노플 신조에서는 "성령은 아버지로부터 나오신다"고 서술되어 있다. 요한복음 15장 26절에서 "내가 아버지로부터 너희에게 보낼 보혜사 곧 아버지께로부터 나오시는 진리의 성령이 오실 때 그가 나를 증언하실 것이요"라고 기록되어 있다. 이 성경 구절에 근거하여 콘스탄티노플 신조는 "성령은 아버지로부터 나오신다"(The Holy Spirit proceeds from the Father)라고 고백하였다. 그 이후에 서방교회에서는 아우구스티누스가 바울 서신에서 성령을 그리스도의 영이라고 서술하는 것을 근거로 성령은 그리스도의 영이기 때문에 "성령이 그리스도로부터 나온다"는 필리오큐베(filioque)를 주장하게 되었다. 아우구스티누스는 성령은 아버지로부터 나오시고 그리고 아들로부터(filioque) 나오신다고 하였다. 동방교회는 성령이 성부로부터만 나오신다는 단일발출을 주장하는 반면에 서방교회는 성부와 성자로부터 나오신다는 이중발출을 주장하게 되었다. 서방교회는 589년의 톨레도 종교회의에서 콘스탄티노플 신조에 이 내용을 추가시켰다. 그리고 이러한 서방의 입장은 샤를마뉴 대제 때에도 다시 한 번 강조되었다. 이 필리오큐베의 문제는 성령이 성부와 성자로부터 나온다는 신학적인 문제와 관련되어 있었을 뿐만 아니라, 당시의 교회정치적인 문제와도 밀접하게 연관되어 있었다. 당시에 로마가 높으냐? 콘스탄티노플이 높으냐? 라는 문제를 두고 치열하게 논쟁하고 있었

는데, 로마는 성자의 도시이고, 콘스탄티노플은 성령의 도시라고 인정받고 있었다. 만약에 성령이 성부와 성자를 통해서 나온다면, 결국 콘스탄티노플이 로마보다 낮다는 의미가 되고, 그러면 교황우위권을 인정하는 결과가 되기 때문에 동방교회는 필리오큐베를 받아들일 수가 없었다. 이러한 여러 요인들이 얽혀 결국 1054년 양 교회는 서로 파문하여 분열하였으며, 1965년 제2바티칸 공의회 이후에 상호간의 대화를 재개하였다.

더 읽어야 할 책과 논문들

김차규. "콘스탄티누스 5세와 성상파괴 논쟁."「서양중세사연구」 10/5(1999): 1~18.

박정흠. "'이미지 이데올로기' 측면에서 8세기 성화상 논쟁의 발단원인 고찰."「한국교회사학회지」 47(2017): 321~353.

이경구. "레오 3세의 성상파괴 동기 역사학연구."「역사학연구」 41(2011): 195~223

이경구. "레오 3세의 성상파괴 -파괴의 정도와 범위-."「서양중세사연구」 28(2011): 79~100.

이성욱. "이미지와 실재에 대한 문제 고찰 -'성상논쟁'을 중심으로-."「현대영화연구」 6/2(2010): 345~375.

7장

안셀무스

(Anselmus, 1033-1109)

안셀무스는 스콜라주의 발전의 시작을 알리는 인물이었다. 그는 자신이 믿는 신앙의 내용을 이성을 가지고 논증하고자 하는 이해를 추구하는 신앙을 정립하고자 여러 가지 저술을 하였다. 그는 수도원에 거주하면서도 대학에서 발전하는 스콜라주의 발전의 시작을 알리는 저술가가 되었다.

1. 안셀무스의 교육과정

안셀무스는 이탈리아의 아오스타에서 1033년에 태어나 신 존재 증명을 시도하는 『모노로기온』과 『프로스로기온』 등을 저술하여 중세 스콜라주의 신학을 탄생시킨 인물이다. 그의 아버지 군둘프(Gundulf)는 롬바르디아 사람이었고, 그의 어머니인 에멜다는 부르군트 사람이었다. 그의 집안은 어느 정도 부유한 하류 귀족에 속했다. 어린 시절 안셀무스는 고집스러우며 사치스럽고 방탕한 생활을 했던 그의 아버지와 많은 갈등을 겪었다. 그러나 그는 아버지와의 갈등을 온화하고 영리한 어머니의 사랑으로 해소했다. 이와 같이 그의 부모들은 귀족출신이었으며, 아버지는 거친 성격의 소유자였고 어머니는 경건하여 아들에게 신앙적인 영향을 미쳤다. 안셀무스는 어릴 때 수도원에 들어가고자 했으나 아버지가 동의하지 않아 실패하였고, 이 때 실망하여 상당히 방황을 하였다. 어머니가 1056년 동생을 출산하다 세상을 떠났을 때 23세가 되었던 안셀무스는 집을 떠나 3년간 이탈리아 북부와 프랑스를 방황하였다. 그는 방랑 생활 첫해에는 소르본 대학의 모체인 파리의 클뤼니 대수도원을 비롯한 프랑스에 흩어져 있는 유명한 여러 수도원 학교를 방문한 후에 란프랑쿠스를 만나 노르망디에 있는 베크(Bec) 수도원에 들어가게 되었다.

안셀무스가 공부하고자 했던 이 시기에 아직 대학교는 존재하지 않았다. 당시에 있던 학교들은 샤를마뉴 대제 이후부터 설립되었던 성당부속학교들과 수도원 부속학교들이었다. 그러므로 배울 기회를 찾는 사람들은 자신을 가르쳐 줄 유명한 교사를 찾아가야만 했다. 안셀무스가 찾아간 베크 수도원의 부속학교는 베네딕트 수도사들이 새롭게 설립한 학교였다. 베크 수도원을 설립한 헤를루인(Herluin)은 박식한 인물은 아니었으나, 이탈리아 출신의 상당한 교육을 받은 능력있는 인물인 란프랑쿠스를 초청하였다. 그가 헤르뤼엥과 함께 새로운 공동체에서 수도원 생활을 지도하고자 정착하여 학교를 개설하자 지역 귀족들의 자녀들이 떼를 지어 모여들었다. 부모님들이 수도원에 위탁한 자녀들만 가르치는 것이 당시 베네딕트 수도원 교육의 전통적인 형태였기 때문에, 당시에 일반적으로 개방된 수도원 학교들은 없었다. 학생들은 이러한 수도원 교육을 받으면서 라틴어로 시행되는 기도와 독서 생활을 할 수 있었다.

안셀무스는 약 3년 동안 계속하여 방황한 후에, 1059년 란프랑쿠스가 가르치는 베크의 매력에 끌려 그곳에 들어갔다. 란프랑쿠스는 당시 그곳에서 성경 연구와 교부들의 저서들을 가르칠 뿐만 아니라 고전 논리학과 수사학 작품들에 대해 강의하고 있었다. 이 당시에 수도원 학교 교육은 라틴어에 대한 기초교육이면서 언어와 언어 구조를 배우는 문법뿐만 아니라 제한된 정도이지만 수사학과 주로 보에티우스와 키케로의 작품들로 이 시기까지 전해졌던 고전적인 논증 기술인 변증학에까지 확대되어 있었다. 왜냐하면 12세기까지 아리스토텔레스의 논리학의 대부분이 서방에서 라틴어로 이용될 수 없었기 때문이었다. 여기서 이 시기에 이용될 수 있는 고전적인 교과서들은 키케로의 수사학 저서인 『발견론』(De Inventione)과 당시에 키케로의 작품이라고 믿었던 익명으로 된 『헤렌니우스를 위한 수사학』(Rhetorica ad Herennium)이 사용되었다. 란프랑쿠스가 수사학 연구에 관심을 가진 것은 수사학이 증명보다는 설득에 목적을 두었지만 논증의 기술을 가지고 있었다는 사실 때문이었던 것으로 보인다.

그가 베크 수도원에 들어간 1년 뒤 아버지가 세상을 떠나자 그는 아버지의 귀족 지위를 물려받았으나, 1060년에 그 지위 대신에 베크 수도원의 수도사의 길을 선택한다. 3년 후에 란프랑쿠스 수도원장이 까앵의 대수도원장으로 옮겨갔으며 후에 캔터베리 대주교가 되었다. 그가 떠난 후인 1063년에 베크 수도원의 창설자인 헤르뤼엥이 원장이 되고 안셀무스는 부원장이 되었다.

안셀무스는 학교 교사로서 란프랑쿠스의 자연스러운 계승자였으나, 그의 지도하에서 수도원의 교육은 질적으로 한층 더 발전하게 되었다. 그는 학생들을 지도할 때 체벌을 사용하기 보다는 온유와 사랑을 가지고 대화를 통해 인격적으로 교육을 시켰다. 그는 1067년에 수도원 학교의 교장이 되었으며, 그의 지도 하에 베크의 베네딕트회 수도원 학교는 프랑스 최고의 수준으로 올라서게 되었다. 그 결과 프랑스뿐만 아니라 이탈리아와 그 밖의 다른 지역에서 수많은 새로운 수도사들을 끌어들이고 있었다. 안셀무스는 그들을 가르치는데 집중하여 그들의 능력을 높은 수준으로 발전시켰다.

그는 수도사들을 가르치고 그들 가운데서 주로 성경과 아우구스티누스 작품들을 10년 동안 연구한 후에, 1076년에 첫 번째 저술인 『모놀로기온』(*Monologion*)을, 다음 해에 『프로스로기온』(*Proslogion*)을 저술했다. 그는 설립자가 세상을 떠난 후인 1078년에 수도원장이 되었다. 그가 수도원장이 된 후에 그의 뛰어난 학문적인 성취와 함께 그의 모범적인 생활방식, 그리고 제자들에 대한 사랑을 겸한 훈육방식 등으로 수도원의 명성이 높아졌을 뿐만 아니라, 고위성직자들과 세속 권력자들의 간섭으로부터 수도원을 보호하여 베크 수도원의 위상을 높였다.

2. 캔터베리 대주교로 승진과 영국에서의 서임권 투쟁

1066년 노르만족의 잉글랜드 정복을 뒤이어, 헌신적인 영주들은 베크 수도원에 도버해협을 가로질러 있는 광범위한 땅을 희사하였다. 안셀무스는 수도원의 재산을 감독하였고, 그의 주권자인 영국의 윌리엄 1세(전 노르망디 공작 윌리엄 2세)를 섬겼으며, 1070년에는 캔터베리 대주교로 임명받았던 란프랑쿠스를 방문하러 가끔 잉글랜드를 방문하였다. 윌리엄 1세는 그를 존경했으며 캔터베리에 있는 동안 그가 남긴 좋은 인상 때문에 성당 참사회원들은 그를 란프랑쿠스의 미래의 후계자로 가장 좋아하게 되었다. 그러나 1089년 란프랑쿠스 대주교가 사망했을 때 1087년에 즉위한 윌리엄 2세(윌리엄 루푸스)는 어떤 후계자의 임명도 거절하고 대주교 교구의 토지와 수입을 자기 몫으로 전용했다. 왕의 반대에 부딪쳐 그 자리에 올랐을 때 당할 어려움을 두려워한 안셀무스는 이 기간 동안 영국으로 가는 여행을 피했다. 중병에 걸린 체스터 백작 휴고는 마침내 1092년에 세 가지 긴급한 메시지로 그를 유도하면서 세인트 웨버그스의 새 수도원의 설립을 가장 잘 처리할 방안에 대한 조언을 구했다. 휴고는 안셀무스가 도착할 무렵 회복되었으나, 안셀무스는 그를 조력하려고 4-5개월 동안 머물렀다. 그리고 나서 그는 이전 제자였던 웨스트민스터의 수도원장인 질베르 크리스핀에게로 여행을 하였다.

1092년 크리스마스 때, 윌리엄 2세는 자신이 살아있는 동안 안셀무스와 다른 어떤 사람도 캔터베리에 앉히지 않겠다고 맹세했지만, 1093년 3월에 중병에 걸리자 수도원을 설립하기 위해 영국에 머물던 안셀무스를 캔터베리 대주교로 지명했다. 그러나 안셀무스는 이러한 임명에 대해 처음에는 고령과 나쁜 건강을 이유로 사양했다. 그 후에 그를 대주교로 승인하는 과정에서 윌리엄 2세는 그와 대립하였으나, 우르반 2세의 구두 승인을 받고서 마침내 9월에 캔터베리 대주교로 취임하였다.

그는 캔터베리 대주교로 취임한 후에 서임권을 둘러싼 교회 개혁의 문제로 다시 왕과 대립하였다. 윌리엄 2세는 자신이 영국 왕으로 영국의 고위성직자들을 임명하고 그들에게 과세를 하고자 하였다. 그러나 안셀무스는 교황의 지도하에 있는 보편적인 교회를 주장하면서 교황의 성직임명권을 지지하였다. 이러한 서임권 투쟁은 교황 그레고리우스 7세와 신성로마 황제 헨리 4세 사이에서 진행되었는데 이미 1076년 카놋사의 굴욕사건으로 교황이 황제에게 승리를 거둔 바 있었다. 그렇지만 안셀무스가 캔터베리 대주교가 되었던 1093년까지 아직 이 문제가 명확하게 해결되지 못하였고, 당시 교황이었던 우르반 2세도 황제가 세운 로마를 장악한 반립교황인 클레멘트 3세와 대립하고 있었다. 이 때 영국 왕은 어느 교황의 편도 들지 않으면서 영국의 성직자들을 임명할 자신의 권한을 주장하였고 안셀무스는 이러한 왕의 주장에 지속적으로 반기를 들면서 교황의 성직 임명권을 주장하였다. 특히 대주교가 로마의 교황청과 독자적인 관계를 맺을 수 있도록 해줄 것을 요구하면서 영국 국왕과 국왕이 임명한 성직자들과의 관계는 더욱 악화되었고, 이러한 대립 속에서 결국 1097년 안셀무스는 영국을 떠나 프랑스로 망명하였으며, 국왕은 대주교구의 수입을 몰수하여 죽을 때까지 차지하였다. 안셀무스는 1098년 4월 평신도 서임권에 반대하는 공의회에 참석하고자 로마에 도착하였고, 그곳에서 수도원장이며 친구인 요한네스의 수도원 농장에서 그의 위대한 작품 가운데 하나인 『하나님이 왜 인간이 되셨는가?』(Cur Deus homo)를 완성하였다.

안셀무스는 1100년 윌리엄 2세가 사망한 후에 그의 후계자인 헨리 1세에 의해 복권되어 캔터베리로 돌아왔다. 그러나 돌아온 후에도 성직자 임명권에 대한 안셀무스와 국왕 사이의 견해 차이는 해결되지 못하였다. 그리하여 안셀무스는 다시 1103년에 망명길에 올랐다. 이 2차 망명 시기 동안 안셀무스는 헨리 1세와 화해를 추구하였고, 결국 1106년에 성직임명권에 대해 타협을 하게 되었다. 이러한 타협의 결과로 국왕은 대주교에게서 빼앗았던 캔터베리 대성당의 재산을 돌려주었고, 안셀무스는 영국 국왕이 성직에 임명하여 파문당한 주교들을 인정하였다. 그리고 이러한 타협안이 로마의 교황으로부터 인정을 받으면서, 마침내 영국에서의 성직자 서임권에 대한 갈등은 해결을 보게 되었다. 그는 이 문제를 해결한 후 1109년에 세상을 떠났다. 당시 영국에서 주교를 왕의 권한으로 지목하여 세우려는 정치적 영향력이 강하게 일어났다. 봉신 서약처럼 대주교가 되면 왕에게 충성을 맹세해야 했으나 안셀무스는 이것을 거절했고, 반대의 의견을 분명히 표명했다.

3. 저술

그는 베크 수도원에서 학생들을 가르치는 동안에 1077-78년에 『모놀로기온』과 『프로스로기온』을 저술하였다. 그 때 그는 요한복음 14장 6절을 중심으로 진리에 대하여, 자유의지에 대하여, 사탄의 타락의 본성에 대하여 등의 일련의 대화들을 작성하였다. 1092년 유명론자인 로스켈리누스(1950-1125)가 소이송 공의회에서 삼위일체의 이단으로 심문을 받으면서 란프랑쿠스와 안셀무스의 권위에 호소하려고 시도했을 때, 안셀무스는 1094년에 그에 대한 반박이자 삼위일체와 보편자들에 대한 변증으로 『삼위일체에 대한 믿음과 말씀의 성육신에 대하여』(De Fide Trinitatis et de Incarnatione Verbi Contra Blasphemias Ruzelini)를 저술하였다. 그는 이 저술을 통해 유명론자였던 로스켈리누스와 논쟁을 시작한다. 안셀무스는 실재론자였고, 두 사람 사이의 논쟁은 '중세 스콜라 철학의 보편 논쟁'의 시작을 알리는 서막이었다. 그는 대주교가 된 후에는 『하나님이 왜 인간이 되셨는가?』, 『마리아의 수태에 대하여』(De conceptu Virginali), 『성령의 나오심에 대하여』(De Processione Spiritus Sancti) 등을 저술하였다. 1098년 10월 안셀무스는 바리(Bari) 공의회에 참석해서, 아버지에게서만 성령이 나오신다는 동방교회에 반대하여 아버지와 아들에게서도 동일하게 성령이 나오신다고 주장한다. 그는 자신의 주장을 『성령의 나오심에 대하여』(1102)라는 논문으로 발전시킨다.

4. 『모놀로기온』의 신존재증명

안셀무스가 1077년에 『모놀로기온』을 저술할 때, 그 저술의 대상이 누구였으며, 저술 목적은 무엇이었는가? 그는 서문에서 하나님의 존재와 본질에 대한 이해를 원하던 베크의 어떤 수도사들의 요청으로 특별히 썼다고 하였고, 동시에 1장에서 '듣지 않거나 믿지 않는 결과로 하나님이라고 믿어지는 분에 대하여 무지한 어떤 사람이 있을 수 있다'고 말하여 이러한 사람들을 위하여 이 작품을 쓴 것으로 보인다. 그는 이 작품이 어떤 사람이 그 자신과 논쟁하는 방식으로 저술된 것으로 이 작품에서 한 번 이상 묘사하지만 이 무지한 사람이 누구인지 말하지 않는다. 그러므로 이 작품의 명상은 무지한 자들뿐만 아니라 신자들을 대상으로 하여 최고의 존재에 대하여 무엇을 말하는 것이 적합한지를 명료하게 하려고 의도된 것이라는 것은 분명하다. 안셀무스의 『모놀로기온』의 저술 방법은 권위있는 전거들을 인용하지 않고 단지 순수한 이성적 토론(sola ratione)에 의지하여 저술하였다. 그는 성경의 권위에 의존하지 않고 이성적 토론을 통해 합리적 지성이 지존자에 대한 깨달음에 도달 할 수 있다고 믿었다(1장). 이 작품은 아마도 신플라톤주의적 전통의 전제들과 습관들이 그의 지성적 표면에 분명하게 드러나는 작품이다. 그는 이 작품에서 논증하는 신학을 발전시켰으며, 아우구스티누스의 저작에서 스콜라 신학의 전개에 필요한 풍부한 사상을 끌어냈다.

안셀무스는 그의 신학방법론에서 믿는 것을 이성으로 설명하고자 하였다. 그는 믿는 것을 이해하기 위해 설명할 때에 아리스토텔레스의 논리학을 사용하였다. 그는 『모놀로기온』에서 신플라톤주의의 사상에 입각해서 선, 존재, 완전성에 근거한 3가지 신존재증명을 제시하였다.

안셀무스의 추론의 중심에는 "존재하는 모든 것들 가운데 최고이며, 영원한 자신의 지복에서 그 자체에 대해 홀로 충분한 한 본성"의 개념이 자리잡고 있다(1장). 오랫동안 하나님의 계시의 명백한 주장으로서 뿐만 아니라 동시에 자연철학의 공리로 이해되어왔던 전통적인 하나님의 절대성에 대한 기독교의 관점은 이렇게 해서 다시 한 번 그 증명이 전통과 성경의 권위의 수용에 의존하지 않으나, 기독교인이든 아니든 분명하게 사고할 수 있는 모든 사람에 의해 공유되는 원리가 되었다. 안셀무스는 이성의 힘으로 하나님의 존재를 논증하면서, 두 원칙을 받아들일 것을 전제한다. 첫째로 경험에서 관찰할 수 있는 사실로서 우리에게 주어져 있는 원칙, 즉 사물들은 완전에서 동등하지 않다는 원칙이다. 다음으로 우리가 관찰할 수 있는 좀 더 높은 정도나 혹은 좀 더 낮은 정도의 완전을 가진 사물들은 가장 높은 완전에 포함되어 있는 그 동일한 완전으로부터 그 완전을 얻는다. 이 논증은 상대적인 것들은 언제나 절대적인 것들의 분유(participation)이며, 그러므로 절대적인 존재는 그 분유의 존재에 의해서 요구된다는 사실에 토대를 두고 있다. 안셀무스는 『모놀로기온』에서 피조물 가운데 발견되는 완전성의 여러 단계로부터 하나님의 존재증명을 전개하고 있다.

1장에서는 이 논증을 선에 적용하고 있다. 이 증명의 출발점은 사물 속에는 선이 있다는 사실이다. 모든 사람들은 자신이 선하다고 판단하는 사물만을 원하므로, 이 사물들이 무슨 이유로 선한지를 질문하는 것은 자연스럽고 불가피한 것이다. 그런데 우리는 현실에서 감각의 경험과 이성을 통하여 서로 다른 많은 유형의 선이 있음을 알고 있다. 그러므로 이 논증은 경험적인 (a posteriori) 증명이다. 이러한 다양한 선들이 각자의 원인을 가지고 있는지 아니면 공통된 원인이 있는지 하는 의심이 생겨나게 된다. 어떤 특성이라도 하나의 동일하고 단일한 원리에 참여하여 완전을 가진다는 것은 절대적으로 확실하고 분명하다. 그러므로 개별적이고 다양한 선들도 동일하고 단일한 하나의 선에 참여함으로 선한 것이 될 수 있다. 모든 만물을 선하게 만드는 동일하고 단일한 하나의 선은 오직 스스로 선한 가장 위대한 선일 수 밖에 없다. 다른 것에 의하여 선하게 되는 것은 스스로 선한 것보다 결코 우월하지 못하다. 절대적으로 가장 우월한 이 선은 다른 모든 것을 능가하므로 절대적으로 위대한 존재이다. 그러므로 존재하는 모든 것보다 가장 선하고 우월한 제일 존재가 있고, 우리는 그를 하나님이라고 부른다(1장). 이러한 논증은 성격상 플라톤적이면서, 동시에 절대적인 선의 관념에서 절대적인 선의 존재로 나아가지 아니하고, 관찰되는 선의 여러 단계에서 절대적인 선의 존재로 나아가는 경험적인 증명이다. 2장에서는 최고로 선한 존재가 최고로 위대한 것임을 증명한다.

다음으로 안셀무스는 3장에서 존재로부터 논증을 한다. 존재하는 것은 모두 원인을 가지고 있는데, 어떤 것(something)에 의하든가 아니면 무(nothing)에 의해서 존재한다. 그러나 무에 의해 존재한다고 가정하는 것은 불합리하다. 따라서 존재하는 것은 무엇이든 어떤 것에 의해서 존재하지 않으면 안 된다. 그러면 모든 존재는 한 존재를 통하여 존재하는가? 아니면 하나 이상의 존재를 통하여 존재하는가? 만약에 하나 이상의 존재를 통하여 존재한다면, 존재하는 모든 것은 자기 자신에 의해 존재하든지, 상호 의존하여 존재하든가, 아니면 하나의 존재 원인에 의해서 존재한다는 것을 의미한다. 존재하는 것들이 분리하여 자기 자신에 의해 존재한다면, 자체를 통하여 존재하게 하는 것을 가능하게 하는 어떤 능력이 있다. 그들로 하여금 존재할 수 있게 하는 것은 바로 이 능력이다. 그러므로 원인들은 하나의 동일한 원인에 속하는 것으로 볼 수 있다. 상호 의존하여 존재하는 경우에 원인들은 서로 다른 것을 생기도록 한다. 그러나 어떤 사물이 자신이 존재를 주는 다른 사물 덕분에 존재한다는 것은 이성이 받아들일 수 없다. 그러므로 하나의 유일한 가설을 받아들일 수 있다. 즉 존재하는 모든 것은 하나의 유일한 원인 때문에 존재하며 스스로 존재하는 이 원인은 하나님이시다.

 세 번째 증명은 사물들이 소유하는 완전의 정도와 관계가 있다. 우주를 구성하는 존재들이 다소간 완전하다는 것은 우주를 힐끗 보는 것만으로도 충분히 알 수 있다. 이제 사물의 본성 사이에 우열이 있다면 존재의 무한성을 인정해야 하고, 그래서 더 이상 완전한 존재가 없다고 할 만큼 완전한 존재는 없다. 그러므로 필연적으로 모든 존재보다 우월하고 어떤 존재보다 열등하지 않은 한 본성이 존재한다. 이에 대해 완전에서 동등한 몇몇 본성들이 우주적 위계의 정상에 존재한다고 가정할 수는 있으나, 그 본성들이 공통으로 갖고 있는 것이 그들의 본질이라면 그들은 공통된 본질을 갖고 있는 것이며 그것은 하나의 유일한 본성일 따름이다. 반면에 그들이 공통으로 갖고 있는 것이 그들의 본질 이외의 것이라면, 이 공통된 요소는 그들보다 우월한 다른 본성일 것이며, 그들은 이 본성에 참여하는 것이 된다. 그러나 그렇다면 이 본성은 그들보다 우월한 본성이 되므로 불합리하다. 그러므로 완전한 본성은 하나일 수 밖에 없고, 이 분이 하나님이시다(4장).

 그는 이 저술에서 피조물의 선성과 존재와 본성에 대한 지식을 통하여 최고의 선이시고, 가장 높은 존재이시며, 가장 완전한 본성이신 유일하신 분이 있음을 합리적으로 증명하고 있다. 지존한 선은 그 어떤 원인도 가지지 않는 선함으로서, 동시에 아무 것도 통하지 않고 아무 것으로부터도 비롯됨이 없이 존재하는 것이라고 명시하였다. 이 지존한 정신이 곧 창조주이시다. 안셀무스는 계속하여 영원성, 무한성, 공의, 불변성, 기타 하나님의 속성들이 전혀 부연한 것이 아니라 지존한 선의 본질 가운데 하나임을 증명하였다. 『모놀로기온』에 들어있는 그의 사상은 그 뒤를 잇는 사람들이 변증론상의 문제, 교부들의 여러 의견들을 조화시키는 문제 같은 다른 문제에 몰두하여 그의 저작이 그들에게 뚜렷한 영향을 미치지는 못하였으나, 그의 자연신학과 교의에 변증론의 적용으로 말미암아 스콜라 철학과 신학의 발전에 중요한 공헌을 하였다.

5. 『프로스로기온』의 신존재증명

『프로스로기온』은 안셀무스가 그 저술 필요성을 느껴 저술했던 유일한 저서였다. 이 저술의 서문에서 그는 『모놀로기온』을 검토해 보고 부족한 점이 있어 만족할 수 없었음을 느꼈다고 고백한다. 『모놀로기온』의 토론들은 일련의 연쇄적 성격을 지니고 상호 연결되어 있는데, 그는 하나님이 진정으로 존재하시고, 가장 지존하신 분이심을 보일 수 있고, 우리들이 신적 본질에 대하여 신봉하는 모든 것들을 증명할 수 있는 하나의 증명을 발견하고자 하였다. 세 가지 논증의 『모놀로기온』은 아직도 복잡한 것으로 보여, 오랜 연구 끝에 『프로스로기온』을 저술하게 되었다.

그는 처음에 이 저술에 "이해를 추구하는 신앙"이란 제목을 붙였다가 나중에 『프로스로기온』으로 바꾸었다. 그는 1장에서 인간이 타락한 상태에서 하나님께서 하나님의 형상을 새롭게 하지 않는 한, 하나님을 이해할 수 없으므로 믿으면서 이해를 추구한다고 말한다.

『프로스로기온』은 신을 증명하기 위해 아무도 부인할 수 없는 제일 원리로부터 시작한다. 그는 하나님께서 "우리가 믿는 바 대로 존재하신다"는 것을 이해하게 해달라고 말한 후에, 하나님을 "더 큰 것을 생각할 수 없는 존재"(aliquid quo nihil maius cogitari potest)라고 정의한다. 그는 하나님을 이렇게 정의하면서 이러한 정의가 불신자에게 수용될 수 있는지를 질문한다. 다시 말해서 이렇게 설명된 하나님이 계시다는 것은 자연적인 이성의 빛으로도 증명할 수 있는가? 성경에 "어리석은 자는 이르기를 하나님이 없다"(시14:1)고 하므로 하나님이 계시다는 것은 누구나 동의하는 사실이 아닌 것같다. 그러나 하나님을 "더 큰 것을 생각할 수 없는 존재"라고 하면 어리석은 자라도 우리가 하는 말을 이해한다. 그리고 비록 어리석은 자가 그 존재가 실제로 존재하는 것을 이해하지 못한다 해도, 그가 이해하는 것은 그의 이해(intellectus) 속에 존재 한다. 왜냐하면 한 대상이 이해 속에 존재하는 것과 그것이 존재한다는 것을 이해하는 것은 다른 일이기 때문이다. 화가가 그림으로 그리려고 하는 것을 미리 생각할 때, 그는 이것을 그의 이해 속에 가지고 있으나. 그리지 않은 것이 이미 존재한다고 생각하지는 않는다. 그러나 그가 그것을 그렸을 때, 그는 그것을 그의 이해 속에 가지고 있고 이제 그린 것이 존재한다는 것을 이해한다. "이제 바보조차도, 그가 이것을 들었을 때 그는 이것을 이해하고. 이해되는 것은 무엇이나 이해 속에 존재하기 때문에, 더 큰 것이 생각될 수 없는 존재가 최소한 이해 속에 존재한다는 것을 확신해야만 한다" (convincitur ergo etiam insipiens esse vel in intellectu aliquid quo nihil maius cogitari potest, quia hoc, cum aubit, intelligit, et quidquid intelligitur, in intellectu est.). 그러나 분명하게 더 큰 것이 생각 될 수 없는 존재는 이해 속에만 존재할 수 없다. 왜냐하면 이것이 실질적으로 이해 속에만 있다면, 또한 실재 속에 (in re) 존재하는 것을 생각할 수 있고, 이것이 더 큰 존재이기 때문이다. 그러므로 더 큰 것이 생각될 수 없는 존재가 이해 속에만 존재한다면, 더 큰 것이 생각될 수 없는 이 동일한 존재는 더 큰 것이 생각될 수 있는 존재가 된다. 그러나 명백하게 이것은 불가능하다. 그러므로 의심할 바 없이 더 큰 것이 생각될 수 없는 존재는 이해과 실재 속에 존재한다(2장).

안셀무스의 주장은 다음과 같은 3단 논법으로 나타낼 수 있을 것이다.

(1) 하나님은 더 큰 것이 생각될 수 없는 존재이다. (2) 그러나 더 큰 것이 생각될 수 없는 것은 관념 안에서만 아니라 정신 밖에서도 존재하지 않으면 안 된다. (3) 그러므로 하나님은 관념 즉 정신 안에서만이 아니라 정신 밖에서도 존재한다.

안셀무스의 이 논증은 더 큰 것이 생각될 수 없는 것인 하나님의 관념, 즉 절대적으로 완전한 것으로서의 하나님의 관념에서 출발하고 있다. 안셀무스의 이러한 논증은 하나님이 계시다는 신앙을 바보로 대표되는 불신자에게도 이성적으로 이해될 수 있는 것이라는 결론에 이른다. 그는 신앙의 구조와 함께 그의 논증을 시작하고 하나님의 본성에 대한 계시된 진리로부터 전제를 취하는 반면에, 그는 하나님의 개념이 일단 서술되고 나면, 불신자들에게도 명확하고, 그러한 개념으로부터의 논증은, 일단 수행되면, 신앙과 독립적이라고 주장한다. 그러므로 안셀무스는 누구라도 하나님에 대한 관념을 가지고 있으면서 동시에 하나님의 존재를 부정할 수는 없다고 주장한다. 완전한 존재는 필연적인 존재이며, 필연적 존재가 존재하지 않는다는 것은 개념상 하나의 모순인 것이다(3장).

안셀무스는 완전하고 필연적인 존재로서의 하나님 논증이 그 속에 하나님의 속성에 대한 결론을 포함하고 있다고 믿었다. 하나님이 전능, 전지, 최고 정의 등이 아닐 수 없다는 것을 알기 위해서는 더 큰 것을 생각할 수 없는 분에 대해 생각하는 것으로 충분하다. 하나님은 전능하신데, 속일 수 없으므로 전능하지 못한 것 아닌가? 속일 수 있다는 것은 능력이 아니라 무능력이고 완전보다는 불완전이라고 불러야 마땅하다고 대답한다. 만일 하나님이 자신의 본질과 일치하지 않는 방법으로 행동할 수 있다면. 이것은 하나님에게 있어서 능력의 결여라고 하겠다(7장).

이러한 그의 주장에 대하여 마르무티에(Marmoutiers)의 수도사였던 가우닐로(Gaunilo)는 예리한 반박을 하였다. 가우닐로는 우리가 다른 사람이 말하는 것을 이해한다고 해서 비실재적인 것이 존재하는 것은 아니라고 주장한다. 우리가 사물에 대하여 가지고 있는 관념이 정신 밖의 존재를 보장하지 않는데도 불구하고, 안셀무스는 논리적 질서에서 존재적 질서로의 부당한 이행을 하였다고 반박하였다. 그는 관념 속의 존재를 가지고 관념 밖의 존재를 증명하고자 하나, 사실상 사유의 대상으로 존재하는 것이 실재하는 것은 아니다. 우리들이 상상하는 대상인 가장 지복의 섬은 사유 속의 관념에는 존재하나, 현실에는 존재하지 않는다. 이러한 가우닐로의 반박에 대하여 안셀무스는 더 큰 것을 생각할 수 없는 존재에 대해서만 사유 속의 관념으로부터 현실 속의 실재로 이행하는 것이 가능하고 필연적이라고 대답한다. 그는 하나님은 필연적인 실재하는 존재인 반면에. 가우닐로가 예로 들고 있는 가장 복된 섬은 피조된 존재로 그 관념이 실재를 강요하지 않는다고 주장한다.

이러한 안셀무스의 증명에 대하여 토마스 아퀴나스는 또 다른 점을 지적하였다. 그는 그의 5가지 신 존재증명에서 안셀무스의 이론을 포함시키지 않았다. 아퀴나스는 안셀무스는 자신의 전제가 가지고 있는 문법을 오해하였다고 말했다. 그리하여 안셀무스는 서술부가 그 주어와 동일한 '하나님이 존재하신다'는 진술의 자명한 진리를 듣는 이가 그 용어들과 의미들을 알아듣는 진술과 혼동하였다고 주장하였다. 아퀴나스는 말하기를 우리들은 하나님이 무엇인지 모르기 때문에, 하나님이 존재하신다는 자명한 진리를 직관적으로 알 수 없다고 하였다.

6. 안셀무스의 작은 작품들

안셀무스는 문법과 논리학의 연구로부터 배웠던 기술들과 개념들을 성경 본문에서 의미가 난해한 문제들을 해결하는데 적용하였다. 그는 저술 초기에 이러한 영역에서 4개의 소논문들을 작성하였는데, 모두 "선생님"과 "제자" 사이에 이루어지는 "대화"의 형태를 취하였다.

첫 번째 작품인 『문법론』(*De Grammatico*)은 문법과 논리학의 고전적인 교과서들이 취급한 기술적인 문제들에만 관련되기 때문에 약간 독립되어 존재한다. 안셀무스의 질문은 "읽고 쓸 줄 아는"(grammaticus)이란 단어가 실체이냐? 아니면 특성이냐? 하는 것이다. 다른 책들인 『진리론』(De Veritate), 『자유 선택론』(De Libertate Arbitrii), 『사단의 타락론』(De Casu Diaboli)은 성서의 하나 또는 두 문단을 취하여 그것들을 분석한다. 사탄의 타락에 대한 논문의 경우에 핵심문단은 요한복음 8장 44절이다. 이 문단은 사탄을 "진리에 서지 못한다"라고 서술한다.

안셀무스는 세 개의 작은 논문들을 통하여 진리와 "올바름"(rectitudo)의 주제들을 점진적으로 발전시킨다. 그는 첫 부분인 『진리론』은 자신의 제자 편에서 완성되지 않은 일이 남아 있다는 지적 때문에 자극을 받았다고 말한다. 제자는 "진리가 무엇이냐?"는 질문이 『모놀로기온』에서 해결되지 않은 남아 있었다는 것을 안셀무스에게 상기시키면서 시작한다. 안셀무스는 진리 개념을 탐구해 감에 따라, 그의 중심적인 이념은 진리는 "올바름"이기 때문에, 서술들뿐만 아니라 행동들의 진리가 있을 수 있다는 것을 명확하게 한다. 『자유 선택론』에서 그는 의지의 올바른 행사를 논의하고, 이러한 논의는 그 다음에 사탄의 상황과 이러한 진리 이해와 일치하는 방식으로 이루어지는 행동에서 사탄의 죄의 책임의 귀책 문제로 이어진다. 사탄에게 주어진 모든 것이 하나님에게서 온 것이라면, 그에게 죄의 책임을 물을 수 있는가? 그러나 안셀름은 의지보다 앞서는 것은 없기 때문에, 사탄이 자신의 자유로운 선택으로 불의를 행하기로 선택하였다고 결론을 내린다.

7. 속죄의 필연성이 아닌 적합성의 증명

그는 『하나님은 왜 인간이 되셨는가?』에서 다시 한 번 대화의 형태를 선택했다. 그는 이 책에서는 과거와 같이 선생과 제자 사이가 아니라, 그 자신과 베크의 수도사들 가운데 다른 사람인 보소(Boso) 사이에 이루어진 대화의 형태를 취하였다. 보소가 불신자의 역할을 담당하면서 질문하였다. 그는 이 책에서 기독교의 구속론을 이성으로만 증명하고자 하였다. 그는 이 책에서 신인을 통한 구속이 일어나야 한다는 것을 논증하고자 하였다.

『하나님은 왜 인간이 되셨는가?』에서 그는 그 이전까지의 사단배상설을 극복하고 우리가 범죄하여 하나님의 명예와 정의를 손상시켰으며, 따라서 하나님께서 우리의 죄에 대해 진노하셨으므로, 우리의 죄에 대해 그리스도께서 고난과 형벌을 받아 하나님의 불명예와 정의에 대해 만족을 드렸다는 만족설을 제시하였다.

안셀무스가 『하나님은 왜 인간이 되셨는가?』에서 관심을 기울이는 중심 문제는 하나님의 아들의 성육신의 필연성을 변호하면서 하나님의 의와 인간적인 의의 이념 사이의 관계가 무엇인가를 다루고자 하였다. 온전하게 그리고 최고로 완전하신 하나님이 어떻게 영원한 죽음을 죽어 마땅한 사람에게 영생을 줄 수 있는가? 하나님은 어떻게 죄인을 의롭게 하실 수 있는가? 이 작품에서 안셀무스가 하나님과 인간의 거래를 특징짓기에 가장 적합하다고 선택한 의의 개념은 최고의 선을 향하여 방향을 잡은 행동으로 이해되는 정의이다.

안셀무스는 『하나님은 왜 인간이 되셨는가?』 이전에 이미 『프로스로기온』 9장에서도 이 문제를 다루고 있다. 여기서 안셀무스는 하나님의 자비의 근원을 그의 의와 대조될 수 있는 그의 선에 두고 있다. 그러나 그는 이제 하나님의 자비와 의 사이에 명백한 대조에도 불구하고 하나님의 자비는 어느 정도 그의 의에 토대를 두어야 한다고 주장하는 데로 나아간다. 그런데 안셀무스는 하나님은 공적에 따라 보상하시기 때문이 아니라, 최고의 선(summum bonum)으로 그에게 적합한 것을 하시기 때문에 의로우시다고 주장하여 이러한 딜레마를 해결한다. 이러한 그의 의의 개념은 그의 것을 하는 자에게 보상하는 것으로서의 키케로적인 의의 정의에 대한 분명한 비판적 성격을 지니고 있다. 안셀무스는 『하나님은 왜 인간이 되셨는가?』에서 자신이 다루려는 문제를 1권 1장에서 하나님은 다른 방법으로 인간의 회복을 성취하실 수 있는데, "무슨 이유와 필연성 때문에 사람이 되셨고 그의 죽음에 의해 세상에 생명을 회복시키셨는가?"라고 서술한다.

그는 이 작품에서 성육신과 십자가의 달리심의 필연성을 보여주겠다는 목표를 세웠는데, 그것을 어떻게 논증하고 있는가? 이 작품의 서론은 필연성의 언어로 점철되어 있다. 서론에서 안셀무스는 논문의 윤곽을 다음과 같이 제시한다. 1권은 어떤 사람도 그리스도 없이 구원받을 수 없다는 것을 '합리적인 필연성에 의해 증명할' 것이고 2권은 인간성은 행복한 불멸을 향유하도록 창조되었다는 것을 동일하게 명백한 추론과 진리를 가지고 보여줄 것이다. 인간이 창조된 목적이 신인을 통해서만 성취되어야만 한다는 것은 필연적이며, 그래서 우리가 그리스도에 대하여 믿는 모든 것들을 필연적으로 일어나야만 한다는 것이 증명될 것이라는 것이다.

그러나 안셀무스는 3장에서 일련의 모형론적인 추론을 통하여 하나님이 성육신을 통하여 인간을 회복하는데서 '적합하게' 행동하신다고 말하면서 필연성을 제시하지는 못한다. "죽음이 사람의 불순종에 의해 인류에 들어왔던 바와 같이, 생명이 사람의 순종을 통하여 회복되어야 할 것이라는 것은 적합했다. 우리 정죄의 원인이었던 죄가 여인으로부터 시작되었던 바와 같이, 우리의 칭의와 구원의 장본인도 여인으로부터 태어나는 것이 적합했다. 사람을 유혹할 때 마귀는 나무 열매를 맛보도록 설득하여 사람을 정복하였으므로, 그가 사람이 나무에서 고통을 당하는 것을 통해 정복당하는 것이 적합했다"(I.3). 안셀무스의 이러한 제시에 대하여 질문자인 보소는 그러한 '적합성에 대한 고려'가 그것들이 의존하는 견고한 토대가 없다면 물이나 공기에 그리는 불확실한 그림과 다를 바 없다고 서술한다. 그러므로 성육신을 증명할 진리의 합리적인 견고성, 즉 필연성을 제시해야만 한다는 것이다(I.4).

이와 같이 안셀무스의 논증 과정에서 필연성을 증명하려는 이유들과 증명하지 못하는 모형론적 적합성 사이의 구별이 드러나고 있다. 하르낙은 여기서 안셀무스는 적합성의 고려로부터 필연성의 결론을 끌어내는 것 같다고 지적하고 있다. 그러나 루트(Root)는 1권 10장을 근거로 제시하면서 안셀무스는 적합성의 고려로부터 필연성의 결론을 끌어내는 것이 아니라 부적합성에서 필연성을 이끌어낸다고 주장한다. "나는 우리가 하나님의 경우에 심지어 가장 낮은 정도에서라도 부적합한 아무것도 수용하지 않고, 더욱 합리적인 것이 반대하지 않는다면 가장 낮은 정도에서라도 합리적인 아무 것도 거부하지 않을 것을 전제하고자 한다. 왜냐하면 하나님의 경우에 아무리 사소하다 하더라도, 어떤 부적합한 것이 인정될 수 없는 바와 같이, 합리적 논증은 아무리 작다 해도, 어떤 다른 훨씬 더 무게 있는 이유에 의해 압도되지 않는다면, 필연성을 지니게 될 것이다." 안셀무스는 여기서 분명하게 부적합성이 하나님께 귀속될 수 없다는 것을 서술하지만, 하나님에 관해 '적합한' 것이 필연적인 것이라고 말하지는 않는다.

이와 같이 안셀무스는 부적합성에서 하나님의 행동의 필연성을 이끌어내고 있다. 그러면 그는 『하나님은 왜 인간이 되셨는가?』에서 구체적으로 어떻게 부적합성에서 하나님의 필연성을 이끌어내고 있는가? 안셀무스는 구원의 행동들의 특별한 순서가 부적합성으로부터 필연성에 의해 발생한다는 것을 보여주고자 하였다. 논증에서 첫 번째 단계는 하나님의 세상의 창조 목표나 목적은 반드시 성취되어야 한다는 주장을 발전시킨다. 하나님의 창조 목표와 성취 이유는 안셀무스의 창조, 인류, 그리고 하나님에 대한 이해에서부터 나온다. 안셀무스의 창조에 대한 이해는 질서와 올바름(rectitude)의 개념에 의해 형성된다. 온 세계의 질서의 올바름은 하나님의 존재가 세계에 반영된 것이다. 안셀무스는 우주의 근본적으로 하나님이 주신 질서를 묘사하기 위하여 올바름(rectitude)이라는 용어를 사용한다. 올바름은 근본적인 의미에서 창조에서 하나님이 수립하시고, 본질적으로 하나님의 의지와 본성을 반영하는 창조된 질서의 도덕적 의미를 가지고 있다. 우주의 이 도덕적 질서는 사람과 하나님, 사람과 그의 동료 사이에 확대된다. 자유롭고, 도덕적인 피조물들의 경우에 이 질서의 올바름은 의(iustitia)에서 실현된다. 안셀무스는 이렇게 해서 그의 의의 개념을 존재론으로부터 끌어낸다. 이 질서는 최고의 선이신 하나님에게서 나오고 그를 향하여 방향을 잡는다. 의지는 모든 사물들의 질서에 일치하여 모든 진리와 선의 총합이자 근원이신 하나님에 대해 완전히 순종할 때 올바르다(Ⅰ.

11).

　안셀무스는 하나님의 창조한 의도는 무너지거나 변화할 수 없다고 주장한다. 하나님이 시작하신 선행을 완성하실 수 있는가? 아니면 그러한 선한 일을 시작하신 것을 후회하실 수 있는가?를 생각하는 것은 불합리하다 (Ⅰ.19). 그러므로 '하나님이 시작하신 일을 인간의 본성과 함께 성취하실 것이라는 것이 필연적이다'(Ⅱ. 4).

　인류를 창조하신 하나님의 원래의 의도가 성취되어야만 한다는 가정은 안셀무스의 논증 속에 필연성을 도입한다. 그는 2권 4장에서 하나님이 떠맡으신 선한 일을 마치시지 않는 것은 부적합하다고 하고, 1권 4장에서도 사람을 위한 하나님의 계획이 완전하게 내던져지는 것을 부적합하다고 서술한다. 하나님은 이러한 부적합성 때문에 필연적으로 원래의 창조 의도를 실현하실 것이다.

　안셀무스는 다음으로 그리스도의 성육신과 십자가에 달리심이 필연적으로 하나님께서 원래의 창조의 의도를 실현하기 위하여 사용한 수단이라는 것이다. 다른 수단들은 모두가 하나님에 대한 어떤 부적합성의 묘사를 포함하기 때문에 불가능하고 성육신과 십자가 사건은 유일하게 가능한 수단이라는 의미에서 필연적인 수단이다. 하나님의 원래의 창조 의도의 최종적 실현은 인간의 죄로 인해 방해를 받았다. 안셀무스에게 있어서, 도덕적 피조물이 해야만 하는 대로 하나님을 찬양하고 영광 돌리는 것을 거절하는 것이 바로 죄이다(Ⅰ.11). 죄의 효과는 개인이나 혹은 인류에 제한되지 않고 온 우주의 질서를 전복한다. 하나님의 영광은 본질적으로 손상될 수 없는 반면에(Ⅰ.15), 세상에 반영된 대로의 하나님의 영광은 죄로 인해 손상되었다. 인류가 범죄 했지만, 하나님은 오직 성육신과 십자가 사건을 통하여 파괴된 창조의 질서를 회복시키고 또한 인류의 창조 목적을 성취하시려고 하신다. 왜 성육신과 십자가 사건만이 파괴된 창조질서를 회복하고 인류의 원래의 상태를 회복할 수 있는가? 그는 1권 12-19장에서 하나님께서 그로부터 도둑질당한 영광의 어떤 보상과 분리하여, 자비만으로부터 용서하는 것이 적합한지의 문제를 논의하고 있다.

12장에서 안셀무스는 하나님이 보상 없이 죄를 용서하시는 것이 부적합한 이유를 설명한다. 보소는 이러한 주장들은 적합성이 하나님의 자유에 대한 제한을 구성하는 것을 암시하는 것 같다고 반대한다. 그러나 보소가 깨닫지 못한 것은 적합성이 표현하는 올바른 질서는 하나님의 존재의 반영이라는 것이다. 하나님이 보상받으셔야만 하는 것이 하나님의 자유를 제한하는 것이 아닌 이러한 관계에 대하여 그는 13장에서 단지 부당하게 관용될 수 있는 것을 관용하실 수 없는 최고의 정의가 하나님이라고 설명한다. 15장은 질서가 회복되지 않는다면 '이제 (하나님이 질서를 세우셔야만 하는) 우주에서 질서의 아름다움의 침범의 결과로서 확실한 손상이 일어날 것이다. 그리고 하나님은 그의 통치에서 실패하시는 것 같을 것이다. 이러한 두 가지 결과들이 부적합한 것같이 그러한 것들은 불가능하다.' 그는 이러한 논증에서 하나님의 존재를 반영하는 세상의 올바른 질서가 회복되어야 한다는 것을 강조한다.

천상으로 인류의 상승은 이제 창조의 올바른 질서가 회복되는 것을 요구한다. 파괴된 질서의 회복은 처벌 혹은 만족의 두 가지 방법을 통해 실현될 수 있다. 그러나 처벌은 하나님이 인류에 의도했던 목적인 인류의 축복을 부인하는 것을 통해 이루어지기 때문에(I.14), 하나님께는 부적합하다. 그러므로 우주의 질서를 회복하면서 인류를 축복하려는 목적을 달성하려면 만족을 드려야만 한다. 그러면 누가 구원이 요구하는 만족을 드릴 수 있는가?

하늘의 도시 안으로 어떤 부적합성이 들어오는 것을 피하기 위하여. 인류는 이제 만족을 드려야만 하는데, '만족은 죄의 분량에 따라 비례해야만 한다'(I.20). 만족은 범죄한 것과 동등해야만 할 뿐만 아니라, 창조의 온전함을 보존하기 위해 창조의 총체성보다 더 큰 것이 요구된다(I.21). 보소가 절망적으로 언급하는 바와 같이, 그러한 지불은 전혀 불가능하다. 안셀무스는 죄에 대하여 인류가 지불하는 비례적인 만족을 포함하지 않는 사건들의 어떤 연속도 하나님께 부적합하고 그리하여 필연적으로 불가능한 것으로 제거한다. 그렇지 않으면 하나님의 원래의 창조의 목적은 실현되지 않을 것이다. 그러나 어떤 비례적인 만족은 무한하게 인간의 능력을 넘어선다.

이제 안셀무스는 성육신과 십자가의 달리심의 필연성을 보여주는 명제들의 필연적인 요소들을 끌어낸다. 오직 인류가 지불해야 하지만, 오직 하나님이 지불하실 수 있는 만족이 요구된다. 그러므로 1권 마지막 장에서 안셀무스는 '필연적으로, 사람은 그리스도를 통하여 구원받는다'고 결론을 내린다. 2권에서는 그리스도만이 만족을 드릴 수 있는 필연성의 증명이 제시된다. 하나님 이외에 모든 존재하는 것보다 더 큰 만족이 요구된다면, 이제 유일하신 하나님이 이 만족을 드리실 수 있다. "그러므로 하늘의 도성이 사람들을 통하여 완성되는 것이 필연적이고 이 완성이 앞에서 언급된 만족이 드려질 때에만 일어날 수 있다면, 이로부터 하나님만이 이 만족을 드릴 수 있고 오직 사람이 드려야만 한다면, 신인이 이것을 드려야만 한다는 것은 필수적이다"(II.6).

인간의 생명의 회복에 필요한 가치를 가지는 만족은 "그의 아래에서도 그를 넘어서서도 발견될 수 없고 오직 그 분 안에서 발견될 수 있다"(II.11). 그런데 그 자신 혹은 그 자신에게 속하는 어떤 것도 이미 하나님에게 속한다. 합리적인 피조물로서 그는 이미 하나님의 의지에 대한 완전한 순종을 빚지고 있다. 그러나 죄없는 자로서 그는 하나님께 그의 죽음을 빚지지 않고 있다(II.10). 하나의 적절한 만족은 이제 '하나님의 영광을 위하여 그의 생명을 주는 것, 혹은 그의 생명을 내려놓은 것, 혹은 자신을 죽음에 넘겨 주는 것이다'(II.11). 인류를 위하여 신인이신 분이 만족을 드려 인류가 올바르게 질서잡힌 하늘의 도시의 정당한 구성원으로 자리를 잡을 수 있게 된다.

안셀무스는 이렇게 해서 그의 증명을 완성한다. 하나님의 아들의 성육신과 십자가에 달리심은 주장되는 바와 같이 부적합한 것이 아니다(I.3).

그것들은 오히려 하나님이 특별한 축복을 위하여 목적한 반항하는 인류에 대한 하나님의 유일하게 적합한 반응이다. 유일하게 적합한 반응의 삭제는 부적합할 것이고 하나님은 필연적으로 부적합한 것을 하지 않으실 것이다. 안셀무스는 이제 그가 제기했던 문제인 하나님이 무슨 필연성에 의해 사람이 되셨는지를 논증하였다.

안셀무스는 만족의 교리는 그레고리우스 대제로부터 시작된 마귀에 대한 배상이란 그 이전의 교리를 극복하였다. 그레고리우스는 마귀는 타락의 결과로서 죄인에 대한 법률적 권리를 획득했다고 보았으나, 안셀무스에게 있어서, 정의는 창조의 도덕적 질서와 관련되고, 마귀 자신도 합리적인 피조물로서 이 질서에 복종해야 하는데. 사람에 대한 유혹에서 분명하게 이 질서를 범하였으므로 사람에 대한 어떤 정당한 권리를 가진 것으로 간주될 수 없다는 것이다.

하르낙은 안셀무스의 구원론을 "종교를 라틴의 법률적 영역"으로 옮기려는 열망의 전형이라고 보았으나, 그의 구원론의 배후에는 중세시대 교회의 고해 체제의 확립된 만족-공적 모델의 토대 위에서 신인에 의한 만족의 지불이 창조의 도덕적 질서를 범하는 것없이 도덕적 올바름의 요구를 보상하는 만족할만한 수단으로 그의 독자들에 의해 간주될 것이라는 생각이 자리잡고 있다. 그러나 안셀무스의 구원론의 이러한 측면은 보조적이고, 주요한 요소는 그가 하나님의 의를 최고의 선을 향하여 방향을 잡은 행동으로 발전시켰고 그리하여 사람의 구원을 포용하게 만든 것이다. 안셀무스의 구원론은 정의를 도덕적 올바름으로 이해하는 것에 의해 지배되고 있으며, 하나님의 의에 대한 중세의 논의에서 결정적인 전환점이 되었다.

8. 안셀무스에 대한 평가

안셀무스는 11세기에 활동하면서 당시의 전통적인 교회의 교리를 비판하는 변증론자들과 전통적인 입장을 고수하는 교황권 사이에서 이성을 적절한 한도 안에서 사용하여 교리들을 합리적으로 설명하고자 노력하였다.

이러한 그의 신학적 방법론은 아우구스티누스의 이해를 추구하는 신앙을 계승하여 나아간 것이었다. 그는 신앙으로 확립된 내용들을 이성적으로 설명하여 신자들의 신앙의 이해를 심화시킬 뿐만 아니라 불신자들에 대한 변증도 시도하였다. 그의 논증 방법은 이성을 통하여 증명하는 것이나, 어디까지나 이미 신앙적으로 확립된 내용들을 논증하려는 것이었다.

그러므로 그의 신학방법론은 신앙을 배제하고 이성을 사용하는 근대적인 의미에서의 합리주의자가 아니라 이미 믿고 있는 신앙을 이성을 사용하여 합리적으로 설명하려는 것이었다. 그는 자신의 이러한 신학방법론을 이해하기 위하여 믿는다는 것으로 표현하고 있다.

그는 자신의 신학방법론에 입각하여 이성을 사용하여 신의 존재를 증명하였고, 이러한 논증방법은 실재론자들에 의해 계승되고 있으며. 그리스도의 성육신과 십자가의 사건을 통한 속죄의 필연성을 설명하였다. 이러한 그의 속죄론은 그레고리우스 대제의 마귀에 대한 배상설을 극복하고 선을 향하여 방향지워진 정의의 개념에 입각한 만족설을 제시하였다. 안셀무스의 신학방법론은 아우구스티누스적 전통을 따르고 있지만, 그의 자연신학에 비하여 더욱 체계적이고 정교해졌고. 변증론의 방법론적인 적용에 있어서 그것은 이미 보다 후대의 특징을 보여주고 있다고 말해도 좋을 것이다.

이러한 그의 신학방법론은 그 후대에 그대로 전수되지는 않지만. 기본적으로 스콜라주의의 방향을 설정하였다고 볼 수 있다. 안셀무스 이후에 이성과 신앙의 관계 설정이 다양한 형태로 나타나지만 기본적으로 이성을 사용하여 신앙의 내용을 설명하려는 방향으로 진행되어 스콜라주의가 만개하였던 것이다. 그러므로 안셀무스는 그 이전까지 단편적으로 성경을 주석하던 단계를 넘어서서 신학을 학문적인 체제로 발전시킨 점에서 역사적인 의미를 가진다고 볼 수 있겠다.

더 읽어야 할 책과 논문들

안셀무스. 박승찬 역. 『모노로기온 프로스로기온』. 아카넷, 2012.
안셀무스. 이은재 역. 『인간이 되신 하나님』. 한들, 2007.
김영철. 『안셀무스』. 살림출판사, 2006.

8장

아벨라르두스

(Abelardus, 1079-1142)

아벨라르두스는 신학에 변증법을 도입하여 신학을 합리적인 토론의 장으로 만들고자 하였다. 그러한 결과로 신의 창조의 필연성을 주장하고 삼위의 구별을 속성으로 하는 점 등에서 두 번이나 이단으로 정죄당하는 어려움을 겪었다.

1. 아벨라르두스의 교육과정과 교육활동

아벨라르두스는 1079년 프랑스의 브르타뉴 지방의 팔레에서 기사 가문의 장남으로 태어났다. 어릴 때 인문학(liberal arts)을 배웠는데, 특히 변증학에서 뛰어났다. 이 당시의 변증학은 주로 중세를 통해 전달된 아리스토텔레스의 논리학으로 구성되어 있었다. 그는 15세 때에 유명론자였던 로켈리누스 밑에서 배웠고 그 후에 훌륭한 논리학 교사들을 찾아 프랑스 전역을 순회하였다. 1100년경에 파리에 도착한 후에 그는 당시 노트르담 주교좌 성당학교의 교장이었던 샹포의 윌리엄(William of Champeaux)의 학생으로 등록하였다. 그는 당시 실재론자였던 샹포의 윌리엄과 논쟁하여 그의 입장을 변경시킬 정도로 뛰어난 학생이었으며, 그래서 많은 추종자들을 얻었다. 그렇지만 그는 상대방을 지나치게 공격하여 적들도 많이 생겨났다. 그는 이러한 명성을 얻자 처음에는 멜룬(Melum)에 학교를 열었고 1102-4년 사이에는 윌리엄과의 경쟁을 위해 파리 가까이에 있는 코베일(Corbeil)로 학교를 옮겼다. 그는 가르치는 명성으로 윌리엄과 경쟁에서 승리하였으나, 그가 강의를 금지시켰다. 그래서 아벨라르두스는 다시 멜룬으로 가서 학교를 열었다가, 1110-12년에 파리로 들어와 교외에 있는 생 주느비에브에 학교를 열었다. 이같이 아벨라르두스는 당시 대학에서 새롭게 발전하던 논리학을 사용하는 새로운 교육방법론을 사용하여 많은 학생들의 인기를 얻게 되었다.

변증학에서 그의 성공으로부터, 그는 다음에 신학으로 돌아서서 1113년에 성경 주석과 기독교 교리에 대한 라온의 안셀무스의 강의를 듣고자 라온으로 이동하였다. 그러나 안셀무스의 강의에 지적 명료함이 부족하여 흥미를 느끼지 못해, 아벨라르두스는 그 자신이 에스겔을 강의하기 시작하였다. 안셀무스가 그의 강의를 중단시키자 그는 1115년에 파리로 돌아와 노트르담 성당 학교의 교장과 센스의 참사회원이 되었다. 이렇게 교사로서의 그의 명성이 높아지자 유럽 각지에서 수백명의 학생들이 몰려들어 부와 명예를 얻었다. 그는 이 무렵에 노트르담의 세속 참사회원인 풀베르트(Fulbert)의 요청으로 엘로이즈의 개인교사가 되었다. 그런데 그는 엘로이즈와 사랑에 빠져 그녀를 임신시켰고, 그녀를 자신의 고향인 브르타뉴로 몰래 데리고 가서 출산을 시키고 비밀리에 결혼을 하였다. 이러한 사실을 알게 된 풀베르트는 격노해서 사람들을 시켜 1117년에 아벨라드두스를 거세시켰다.

그 후에 아벨라르두스는 40세의 나이가 되어 상드니 수도원에 들어가 은둔생활을 시작하였다. 그러나 그는 안정을 찾지 못하고 다시 공부를 하여 수도원에 학교를 열어 열정적으로 신학과 논리학을 강의하자 학생들이 몰려들었다. 그는 『예와 아니오』(Sic et non)라는 제목이 붙은 책으로 그가 성경과 교부들을 연구하면서 모순이 있다고 발견한 158개의 질문을 정리하였다. 그는 논리학자와 날카로운 언어 연구자로서, 학생들이 의미의 명백한 모순들을 조화시킬 수 있고 단어들이 여러 세기에 걸쳐 사용되었던 여러 의미들을 구별할 수 있는 기본적인 규칙들을 서문에서 제시하였다. 『예와 아니요』는 과학, 윤리, 그리고 신학 문제를 성경과 초대교부로부터 답변을 시도하였다. 그는 또한 『최고선의 신학』(Theologia Summi Boni)이라고 불리는 책의 초판을 저술하였다. 그는 이성을 사용하여 신학의 합리적인 설명을 추구하였다. 그는 1121년 스와송 공의회에서 『최고선의 신학』에서 삼위일체를 이성으로 설명하려고 한다고 고소당해 이단으로 정죄당하였으며, 한 수도원에 영구 억류당하는 형을 언도받았다. 그러나 후에 그는 노장 쉬르 세느(Nogent-Sur-Seine) 근처의 한 곳에서 거처하는 것을 허락받았다.

그는 1122년에 다시 가르치는 일을 재개했다. 그는 이후에 여러 곳의 수도원들을 옮겨 다니며 거주했는데, 그가 거주하는 지역마다 학생들이 몰려들었다. 1130년에 엘로이즈는 새로운 수녀원 원장이 되어 그들의 사랑의 이야기를 저술하였고 아벨라르두스는 자신의 자서전인 『고난의 역사』(Historia Calamitatum)을 저술하였다. 그는 그 후 1133년경에 다시 파리로 돌아가 1136년까지 주로 성경, 기독교 교리, 윤리와 관련하여 논리학을 가르쳤다. 그는 이 시기에 삼위일체에 대한 분석을 강화시켜 『최고선의 신학』의 2판을 내었다.

그가 1136년 이후에도 계속해서 가르쳤는지 확실하지 않다. 그는 1140년 봄에 샤르트르의 주교와 클레르보의 베르나르두스를 비난하는 편지를 썼다. 이 무렵에 모리니의 토마스(Thomas of Morigny)라는 신학자가 아마도 베르나르두스의 영향을 받아 이단으로 추정되는 아벨라르두스의 책들의 목록을 저술하였다. 베르나르두스의 불만은 주로 아벨라르두스가 논리학이 적용될 수 없는 곳에 논리학을 적용하는데 그것이 비논리적이라는 것이었다. 베르나르두스는 교황과 주교들에게 아벨라르두스와 그의 가르침을 반대하는 편지를 썼다. 베르나르두스의 고발로 그는 1141년 상스(Sens) 공의회에서 이단으로 정죄당했다. 이에 항의하기 위하여 로마로 가는 길에 클루니 수도원의 원장이 페드루스가 그를 받아들여 화해를 중재하였다. 그는 베르나르두스와 화해하고 클루니 수도원의 한 분원에서 살다가 1142년 파란만장한 삶을 마감하였다.

2. 아벨라르두스의 저술들

아벨라르두스의 저술은 두 가지로 구성되어 있다. 하나는 논리학을 위한 저술들로 『초심자를 위한 입문』(Introductiones parvulorum), 『심화과정을 위한 논리학』(Logica ingredientibus), 『변증론』(Dialectica) 등이 있다. 이 책들은 아리스토텔레스의 『범주론』과 『명제론』을 주해한 것인데, 여기서 그치지 않고 자신의 다양한 독창적인 사상을 발전시켰.

『최고선의 신학』, 『그리스도교 신학』(Theologia Christiana), 『스콜라

신학』(Theologia scholatica) 등은 기독교 교리에 관한 저술들이다. 그는 최초의 책인 『최고선의 신학』이 정죄를 당한 후에 그 내용을 변증하여 정통성을 인정받고자 노력하였다. 그는 이러한 신학저술들에서도 자신의 가르침을 체계화하고 조직화하기 위하여 그가 발전시킨 논리학적 도구들과 개념들을 사용하면서 지속적으로 개정하였다. 이러한 그의 방법론은 전통적인 신학적 교리들을 비판하거나 부정하는 경우가 많아서 두 번이나 이단으로 정죄당했다.

그는 『예와 아니오』에서 서로 반대되는 양쪽의 가장 권위 있는 견해들을 대비시켜 교부들의 다양한 의견들을 신학적인 종합의 출발점으로 삼아 신학 문제에 정확한 해답을 얻고자 하였다. 그는 교부들의 이러한 대비되는 권위들 가운데서 어느 쪽이 더욱 타당한 근거를 가지고 있는지를 분석하고 판단함으로써 진리를 찾아가는 방식을 제시하였다. 이러한 그의 교부들에 대한 해석은 한 편에서 매우 독창적인 해석학 입문서에 해당한다고 볼 수 있다. 그의 방법론의 사용에 따른 그의 분석과 견해는 전통적인 것과 비교하여 차이점을 강조하는 학자들에 의해 자주 이단적인 것으로 공격을 받았다. 그렇지만 이러한 비판에도 불구하고 그의 방법론은 후대 대학에서 정규토론과 자유토론 등의 수업에서 자주 사용되어 스콜라 철학의 고유한 방법으로 발전하였다.

그의 『너 자신을 알라』(Scito te ipsum, 1136)는 죄의 개념을 다루면서 윤리신학의 문제들을 취급한다. 그는 신이 보기에 중요한 것은 인간의 의도이며 인간의 행위의 결과가 인간을 선하게 하거나 악하게 하지 않는다는 과감한 결론에 도달했다. 하지만 아벨라르는 의도에 기초한 도덕적 규칙이 법정에서는 제한된 방식으로 사용되어야 한다는 점을 강조했고, 사법체계는 불가피하게 외적 행위와 증거에 결합 되어있다는 사실에 동의했다. 『철학자와 유대인과 그리스도교인의 대화』(Dialogus inter philosophum, Judaeum et Christianum)은 그의 생애의 마지막 시기의 작품으로 이성과 신앙의 문제에 대한 그의 최종적인 사고를 제시한다.

아벨라르는 그의 신학사상에서는 크게 인정받지 못하였고, 지나치게 이성적인 방법론을 적용시킨 결과로 베르나르두스를 비롯한 당시 교회지도자들과 충돌하였다. 그렇지만 신학의 연구방법론으로 논리학을 사용하는 것은 이후의 스콜라주의 발전에 크게 기여하였다. 신학에서 논리학을 사용하는 그의 방법론이 13세기의 스콜라신학이 쉽게 체계화하는 것을 도왔다. 그가 『예와 아니오』에서 사용했던 방법론은 아퀴나스의 신학대전에서 드러나듯이 스콜라주의 전체에서 통용되는 일반적인 학문방법론이 되었다.

3. 아벨라르두스에 대한 스와송과 상스 종교회에서의 정죄

스와송 종교회의와 상스 종교회의에서 다루었던 문제는 두 가지였다. 하나는 그의 삼위일체론이었고, 다른 하나는 하나님의 선하심과 창조 사이의 관계성에 대한 아벨라르의 견해들이었다. 삼위일체론과 관련하여 그의 견해에서 가장 문제가 된 것은 삼위일체론을 논리학을 이용하여 이성적으로 이해하려 한 점이었다. 그는 논리학을 이용하면서 세 위격들은 그들의 실체 혹은 본질의 견지에서는 동일하나, 각자에게 고유한 것에서는 다르다고 설명하였다. 하나님은 최고선의 개념에서 출발한다. 세 위격들은 최고선인 하나의 본질을 가지고 있으며, 고유한 면에서 성부는 능력, 성자는 지혜, 성령은 선하심으로 나타나서 구별된다고 하였다. 그는 하나님의 속성들을 한 위격의 고유성으로 이해하여 이단으로 정죄당했다. 그의 삼위일체론은 속성을 각 위격에 전용하는 논의를 촉발시켰다. 다시 말해서 하나님의 속성은 삼위에 동일하게 전용된다. 성부만이 능력이 아니고, 성자도 능력이고, 성령도 능력이다. 그러므로 속성들은 각 위격에서 동일하게 속하며, 동일하게 전용된다.

아벨라르두스는 샤르트르 학파의 강화된 실재론과 창조는 하나님으로부터의 유출이라는 창조 개념을 비판하면서 창조에서의 하나님과 세계 사이의 분명한 구별을 주장했으며, 창조를 하나님의 선하심의 결과와 계시로 보았다. 아벨라르두스의 이러한 주장은 당시의 범신론적인 경향들에 대한 근본적으로 정통주의적인 교정이었다. 그러나 이러한 주장을 하는 가운데 아벨라르두스는 창조에서 하나님의 자유의 개념에 도전했던 일련의 결론들을 제시하였다. 그는 하나님은 절대적으로 선하시고 따라서 반드시 항상 가장 선한 것을 위해 행동하신다는 사실을 고려할 때, 하나님은 반드시 세계를 창조하셔야 하고, 실제로 지금의 이 특정한 세계를 반드시 창조하셔야 한다는 것이었다. 아벨라르두스는 "하나님은 세계를 의도하시고 만드시며, 또한 자신이 어떤 것을 만드시기 전에 그것을 만들지 않을 수도 있는 자와 같이 한가롭게 존재하시지 않는다는 것은 필연적이다"라고 명백히 진술했다. 존 스코투스 에리우게나는 창조가 하나님의 본질의 전개과정이라는 범신론을 주장하였고, 결국 이것은 하나님의 세계 창조의 필연성 이론이었다. 이미 초기 스콜라주의자들은 이러한 에리우게나의 창조 이론이 하나님의 자유의 이론에 배치된다고 비판하였다. 그런데 아벨라르가 비록 세계가 무로부터 창조되긴 했지만, 그럼에도 불구하고 하나님의 자신의 선하심의 결과로서, 그리고 이 선하심을 나타내셔야 하는 자신의 필요의 결과로서 필연적으로 세상을 창조하셨다고 주장하였다. 그러므로 이러한 창조의 필연성에 대한 그의 주장은 시토 수도회의 수도사였던 클레르보의 베르나르두스와 성 티에리의 윌리엄에게 공격을 받았고, 결국 그의 창조의 필연성에 대한 견해들은 상스와 스와송 종교회의에서 정죄받았다. 이 문제에 대한 이후 중세의 해결책은 창조에서 하나님의 자유를 강력하게 주장했고, 결과적으로 세계 질서의 우연성을 강력히 주장했다.

4. 아벨라르두스의 온건실재론(개념론)

아벨라르두스는 12세기에 보편논쟁에서 온건실재론의 해결책을 제시한 것으로 유명하다. 위에서 설명한 바와 같이 안셀무스는 실재론을 주장하였고 로켈리누스(Rocellinus)는 유명론을 주장하였다. 안셀무스는 플라톤의 사상을 수용하여 실재론을 주장하였다. 당시에 실재론이 중요했던 것은 당시 교회가 보편을 강조하였기 때문이었다. 보편 교회 안에 중세의 모든 신도들이 소속되어 있다고 믿고 있었다. 이러한 보편 교회 개념을 뒷받침 해주는 것이 보편 개념이었다. 실재론은 플라톤의 이데아 이론과 같이 보편이 먼저 실재하고, 개체들은 그 보편을 분유하고 있는 자립적인 하나의 실체에 해당한다. 인간과 관련하여 종과 류가 먼저 존재하고, 종과 류의 보편을 분유하여 나누어 가지고 있는 개인들이 존재하게 된다. 이러한 입장을 안셀무스를 주장하고 있었고, 이것은 플라톤의 사상과 그것을 이어받아 발전시킨 신플라톤주의의 기본적인 사상이었다.

이러한 실재론에 반대했던 인물이 로켈리누스였다. 로켈리누스는 보편이란 소리에 불과하여 이름만 있을 뿐 실재와는 아무런 관련이 없다는 입장이었다. 로켈리누스의 이러한 입장을 유명론이라고 불렀다. 로켈리누스는 '만일 신에게 성부, 성자, 성령이 하나의 실재라면, 성자와 함께 성부와 성령도 육화된 것이 된다'면서 신은 세 개의 실재로 구성되어 있다고 주장하였다. 성부, 성자, 성령이 각각 다른 세 신이라는 로켈리누스의 삼신론은 유일신 사상에 중대한 위협이 될 수 있다. 그러므로 그의 입장은 공의회에서 이단으로 정죄 당하였다.

안셀무스의 실재론과 로켈리누스의 유명론이 이렇게 대립하고 있을 때에 중도적인 입장에서 이 문제를 논의한 인물이 아벨라르두스였다. 그는 보편 개념의 실재성의 문제를 설득력있게 설명하는 온건실재론을 제시하였다. 아벨라르두스에 따르면 보편적인 용어는 의미를 가진 말이고 따라서 개념을 표현한다. 그는 이 보편 개념이 현실적인 사물과 분리되어 존재하는 것이 아니라, 사물 속에 존재하는 사물의 본질이라고 보았다. 그러므로 보편은 모든 개체적인 사물들 속에 들어 있다. 그런데 이 사물 속에 들어 있는 본질을 구별하여 인식하는 것은 우리의 정신이다. 이 정신 속에 보편 개념이 존재하지만, 이 개념은 개체들이 공통적으로 가지고 있는 본질 혹은 본성을 지시한다고 보았다. 보편자는 개체들의 공통적인 종을 의미하고 이 공통적인 종은 신이 개체를 신의 동일한 관념을 따라 창조한 결과라는 것이다. 이러한 아벨라르두스의 입장은 아리스토텔레스의 형상과 질료의 이론과 유사한 것인데, 아직 아리스토텔레스의 형상과 질료에 근거한 그의 철학이 알려지기도 전에 스스로 이러한 주장을 하였다. 아벨라르두스는 당시에 대립하고 실재론과 유명론 사이에 온건실재론을 제시하여 보편과 개체가 상호 연결되어 있음을 설명하였다. 이러한 온건실재론의 입장은 후에 아퀴나스에 의해 좀 더 발전된 모습으로 나타난다.

5. 속죄에 관한 아벨라르두스의 도덕적 감화설

아벨라르두스는 자신의 속죄 이론에서 안셀무스가 강조했던 하나님의 영광이나 진노보다는 차라리 하나님의 사랑을 강조하였다. 그가 보기에 기존의 사단배상설이나 안셀무스의 만족설은 인간을 고려하지 않고 하나님의 영광과 우주적인 공의만을 고려하고 있었다. 따라서 십자가 사건은 하나님의 공의를 만족시켜서 빼앗겼던 하나님의 영광을 회복시키는 효과를 가지고 있었다. 아벨라르두스가 볼 때 안셀무스는 하나님을 심판자와 재판관으로만 보았지, 탕자를 기껍게 안아주는 아버지로서의 하나님 즉 사랑의 하나님은 보지 못했다. 그러므로 그가 보기에 이러한 십자가에 대한 설명은 인간이 필요로 하는 행동을 위한 새로운 동기를 제대로 부여하지 못하는 것으로 보였다. 하나님은 이미 인간을 사랑하셔서 그를 구원하시고자 한다. 그러므로 아벨라르두스는 하나님의 공의를 만족시키는 것보다 더 중요한 것은 사람들이 하나님의 사랑을 모르고 죄와 무지에 빠져 하나님을 두려워하고 하나님을 떠나기 때문에 인간들에게 하나님의 사랑을 알리는 것이었다. 십자가는 바로 사람들에게 하나님의 사랑을 알리는 사건이며, 하나님의 아들의 철저한 순종에 의하여 하나님 앞에서 그 자신이 성취한 공로를 죄인들에게 전하는 하나님의 아들의 소통인 것이다. 그에게 있어서 그리스도의 죽음은 하나님이 사탄에게 지불한 배상금도 아니고, 하나님의 진노를 누그러뜨리고 공의와 영광을 만족시키기 위한 희생제물도 아니며, 오히려 하나님의 극진한 사랑을 사람들에게 분명하게 드러내 보여주는 순종이었다. 따라서 십자가의 효력은 인간을 향한 것이지, 하나님을 향한 것이 아니다. 왜냐하면 하나님께서는 피를 흘리는 희생을 통해 우리와 화해할 필요가 없었고, 오히려 화해할 필요가 있는 것은 우리 인간이기 때문이다. 하나님과의 화해는 죄인이 십자가에 의해 감화되어 그 자신 안에서 생기는 도덕적 변화를 통해 일어난다.

아벨라르두스는 속죄에 대한 설명에서 법적인 화해에 관한 모든 의미를 제거하였다. 오히려 그 십자가 사건이 인간에게 미치는 영향을 주목하고 있다. 십자가는 하나님께서 그의 놀라운 사랑을 인간들에게 실증적으로 보여주는 사건이며, 그것에 의하여 인간의 마음이 변화되고, 사람들이 하나님을 향하여 두려움보다 사랑으로서 행동한다는 것을 내용으로 한다. 십자가의 죽음은 곧 사랑이었으며, 그 큰 사랑이 성육신의 동기요 구속의 원인이었다. 예수 그리스도가 십자가 위에서 보여준 그 큰 사랑이 죄인들의 가슴에 사랑을 불러일으켜, 그들이 마음과 생각을 바꾸어 하나님에게로 돌이키도록 할 것이라고 확신하였다. 사랑이 하나님에게서 떠난 인간을 다시 하나님께로 이끌어온다는 것이다. 그러므로 진정한 속죄는 십자가 상에서 이루어지는 것이 아니라, 차라리 십자가 사건으로 영향을 받는 사람들 안에서 일어난다. 속죄는 십자가의 사랑을 깨달아 죄인이 회개하고 하나님과 사람들을 사랑할 때 일어난다. 그래서 일반적으로 아벨라르두스의 속죄론을 주관적인 속죄론 혹은 도덕적 감화설이라고 부른다. 하지만 그의 이러한 주장은 당대 최고의 권위를 누렸던 클레르보의 베르나르두스로부터 십자가의 사랑만 보았지 공의는 보지 못했다는 비판을 받았고 결국 교황 인노켄티우스 2세는 아벨라르두스를 정죄하였다.

9장

성 빅토르의
휴고와 리카르두스

(Hugo von St. Victor, 1096-1141
/ Richardus de Sancto Victore, ?-1173)

성 빅토르 수도회가 배출한 가장 뛰어난 수도사이자 학자가 성 빅토르의 휴고(Hugo von St Victor, 1096-1141)와 리카르두스(Richardus, de Sancto Victore)이다. 이들은 수도원에서 활동하면서 신비주의와 스콜라주의를 접목시키고자 하였다.

1. 성 빅토르 수도회

성 빅토르 수도회는 상포의 윌리엄이 창시자이며 캔터베리의 안셀무스와 베크에 있는 그의 제자인 라옹의 안셀무스의 직접적인 지적인 노선에 속하였다. 윌리엄은 1108년에 파리 노트르담 성당의 부주교직과 성당 학교 교사직에서 은퇴한 후에 가난과 명상적 기도를 강조하는 성직자로 일생을 보내고자 이 수도원을 세웠다. 그는 제자였던 아벨라르두스와의 논쟁에서 패배한 후에 은둔생활을 하고자 하였으나, 클루니 수도원의 개혁의 영향을 받아 신앙생활에 깊이 뿌리를 박은 신학을 정립하고자 수도원 학교를 세웠다. 곧바로 도시 환경에 활기를 불어넣어야 할 교육적 필요성 때문에 이 새로운 수도원은 부단하게 활동하는 초기 스콜라주의의 진원지로 탈바꿈하였다. 이 수도원은 사회적이며 삶의 자리를 강조하는 영성에 비중을 두어 세상적인 섬김을 강조하였다. 1112년에 길두인(Gilduin)이 윌리엄을 계승하여 교장이 되었다. 성 빅토르 수도원 학교는 아벨라드의 학교와 상호 영향을 주고받았다. 이 학교는 신학연구에 이성을 사용하면서도 성경적이고 교부적인 권위를 존중하였다. 그리하여 성 빅토르 학파의 성경적이고 교부적인 권위는 아벨라르두스 학교의 합리적인 탐구가 정통주의 안에 머물도록 영향을 주었다. 이것은 아벨라르두스 제자들의 합리적이고 혁신적인 정신과 성 빅토르 학파의 전통주의가 접목된 결과였다.

2. 성 빅토르의 휴고의 생애와 저술

빅토르 수도회가 배출한 가장 유명한 인물이 성 빅토르의 휴고인데, 그는 수도사이면서 학자였다. 따라서 그는 수도원의 성격을 유지하면서도 신학을 학문적으로 발전시키고자 하였으며, 철학과 신학의 관련성을 추구하였다. 그는 1096년경에 삭소니에서 태어났을 가능성이 높다. 그는 1114경에 파리에 있는 성 빅토르 수도원에 들어가서 거기서 평생 동안 활동하였다. 그는 1125년에 성 빅토르 수도원 학교의 교장이 되었으며, 1133년에는 수도원 원장이 되었다. 그는 시토 수도회의 베르나르두스와 학문적인 교류를 하였으며, 학문적으로나 영적으로 뛰어나서 동시대인들이 그를 제2의 아우구스티누스라고 불렀다. 보나벤투라는 휴고를 학문, 설교, 영성의 모든 분야에서 뛰어난 인물이라고 평가하였다. 1120년 이후에 저술을 시작하여 많은 학문적인 장르에서 다작을 하였으며, 1141년에 세상을 떠났다.

휴고는 신학의 연구에서 성경의 문자적 역사적인 의미를 연구하는 중요성을 강조하였다. 그의 많은 작품 가운데 가장 중요하고 조직적인 신학적 작품은 『기독교 신앙의 신비』(De Sacramentis christianae fidei)이다. 그는 또한 학문의 백과사전인 『신학수업 입문서』(Didascalicon)를 저술하여 거룩한 독서에 대하여 설명하였다. 신비주의 작품으로 『디오니시우스 아레오파기타의 천상위계론에 대한 주석』과 노아의 방주에 대한 두 개의 작품인 『노아의 도덕적 방주론』(De arca Noe morali)과 『노아의 신비적 방주론』(De arca Noe mystica)이 있는데, 후자의 두 작품에서 그는 방주를 신비적 탐구의 단계들과 거룩한 역사의 전개의 구조적 상징으로 이용했다.

3. 성 빅토르 휴고의 작품 해설

휴고는 디오니시우스의 『천상위계론』을 주석하면서 케루빔을 지식의 충만이나 지혜의 전달자들, 세라핌을 불꽃의 창조자들 혹은 온기의 전달자들로 이해한다. 그는 세라핌적 불꽃을 사랑의 불꽃으로 해석하여 디오니시우스에게서 나타나지 않는 요소를 첨가했으며, 지식과 사랑의 관계에서 오랜 수도원적 전통을 받아들여 지식을 초월하는 사랑의 역할을 강조하였다. 그는 하나님에 대한 케루빔적 지식보다 세라핌적 사랑을 우선시하여 중세 신비주의에서 정감적 이해를 풍부하게 하였다.

『기독교 신앙의 신비』는 중세의 교리 요약들(Summa) 가운데 첫 번째 책인데, 삼위일체, 창조, 자유의지, 타락, 성육신, 교회의 통일과 시대의 종말을 취급한다. 그는 이 책을 저술하면서, 방법론의 측면에서 하나님의 건설하는 활동(opus conditionis)과 회복하는 활동(opus restaurationis)을 성경 계시 내용을 구별하는 독창적인 조직 원리로 삼았다. 그는 자신의 저술들에서 신학을 위해 이미 수도원주의에 잠재되어 있던 인문주의적인 토대를 확대하고, 건전하게 적용된 변증술의 기능을 확장하였다. 그의 작품들은 빅토르 학파의 신학적인 연구를 가톨릭 정통주의의 노선 안에 자리 잡게 하여, 결과적으로 스콜라주의의 방식으로 발전하던 것들이 그의 학파 안에서 전반적인 수용되게 만드는데 독자적인 방식으로 기여하였다.

이 작품에는 하나님의 건설 활동과 회복 활동 사이의 전체적인 구별이 그 배후에 자리 잡고 있었다. 구원을 수용하려고 노력하는 금욕주의의 과정을 포함하여, 그리스도 안에 있는 우리의 구원은 우리를 죄 이전의 원래의 창조의 상태로 돌이킨다는 의미에서 회복이었다. 회복의 과정에서, 관상 속에서 하나님과 접촉하려는 것은 자연스러운 일이었다.

그의 작품 가운데『신학수업 입문서』는 당시 학문들에 대한 백과사전적인 저술이다. 이 작품은 두 가지 측면에서 주목받는다. 첫째는 당시의 모든 학문 분야를 망라하여 제시하고 그 학문의 유용성과 학습방법을 제시한다. 그는 수도원 학교 교사로 있으면서 아리스토텔레스 이래로 서양의 학문을 체계화한 대표적인 학자일 뿐만 아니라 아우구스티누스에 대해서도 정통하여 제2의 아우구스티누스로 일컬어졌다. 12세기에 전통적인 수도원학교는 점차로 쇠퇴하고 대주교좌 성당학교와 사설학교들이 발전하던 시기였다. 이 때에 이르러 엘리트 중심 교육이 대중적인 교육으로 발전하면서 지식의 세속화 내지 대중화되면서 전통적인 지적 전통이 위협을 받게 되었다. 이러한 지적 전환에 대하여 전통적인 수도원의 교육방식을 고수하던 시토 수도회의 베르나르두스는 새롭게 대두되던 아벨라르두스를 비판했고, 더 나아가 휴고의 수도원으로부터도 지적 호기심의 위험을 인지하면서, 자신의 지도하에 있던 수도사들은 하나님에 나아가는 가장 직접적인 길에 전념하도록 지도하였다.

반면에 성 빅토르의 휴고는 한편에서 수도원의 전통을 벗어나서 시대적 변화에 대한 성찰과 함께 1120년경에 이론적이고 실천적인 적응을 한 학자였다. 그는 당시의 다양한 새로운 학문들에 대한 이해를 가지고 학문지침서인 『신학교육 입문서』를 저술하였다. 이러한 측면에서 그는 한 편에서는 신비주의자로 평가받으면서도 다른 한 편에서는 학문연구에서 이성의 역할을 중시하여 스콜라주의 발전에 기여하였다고 평가받는다. 따라서 『신학수업 입문서』는 학문 초심자들을 위한 지침서의 성격과 함께 사설학교를 중심으로 진행되는 교육의 세속화라는 지적풍조와 함께 일부 교조적 지식인들에 대한 비판과 해법의 모색이란 관점에서 접근할 수도 있다.

휴고의 이 책의 지적 원천은 플라톤, 아리스토텔레스, 아우구스티누스의 세 명이다. 그는 수도원의 전통 안에서 성장했지만, 성서와 교부적인 전통만이 아니라 플라톤과 아리스토텔레스와 같은 이교도 철학자들의 지식과 이론을 수용하였다. 지식이 인간 구원에 기여해야 한다는 것이 아우구스티누스의 기본적인 인식이었고, 그 전통을 이어받은 휴고도 인간이 추구해야 할 지혜의 대상은 예수 그리스도라고 보았다. 그렇지만 휴고는 인간들이 지혜를 얻는 데서 성서뿐만 아니라 세상의 학문의 필요성을 아우구스티누스보다 더 적극적으로 인정하였다. 따라서 그 시대의 많은 학문 분류법 구조들 가운데서, 휴고의 『신학수업 입문서』는 독창적인 점에서 아리스토텔레스 이후 가장 뛰어나다. 휴고는 새로운 사회의 신학자들에게 연설하면서, 그들에게 "모든 것을 배우도록" 권면하였다. 우주 자체는 하나님의 손으로 기록된 책이다. 모든 세속 학문은 신학의 출발점인 성경의 올바른 해석의 근거에 협력하게 될 것이다. 이와 같이 휴고는 인간이 타락한 이

후에 인간본성의 회복을 위해서는 지식과 덕 즉 철학의 함양이 필요하다고 보았다. 그리고 신학은 "사물들에 대한 근본적인 원인"을 묵상하는 지혜(sapientia)를 지향할 것이다. 진리는 모든 학문 분야에서 발견될 것이나, 신학은 "진리의 완성"이다. 그러므로 휴고는 『신학수업 입문서』에서 참다운 학문을 훈련하려면 그 대상과 순서 그리고 방법에 대한 정확한 이해와 숙고가 선행되어야 한다고 설명하였다. 그 첫 번째 대상이 올바른 독서였다. 이 올바른 독서는 학문연구를 위한 책읽기를 의미한다. 그는 이 때 빠른 출세와 실용적인 목적을 위해 독서를 소홀히 하는 세속적인 학문 풍조를 비판하며 자유학예를 깊이 있게 공부해야 한다고 강조하였다.

그는 더 나아가 이러한 문제점을 극복하기 위한 대안 마련으로 올바른 학문연구를 위해 학문을 분류하고 그 기능을 해설하였다. 그는 근본적으로 4가지 지식을 이론적인 지식, 실천적인 지식, 기계적인 지식과 논리적인 지식으로 구분하였다. 그는 이러한 4가지 범주 아래서 21개의 학문 분야를 분류하였다. 휴고는 학문을 일종의 기예로 여겼다. 지식은 지속적인 연마와 반복을 통해 습득되고 확장되는 고유한 성질을 가지고 있다고 이해하였다. 4개 범주 가운데 맨 먼저, 이론적인 학문은 선에 대한 사람들의 무지를 깨우쳐주는 학문이자 기예인데, 신학, 수학 및 물리학으로 구성되어 있다. 물론 이 분야의 대표적인 학문은 신학이다. 둘째, 인간의 악한 의지를 억제하기 위한 지식으로서의 실천적인 기예인데, 개인적인 판단과 양심에 결부되어 있는 윤리, 사적 영역인 가정관리를 의미하는 경제와 공적 영역을 담당하는 정치로 구성되어 있다. 셋째, 인간의 육신적인 나약함을 보완하는 기계적인 기예인데, 이 분야는 전통적인 플라톤과 아우구스티누스의 학문분류에는 포함되어 있지 않았는데, 휴고가 새롭게 포함시켰다. 기계적인 기예는 인간의 삶의 문제를 해결하는 기예로서, 의복, 무기, 상업, 농업, 사냥, 의술, 무대극 등의 7가지로 구성되어 있다. 7과목의 자유 학예가 정신을 훈련시키는 기예라면, 이 7가지의 기계적 기예는 인간의 육체적 필요를 채워준다. 이러한 분야를 새롭게 포함시킨 것은 당시의 새로운 사회경제적인 변화를 반영한 것으로 보인다. 넷째는 논리학으로 문법, 변증법, 수사학으로 구성되어 있었다. 그는 이러한 다양한 학문분류와 그들의 학습법을 제시하여 학문의 입문자들에게 학문을 연구해 나갈 좋은 안내자 역할을 하고자 하였다.

그는 이 『신학수업 입문서』에서 백과사전적인 학문을 소개하지만, 그의 가장 핵심적인 관심사 가운데 하나는 신학을 올바르게 공부하도록 인도하려는 목적을 가지고 있었다. 이 책은 신학입문보다는 신학의 배우기 이전의 교양학부의 과목들을 다루면서 공부하는 방법을 소개하고 있다. 그는 서론에서 학문적 지식을 얻게 되는 두 수단으로 독서와 묵상(meditatio)을 언급하는데 주로 독서에 대해서 설명한다. 독서에 대해 학생이 무엇을 어떤 순서와 어떤 방식으로 읽어야 하는지를 설명한다. 그는 이와 같이 학문하는 방법론의 발전에 기여하였다. 그는 독서에서 세상적인 학문인 철학책과 거룩한 학문인 신학책을 읽는 방법을 나누어 설명한다. 그는 하나님이 그의 모든 작품들에 나타나 있다는 관점을 가지고 연구하면서, 인간의 모든 학문 범위가 신학을 위한 준비로 이해되어야만 한다고 결론을 내렸다. 그는 이 책에서 모든 지식(철학)을 그러한 관점에서 조직하여 독서하도록 권장하였다. 그는 다음으로 성서 읽기인 거룩한 독서(lectio divina)와 관련하여 읽기(lectio), 묵상(meditatio), 기도(oratio), 실천적 행위(practicus operatio), 관상(contemplatio)의 다섯 단계를 제시한다. 중세의 일반적인 거룩한 독서는 읽기, 묵상, 기도, 관상의 네 단계인데, 휴고는 실천을 강조하여 실천적 행위를 추가한다. 그는 관상을 신학수업의 과정이라기보다는 결과이자 목적이라고 보았다. 관상은 실천적 행위를 통해 생명을 발견하는 것이고 진리와 함께 기뻐하는 것이다. 이 단계에 이른 자들은 주님이 얼마나 선한지 맛보며 보는 자들이다. 구체적인 삶의 자리에서 하나님의 말씀이 달고 진리라는 것을 체험하며 사는 것이다.

휴고는 『신학수업 입문서』의 4권, 5권, 그리고 6권은 성서 해석에 대해 취급한다. 우리는 성경 본문을 "이성이 요구하는 바에 따라" 역사, 알레고리, 혹은 모형론으로 이해할 것이다. 아무 것도 암시되어 있지 않을 때, 알레고리나 신비적인 의미를 찾아내는 사람은 그것들이 거기에 있을 때 무시하는 사람만큼이나 비난받아 마땅하다. 의미의 체계는 지상에 있는 토대인 역사와 상승 구조의 더 아래 부분을 형성하는 알레고리의 이중의 토대에 의존한다.

첫째로 언어학적 이유뿐만 아니라 신학적 이유 때문에, 역사적이거나 문자적인 의미들이 모든 다른 것들을 지원한다. 그가 유대 학자들로부터 찾았던 도움에서 밝혀지는 문자적인 의미에 대한 휴고의 관심은 중세 주석에서 중요한 전환기를 나타냈다. 실제로 제롬 이후로 아무도 이와 비슷한 관심을 보여주지 않았다.

의미의 둘째 토대인 알레고리로 움직이면서, 휴고는 성경의 거룩한 페이지에 계시된 신앙의 "많은 신비들"에 대하여 이야기한다. 이러한 것들은 "기독교 신앙의 신비들"이란 교리 요약에서 그의 주제가 되었다. 여기서 그는 수행된 신비적인 행위들이나 올바른 알레고리와 수행될 신비적인 행위들이나 모형론의 도덕적인 의미를 연결시킨다. 다른 의미들이 지향하는 궁극적인 의미인 하나님이 계시하시기 원하는 신성한 실재는 그러한 토대에 의존한다. 모든 성경의 주제인 회복의 역사는 이러한 실재의 획득 속에서만 최종적으로 완성된다.

4. 휴고의 신비주의

휴고의 사상은 초기 스콜라주의 발전에 기여한 그의 사상의 그러한 요소들만큼이나 신학의 신비적 차원을 가지고 있다. 신비적 차원인 관상은 휴고의 모형론 이해 속에서 전개된다. 1125-30년 사이에 저술된 노아의 방주에 관한 저술들은 관상가로서 휴고를 가장 분명하게 드러내는 작품들이다. 여기서 다시, 이 작품의 중요성은 저자의 신비적인 의식의 스콜라주의적인 분석보다 상징적 포괄성에 존재하는데, 이것이 바로 스콜라주의의 새로운 신학적 모델에 따라 수도원 관상의 구별되는 자리매김이다.

노아의 방주에 대한 휴고의 관심은 성경 본문의 적절한 문자적 의미, 즉, 역사에서 일어났었던 것을 우리에게 알려주는 의미는 영적인 의미에 도달하기 위해 필수적이라는 그의 확신으로부터 발생하였다. 그는 창세기 6장에 근거하여 지금은 없어졌으나 본문에서 묘사되었던 방주의 묘사를 제공하였다. 그 개념은 지상, 구원사, 그리고 관상을 통해 부활한 그리스도 안에서 우리의 영생의 현재의 공유라는 여러 가치가 있는 상징에 관한 것이다. 방주는 신비적인 의식을 함축하여 나타낸다. 위대한 교사인 휴고는 그의 시대에 디오니시우스 경향의 사랑받는 수단, 다시 말해, 그가 불가시적인 어떤 것을 나타내기 위하여 가시적인 형태들의 "조합이나 상호연결"로 정의하였던 상징들의 사용에서 뛰어났다. 상징은 이성이 암중모색하는 것을 효과적으로 제시할 수 있었다.

그와 함께 성 빅토르의 휴고의 신비주의는 기독교 인간론의 이해로부터 시작한다. 창조주이신 하나님께서 모든 인류를 통치하신다. 하나님께서 인간에게 모든 것이고, 그를 위해 모든 것을 창조하셨으므로 인간의 목표는 하나님을 찾거나 하나님을 아는 것이다. 그는 또한 모든 지식을 하나님을 아는 지식으로 인도하는 길의 일부분이라고 강조한다. 사랑 자체가 하나님을 아는 형식이라고 강조했던 베르나르두스와 달리, 휴고는 하나님께서 인간의 마음에 지식과 사랑의 두 가지 방식으로 거하고 계시지만, 지식이 없이 사랑할 수 없다고 주장했다. 휴고는 합리적인 마음이 지식에 의해서 마음 자체 안에서 하나님을 볼 수 있다고 믿었다.

휴고는 하나님이 완전히 숨겨진 것도 완전히 드러나시는 것도 아니라고 말한다. 하나님을 볼 수 있느냐? 라고 물으면 나는 볼 수 있다고 말한다. 볼 수 있는지를 어떻게 아느냐? 라고 묻는다면, 성경에 마음이 청결한 자는 복이 있나니 그는 하나님을 볼 것이라고 기록되었다고 대답한다. 하나님을 볼 수 있다면, 어떻게 하나님은 불가시적이라고 말할 수 있느냐? 라고 묻는다면, 나는 하나님은 본성상으로 불가시적이나, 하나님께서 원하시는 바에 따라, 원하시는 때에 볼 수 있다고 대답한다.

그는 하나님은 형언할 수 없는 분이고 생각할 수 없는 분이고 말로 표현할 수 없는 분이라고 말한다. 그러므로 어떤 피조물에 대해 생각해도 그것은 하나님이 아니다. 그는 참으로 합리적인 마음이 진리를 관상하는 인간의 첫 번째의 주요한 거울이기 때문에 그 마음 안에 있는 것을 검토하였다. 이 거울 안에서 불가시적인 하나님을 볼 수 있다.

그는 창조된 첫 번째 인간에게는 하나님을 알 수 있는 지식이 제공되었지만 그 지식을 소유한 방법을 분명하게 말하기 어렵다고 말한다. 하지만 그는 처음부터 하나님은 인간의 마음에 자신을 보이셨고 인간의 이성과 신적 계시의 두 가지 방식으로 숨겨졌지만 계시된다고 말한다.

베르나르두스는 공통적인 신비적 체험을 명명하기 위해 관상이란 용어를 사용했던 것과 달리, 휴고에게 있어서 관상적 경험은 하나님의 임재에 대한 내적 인간의 원래의 혼란스럽지 않은 내적 인식을 나타낸다. 다시 말해 우리는 하나님에 대한 관상으로 올라갈 수 있고 우리가 하나님을 이해할 수 있는 하나님에 대한 지식을 필요로 한다. 그는 관상을 인지와 묵상 비교하여 다음과 같이 설명한다.

합리적 영혼에 속하는 인지, 묵상, 관상이란 세 가지 인식방법이 있다. 감각에 의해 마음에 들어오든 기억에서 일어나든지 간에 마음이 사물의 이념과 접촉하고 사물 자체가 이미지 자체에 의해 갑자기 제시될 때 이것은 인지이다. 묵상은 인지에 대한 근면성실하고 현명한 숙고이고 포함된 것을 설명하려고 노력하고 숨겨진 것을 뚫고 들어가려고 노력한다. 관조는 탐구될 수 있는 무슨 범위라도 모든 곳으로 확산되는 명민하고 자유로운 관심이다. 묵상과 관조 사이에 이러한 차이가 있다. 묵상은 언제나 우리의 지성에 숨겨진 일과 관련되고 관조는 본성에 따라서나 능력에 따라서 드러난 일과 관련된다.

덧붙여서, 학문(discipline)이 휴고의 신비주의에서 중요한 부분이다. 겸손을 출발점, 사랑을 종착점으로 생각했던 베르나르두스와 달리, 휴고에게 있어서 겸손은 학문의 시작이고 하나님을 아는 지식이 학문의 목적이다. 휴고는 철학은 예술 중의 예술이고 학문 중의 학문이라고 말했다. 휴고는 다음과 같이 썼다: 영혼 자체는 영혼이 그 자체와 그 자체 안에 있는 모든 것을 볼 수 있는 눈을 받는다. 이것은 이성적인 눈이다. 영혼 자체는 그 자체와 그 자체 안에 있는 모든 것 안에서 하나님을 볼 수 있는 다른 눈을 받는다. 이것은 관조의 눈이다. 다시 말해 하나님에 대한 지식은 학문에 의한 관조를 통해 소유된다. 휴고는 관조의 책인 『노아의 도덕적 방주』와 『노아의 신비의 방주』에서 방주를 하나님께 돌아가는 관조의 상징으로 사용한다.

베르나르두스와 같이 휴고의 신비주의에서 그리스도는 중심적인 역할을 한다. 휴고에게 있어서 그리스도는 인간에 대한 하나님의 두 번째의 새로운 외적인 접근이다. 휴고는 그에게 있어서 안정된 중심이 되신 그리스도를 찾고 있다. 인간의 마음은 왜 평안이 없는가? 그것이 인간의 마음이 세상에 대한 분산적 사랑으로 이끌려 평안함을 발견하지 못하기 때문이다. 사람은 하나님에 대한 통일된 사랑을 회복하고 예수님에 의해 대표되는 안정된 역사적이고, 우주적이며, 관조적 중심을 찾아야만 한다. 주의 만찬을 하나님과의 연합이 이해될 수 있는 중요한 요인으로 간주했던 베르나르두스와 같이, 휴고도 영혼을 관조로 인도하려는 목적을 가진 성찬의 중요성을 강조했다. 요약하면 휴고에게 있어서, 예수 그리스도를 통해 그리고 학문에 의해 하나님을 찾고 아는 것의 궁극적 목적은 하나님과의 연합이다. 휴고는 하나님에 대한 지식이 이러한 연합을 가능하게 만든다고 믿었다. 베르나르두스는 하나님과의 합일을 사랑 중심의 합일을 찾은 반면에, 휴고는 그 합일을 지식 중심의 합일에서 찾았다. 휴고는 모든 지식이 하나님과의 합일을 위한 수단이라고 보았다.

5. 성 빅토르의 리카르두스의 생애

휴고의 제자들 가운데 가장 뛰어난 인물인 성 빅토르의 리카르두스는 중요한 영역에서 그의 스승을 능가했던 신비주의 신학자였다. 리카르두스는 다음의 몇 가지 사실 외에 그의 생애가 거의 알려져 있지 않은 스코틀랜드인이다. 그는 일찍 어릴 때에 파리에 가서 성 빅토르 대수도원에 들어갔다. 그는 1163년에 거기서 소수도원 원장이 되었다가 1173년에 사망하였다. 그가 활동할 때 대수도원 원장이었던 인물이 수도원의 재산을 낭비하고 수도원의 규율을 문란케 하여 수도원을 어려움에 빠뜨렸으나, 리카르두스는 이러한 어려움 속에서도 오히려 단정한 생활과 함께 뛰어난 저작으로 수도원 학교를 발전시키며 휴고의 명성을 이어받은 훌륭한 학자가 되었다. 휴고의 스콜라주의의 질서 이해를 가지고, 리카르두스는 수도원의 금욕주의적인 전통을 수집하여 고도로 명료해진 체계로 심도 있게 발전시켰다. 그는 휴고와 마찬가지로 진리의 탐구에서 이성을 사용할 필요성을 주장하였다. 그는 그리스도의 신앙을 이성을 가지고 설명하려고 시도하기 때문에 "이해하기 위하여 믿는다"는 안셀무스의 입장을 따르고 있다. 동시에 그는 신비주의에도 깊은 관심을 가져 12세기의 가장 완전한 것인 그의 관상에 대한 깊이 있는 취급은 서구 신비주의의 성장에서 전환점이다. 리카르두스는 성경의 역사적 의미를 토대로서 고려하지만, 그의 신비적인 저술들에서 성경 본문들을 주로 영적인 방식으로 해석한다.

6. 리카르두스의 이성주의적 사랑의 삼위일체론

따라서 성 빅토르의 리카르두스는 12세기의 중요한 영성 저술가이고 기독교 신비주의 전통에서 위대한 관상가들 가운데 한 사람으로 인정되고 있다. 그는 또한 삼위일체의 교리에 대한 합리적 주장을 한 대표자로 간주되고 있다. 삼위를 합리적으로 설명하려는 리카르두스의 시도는 중세 스콜라주의 삼위일체 사상의 맥락에서 이해될 수 있다. 그러나 그의 접근의 독특성은 위격들의 삼위일체와 관련하여 자비의 본성을 창의적으로 해석하는 데에 존재한다.

리카르두스는 어떤 교리적인 요약 저술(Summa)을 남기지 않았지만, 많은 작품들 속에서 여러 주제들을 취급하는데, 삼위일체에 대한 그의 논문은 아우구스티누스와 디오니시우스의 통찰을 주요하게 발전시킨 작품이었다. 그는 초기 작품들에서 설명한 삼위일체론에서는 정통적이고 아우구스티누스적인 노선을 걸었는데, 그의 생애 후반에 저술한 삼위일체론에서는 엄격한 이성적 요구에 따른 논의가 제시된다. 삼위일체론에서 전통적인 길에서 떠난 그의 독립적인 논증이 시도되고 그의 독특성이 제시된다. 완전한 존재와 최고의 자비로서의 하나님 개념을 합리적으로 분석하여 리카르두스는 하나님의 사랑의 삼위일체의 논리를 설명한다. 그는 삼위일체론에서 사랑의 유비를 고찰하여 최고의 사랑 안에 공동체적인 성격이 있다는 것을 설명하고 그것을 통해 삼위성을 증명하였다. 그는 삼위일체론에서 보에티우스의 위격에 대한 정의인 "이성적 본질을 지닌 개별적인 실체"가 삼위일체론에 적용될 때 세 실체론의 오해를 가져올 위험성이 있다는 것을 지적하고 "이성적 본성을 지닌 교환불가능한 실존"이란 새로운 정의를 제시하였다. 그는 이러한 정의를 통해 인격이 지니는 교환불가능성, 즉 대체불가능성과 인간의 근원적 관계성을 이해하는데 기여하였다.

그는 아우구스티누스, 위 디오니시우스, 그레고리우스 대제, 그리고 안셀무스같은 그 이전에 선구자들 이상으로 삼위일체론을 위격 사이의 관계의 신학으로 논한다. 동시에 삼위를 사랑의 유비를 통해 이성적으로 설명하는 그의 삼위일체론은 다른 면에서 보면 현저하게 신비주의적이다.

그는 "선은 그 분의 분산이다(bonum est diffusivum sui)"라는 위 디오니시우스의 주장을 바탕으로 그의 추론하는 과정을 시작한다. 리카르두스는 최고의 완전한 존재는 최고의 자비를 포함하여 모든 선의 충만함을 결여할 수 없다고 주장한다. 이와 같이 하나님의 속성들 가운데, 선은 최고선으로 존재한다. 이러한 최고로 충만한 선은 다른 것으로 나아가고 그리고 되돌아와야만 한다. 그러므로 이것은 자비이다. 인격적인 하나님 안에서, 하나님이 소유하시는 것인 이러한 자비는 인격적이어야만 한다. 따라서 최고의 자비는 불완전한 사랑의 형태인 이기적 사랑이 되지 않으려면 다른 위격과의 관계를 요구한다. 더구나 하나님만이 최고선이기 때문에,

하나님만이 최고로 사랑받을 수 있다. 그러므로 최고의 자비는 단지 신성 안에서 동등하게 완전한 위격들 사이의 관계에서만 발생한다. 최고의 자비는 사랑하는 이와 사랑받는 이, 그리고 동등하게 사랑받는 이 사이의 위격적인 관계를 요구한다. 그러므로 이렇게 세 위격 사이의 사랑의 관계에서 삼위의 존재가 증명된다. 이러한 표현에서 리카르두스는 아우구스티누스가 사랑으로 표현했던 성령을 동등하게 사랑받는 이라고 인격으로 표현하여 진일보 하였다.

하나님의 사랑의 호혜적인 특성이 그의 피조물들에 대한 사랑에서 만족된다고 생각하지 않도록 하려고, 리카르두스는 규정된 사랑(caritas ordinata)의 개념에 호소한다. 최고의 자비는 제한된 존재에 전달될 수 없고 하나님의 조화를 결여할 수 없다. 선으로부터의 주장은 행복과 영광에 대하여 반복된다. 하나님의 위격들이 셋이라는 것은, 자비의 완전함 속에서, 적절한 사랑을 받는 것은 수용된 사랑을 공유하고자 하는 공동의 사랑(condilectus)이라는 개념으로부터 파생한다. 거룩한 약속으로 나타나기 위하여 공동의 사랑을 요구하는 것이 마땅하다. 이성의 증거를 통하여, 리카르두스는 완전한 자비는 동등하게 완전한 존재들 사이의 관계에서 발생해야만 한다는 것을 보여주었을 뿐만 아니라 양자의 상호간의 사랑은 세 신적인 위격들 사이에 충분하게 공유된 사교적이고 흘러넘치는 사랑이어야만 한다고 주장한다. 여기서 리카르두스의 신적 사랑에 대한 견해가 본질적으로 황홀경 적이라는 것이 발견될 수 있다. 최고의 사랑은 자아로부터 타자를 향하여 나아가는 경향이 있고, 양자 간의 사랑은 제삼자에게 넘치는 즐거움을 부어주는 경향이 있다. 그러므로 리카르두스의 삼위일체 신학에 대한 중요한 공헌은 황홀경의 사랑이 최소한 자체를 완성하기 위하여 삼위일체의 구조를 요구하고 황홀경의 사랑의 이 삼위일체적인 구조를 세 위격의 삼위일체와 관련시킨다는 것을 보여준 사실에 존재한다.

이러한 삼위일체 신학에서 주목할 만한 것은 이 신학의 심리적인 통찰들과 이 신학의 교리의 합리적 힘 사이에 변증법적 연결이다. 사랑의 역동성을 관찰하는 리카르두스의 능력은 공명하는 사랑의 삼위일체 신앙에 의해 증가된다. 다양한 정도로, 그러한 특성은 빅토르 학파의 신비주의의 모든 저술들의 특색을 나타낸다. 그는 통찰력 있는 심리학자라기보다는 더욱 훌륭한 신학자이다.

7. 리카르두스의 신비주의 작품들과 신비주의

리카르두스는 여러 소 작품들을 저술했는데, 그 작품들에 있는 교리적인 요소들로부터 그의 주요한 관심사인 개인적인 관상의 요소들을 분리시키는 것은 불가능하다. 그렇지만 그는 많은 성경 주석들과 『발췌록』(The Book of Selections)이라 불리는 거대한 백과사전적인 참고문헌을 가지고 빅토르 학파의 성경 교육 계획에 기여하였다. 도덕생활과 관상에 관한 그의 가장 영향력 있는 3부작의 신비주의의 논문들은 『12족장들』(De duodecim Patriarchis), 『악의 근절과 선의 증진』(De exterminatione mali et promotione boni), 그리고 『신비로운 방주』(De arca Moysi)이다. 이 책들 가운데 첫 번째 것과 마지막 것은 일반적으로 『소 벤자민』(Benjamin minor)과 『대 벤자민』(Benjamin major)으로 부른다. 그는 이 저술들에서 하나님께로 올라가는 상승에 관한 특별한 구조를 제시하기 위하여 다양한 상징들을 사용한다. 이 세 작품 가운데 『12족장들』이 연대기적으로 가장 첫 번째 작품이다. 역시 하나님에 대한 상승에 대한 논문인 『강렬한 자비의 4등급』(De quatuor gradibus violentae caritatis)은 그의 풍부하게 사색적인 『삼위일체론』(De Trinitate)의 경험적인 토대를 취급한다. 하나님이 인간 사랑의 역동성에서 계시하시는 것은 삼위일체의 특권 있는 유비로 인식된다.

신비주의에 대한 리카르투스의 인간론적인 토대는 수도원주의에 공통적인 "형상과 모양"이었다. 그러나 그는 이 형상과 모양에 휴고가 사용하였던 보에티우스의 인식론을 결합시켰다. 보에티우스의 인식론은 자연스러운 것(naturalia), 지성적인 것(intelligibilia), 그리고 (신성의 특성 속에서 항상 지속되는) 불가시적인 것(intellectibilia)으로 나눈다. 그는 이러한 세 가지 범주들 가운데 마지막 것을 통하여 하나님께만 속하는 일들에 대하여 이야기한다. 그는 고전적인 수도원의 금욕주의와 신비적인 관심사들인 자아 지식에 대한 강조를 이 구조에 맞추어 나간다. 영혼 상승에 대한 저자의 다양한 구조들 속에는 내적 일관성과 그의 문헌 속에서 발견될 수 있는 바와 같은 금욕주의 요소들과 관상하는 요소들의 강력한 통합이 있다.

『12 족장들』은 영적 성장에 대한 수단들을 가르치는 교범이다. 그는 이 작품에서 정의와 지혜 사이의 관계를 묘사하기 위한 상징으로 야곱의 두 아내와 여종들을 통한 12아들들의 출생을 이용한다. 그의 궁극적 목적은 정의를 추구하는 것과 분리해서 지혜를 얻을 수 없다고 주장하는 것이다. 정의가 선행해야 하는 것은 도덕적 형성과정이 지혜가 영혼에 스며들어 가는 수단이기 때문에 필수적이고 영혼이 내면생활의 올바른 질서를 통하여 지혜를 추구하게 되는 수단이기 때문에 필수적이다. 그리고 하나님께 상승하는데 필요한 7개의 덕들은 그들의 하녀들에게서 태어난 4명을 배제하고, 야곱의 부인들인 레아와 라헬에게 태어난 족장들 안에서 본보기로 제시된다(창세기 29-49장). 리카르두스는 야곱과 그의 아내들, 하녀들과 자손들의 이야기를 관상을 위해 필요한 영혼의 도덕적 준비를 설명하기 위해 주로 도덕적 방식으로 해석한다. 영혼은 최종적으로 벤냐민인 관상을 아는데 이르러야만 한다. 이러한 여행은 이성을 상징하는 라헬의 죽음과 관조의 상징인 벤냐민의 탄생의 동시적인 발생에서 절정에 이른다. 관조의 황홀경을 묘사하는 죽음의 은유는 리처드의 계획에서 중요하다.

두 번째 작품인 『악의 근절과 선의 증진』은 영성생활을 홍해를 떠나 요단으로 돌아가는 것과 12지파를 위해 요단강 한 가운데에 12돌을 세우는 것에 초점을 맞추어 이집트로부터 약속의 땅으로의 여행으로 묘사한다. 이 여행의 중심에 한 종류의 삶으로부터 다른 종류의 삶으로 넘어간다는 개념이 자리 잡고 있다. 리처드는 히브리인을 넘어가는 사람으로 해석한다. 참된 히브리인은 이집트에서 광야로, 광야에서 약속의 땅으로 이동하여 넘어가는 사람이다. 이집트를 떠나는 것은 자신이 이전에 사랑했던 세상을 멸시하고 양심 속으로 들어가, 세상의 것들에 대한 경멸을 통한 탐욕의 근원을 잘라내는 것이다. 리카르두스는 이러한 이동에 의해 구체적으로 세상을 떠나 성 빅토로 수도원에 들어가는 것을 의도한다. 사막을 떠나는 것은 자아를 경멸하는 것이고, 이것은 무질서한 욕구들과 감정들의 흐름을 되돌리는 것이다. 이것은 수도원 입문자가 덕의 학교라고 불렀던 수도원에 들어가자마자 헌신해야만 하는 임무이다.

그러한 어려운 임무는 묵상과 관상을 필수적으로 요구하며, 이 두 가지는 그 땅에 파견된 정탐꾼과 언약궤에 의해 상징된다. 리카르두스는 강물이 멈춰 선 후에 요단강의 마른 땅 위에 세워진 12돌의 검토를 하면서 이 작품을 끝낸다. 이 돌들은 야곱의 12아들에 의해 대표되는 지적이고 도덕인 덕들을 강화시키는 자질들을 상징한다. 리카르두스에게 있어서, 마지막 돌은 관상적인 안식이다. 이것은 그리스도의 무덤에 의해 가장 잘 상징된다. 모든 이해를 넘어서는 평안은 그리스도와 함께 죽어 그의 무덤에 들어가는 것이다. 이제 전체 작품은 이집트로부터 약속의 땅으로 넘어가서 그 땅에 머무는 법을 배우는 참된 히브리인이 되는 것에 관한 것이다.

리카르두스는 그의 관상에 관한 교과서적인 작품인 『신비로운 방주』에서 그의 신비신학을 더욱 충분하게 전개한다. 그는 관상을 경외 속에서 얽매이지 않는 마음이 지혜의 전시들 속으로 자유롭게 침투하는 것이라고 표현한다. 이 작품의 중심적인 상징들은 언약궤와 6날개의 체루빔이다. 관상하는 사람은 하나님의 임재 속으로 들어가는데 일치하는 관상적인 황홀경을 경험하기 위하여 마음 속에서 상상의 언약궤나 체루빔의 여섯 날개를 구성해야만 한다. 그렇게 하려면 실질적으로 여섯 종류의 "능동적 반성(speculatio)"인 6종류의 관상을 통한 여행이 요구된다. 리카르두스는 사람이 자연인이 되기 위해서가 아니라 영적인 사람이 되기 위하여 배운다고 선언하는데, 이것이 휴고를 따르는 그의 가장 중심적인 관심사이다. 더욱 구체적으로 한 사람은 개인이 최종적인 두 단계를 준비하기 위하여 내면적인 생활과 영혼의 창조, 칭의, 그리고 영화에 초점을 맞추는 관상의 셋째와 넷째 종류를 통과함으로써 영적인 사람이 된다. 이 작품과 함께 리카르두스는 그의 삼부작을 완성하며, 이 삼부작의 핵심은 언제나 정의와 지혜가 손잡고 가는 방식으로 하나님의 임재 속으로 나아가는 여행을 분석하려는 것이다.

『신비로운 방주』에서 우리는 관상에 대한 상당히 상세한 논의를 발견한다. 관상은 처음에, 오히려 일반적으로 "지혜의 현시들에 관한 경이로움에 사로잡힌 마음의 자유롭고 더 파고들어가는 응시"로 정의된다. 그런 다음 심층적인 분석에서 리처드는 계속해서 여섯 가지의 관상 방식을 구별하면서 모든 수준의 인간 지식을 효과적으로 취급한다. 그는 보에티우스를 따르면서 우리가 감각으로 지각할 수 있는 것(sensibilia)을 지향하는 상상, 지성적인 것(intelligibilia)을 지향하는 이성과 불가시적인 것(intelletibilia)을 지향하는 이해의 세 단계를 구분한다.

그러므로 관상은 상상 속에서 인식되는 감각적인 것(sensibilia)으로부터 이성에 의해 인식되는 지성적인 것(intelligibilia)으로, 더 높은 이해에 의해서만 이해되는 불가시적인 것(intellectibilia)으로 이동하는 지식의 연속이다. 지성적인 것은 불가시적이나 그럼에도 이성에 의해 이해될 수 있는 것을 의미한다. 불가시적인 것(intellectibilia)은 이성에 의해서도 이해될 수 없는 불가시적인 것으로, 삼위일체의 신비가 여기에 속한다.

리처드의 분류는 경험(즉 현상학적 관찰)에서 파생될 뿐만 아니라 이론적 전제에도 의존한다. 구체적으로 그는 인간의 마음이 (1) 감각 지각과 감각적 상상력, (2) 담론적 추론이나 추론, (3) 순수한 지적 작용 즉, 직접적인 직관적 파악의 세 가지 분류를 가지고 있다고 본다. 그는 이 삼중의 부류에서 6개의 관조의 상승하는 등급을 얻는데 다음과 같다.

그의 중심적인 이미지인 언약궤(출25:18-22와 이사야 6장)로부터 연구하면서, 리카르두스는 언약궤 위에서 날고 있는 6개의 날개를 가진 두 스랍들을 관상의 여섯 가지 형태들의 비유로 상상한다. 6단계 가운데 첫 번째는 상상력을 통한 감각적인 것에 대한 관상이다. 이것은 자연미를 그 자체로 관조하는 것으로 순전히 미적 경험이다. 둘째는 상상력 안에서 더 높은 능력인 "이성에 따른" 이러한 가시적인 일들의 형상들에 대한 관상이다. 이것은 자연미를 관조한 후에 그 아름다움이 내포하고 있는 것을 생각하는 것으로 섭리하시는 지혜로우신 창조주에 대한 관상이다. 셋째로 이성에 따라 불가시적인 것들에 있는 특성들(intellibilia)에 관한 관상이다. 이 단계에서는 가시적인 것에서 불가시적인 것으로 상승한다. 이 앞의 단계는 이성의 아래에 있는 감각에 의한 것이고, 이 셋째 단계는 이성에 뿌리를 두는 첫 단계이다. 여기서는 이성을 사용하지만 가시적인 것들에 토대를 두는 불가시적인 것에 대한 추론이다. 넷 번째는 이성에 따라 이성을 사용하는 단계로서 영혼의 관상으로 자신의 마음 속에서 일어나는 어떤 과정을 주목하고, 어떤 심도 있는 자기반성으로 인도하는 단계이다. 이것은 불가시적인 것들 사이에서 유사성을 찾는 단계이다. 이것은 이성이 불가시적인 것들에 토대를 두고 추론하는 것을 말한다. 일단 기억이 고정되면, 참된 추론에 따른 추론의 작업이 시작된다. 관상의 이 단계에서, 이성은 일어나서 하나님의 신비 속으로 파고 들어갈 토대를 제공하기 위하여 영혼에 도덕적 완전함을 가져오면서 지성적인 것들의 전체 발견물을 통합하는 작업을 한다. 다섯 번째 단계는 이성을 초월하나 이성에 모순되지는 않는 것에 대한 관상으로 하나님의 단순성이나 속성들에 대한 관상이다. 여섯째는 이성을 초월하고 이성에 모순되는 관상으로 삼위일체에 대한 관상이다.

이러한 여섯 단계 가운데 앞의 네 단계의 관상은 가시적인 것에서 불가시적인 것으로 상승하는 것으로 인간의 노력과 하나님의 은혜가 함께 역사한다. 그렇지만 마지막 두 단계는 하나님의 은혜에 의해서만 관상하게 된다. 논문의 마지막 권의 관상을 경험하는 세 가지 방식에서 관찰되는, 은혜와 인간의 노력의 관계에 대한 논의에서 저자는 관상의 진보의 지적 차원에 대한 그의 초점에서부터 조명하는 사랑으로 이동한다. 여기서, 마음이 자신을 총체적으로 망각할 때 마음의 황홀경(excessus mentis) 속에서, 관상은 순수한 즐거움이다. 리카르두스는 그 밖의 다른 곳에서 주석자들을 놀라게 하면서 궤에 대한 기독론적인 해석을 제공하지만, 정작 『신비로운 방주』의 이 부분에서는 그리스도에 대한 분명한 언급을 하지 않는다.

빅토르 학교의 학자들은 시토 수도회 수도사들보다는 이성을 사용하는 스콜라주의 신학을 수용하면서도 수도원의 신비주의적인 요소를 가지고 있었다. 이들은 12세기에 진행되던 갱신과 개혁의 파도 속에서 수도원 신학에서 스콜라신학으로 넘어가는 두 시대의 경계선에서 활동하였다. 빅토르 학교의 학자들은 수도원의 신비적인 경험에 토대를 둔 직접적인 실존 속에서 발전한 수도원 신학의 중요한 내용을 흥기하는 스콜라주의 "과학적" 신학에 맞추어 조율하고자 노력하였으나, 제대로 조율하기는 어려웠을 것이다.

더 읽어야 할 논문들

강치원. "성 빅토르의 휴고(Hugo von St. Viktor)에게 있어서 거룩한 독서(Lectio Divina)." 「한국교회사학회지」 20(2007): 7~37.
서종원. "위그 드 생 - 빅토르의 『노아 방주』에 나타난 영적 상승과 하나님 형상의 회복." 「한국교회사학회지」 28(2011): 115~164.
박승찬. "신학적 관심에 따른 '인격'(persona) 개념 정의의 변천 - 성 빅토르의 리카르두스를 중심으로 - ." 「중세철학」 18(2012): 161~221.

10장

페트루스 롬바르두스

(Petrus Lombardus, 1096-1160)

12세기는 중세 신학사에서 중대한 전환기를 맞이한다. 수도원이 중심이 되어 연구하였던 그 이전의 신학은 주로 수도사들의 영성 개발과 수도원의 실천과 연결된 성경주석 중심의 신학이었다. 그런데 베크의 안셀무스에서부터 수도원 신학에서 스콜라주의 신학으로의 전환이 이루어졌다. 이러한 전환과 함께 신학을 대학에서 가르치기에 적합한 학문으로 발전시키려는 노력이 경주되었다. 이러한 과정에서 아벨라르두스가 성경의 순서를 따르지 않고 주제에 따라 신학을 논의하려는 움직임을 시도하였다. 그는 1120년에 저술한 『예와 아니오』에서 교부들의 의견의 차이를 해결하기 위해 변증학(논리학)을 도입하였으며 일정한 주제를 설정하여 관련된 명제들을 수집하였다. 그러나 성 빅토르의 휴고는 다시 성경의 내러티브에 따른 구원사의 관점에서 신학을 체계화한 『기독교 신앙의 비밀론』을 1137년에 저술하였다. 반면에 질베르(Gilbert of Poitiers)는 보에티우스 저술의 주석에서 언어학적 분석에 토대를 둔 신학을 추구하고자 하였다. 이러한 다양한 학문노선이 추구되고 있을 때 등장한 인물이 바로 페트루스(Peter Lombard)이다. 페트루스는 이탈리아에서 태어나 프랑스로 건너와 파리에서 교육을 받으면서 이러한 신학발전에 참여하면서 자신의 학문체계를 정립시켜 나갔다.

페트루스 롬바르두스(1100-1164)는 중세의 표준적인 조직신학책인 4권으로 된 『명제집』(Sententiae)을 저술하였다. 여기서 명제라는 말은 바로 초대교회 교부들의 교리들에 대한 의견들을 말한다. 롬바르두스 이전에는 개별적인 신학 주제에 대한 저술들을 많이 있었으나, 다양한 신학적인 주제들을 종합하여 한 권으로 저술한 책들은 많지 않았다. 12세기에 접어들어 이러한 책들이 등장하였는데, 그러한 책들 가운데 롬바르두스의 명제집이 중세 시대에 가장 표준적인 작품으로 선택되어 이후에 500여 권의 주석 책들이 나올 정도로 영향력이 컸다. 이 장에서는 그의 생애와 저술 활동들을 살펴보고자 한다.

1. 페트루스 롬바르두스의 생애와 저술

페트루스 롬바르두스는 이탈리아 북서부 루멜로노의 가난한 가정에서 1095년에서 1100년경 사이에 태어났다. 그는 아마도 이탈리아의 노바라와 루카의 성당부속학교에서 학업을 시작했던 것으로 보인다. 후원자인 루카의 주교 오도가 그를 클레르보의 베르나르두스에게 추천하여, 그는 이탈리아를 떠나 프랑스의 랭스와 파리에서 공부를 계속했다. 그는 처음에는 랭스 대성당부속학교에서 공부하다가 1134년 파리에 가서 베르나르두스의 추천을 받아 성 빅토르 성당의 의전참사회원이 되었다.

이때부터 파리의 노트르담 대성당학교에서 10년 동안 학생들을 가르치면서 그는 당시 선구적인 신학자들로 손꼽히던 피에르 아벨라르두스와 성 빅토르의 휴고를 만났으며, 1145년경 롬바르두스는 노트르담 대성당학교에 정식 교수로 등용되었다. 그의 학습법은 사람들에게 급속도로 인정받았으며, 질베르 드 라 포레 등을 조사하기 위해 교황 에우제니우스 3세가 소집한 랭스 종교회의에 참석하였다. 페트루스는 질베르의 주장을 단죄하는 법령에 서명한 사람들 중의 한 사람이다. 1150년 이후 어느 시점에 그는 부제가 되었고, 1156년 이전에 사제가 되었다. 1159년 7월에 그는 파리 주교가 되었는데, 1160년 7월에 서거하였다.

2. 페트루스 롬바르두스의 시편과 바울 주석

페트루스 롬바르두스는 시편과 바울 서신에 대한 주석집을 집필했다. 그는 1138년 이전에 시편 주석을 완성하였고, 1139-41년에 걸쳐 바울서신을 주석하였는데 그의 바울 서신 주석은 『모음집』(Collectanea)라고 불렸다. 페트루스가 이러한 주석 작업을 하고 있을 때 이미 수도원에서도 시편과 바울서신을 중심으로 한 주석전통이 발전되고 있었고 스콜라주의자들에 의한 새로운 주석전통이 형성되어 가고 있었다.

먼저 수도원 예전에서 시편 찬송의 보조물로 이해되었던 시편에 대해

12세기에 수도원 출신인 릴레의 레터트(Lethert of Lille), 시토 수도사 부르노(Bruno the Carthusian), 부르츠부르그의 위 부르노(Pseudo-Bruno of Wurzburg), 그리고 라이쳐스베르그의 거호크(Gerhoch of Reichersberg) 등이 주석을 썼다. 바울 서신 주석은 윌리엄(William of St. Thierry)과 허배우스(Hervaeus of Bourg-Dieu, 1080-1150)의 작품이 대표적이다.

이러한 수도원 주석가들은 약간씩의 차이는 있지만, 기본적으로 수도사들의 영적 성장을 도와주려는 목적으로 시편과 바울서신을 주석하였다. 이들은 수도사들이 세속에 관심을 기울이지 않고 수도원에서 더욱 풍성하게 기도드리며 신앙생활에서 정진하도록 격려하려는 것이다. 이들은 시편이나 바울서신의 전체적인 해석 원리를 제공하거나 교리 문제에 관심을 기울이기보다 수도사들의 도덕적인 문제를 해결하려는 윤리적인 성향을 가진다. 그리고 이전 시대 주석가들의 견해가 서로 다른 경우에도 그 차이를 설명하는데 별로 관심을 기울이지 않고, 자신들의 견해를 제시하는데 도움이 되는 경우에 인용하거나 관심을 기울인다. 그러므로 이들의 주석들은 철저하게 수도원의 목적을 지향하고 있다.

이 무렵에 등장한 스콜라주의자들의 시편 주석은 12세기 전환기의 인물로 보이는 위 비드(Pseudo-Bede)의 주석이 있고, 12세기까지의 주석전통을 종합한 『표준 주석』(*Glossa ordinaria*)과 그의 독특한 어원학을 반영한 질베르의 주석은 시편과 바울서신 주석을 동시에 가지고 있으며, 아벨라르와 로버트(Robert of Melun)는 바울서신 주석을 썼다. 이러한 스콜라주의자들의 주석은 수도원의 주석방식과 관심사와 전혀 다른 것을 드러낸다. 스콜라주의자들은 시편과 바울서신 주석을 통해 교리적인 문제들을 집중적으로 다루면서, 교부들의 견해 차이를 해결하려고 노력한다. 특히 질베르는 시편 전체에 대한 해석학적 접근을 제공하며, 시편의 유형들을 구분한다. 그는 본문에서부터 신학적인 질문을 끌어내어 기독론과 도덕적 주제와 응집력 있게 연결시켜 큰 진전을 이루었다.

페트루스의 시편주석과 바울 서신 주석은 이러한 기존의 스콜라주의자들의 주석보다 다음과 같은 우수한 점이 있다. 첫째로 서론에서 제시된 주석원리가 각 단락이나 구절의 주석과 조화를 이루는 체제상의 일관성을 가지고 있다. 페트루스는 질베르와 같이 시편에 대한 총론을 제공하고 유형을 분류하여 유형에 따라 해석하는데, 더 나아가 개별적인 시편에 대한 총론도 제공한다. 그는 권위들을 인용하여 자신의 논의를 확대시켜 나가면서, 시편 부분의 주석과 전체 내용과 연결시켜 총체적인 내용이 통일성을 이루도록 한다. 바울서신 주석의 경우에도 개별적인 글자 혹은 구절들 혹은 그 본문에서 끌어낸 신학적인 문제들을 먼저 다루어서, 연속적인 주석이 이루어지지 못하였던 다른 주석가들과 달리 롬바르두스는 주석할 일정한 단락을 제시하고 전체적으로 주석한 후에 어려운 자구나 구절, 신학적인 문제를 취급하여 전체적인 주석의 흐름과 개별적인 문제 사이의 취급의 조화를 이루었다.

둘째로 다른 어떤 주석가들보다 시편과 바울 서신들로부터 신학적인 질문들을 발전시키는데서 앞서 나아간다. 그는 시편 주석에서 참회, 기독론의 위격의 연합, 삼위일체와 관련된 실체 개념 등 다양한 당시의 신학적인 문제들을 취급하였다. 바울서신에서는 다양한 교리들을 다루면서, 특히 교리 문제들을 서신의 전체적인 맥락에서 보고자 하였다. 그는 히브리서를 바울서신이라 보고 바울의 신학적인 맥락에서 해석하는데, 히브리서의 전체적인 전략은 구약에 예시된 진리와 신약에서 완성된 진리들 사이에 연결을 강조하려는 것이라고 해석하였다. 로마서 13장에서는 권위에 대한 순종의 문제를 다른 주석가들과 달리 전체 맥락과 관련시켜 왕과 백성의 겸손의 원리에서 해석하고, 14장을 이방인과 유대인들이 음식법에서 함께 겸손할 것을 가르친다고 해석하였다.

셋째로 그는 권위있는 기존의 해석들이 불일치한 경우에, 화해를 시도하는 경우도 있고, 화해가 어려운 경우에 더 나은 것을 선택하는 경우에도 자신의 선택에 대한 분명한 이유를 제시하였다. 아우구스티누스는 성관계를 결혼에서도 원죄가 전달되는 욕망을 산물로 보고 부정적으로 평가하나, 페트루스는 다른 학자들의 견해에 의존하며 그와 달리 결혼 관계 안에서는 성관계는 순결하다고 주장한다. 그는 로마서 2장 3-6절에서 성령을 거역하는 죄의 용서 가능성의 문제와 씨름하는데 아우구스티누스의 세 개 견해 가운데 하나를 선택한다. 아우구스티누스는 마태복음 주석에서는 이러한 영혼이 너무 절망해서 강퍅해지므로 그러한 죄가 용서받을 수 없다고 하였고, 마가복음 주석에서는 그러한 죄인들이 그것을 할 수 있다고 하더라도 실제로 참회를 하지 않기 때문에 용서받을 수 없다고 했는데 반해, 요한복음 주석에서는 그는 참으로 회개할 수 있으나 아주 드물게 그리고 어렵게 회개하기 때문에 용서받을 수 없다고 했다. 페트루스는 요한복음의 설명을 가장 설득력 있으며 아우구스티누스와 바울의 신학의 더 폭넓은 개요와 양립할 수 있다고 보아 채택한다.

넷째로 그의 권위의 사용은 깊이, 범위, 철저함, 그리고 적합성에서 그의 선구자들보다 뛰어나다. 그는 시편과 바울서신 주석 모두에서 인용할 때 생략 없이 그들의 견해를 충분하게 인용할 뿐만 아니라, 신학적인 심사숙고를 위해 그것들을 분석한다. 그는 기존의 견해들이 자신의 신학적인 견해들과 양립할 수 없는 권위를 개조하거나 거부하는데 조금도 주저하지 않는다. 그는 바울서신에 있는 문제에 대해 비평적인 입장을 취하여 여자가 교회에서 잠잠하라는 바울의 지시도 조건적인 것으로 보았다. 그는 고린도전서 7장에 대한 주석에서 독신에 대한 바울의 선호를 적절하게 기각하고 결혼은 좋은 일이며 타락 이전에 에덴에서 수립된 성례라고 강조하였다. 그는 바울이 결혼을 삼가라는 잘못된 결론을 내리게 된 것은 그리스도의 임박한 재림에 대한 그의 믿음 때문이라고 지적하였다. 이러한 방식으로 수행된 그의 주석들의 주요한 목표는 각 성경에 나타난 교리들을 스콜라주의의 일관된 방식으로 취급하는 것이며, 이러한 교리적인 논의들은 명제집 구성의 근원이 된다.

3. 12세기의 여러 명제집들

페트루스가 남긴 가장 유명한 저서는 중세 대학교 강단에서 표준 신학 교과서로 채택된 4권으로 구성된 『명제집』이다. 이 책은 1154-5년경에 저술된 후에 1158-9년경에 개정되었다. 당시에 이와 유사한 여러 종류의 신학 작품들이 등장하였으나, 12세기에 탄생한 가장 대표적인 조직신학 책인 페트루스의 작품이 가장 폭넓게 그리고 오랜 기간 동안 중세 신학에 영향을 미쳤다. 그의 작품이 탄생한 이후에 중세의 유명한 신학자들의 가장 중요한 작업은 이 작품을 주석하는 것이었다. 그리하여 현재까지 이러한 주석집이 수백 종이 남아 있을 정도로 중세에 그의 작품은 거의 절대적인 영향을 미쳤다. 페트루스의 이 책이 중세 신학에 이렇게 중대한 영향을 미쳤음에도 불구하고 최근까지 대부분의 학자들은 이 책을 당시의 다양한 의견을 종합하여 독창성이 별로 없는 책이라고 부정적으로 평가하였는데, 콜리쉬(Marcia Colish)는 이러한 기존 평가를 비판하고 새로운 시각에서 적극적으로 재평가를 하였다. 1220년대부터 16세기까지 성경을 제외하고 이 책만큼 많은 사람이 찾은 기독교 문헌이 없었다. 대 알베르투스와 토마스 아퀴나스를 비롯해 오컴의 윌리엄과 가브리엘 비엘 등 중세의 모든 주요 사상가들이 이 책의 영향을 받았다.

페트루스는 자신의 성경주석 작업을 바탕으로 12세기 중엽에 『명제집』을 저술하였는데, 그의 작품과 비슷한 시기에 저술된 다른 작품들을 먼저 살펴보자. 12세기에 접어들어 학문이 발전하면서 대학이 등장하자 조직신학 체계를 구축할 필요성이 생겨났는데, 이러한 도전에 대해 12세기에 가장 혁신적인 반응으로 나타났던 신학 작업이 신학의 여러 주제에 대한 견해인 명제들을 수집하여 체계를 구축하는 것이었다. 그리하여 12세기 전반기에 여러 종류의 명제집들이 출현하였는데, 이러한 신학 체계 구축에는 수도원출신들과 대학출신의 신학자들이 참여하였다. 새로운 신학체계를 구축하기 위해서는 그에 맞는 방법론, 학문적인 용어와 원리를 갖추는 것이 필요하였다. 이러한 신학자들은 이 때 새롭게 등장한 아리스토텔레스와 보에티우스의 스콜라주의적인 신학적 용어들에 민감하고 상당한 구사력을 가지고 있었다.

수도원 출신의 신학자들로 이러한 신학 체계를 구축한 루퍼트(Rupert of Deutz)와 호노리우스(Honorius Augustodunensis)는 베네딕트 교단을 내부로부터 활성화시키고자 하였다. 이들은 처음으로 스콜라주의의 용어를 사용하여 신학체계를 구축하였지만, 학문방법론은 수도원의 전통적 방법론을 사용하였고 수도원의 목적에 기여하고자 하였다. 이들은 교리 문제에 대해 의견이 다른 교부들의 견해를 조화시키거나 비판하는데 전혀 관심이 없고 자신의 견해에 도움이 되는 것만을 요령 있게 인용한다. 루퍼트는 1112-6년 사이에 저술된 『삼위일체와 사역론』(*De sancta trinitate et operibus eius*)에서 구원사 모델을 사용하여 삼위일체 하나님을 설명한다. 그는 성서에서 계시된 바에 따른 하나님에 대한 묵상을 통해 마음을 영원하고 드러나지 않는 삼위일체의 지식으로 인도하고자 하였다. 그러므로 루퍼트의 전체적인 시도는 윤리적 교화보다 근본교리를 강조하려고 하지만, 조직신학을 수도원의 소명에 특별한 명상하는 일종의 거룩한 독서(lectio divina)와 결합시킨다.

12세기 초 독일에서 3권으로 된 『해명』(*Elucidarium*)이란 조직신학 책을 썼던 호노리우스는 교구 사역을 하는 베네딕트 동료들을 가르쳐 교구민들의 필요를 충족시키려는 목적을 가지고 있었다. 그는 이 책에서 기본 교리들을 루퍼트와 달리 논리적인 순서로 취급하는 새로운 시도를 하나, 윤리와 성례 생활에서 실제적인 결과를 강조하는 특성은 벗어나지 못한다.

12세기 초반의 주요한 스콜라주의자들인 라온의 안셀무스와 그의 추종자들은 신학체계를 이루지는 못했으나, 개별적인 문제들을 취급하면서 권위들을 분석하고 비판하는 데서는 중요한 진전을 이루었다. 또한 이 학파 출신의 아벨라르두스는 신학에 논리학을 도입하여 학생들에게 대립하는 권위의 문제를 해결하는 방법을 훈련하기 위한 『예와 아니오』를 저술하였는데, 신학의 주제들을 따라 정리하고 일정한 순서로 제시하지만, 신학 체계를 수립하는 기준을 제시하지 않았다. 그는 신학 연구에서 철학의 사용을 정당화하고자 하였고, 삼위일체를 합리적 이성으로 이해가능하다고 주장하는 등의 신학방법론을 주장하였다. 그러나 그는 이 책에서 삼위일체만을 다루어 신학의 전체적인 체계를 수립하지는 못하였다.

이 시기에 아벨라르두스에 못지않게 유명한 질베르와 그의 제자들은 1140년대 초반에 14권으로 된 『명제집』을 저술하였다. 이 명제집의 1권은 전반적인 신학 언어, 2-3권은 삼위일체와 기독론, 4-11권은 성례론, 12권 대림절, 13권은 종말론, 14권은 사순절을 다루어, 이 책은 교리 취급에서 심한 불균형을 이루고 있고 논리적인 응집력을 제공하지 못하였다. 특히 윤리와 속죄론을 전혀 취급하지 않는다. 이 책은 대부분의 논쟁점의 경우에도 자신들의 입장만 서술하며, 전거를 제시할 경우에 본문을 제시하지 않고 이름만을 제시한다.

이러한 두 학파들보다 당시 훨씬 영향력이 컸던 것은 1137년에 완성된 휴고의 『기독교 신앙의 신비론』이다. 휴고는 수도공동체 출신으로 연대기를 따르는 저술방식이나 드물게 권위를 인용하고 대립하는 권위의 조화를 시도하지 않는 등 권위인용방식에서 전통적인 요소를 많이 간직하고 있다. 그는 하나님의 창조 활동과 회복 활동으로 구분하며, 하나님이 인간에게 자신을 계시하는 모든 방식들과 하나님이 인간을 구원하는 모든 방식들을 신비적인 것으로 보기 때문에 작품의 이름을 『신비론』(De sacramentis)이라고 붙였다. 휴고의 작품은 일부를 삭제하던 이전의 작품들과 달리 장황하고 사용하는 용어가 모호한데, 특히 신비라는 용어의 다의적인 사용은 훨씬 더 심각한 문제이다.

4. 페트루스의 『명제집』의 구성 원리

페트루스가 『명제집』을 저술할 당시에 이러한 여러 종류의 명제집들이 저술되어 있었으나, 당시에 일관된 구성 원리, 포괄적인 전체적인 신학 체계, 그리고 권위의 취급에서 여러 가지 문제점들을 드러내고 있었다. 페트루스는 자신의 『명제집』을 저술할 때 이러한 문제점들을 잘 알고 있으면서 극복하고자 노력하였다. 위에서 살펴본 바와 같이 휴고의 구원사의 연대기 형태와 아벨라르두스와 질베르의 주제 중심의 신학 체계가 있었는데, 그는 『명제집』을 저술하면서 휴고의 연대기적인 방법을 버리고 주제 중심의 방법론을 채택하였다. 아벨라르두스와 질베르와 같이 주제 중심의 방법론을 채택하면서 그가 극복해야 할 가장 중요한 문제는 조직신학 전체를 뒷받침하는 분명한 조직 원리를 수립하는 것이었다. 아벨라르두스와 질베르의 저술들은 신학을 학문으로 추구하여 체계를 세우고자 하였으나, 분명한 원리를 수립하지 못하고 있었다. 페트루스는 바로 이들의 단점을 극복하여 일관되고 응집력 있는 논리적인 조직신학 체계를 수립하였다. 둘째로 그는 이미 성경주석에서 했던 바와 같이 이전의 권위들의 충돌이나 이견을 제시하고, 어떤 것을 왜 채택하는지를 설득력 있게 설명하고 있다. 이것이야말로 롬바르두스의 가장 중요한 업적이다. 그는 권위들의 충돌이나 문제점들을 가장 합리적으로 해결하려고 하나, 이성으로 도저히 해결할 수 없는 신비의 영역은 그냥 넘어가기도 한다. 이러한 것이 그의 신학이 아직은 철저한 스콜라주의적인 성격에 의해 지배되지 않는 모습이다. 셋째로 롬바르두스의 명제집이 해결한 중요한 것은 신학적인 언어의 사용에 대한 논의를 한 단계 진전시킨 것이다. 이러한 논의에서 가장 중요한 것은 삼위일체론의 본질과 위격의 구별이었다. 아벨라르두스는 삼위일체론의 세 위격을 능력, 지혜, 선함으로 명명하였는데, 이러한 논의는 위격을 속성으로 환원시킬 위험성을 안고 있다. 그는 삼위일체론과 관련된 신학 용어들의 올바른 정의를 제시한 후에 일관되게 사용하였다.

페트루스는 자신의 『명제집』을 저술하는데 자신의 시편과 바울 서신 주석을 이용하였다. 그는 이미 시편과 바울서신 주석에서 다양한 개별적인 신학의 주제들에 대한 논문을 썼는데, 이것이 자신의 『명제집』을 위한 가장 중요한 자료가 되었다. 그는 『표준 주석』을 교부들과 중세 초기 신학자들로부터의 권위 있는 인용을 위한 보고로 이용하였다. 그는 이 주석에 나타나 있는 견해들을 인용하면서 권위(auctoritas)라고 하였다. 그가 아우구스티누스 680회, 암브로스 66회, 힐러리 63회, 제롬 48회, 그레고리우스 대제 41회, 다마스쿠스의 존 26회 등을 인용하는 것으로 볼 때 그에 대한 아우구스티누스의 영향력은 압도적이다. 그는 아우구스티누스 저술가운데 『기독교 교육론』(63회), 『83개 질문』(30회), 『재고록』(Retraction, 32회), 그리고 『신앙핸드북』(Enchiridion, 117회) 등을 직접적으로 인용하나, 310회 인용한 『삼위일체론』은 다른 사람을 통해 간접적으로 알았다. 그의 삼위일체론에 대한 또 다른 중요한 영감은 자신이 그의 저술을 직접 보았던 힐러리(Hilary of Poitiers)였으며, 그의 삼위일체론과 기독론의 통찰의 일부는 다마스쿠스의 존의 『정통신앙론』(De fide orthodoxa)에서 얻었다. 그는 초판을 완성했던 1154년경에 로마를 방문하여 부르군디오(Burgundio)의 다마스쿠스의 존의 본문의 새로운 번역을 입수하여 존의 견해를 서방에서 처음으로 자신의 저술 속에 포함시키면서 삼위일체론과 기독론에 관련된 여러 문제들을 해결할 수 있는 길을 발견하였다. 그는 당시 학자들의 이름을 밝히지 않는 경우도 많지만, 아벨라르두스, 성 빅토르의 휴고, 그리고 질베르와 그들의 제자들의 저술들을 이용하였다.

그의 명제집의 중요한 강점들 가운데 하나는 그 당시의 모든 영향력 있는 신학적인 견해들을 하나의 복합적인 모자이크로 종합하는 것이다. 페트루스는 "많은 성실하고 배우는 사람들에게 있어서, 그들의 적절한 증언과 함께 교부들의 의견들을 짧은 책으로 편집하는 것이 필요하다. 그래야 찾는 사람에게 간략한 수집이 찾는 것을 수고 없이 제공하여, 그들이 수많은 책들을 찾는 것이 불필요하게 될 것이다"라고 말한다. 그는 2차 자료들로부터 많은 것들을 인용하지만, 당시의 다른 저자들보다는 훨씬 많은 양의 1차 사료들을 읽었으며, 이러한 독서에 근거한 그의 독자적인 해석이 그 책의 우수성의 한 원인이다.

그는 이러한 자료들을 사용하여 신학의 전체적인 체계를 수립하였다. 조직신학의 과제는 기독교 신앙의 전체적인 설명 안에 더욱 구체적인 주제들을 정리하고 배치하는 것이다. 그는 아우구스티누스가 『기독교 교육론』에서 성경해석 원리로 제시했던 사물과 표지의 구별을 『명제집』의 조직 원리로 삼았다. 그는 먼저 사물을 논하고 다음으로 표지에 대해서 논하였다. 페트루스는 자신의 이전의 저술들의 논리 전개와 조직상의 혼란을 극복하고자 질서정연한 논의를 하고자 하였다.

페트루스는 사물과 표지의 구분에 따른 분석을 자신의 포괄적인 신학 구조를 구축하려는 목적에 따라 논의한다. 그는 사물을 향유해야 할 사물, 사용해야할 사물, 그리고 사용과 향유의 대상인 사물로 나눈다. 우리에게 지복의 행복을 제공할 수 있는 삼위일체 하나님만이 향유의 올바른 대상이며, 모든 피조된 다른 사물들은 지복을 위한 탐구에서 단순한 수단으로 사용되어야할 것들이다. 반면에 인간과 천사는 하나님을 찾아가는 여행에서 수단으로 사용되면서 하나님 안에서이지만 동시에 향유되어야할 대상이다. 더 심사숙고가 필요한 것은 자비, 기쁨, 평화, 그리고 인내와 같은 덕들이다. 덕의 지위에 대해 사용해야한다는 아우구스티누스와 향유해야 한다는 암브로시우스 사이에 명백한 의견의 불일치가 있었지만, 페트루스는 중도적 입장에서 덕은 그 자체를 위하여 추구되고 사랑받아야 하는데, 그렇지만 지복만을 위하여 사랑받아야 한다고 말한다. 덕들은 그 자체가 향유의 대상은 아니나, 우리가 그것을 통하여 즐기는 것이다. 이것은 덕들이 사람들과 천사들과 같이 중간적 위치를 차지하는 것이 아니라, 오히려 사용되어야할 사물들 가운데서 특별하다는 의미이다. 그는 이러한 사물들을 취급한 후에 표지를 다룬다.

이것이 『명제집』의 구조에 대한 페트루스의 개요이다. 우리가 향유해야 할 대상인 삼위일체를 1권에서 제일 먼저 논의한 후에 사용해야 할 대상인 피조물에 대한 취급이 따라온다. 창조의 취급은 사용하고 향유해야할 대상인 천사와 사람을 다루는 2권으로 이어진다. 3권에서 덕들을 취급하고 마지막으로 4권에서 표지에 관한 일들을 다룬다. 이러한 윤곽이 이 책의 구조와 대략적으로 일치하나 정확하게 일치하지는 않으며, 실제로 3권에서 취급되는 기독론과 구원론을 설명하지 못한다.

그는 3권의 시작 부분에서 이 책의 내용을 간략하게 요약하여 다음과 같이 말한다. 이성의 순서(ordo rationis)가 1권에서 삼위일체론, 2권에서 창조의 순서와 인간의 타락, 결과적으로 3권과 4권에서 인간의 구원과 인간 구원의 성례들을 취급한다. 그는 아우구스티누스의 사물과 표지의 구분에 따르면 잘 설명되지 않는 부분인 성육신과 구원론을 이성의 순서에 따른 것이라 설명한다. 그러므로 페트루스는 근본적으로 아우구스티누스의 권위와 함께 아벨라르두스의 이성의 순서라는 방법론도 보조적으로 채택한 것으로 보인다.

명제집의 구성에서 가장 논란이 되는 부분이 3권의 덕의 취급인데, 여기서 덕을 취급하는 것은 페트루스가 인간 그리스도의 관점으로부터 그것들을 접근하기 때문이라고 설명할 수 있다. 그는 덕들을 그리스도의 가장 완전하고 모범적인 상태에서 분석한다. 그의 덕의 개념은 그리스도 안에서의 실현에 집중하여, 위에서부터 덕에 접근한다. 3권의 이러한 덕의 배치는 타락한 상태에서 인간 본성에 대한 페트루스의 이해, 그리고 인간은 그리스도의 모범적인 완전을 모방할 필요가 있다는 그의 확신의 논리적인 결과를 나타낸다고 볼 수 있다.

이와 같이 그는 기본적으로 아우구스티누스의 사물과 표지의 구별의 논리를 수용한 후에, 가능한 한 이성에 입각하여 합리적으로 설명하고자 하였다. 그러나 그는 논리학에 지나치게 집착했던 아벨라르두스와 어원학에 지나치게 집착했던 질베르의 신학이 이단논쟁에 휩쓸리는 것을 보면서 어느 특정한 철학적 원리에 집착하는 것을 피하였다. 그는 기본적으로 성경에 근거하면서 교부들의 권위를 인용하여 교리를 수립하였다.

5. 권위들의 취급과 논리 전개

그는 교부들의 견해가 다를 경우에, 아벨라르두스가 『예와 아니오』에서 확립한 교부들의 의견의 차이를 해결하는 절차와 방법을 사용하였다. 그는 당시에 드러난 신학적인 문제들을 분명하게 파악하여 해결할 방안을 모색하였다. 페트루스의 논리전개 방식과 권위의 사용 방법을 명제집 1권 구분 5의 분석을 통해 탐구해보자. 그는 여기서 당시에 큰 논쟁거리였던 하나님이 신적 본질을 낳았는지, 신적 본질이 아들을 낳았는지, 본질이 본질을 낳았는지, 본질은 낳지도 않고, 낳아지지도 않는지의 문제를 취급한다.

그는 위의 질문을 제기한 후에 "모든 교회의 저자들은 적어도 아버지가 신적 본질을 낳지 않고 신적 본질도 신적 본질을 낳지 않는다는 첫 번째의 중요한 점에서 동의한다"고 언급한다. 그는 이러한 답변을 정당화하는 이유를 설명한 후에, 그 이유를 뒷받침하는 아우구스티누스의 저술들을 인용한다. 본질은 세 위격에 공통적인 신적 본성, 각 위격에 온전한 신적 본성을 가리키므로, 아버지가 신적 본질을 낳았다고 하면 신적 본질은 아버지와의 관계되는 방식으로 언급될 것이고, 관계의 위치에 처하게 될 것이다. 그러나 아우구스티누스는 『삼위일체론』 5권에서 관계적인 방식으로 언급되는 것은 실체(substantiam)를 가리키지 않는다고 말한다. 그는 이와 같이 하나님이 신적 본질을 낳았다는 주장을 반박하면서 당시 최고의 권위자였던 아우구스티누스의 견해를 인용하면서 자신의 입장의 타당성을 주장한다.

그는 당시에 논쟁이 되는 문제들에 대하여 다양하고 포괄적인 자료들을 사용하여 가장 설득력 있고 논리적인 해결책을 제시하였다. 그는 자신의 의견을 제시할 때, 여러 가지 견해들을 비교 분석하면서 자신의 의견을 제시했다. 권위에 대한 그의 분석을 강화하기 위하여, 페트루스는 당시의 다른 어떤 저자들보다 원문을 충분하게 인용하고 저자의 이름과 저술의 제목을 제공하는 것을 강조하였다. 그는 이러한 원칙을 지속적이고 일관되게 사용한다. 그는 자신의 견해를 제시하되, 주로 교부들과 당시 학자들의 권위에 의존하여 정당화하였다. 그러므로 그의 『명제집』을 단순한 명문선으로, 그를 단순한 편집인으로 평가하는 것이 정당한 평가라고 볼 수 없다.

6. 페트루스 롬바르두스의 신론

이제 페트루스가 1권에서 중점적으로 다루었던 그의 신론에 대해 좀 더 살펴보자. 페트루스는 자신의 『명제집』의 신론에서 당시의 아벨라르두스와 질베르(Gilbert of Poitiers)를 비롯한 여러 신학자들의 저술들을 섭렵하여 그들의 주장들의 타당한 것은 수용하는 반면에 그들의 잘못된 점들을 바로 잡고자 한다. 당시에 중요한 두 가지 신학 학파가 형성되어 있었다. 하나는 신학 속에 변증학을 도입하고 새로운 삼위일체론을 주장하여 1121년 소이송 공의회와 1140년 상스 공의회에서 이단으로 정죄 당했던 아벨라르두스와 그의 추종자들이었다. 아벨라르두스는 삼위일체를 취급하는데 근본적으로 삼위일체는 기독교 이전의 이방인들도 이미 알고 있었으므로, 삼위일체는 이성에 의해 이해될 수 있다고 주장하였으며, 삼위일체론에서 헬라의 삼위일체론을 라틴 삼위일체론에 끌어들여 종합하고자 하였다. 그리하여 그는 성부, 성자, 성령의 세 위격의 각각에 능력, 지혜, 그리고 선을 배정하였다. 이러한 아벨라르두스와 그의 추종자들의 주장에 대하여 당시에 많은 반론들이 제기되었으나, 확실하게 반박하지 못하고 있었다. 다른 하나는 1148년의 랭스(Reims) 종교회의에서 이단자로 고발당했으나, 정죄당하지는 않았던 질베르와 그의 추종자들이 있었다. 질베르는 새로운 어원학과 질문 기술과 논증 이론을 신학에 도입하고자 시도하면서 삼위일체의 위격의 구별에 대하여 숫자상의 차이 이상이 없다고 주장하고 있었다. 그리고 샤르트르 학파는 삼위일체에 관련된 연구를 주로 우주의 기원과 관련된 입장에서 연구하고 있었다.

롬바르두스는 이러한 다양한 학파에서 제기되었던 신론과 관련된 여러 가지 문제들을 해결하고자 『명제집』의 가장 많은 부분을 1권의 신론에 할애하였다. 그러므로 그는 신론과 관련된 여러 가지 문제들을 해결하고자 48개의 항목으로 나누어 신론을 논의하였다. 이러한 논의에서 롬바르두스가 해결하고자 가장 심혈을 기울였던 것은 삼위일체론과 관련된 용어상의 혼란이었다. 당시에 처음으로 신학에 변증학(논리학)이 도입되면서 용어의 명확성을 기하고자 하는 여러 가지 논의들이 발생하였으나, 아직도 삼위일체와 관련하여 본질, 본성, 본체, 위격, 관계 등의 용어에 대한 명확한 정의가 확립되어 있지 못하였다. 그는 이러한 용어상의 혼란에서 제기되는 문제들을 간파하고 용어들의 분명한 정의를 시도하였다. 둘째로 그는 위격을 권능-지혜-선으로 명명하는 아벨라르두스 학파의 문제를 해결하기 위하여 경륜적 삼위일체론과 내재적 삼위일체론의 차이를 분명하게 정립하고자 하였다. 셋째로 그는 위격상의 차이가 숫자상의 차이에 불과하다는 질베르 학파의 문제들을 극복하고자 위격의 차이의 의미를 밝히고자 하였다. 넷째로 페트루스는 아벨라르두스 학파와 질베르 학파의 문제점을 위격의 내재적 삼위일체의 관계의 구별을 통하여 해결하고자 하였다. 다섯째로 그는 삼위일체론 가운데 특별히 성령을 인간에 내재하는 사랑으로 이해하는 그의 독특한 성령론을 전개하였다. 그는 이러한 논의를 통하여 기존의 플라톤주의의 신론 전통에서 벗어나 형이상학적인 아리스토텔레스의 토대를 구축하는 선구자의 역할을 한다.

1) 롬바르두스의 신론의 전개 구조

롬바르두스는 자신의 『명제집』 1권에서 48개 항목을 통하여 신론을 논하고 있다. 항목 1은 『명제집』 전체에 대한 총론으로 향유와 사용의 구별을 취급한다. 그는 그 이후에 신론을 다루기 시작하는데, 항목 2-3에서는 하나님의 통일성과 세 위격들의 존재에 대한 증거를 검토하는데, 구약과 신약뿐만 아니라 창조 세계 안에서 발견되는 삼위일체의 유비의 증거들을 취급한다. 그는 이러한 유비의 증거들을 취급한 후에 당시에 첨예한 쟁점이 되었던 신성의 본질과 위격의 관계 그리고 위격들의 구별의 문제를 항목 4에서 34에 걸쳐 다룬다. 항목 4에서 7에 걸쳐서는 삼위일체 안에서 성자의 성부로부터 나심에 대한 문제가 다루어진다. 항목 8에서 페트루스는 하나님의 본질에 속하는 불변성과 단순성과 같은 속성들을 취급하는데 아들이 아버지로부터 나셨지만 아버지와 아들뿐만 아니라 성령까지 삼위의 본질이 단순하고 불변하여 동일하다는 것을 강조한다. 항목 9-21까지는 세 위격의 구별을 다루는데, 항목 9에서는 아들의 영원한 나심의 독특성이, 항목 10-18에서는 페트루스의 가장 독특한 성령론이 전개된다. 항목 19-21은 세 위격의 동등성과 내재 등등이 언급된다. 여기에 동방 삼위일체론의 특성이 나타난다. 구별 22-34에서는 6가지 범주로 나누어진 하나님의 이름들이 주로 위격과 신적인 본질과 관련하여 취급된다. 그러므로 그의 신론의 앞부분은 신적인 본질과 위격의 관계와 위격의 구별들을 다루면서 근본적으로 아우구스티누스의 내재적 삼위일체를 강조하는 구조를 가지고 있다. 뒷 부분인 항목 35-48에서는 경륜적 삼위일체 하나님의 지식과 의지를 다루는데 항목 35-41에서는 지식을, 항목 42-48에서는 의지가 취급된다.

이러한 1권의 전체 구조는 먼저 내재적 삼위일체 하나님을 구별 2에서부터 34까지 다루고 그 이후에 35-48에 걸쳐 경륜적 삼위일체 하나님의 지식과 의지를 다룬다. 롬바르두스는 이러한 구조로 신론을 취급하면서 아벨라르두스가 성부와 성자와 성령에 능력, 지혜, 그리고 선을 배정하여 삼위일체의 내재적인 관계와 피조물과 관련되는 경륜적 관계를 구별하지 못하는 문제를 해결하려는 의도를 가진 것으로 보인다. 그러므로 그는 삼위일체론을 취급하면서 먼저 신적 본질과 위격의 구별의 문제를 다룬다. 그는 삼위일체론을 취급하면서 하나님의 본질의 통일성보다는 위격의 구별을 훨씬 더 강조한다. 이렇게 위격의 올바른 구별을 집중적으로 논의하는 것은 아벨라르두스와 질베르 학파가 관계에 의한 위격의 구별을 올바르게 정립하지 못하기 때문인 것으로 보인다. 그리고 그 후에 삼위일체의 본질이 인간과 관련을 가지는 것을 부각시키고자 한다. 이렇게 함으로써 삼위일체의 내재적인 측면과 경륜적인 측면을 명확하게 구별하고자 하며, 인간과의 관계에서는 위격의 구별이 아니라, 하나님의 본질이 관련된다는 것을 나타내어, 하나님의 초월을 강조한다. 이러한 롬바르두스의 삼위일체론은 근본적으로 아우구스티누스의 삼위일체론을 따르면서, 아벨라르두스와 질베르의 문제점을 해결한다.

2) 용어의 정의

롬바르두스가 명제집을 저술할 무렵인 12세기 전반기에 삼위일체론과 관련하여 사용하던 용어들이 통일되어 있지 못할 뿐만 아니라, 각 용어들이 가지고 있는 의미도 불분명하여 여러 가지 혼란을 발생시키고 있었다. 따라서 학문으로서의 신학을 논의하기 위해서는 이러한 혼란을 극복할 수 있는 정확하게 정의된 전문화된 신학 용어가 요청되고 있었다.

당시 신학자들의 삼위일체론 논의에서 가장 혼란을 일으킨 원인은 그들의 논의의 원천이었던 보에티우스가 실체, 본질, 본성, 그리고 위격 같은 핵심 용어들을 다양하고 양립할 수 없는 방식으로 정의하여 사용하고, 위격을 이성적 본성의 개별적인 실체라고 정의하여 위격과 실체의 구별을 어렵게 한 점이었다. 다음으로 아우구스티누스의 삼위일체론에서 위격의 구분은 관계에 근거하고 있는데, 아리스토텔레스의 논리학에서 우유의 범주에 속하는 관계가 과연 신성에 적합한가? 라는 의문도 제기되고 있었다. 또한 헬라의 경륜적 삼위일체와 라틴의 내재적 삼위일체에서 사용된 용어들의 분명한 차이를 확실하게 이해하지 못했고, 특히 위격에 대해 헬라 신학자들이 사용한 휘포스타시스(실체)와 서방 신학자들이 사용한 페르소나와의 관련성에 대한 이해가 확립되어 있지 않았다.

그리고 이 때 아벨라르두스는 논리학을 도입하여 삼위일체론을 논하면서도 삼위일체와 관련된 본질, 본성, 실체, 그리고 위격을 올바르게 구별하지 못하고 다의적으로 사용하여 혼란을 일으켰다. 그 뿐만 아니라 그는 하나님은 최고의 완전한 선이시고, 최고의 완전은 능력, 지혜, 그리고 선의 세 가지 속성들의 종합에 토대를 둔다고 관찰하여 위격의 이름들을 정확하게 이러한 하나님의 속성들과 연결시키는 것을 정당화한다. 이와 같이 아벨라르두스는 진문직인 논리학자로서 언어학에 대한 그의 날카로운 관심에도 불구하고, 삼위일체론에 대하여 요청되는 핵심적인 용어들인 본질과 실체 사이의 구별도 모호할 뿐만 아니라, 합리적 본성의 개별적인 실체라는 보에티우스의 위격의 정의를 채용하여 실체를 삼위일체의 각 위격을 구별하는 속성들과 그들이 공유하는 공통적인 신성에 접목시켜 혼란을 가중시킨다. 그러므로 아벨라르두스의 삼위일체론의 문제를 극복하기 위해서는 본질, 실체, 본성, 그리고 위격의 용어들의 의미를 분명하게 구별하여 일관되게 사용하는 것과 능력, 지혜, 그리고 선의 이름을 세 위격에 귀속시킨 것의 잘못을 분명하게 지적하는 것이었다.

그러므로 페트루스는 신론의 앞부분에서 삼위일체론과 관련된 용어들의 의미와 정의를 분명하게 정립하고자 하였다. 당시에 가장 혼란을 발생시키는 용어는 *에센티아*(essentia), *수브스탄티아*(substantia), *나투라*(natura)의 관계와 *수브스탄티아*(substantia)와 *페르소나*(persona)의 상호연관성이었다. 그리고 관계라는 용어와 위격의 구별에서 위격은 숫자상으로만 구별된다는 질베르 학파의 주장을 둘러싸고 논쟁이 벌어지고 있었다.

페트루스는 『명제집』 1권에서 먼저 본질, 실체, 그리고 본성(natura)이 삼위일체와 관련하여 사용될 때는 신적 본질을 의미하는 동일한 의미를 가지고 있다고 지적한다. 페트루스는 본질을 의미하는 에센티아(essentia)는 바로 존재하다(esse)에서 나온 것으로 하나님의 존재가 바로 본질임을 지적한다. 아우구스티누스와 다마스쿠스의 존의 저술들의 해석 결과로 페트루스는 라틴어 에센티아는 헬라어 우시아와 동등하다는 것을 이해하게 되었다. 이러한 점에서 본질이 실체보다 더 나은 용어이다. 신적 본질의 주요한 모습은 본질적으로 그리고 홀로 하나님의 특성들이다. 그는 영원하고 불변하며 단순하다. 이러한 신적인 본질은 피조된 존재를 완전히 초월한다. 페트루스는 실체라는 용어는 본질보다는 못하지만 동일하게 하나님의 본질에 사용될 수 있다고 보아 양자를 교차하여 사용한다. 다음으로 페트루스는 실체와 나란히 본성이 신성의 측면에서 본질과 연결될 수 있다는 것을 나타낸다. 본성이란 용어도 역시 구체적인 개별적인 존재들의 특성을 묘사하기 때문에 피조된 우주를 언급한다. 페트루스는 삼위일체 논의의 앞부분에서 피조된 본성의 검토로부터 하나님의 존재와 본성이 알려질 수 있다고 지적한다. 그러므로 그는 하나님의 본질과 관련하여 본질, 실체, 본성이 동일한 의미를 가지고 있다고 보았으므로 신성의 통일성을 나타내기 위하여 본질, 실체, 본성이라는 용어를 동시적으로 사용한다.

실체와 위격(persona)의 용어의 관련성은 6세기에 보에티우스가 위격을 그리스도의 위격과 관련하여 정의할 때 이성적 본성의 개별적인 실체라고 정의하였는데, 이것이 삼위일체의 위격이란 용어와 연결되어 사용되면서, 삼위일체 안에서 실체와 위격의 관계가 혼란을 일으키고 있었다. 이러한 용어들 이외에도 보에티우스는 삼위일체와 관련되어 사용되는 용어들의 의미들을 다의적으로 사용하고 있었다.

페트루스는 실체와 위격을 둘러싸고 아벨라르두스에게서 발생하는 두 용어 사용의 혼란의 근원은 바로 보에티우스의 위격의 정의라고 보았으므로 보에티우스의 위격의 정의를 폐지해야 한다고 주장한다. 헬라어 위격인 휘포스타시스가 라틴어 실체(substantia)로 번역되었는데, 실체는 위격이 아니라 신적인 본질에 속한다. 그래서 보에티우스의 번역이 이 문제를 혼란스럽게 만들었으며 사벨리안주의 혹은 나른 삼신론의 오해를 일으키므로 그의 번역은 기각되어야만 한다. 실체(substantia)는 세 위격들이 공통적으로 가지고 있는 것들에 대해 사용되어야만 하고, 대조적으로 위격의 이름은 각 위격의 독특한 속성들을 언급해야만 한다. 위격(persona)의 정의로서 특성(proprietas)은 실체(substantia)보다 좀 더 분명하고 헬라어 휘포스타시스보다 혼란스럽지 않다. 그는 휘포스타시스라는 용어의 문제점을 지적한 후에 부격, 자격, 그리고 나오심은 위격들 사이에 관계를 나타내는 이름으로서 분명하게 이해될 수 있으며, 참으로 올바르게 위격들의 하나에만 사용될 수 있는 이름들이라고 지적한다. 그는 독자들에게 위격은 속성이 아니라 영원한 이름이라는 것을 상기시킨다.

둘째로 삼위일체의 내재적인 측면에서 사용되는 관계라는 용어가 아리스토텔레스의 논리학에서는 우유에 해당하는데, 이러한 우유가 실체이신 삼위일체에 사용될 수 있느냐는 질문이 제기되고 있었다. 아벨라르두스는 능력, 지혜, 그리고 선의 명사들을 성부, 성자, 성령의 위격에 귀속시켰다. 그뿐만 아니라 경륜적 삼위일체와 내재적 삼위일체의 차이를 이해하지 못하여, 위격의 구별에서 능력, 지혜, 그리고 선의 명칭의 사용과 부성, 자성, 그리고 나오심에 의한 구별을 병행시켰다. 그러자 질베르는 아벨라르두스를 삼신론자라고 비판하고 하나님의 통일성을 강조하여, 삼위일체의 위격들은 서로서로 숫자적으로만 구별될 수 있다고 주장했다. 반면에 샤르트르 학파는 경륜적 삼위일체와 내재적 삼위일체 양자의 차이를 잘 인식하고 있었고 아리스토텔레스의 논리학에서 우유인 관계의 범주를 신성에 적용할 수 있다는 개념과 함께 숫자도 우유들 가운데서 하나로 이해하여 주로 질베르의 숫자적인 구별의 주장도 비판했다.

 페트루스는 관계를 통한 위격의 구별을 확립하기 위해 아리스토텔레스의 논리학에서 관계를 우연이라고 주장하는 것을 극복할 필요가 있었다. 관계가 우연이라는 아리스토텔레스의 입장에 대해, 멜룬의 로버트(Robert of Melun)를 비롯한 당시의 학자들은 일반적으로 아우구스티누스의 『삼위일체론』 5권 16장에서 이 딜레마를 해결하는 방안을 찾았다. 여기서 아우구스티누스는 관계가 시간 내에서 맺어지는 것으로 상대적인 것이지만 우연적인 것은 아니라고 설명한다. 그는 종과 주인 그리고 친구의 관계가 시간 속에서 맺어진 상대적인 관계이며, 이것은 하나님 편에서 생겨난 어떤 우연성을 따른 것이 아니라, 하나님과 관계를 맺게 된 피조물 편에서의 우연에 따라 생겨난 것이라고 하였다. 멜룬의 로버트는 아우구스티누스가 고전 문법학자들인 도나투스(Donatus)와 프리스키안(Prisician)이 논의한 아버지와 아들, 종과 주인과 같은 관계의 본보기를 하나님에게 적용하는데 한계가 있다고 지적한다. 그리고 자신은 선후나 인과관계의 차원을 가지고 있지 않은 좌와 우, 어둠과 빛과 같은 관계의 쌍을 더 선호한다고 언급하고 이러한 추론은 삼위일체의 위격의 관계가 변하지 않고 지속적이라는 것을 이해하게 만들어 준다고 설명한다.

그러나 페트루스는 인간의 마음이 삼위일체의 형상이라는 아우구스티누스의 견해를 수용하여 삼위일체 위격의 관계가 가변적인 우연이 아니라는 것을 설명한다. 그는 아우구스티누스 『삼위일체론』의 10장에 있는 기억, 이해력, 그리고 의지가 여러 가지 한계점들을 가지고 있지만 삼위일체의 가장 뛰어난 형상이라고 설명한다. 그는 기억, 이해력, 그리고 의지가 한 마음이자 한 본질이라는 의미를 설명하면서 지금까지 관계라는 용어의 해결을 위해 전혀 사용되지 않았던 아우구스티누스의 『삼위일체론』의 9장 4절을 사용하여 해결한다. 그는 인간이 하나님의 형상이라는 점에 착안하여 인간의 지성, 이해, 그리고 사랑의 관계가 인간 안에서 일시적인 관계가 아니라 내재적인 지속적 관계라는 것을 주장하여 관계란 용어의 문제점을 해결한다. 페트루스는 기억, 지성, 그리고 의지의 유비의 이러한 세 가지 기능들은 세 생명, 세 본질이 아니라, 구별되는 정신의 작용으로서, 이 유비에 포함된 상호관계는 하나님의 경우에 못지않게 인간의 경우에도 관계가 우연이라는 아리스토텔레스의 입장과 날카롭게 구별되는 지속적으로 구조화된 관계라는 점을 주목한다. 페트루스는 인간의 기억, 이해력, 그리고 의지가 인간 마음의 세 가지 기능으로서 인간이 존재하는 한 우유적인 관계가 아니라 지속적인 관계라는 점을 주목한 것이다. 이러한 주장은 문법 쪽에서 이루어질 수 있는 비판뿐만 아니라 아리스토텔레스의 논리학 쪽에서 만들어지는 관계 개념의 비판을 극복하며, 그들의 신적인 존재에 내재적으로뿐만 아니라 외재적으로 구조화된 삼위일체 위격들의 상호관계가 견고하게 구축될 수 있는 유비를 제공한다. 그러므로 페트루스는 아우구스티누스의 『삼위일체론』을 이용하면서 관계가 가변적이라는 문법적인 문제 제기와 우연에 속한다는 아리스토텔레스의 논리학의 문제 제기를 해결하였다. 그는 내재적 삼위일체에서 위격의 구별의 근거가 되는 관계는 그 형상인 인간의 마음의 기억, 지성, 의지의 관계가 우연적 관계가 아닌 영속인 관계라는 것을 확립함으로써 그러한 문제들을 해결하였다. 그는 삼위일체의 위격들 사이의 관계들은 지나가는 우연들이 아니라 삼위일체의 영원한 내적 생활로 영속적으로 구조화된 인격적 특성이라는 것을 보여준다.

셋째로 페트루스의 삼위일체와 관련된 수학적인 언어의 적합성에 대한 관심은 질베르와 샤르트르학파, 그리고 다마스쿠스의 존의 논의에 응답해야 할 필요성에서 생겨났다. 질베르는 아벨라르두스에 반대하여, 삼위일체의 위격들은 숫자적으로만 구별될 수 있다고 주장하였다. 샤르트르 학파들은 아리스토텔레스의 논리학에서 숫자를 우유라고 주장하는데 우유들을 하나님께 돌릴 수 없으므로 질베르의 입장을 거부하는 반면에, 샤르트르의 티에리와 아라스의 클라렌발드는 동일이 평등성을 발생시키고 둘의 연결을 만들어내는 1x1=1이라는 자신들의 수학적인 모델을 내세웠다. 그런데 페트루스가 신뢰하는 정통신학자인 다마스쿠스의 요한도 "휘포스타시스가 본성이 아니라 숫자에 의해 다르다고 언급된다"고 하여 이들의 입장에 동조하는 것같이 보이므로 그의 언급을 해석할 필요가 있었다.

숫자에 의해 삼위일체의 위격들을 구별하는 문제에서 물건을 세는 숫자의 경우는 하나님에 대하여 적합하지 않다. 다마스쿠스는 같은 종류의 숫자를 세는 경우를 생각하는 것 같으나, 이것도 단서가 필요하다. 위격은 신성이란 류의 구성원들이 아니므로 위격에서 숫자 사용은 위격의 구별을 나타내는 것이다. 그러나 페트루스는 질베르, 티에리, 그리고 클라렌발드의 숫자적 구별은 불충분하여, 삼위일체의 위격들의 상호간에 구별시키는 인격적인 특성을 포함하지 못하는 점을 지적한다. 덧붙여서, 숫자적인 구별은 하나의 위격보다 두 개 혹은 세 개의 위격들이 함께 고려될 때 양적으로 더 많은 하나님, 더 많은 진리, 더 많은 능력이 있다는 것을 의미하지 않는다. 숫자의 견지에서 위격에 대하여 생각할 때 우리는 위격들의 어떤 것에 의해 소유된 특성들의 양적인 첨가에 대하여 이야기하고 있지 않다. 삼위일체의 위격들의 각각은 신적 본질을 충분하게, 그리고 정확하게 동일한 방식으로 소유한다.

페트루스의 경우에 하나님의 본성과 삼위일체에 대해 말하면서 숫자적인 언어의 사용은 양적인 다양성, 첨가, 혹은 다양화를 의미하지 않고, 오히려 단수성 혹은 고독을 배제하려고 의도된 것이다. 위격들에 대하여 숫자를 사용하는 목적은 하나님이 고독하지 않고 상호교제의 컨소시엄으로 존재한다는 것을 나타내려는 것이다.

그는 다음으로 삼위일체의 내재적인 측면과 경륜적 측면을 확실하게 구별하고자 한다. 그는 삼위일체를 다루면서 삼위일체의 위격의 구별이 피조물과의 관련성에서 나오는 것이 아니라, 삼위일체 내부의 관계라는 것을 강조한다. 아벨라르두스가 능력, 지혜, 그리고 선을 위격에 돌리는 것은 삼위일체 내부가 아니라 외부의 사물들과의 관계에 초점을 맞추면서 일어난 오류였다. 그러므로 페트루스는 삼위일체의 내부의 위격의 구별에 초점을 맞춘다.

그는 맨 먼저 위격들에 개별적으로, 올바르게, 그리고 배타적으로 적용되는 용어들을 구별한다. 이러한 용어들은 부성, 자성, 그리고 나오심의 아우구스티누스의 위격 상호간의 관계를 나타낸다. 다음으로 통일성 속에 있는 신의 본질을 타나내는 용어가 있는데, 한 범주는 "영원하고, 불변하며, 단순한" 같이 신 자신을 나타내는 용어인 반면에 하나님이 자신을 사람에게 계시함에 따라 자신을 나타내는 용어가 있는데 그것이 능력, 지혜, 선과 같은 것들이다. 여기서 결론적으로 페트루스는 위격과 신성의 본질, 실체, 그리고 본성을 분명하게 구별하면서, 아벨라르두스가 위격을 나타내기 위하여 사용한 능력, 지혜, 그리고 선은 신성의 본질을 나타낸다고 언급한다. 그와 함께 아벨라르두스가 이러한 오류를 범한 것은 삼위일체의 내재적인 관계와 외부 사역을 구별하지 못한 결과라는 것도 지적한다. 그는 1권의 신론의 삼위일체론에 대한 고찰을 통하여 신학적인 용어들을 분명하게 정의하고 구분할 뿐만 아니라 내재적인 삼위일체와 경륜적 삼위일체를 구별하여, 아벨라르두스의 주장이 어떻게 잘못되었는지를 분명하게 드러내었다.

3) 이성을 통한 신 인식 방법론

페트루스는 하나님의 통일성과 삼위를 성경의 권위에 따라 다루고, 그 후에 논쟁가들을 반박하여 신앙을 변호하기 위해 보편적 이성들과 일치하는 유비들을 사용해 하나님을 인식하는 문제를 다룬다. 그는 로마서 1장 20절을 근거로 이 문제를 다루는데, 이미 이 구절에 대한 로마서 주석에서 인간의 이성과 피조물을 통해 하나님을 인식할 수 있고 인식했음을 논하였고 이것을 『명제집』에서 그대로 수용한다. 페트루스는 하나님을 인식할 수 있었고 인식했던 4가지 방법들을 제시한다. 맨 먼저 창조는 어떤 피조물에 의해 발생될 수 없는 존재의 어떤 종류들, 주목할 만하게, 하늘과 땅을 포함하므로 그들은 피조물들을 넘어선, 이러한 것들을 만든 분이 계시다는 것을 확립시킨다. 그는 "그들은 이성의 지도하에 다른 방식으로 하나님에 관한 진리를 인식할 수 있었고 인식하였다"고 한 후에 둘째 방법을 소개한다. 둘째로 우리는 "가변적인 것들은 오직 단순하고 불변하게 존재하는 것으로부터 그 존재를 가질 수 있다는 것을 깨달아야만 한다." 셋째로 실체의 그룹에 속하는 것은 무엇이든지 몸이거나 영인데, 이들보다 영과 몸을 만든 분이 훨씬 더 낫다. 넷째로 몸들과 같이 느낄 수 있는 형상들과 지성적인 형상들이 있다. 영은 몸보다 더욱 형상과 같으나, 양자는 첫째이고 불변하는 형상으로부터 형상인 그들의 존재를 받았다. 이것은 어떤 것으로부터 만들어지지 않았고, 그로부터 모든 것들이 만들어졌기 때문에 이것이 사물들의 원리라고 가장 올바르게 믿어진다.

페트루스는 이성의 지도하에 하나님을 인식할 수 있는 이러한 4가지 방법을 소개했는데, 이것은 형이상학적인 의미를 가진 철학적인 논증이라고 해석될 수도 있다. 첫째 방법은 결과들로부터 첫째 원인으로의 증명이자 목적으로부터의 증명이다. 둘째 증명은 귀납에서 추론의 더욱 분석적인 방법으로 움직이면서 후험적인 논증이고 이러한 존재의 분석은 셋째와 넷째 증명을 뒷받침하여 최고의 존재이시며 피조물을 초월하는 하나님을 증명한다고 해석할 수도 있다. 그렇지만 페트루스가 이성을 따라서 신 존재를 인식할 수 있다는 당시의 보편적인 전통을 따라 신 인식 방법을 소개한 것으로 볼 수도 있다. 페트루스의 시기에 이르면, 안셀무스의 관념을 통한 존재론적인 신 존재 증명이란 플라톤적인 방법보다는 자연계에 나타난 증거들을 통한 합리적인 이성을 통한 증명 쪽으로 방향을 전환하고 있다. 아직 아퀴나스와 같은 정도로 적극적인 것이라 보기는 어렵지만, 그러한 방향으로 나아가고 있었다.

4) 삼위일체의 본성과 위격

페트루스는 항목 3에서 피조물을 통한 하나님과 삼위의 인식 문제를 다루는데 마지막 부분에서 삼위가 한 본질에 속한다는 것을 언급한 후에 "자신을 낳는 것은 존재하지 않는다"는 아우구스티누스의 삼위일체론 1권을 인용하며 끝을 맺는다. 당시에 성부가 아들을 낳았다는 교리에 대해 성부와 성자와 성령이 한 하나님이시고 동일한 본질이라면 성부가 자신을 낳았는지, 아니면 신적 본질이 신적 본질을 낳았는지, 신적 본질이 아들을 낳았느냐? 라는 질문들이 제기 되어 있었다. 아벨라르두스가 성부-성자-성령을 능력-지혜-선으로 명명하는 모델은 이러한 문제에 답을 제공하지도 못하고, 이러한 신적인 속성들 가운데 하나가 다른 것으로부터 출생하거나 혹은 나오는 이유의 문제에 답을 하지 못한다.

페트루스는 위의 질문들에 대하여 항목 4에서 7까지 취급한다. 여기서 가장 핵심적인 질문은 아버지가 하나님 자신을 낳았느냐? 그리고 신적 본질이 아들을 낳았느냐? 혹은 아버지가 신적 본질을 낳았느냐? 신적 본질이 신적 본질을 낳았느냐? 하는 등의 질문이다. 페트루스는 이러한 질문들은 근본적으로 신적 본질과 위격을 구별하지 못하여 발생하는 것이라 설명한다. 하나님이 자신이나 다른 신을 낳았다고 말하는 것은 하나님의 통일성과 영원성과 충돌하기 때문에 잘못된 것인 반면에, 위격인 성부가 위격인 성자를 낳았다는 의미에서 하나님이 하나님을 낳았다고 언급될 수 있다. 하나님이 자신을 낳았다고 말한다면, 우리는 한 분 이상의 하나님이 있으며, 하나님보다 선행하는 무엇이 있다는 것을 받아들이고 있다는데 동의하면서, 그는 아우구스티누스의 『삼위일체론』 1권을 인용하여 이러한 주장은 어떤 실체도 자신을 낳을 수 없기 때문에 수용될 수 없다고 덧붙인다. 이러한 원칙은 일반적으로 존재의 원칙이다. 하나님의 경우에, 그는 그 자체로서 존재이고, 발생되지 않았으며, 자체적으로 그리고 혼자서 존재하고 있기 때문에 이것이 타당하다.

페트루스는 계속하여 아버지가 신적 본질을 낳을 수 있는지, 하나님의 본질이 아들을 낳을 수 있는지, 하나님의 본질이 하나님의 본질을 낳을 수 있는지, 하나님의 본질은 낳지도 않고 나아질 수도 없는지를 질문한다. 그는 이러한 질문들도 동일하게 신적 본질과 위격들을 혼동하는 질문들이므로, 이러한 모든 문제들에 단호하게 아니라고 답변한다. 이러한 질문들은 출산과 출생은 본질이나 실체가 아니라 위격들에 적용되는 활동들이므로 잘못된 것들이다. 신적 본질은 하나이기 때문에, 신적 본질이 신적 본질을 낳거나 아들은 낳는다고 말하면, 이신론이나 심지어 삼신론의 위험에 빠질 수 있다. 그러므로 신적 본질이 아들이나 신적 본질을 낳는다는 말은 적합하지 않다. 오히려 위격의 구별에서 아버지가 아들을 낳는다고 말하는 것이 타당하다. 그는 여기서 아우구스티누스의 『삼위일체론』 5권, 7권, 8권을 따르면서 독자들에게 아버지와 아들의 용어는 신적인 본질을 나타내지 않는 관계의 용어들이라고 상기시킨다.

또한 당시에 제기된 질문 가운데 아버지가 아들을 의지에 의해 혹은 필연에 의해 낳느냐 하는 질문이 제기되었다. 질베르는 아버지가 의지 혹은 필연에 의해 아들을 낳느냐는 질문에 대해 양자를 긍정한다. 그에 따르면 아버지는 여기서 그의 의지를 행사하나, 그의 본성과 모순되지 않는 방식으로 행사한다. 필연에 의해서 하나 강요를 포함하지 않는 필연으로 한다는 것이다. 페트루스는 이러한 질베르의 주장에 반대하여 당시 대부분의 학자들과 같이 두 가지 모두를 부정하는 입장을 취하면서 논의를 더 발전시킨다. 이것은 이미 초대교회에 유노미아가 아들의 신성을 부인하여 아들은 아버지의 의지에 의해 낳았고 그리하여 아버지의 본성에 의해 낳은 것이 아닌 우유에 불과하다고 주장했던 것의 반복에 불과하다. 아들의 낳음에서 의지의 역할에 대한 페트루스의 취급의 열쇠는 "하나님에게 있어서, 아는 것 혹은 의도하는 것은 다름 아닌 존재하는 것이라는 것이다." 하나님은 순수한 존재(essence)이며, 그러므로 하나님은 시간의 흐름으로부터 면제되어 있고 존재론적으로 단순하다. 항목 6에서 하나님의 시간의 초월에 관한 페트루스의 통찰은 이 문제를 해결하는 것을 도와준다. 의도하거나 의도하지 않는 것은 시간상의 문제인데, 순수한 존재이신 하나님은 시간을 초월한다. 그러므로 의도하거나 하지 않는 것은 하나님이 아들을 낳는 것에 해당되지 않는다. 그리고 아들의 낳음이 필연적으로 발생한다는 개념도 어떤 방식으로든 하나님을 강요할 수 있는 하나님 보다 위에 존재하는 어떤 실재는 없기 때문에 명백히 잘못된 것이다. 그러므로 아버지는 의지와 필연의 어느 것에 의해서도 아들을 낳지 않는다. 아버지와 아들은 하나이기 때문에 본성에 의해 낳는 것 이외에 다른 표현은 적합하지 않다.

이러한 질문들에는 하나님과 인간을 동일시하여 구분하지 못하는 교묘함과 호기심이 작용하고 있다. 이것은 당시 파리에서 발생하던 스콜라주의에서 제기되었던 사변의 유형들이다. 그러므로 당시의 신학들은 사변신학이라고 말할 수 있다. 이러한 사변은 성경에 의존하기 보다는 인간의 이성에 의존하여 제기되는 경우가 많았다. 이러한 사변에 대해 롬바르두스는 신중을 기하였다. 그는 인간 이성의 호기심을 만족시키기보다는 성경과 교부들의 권위에 의존하여 겸손하고자 하였다. 그러므로 그는 신학에 이성을 과도하게 도입하고자 하지 않았다. 그는 당시의 철학과 논리학에 정통하였으나, 이러한 것들을 과도하게 수용하기 보다는, 교부들의 권위에 의존하여 문제들을 해결하고자 하였다. 이러한 신비에 침묵하려는 겸손을 가진 페트루스는 지적인 스콜라주의의 발전의 중심지인 파리에서 학생들의 호기심, 교묘함을 만족시키려고 노력해야 했던 것은 아이러니이다.

5) 성령론

페트루스의 성령론 형성에 영향을 미친 것은 아벨라르두스의 성령론이다. 그의 성령론의 문제의 상당 부분은 자연 이성이 삼위일체 교리를 알 수 있고, 플라톤의 티매우스와 플라톤 전통에 서 있는 다른 철학적 작품들이 그러한 주장을 입증하는데 기여한다는 아벨라르두스의 주장에 자리 잡고 있다. 이 주장은 그가 그의 최초의 신학 작품인 『최고선의 신학』에서 아무 제한 없이 서술한 것이다. 그의 성령론은 그의 저술마다 약간씩 달라진다. 그렇지만 일관된 특성으로 나타나는 것은 성령론을 플라톤의 세계 영과 관련시켜 논의하는 점이다. 세계 영인 성령의 경우에, 아벨라르두스는 성령 자신이 창조의 힘이 아니라 창조의 효과로 취급된다. 그가 성령에게 허락하는 유일한 기능들은 창조된 세계의 운영과 기독교인들의 내적인 생활과 관련되기 때문에, 그의 성령의 활동은 잠정적이고 현상적인 질서의 존재에 의존하는 것같이 보인다.

페트루스는 아벨라르두스와 달리 삼위일체를 계시 이외에 이방 철학자들에 전혀 의존하지 않으며, 성령의 우주론적인 역할에 별로 관심을 기울이지 않고, 아벨라르두스와 다른 동시대 사상가들과 비교해 볼 때 사람에 대한 성령의 보내심을 주목할 만하게 확장한다. 그는 성령에 깊은 관심을 기울이는데, 성령의 내재적 삼위일체의 지위에 깊은 관심을 보여줄 뿐만 아니라, 외부를 향한 그의 파송에 대해서도 많은 논의를 한다. 성령의 내재적 지위에 대한 그의 관심은 헬라 교회에 반대하여 성령의 이중발출의 서방 교리를 변호할 필요성과 삼위일체 내부에서 위격으로서 성령을 정의하는 것에 대한 그의 더욱 일반적인 관심에서 발생한다.

페트루스는 아우구스티누스의 『삼위일체론』 15권을 인용하면서 "성령은 아버지와 아들의 사랑, 자비, 혹은 애정이다"라고 말한다. 하나님의 본성이 사랑임에도 불구하고 세 위격 가운데 특별히 성령을 사랑이라고 부른다. 그는 당시 동방이 서방과 의견을 달리하는 필리오꾸베(filioque)에 대해서 동방신학자들의 의견들을 반박하지만 용어상의 차이지 극복할 수 없는 신학적인 차이라고는 믿지 않는다. "헬라인들은 사용하는 용어에서는 다르다고 하더라도, 의미의 수준에서는 우리와 일치한다."

페트루스는 성부로부터 나시는 아들과 성부와 성자로부터 나오시는 성령의 기원의 이러한 확실한 차이에도 불구하고 사람에 대한 파송에서, 성령과 아들의 파송 사이에 분명한 평행이 있다고 지적한다. 성령도 삼위일체 안에서의 영원한 나오심과 잠정적으로 세상에 보내심의 이중적인 모습이 있으며, 아들도 삼위일체 안에서 영원한 나심과 세상에 성육신을 통한 보내심이 있다. 페트루스는 자비를 사람들의 마음속에 부어 넣어 그들이 하나님과 이웃을 사랑할 수 있게 만들어주는 임무는 전체 삼위일체의 사역이지만, 이러한 사명은 전체 삼위일체에 의해 성령에게 위임된다고 주장한다. 페트루스가 이러한 입장을 발전시키면서 강조하고자 하는 두 가지 요점이 있다. 첫째로 성령은 아버지와 아들과 동등하기 때문에, 그의 은혜의 활동들을 수행하면서 전체 삼위일체의 은혜를 전달한다. 둘째로 여기서 페트루스는 주로 비드(Bede)와 자신의 이전의 주장들에 의존하면서, 성령이 주는 것은 성령의 선물들뿐만 아니라 성령 자신이라는 것을 강조한다.

그는 아들과 성령의 보내심이 가시적이고 불가시적인 이중적인 모습을 취한다는 것을 설명한다. 아들과 성령의 보내심이 삼위일체 하나님의 사역이며, 아들은 지혜로 매일 그리고 성육신으로 한 번 보내신 바 된 이중적인 보내심이 있다는 것을 설명한다. 성령도 시간 속에서 비둘기의 모습(마 3:16)과 불의 혀 같은(행2:2-4) 가시적인 파송과 성도들의 마음속에 성령의 주입을 의미하는 불가시적인 파송도 있다.

6) 하나님의 본질과 하나님의 이름의 구분

페트루스는 아들의 나심과 성령의 파송을 통한 위격의 구별을 논한 후에 삼위가 동등하여 영원성, 위엄과 능력에서 동등하다는 것을 강조한다. 그는 하나님과 관련된 이름을 위격에만 속하는 이름, 신적 본질을 각각 그리고 공통적으로 나타내는 이름, 광휘와 거울 같은 전이되고 비유를 통한 이름들, 주, 창조주, 피난처 등과 같이 시간과 피조물과 관련하여 상대적으로 언급되는 이름들, 삼위를 집단적으로 언급하는 삼위일체, 성육신과 같이 시간과 관련되나 상대적으로 언급되지 않는 이름의 6가지 유형을 상세하게 설명한다.

6개의 유형 가운데 그의 가장 큰 관심을 끄는 이름들은 위격들과 신적 본성들과 관련된 이름들이다. 첫 번째로 삼위일체 위격들의 각자에게 특별하게 그리고 배타적으로 적용되는 이름들과 부격, 자격, 그리고 나오심의 관계들을 따른 그들의 위격 사이의 관계를 나타내는 이름들을 취급한다. 다음으로 통일성 속에 있는 하나님의 본질을 함축하는 이름들이 있다. 하나님 자신을 언급하는 영원한, 불변하는, 그리고 단순한 같은 용어들에 덧붙여, 하나의 신적 본질을 서술하지만, 자신을 사람에게 나타내는 바에 따라 하나님을 언급하는 용어들이 있는데, 정의와 나란히 능력, 지혜, 그리고 선과 같은 용어들을 여기에 배치한다. 그는 이러한 이름의 분석을 통하여 신적 본질과 위격의 구별에 관심을 가지며, 능력, 지혜, 그리고 선을 본질에 배치하여 위격에 배치하는 아벨라르두스의 오류를 분명하게 지적한다.

7. 롬바르두스에 대한 평가

롬바르두스는 12세기의 스콜라주의의 발생과 함께 시작된 조직신학체계의 수립에서 4권으로 된 명제집을 저술하여 그 이후 중세 신학 발전에 중요한 영향을 미쳤다. 그의 명제집은 그보다 먼저 스콜라주의 방법론을 사용하여 저술했던 아벨라르두스, 휴고, 그리고 질베르와 그의 추종자들에 의해 만들어진 신학체계들보다 다음과 같은 세 가지 점에서 뛰어났다. 첫째는 신학적인 견해들인 명제를 조직하는 체계적인 원리를 수립하여 일관성 있고 논리적인 신학체계를 수립했다는 것이다. 그는 아우구스티누스의 이론인 사물과 표지의 구별을 자신의 체계 수립의 원리로 삼아 신학에 포함되어야 할 전체적인 주제들의 체계를 수립하였다. 그리하여 1권에서 3권까지는 사물을 다루었고, 4권에서는 성례론을 다루었다. 둘째는 교부들의 견해들을 취급하는 면에서 뛰어났다. 그는 이차 자료들을 많이 이용하였지만 동시대의 다른 사람들보다 교부들의 더 많은 원전을 섭렵하였고, 인용할 때에 교부들의 경우에는 이름과 저술을 밝힐 뿐만 아니라, 관련된 내용을 처음부터 끝까지 인용하였다. 그리고 그는 동방의 다마스쿠스의 존의 라틴어 번역을 읽어서 동방신학까지 포용하였다. 그리고 교부들의 의견이 다른 경우에 둘 내지 그 이상의 견해를 제시하고, 그러한 견해 가운데 어느 것이 왜 더 나은지를 체계적으로 분석하였다. 셋째로 그는 삼위일체론에서 사용되던 용어들의 분명한 정의를 제시하고 일관되어 사용하여 그와 관련된 여러 가지 혼란상을 극복하였다. 특히 아벨라르두스가 능력, 지혜, 그리고 선을 위격과 관련시킨 문제들을 해결하였다.

페트루스는 특별히 아벨라르두스와 질베르, 그리고 샤르트르 학파 등에 의해 제기된 신론의 문제들을 해결하는데, 주로 성경의 증거들과 교부들의 자료들을 이용하였다. 그는 철학과 논리학에 숙달된 인물이었으나, 이러한 수단들을 최소한으로 사용하고 전통적인 입장을 견지하면서 스콜라주의가 제기하는 문제들을 해결하고자 하였다.

그러므로 페트루스의 명제집은 기존의 견해들의 종합이라는 기존의 평가는 타당하지 않으며, 그가 자신의 분명한 신학 원리를 세우고 그에 따라 가장 논리적이고 체계적으로 썼던 조직신학 작품으로서, 300여간 중세 신학 교과서의 역할을 수행할 수 있었다.

11장

클레르보의 베르나르두스

(Bernardus van Clairvaux, 1090-1153)

중세는 수도원제도가 발전하였고 이 수도원에서는 신비주의가 발전하였다. 중세 신비주의자 가운데 가장 건전하다고 평가받는 인물이 베르나르두스이다. 그는 수도원의 범주 안에서 수도사들을 위해 신학을 했던 수도사 신학의 대표적인 인물이다. 그는 십자가 중심주의의 신비주의를 전개하였고, 이러한 건전한 신비주의 영성을 발전시켜 루터와 칼빈을 비롯한 종교개혁자들과 십스를 비롯한 청교도들의 영성에도 많은 영향을 미쳤다. 특히 그의 8개의 소책자 가운데 하나인 『하나님의 사랑』이 번역되어 있는데, 그는 이 책에서 하나님에 대한 사랑의 4단계를 깊이 있게 설명하고 있다. 중세 신비주의 계보에는 베르나르두스보다 한 세기 후에 활동한 보나벤투라가 있고, 중세 말기인 14세기의 마이스터 에크하르트와 하인리히 수도, 요한 타울러 등이 있다. 신비주의는 중세가 7성례를 통해서만 하나님과 교제할 수 있다고 주장하면서 신자들이 하나님과 직접 교제하는 길을 막아 놓았을 때, 사제들을 우회하여 하나님과 직접 교제할 수 있는 길을 열어 놓았다. 신비주의가 사람들이 그리스도가 없이 직접 하나님께 나아가려는 길을 취할 때는 교회가 수용할 수 없는 잘못된 길로 나아가는 것이었다. 그러므로 우리는 베르나르두스의 그리스도의 십자가 중심의 신비주의를 통해 건전한 신비주의의 길이 무엇인지 알아보고자 한다.

1. 클레르보의 베르나르두스의 생애

베르나르두스는 1090년 프랑스 부르군디아의 디종 근방인 폰테인에서 태어났다. 아버지 테셀링은 1차 십자군 원정에 출정하여 전사했고 어머니도 그가 17세가 되었을 때 소천하였다. 어머니 소천 후에 그는 세속의 유혹을 받아 한동안 이런 유혹 속에서 헤어 나오지 못하고 있었다. 그러던 어느 날 그에게 자신의 마음을 질책하는 어머니의 환상이 보였다. 어머니의 환상을 본 후에 그는 큰 충격을 받아 영적인 것을 추구하는 성향을 갖게 되었다. 21세가 되었을 때 부르군디아 공작과 함께 참전한 형제들을 찾아갔다. 그 때 폐허가 된 어느 교회에 들어가 기도하다 "네 눈이 성하면 온 몸이 밝을 것이라"(마6;22)는 말씀을 들었다. 그는 이 말씀을 깊이 묵상하면서 하나님을 만나는 극적인 체험을 하였고 평생 하나님을 위해 헌신하겠다는 결심을 하였다. 이러한 그의 체험은 베르나르두스의 삶을 바꿔놓았으며 후일 수도원 개혁의 불길로 타오르게 했다. 결국 22(1112)세에 그는 모든 세속적인 생활을 청산하고, 30여명의 귀족 자녀들과 함께 시토 수도원에 입문하였다. "그리스도와 더불어 가난하게 되는 것"을 소원하던 그는 아우베 강 계곡의 습지에 위치한 시토에 있는 낡은 오두막집에서 친구들과 함께 기거하며 그의 신앙을 다듬어 갔다.

당시에 6세기에 조직된 베네딕트 수도원과 10세기에 세워진 클루니 수도원이 제 기능을 못하면서 타락하고 있었다. 이 때 시토 수도원은 초기 베네딕트 수도원 정신을 회복하여 교회와 수도원을 개혁하려는 금욕주의 수도원으로 출발하였다. 시토수도원은 부르군디아의 몰렘의 베네딕트 수도원 원장인 로베르 드 몰렘(St. Robert de Molesme)과 몇 명의 추종자들이 1098년에 수도원을 빠져나와 프랑스 중동부 디종 인근의 마을 시토에 건립한 수도원이었다. 이들은 성 베네딕트의 수도원 규칙을 보다 엄격하게 따르기 위한 목적으로 수도원을 세웠다. 초기 멤버는 수도원장인 로버트와 알베릭 드 시토, 잉글랜드에서 온 스티븐 하딩 등이 유명했다. 이들은 철저한 금욕주의를 실천했는데, 베르나르두스는 30명의 동료들과 함께 신설된 수도회에 입회했으며, 시토 수도회를 급속하게 확장시키는데 큰 공헌을 했다.

베르나르두스는 시토 수도원이 낳은 대표적 수도사라 할 수 있는데 극도의 금욕주의를 앞세운 중세적 신비가로서 인격적 헌신의 모범이 되었다. 12세기 당시의 논쟁과 격렬한 토론의 분위기에서 침묵을 중요한 덕목으로 삼았던 이 수도원 운동은 클루니 수도원이 추구했던 학문 대신 손으로 일하는 것과 단체기도 대신 개인 기도를 강조했다. 이 수도원은 노동이 기도라고 하였다. 이 수도회가 목표한 것은 그리스도의 정결한 사랑을 체험하는 것이었다. 이것은 중세 기사도 정신의 지주가 되었다.

그는 수도원에 입문한 후에 철저한 금욕주의를 시행하여 영적인 지도자로 성장하였다. 그러한 결과 시토 수도원장이었던 스테펜 하딩은 1115년에 베르나르두스를 프랑스의 클레르보의 수도원장으로 파견하였다. 그는 그 이후 38년 동안 클레르보의 수도원장으로 있었다. 그는 이곳의 수도원장으로 있으면서 수도사들의 교육방식을 개혁하였다. 기존의 수도원들은 선발된 수도사들만을 위한 구별된 교육방식을 추구하는 흑의 수도사(black monks) 방식을 채택하고 있었는데 반해, 베르나르두스는 그러한 방식을 버리고 일반인들을 가르치기 위한 백의 수도사(white monks) 방법을 채택했다. 그는 수도원이 수도사만을 위한 장소가 아니라 일반 사람들까지 하나님을 만나고 체험할 수 있도록 이끄는 장소가 되어야 한다고 판단했다. 누구든지 수도사가 되고자 한다면 일정한 훈련 과정을 통해 수도원 입문을 허용하였다. 당시로는 생각하기 힘든 파격적인 조치였다. 수도원에 제 발로 찾아온 사람들뿐 아니라 거리에 나가 사람들을 불러 모으는 일에도 적극적이었다. 그가 있는 동안 클레르보의 수도원은 160개의 분원을 가질 정도로 번창하였다. 시토 수도원이 343개였던 것에 비하면 그의 절반이 베르나르두스의 열정에 의해 세워진 것이다.

1118년 겨울 베르나르두스가 금식과 과로로 쓰러져 낡은 오두막에 몸져 누워있을 때 그의 동반자 성 티에리의 윌리엄(William of St. Thierry, 1080 혹은 1090~1148)을 만났다. 윌리엄은 리즈(Liege)의 귀족 가문에서 태어나 당대의 유명한 학자인 안셀무스 아래서 교육을 받았다. 윌리엄은 스콜라주의 신학자인 페트루스 아벨라르두스와 함께 공부했을 것으로 추측된다. 그는 처음에 베네딕트 수도원에 들어가 성 티에리(St. Thierry)의 수도원장으로 15년을 봉직했다. 그러나 그는 당시의 수도원이 보여준 부정적 모습들을 고민하게 되었고 청빈하고 단순한 삶을 동경하였다. 1135년 성 티에리 수도원의 원장직을 과감히 벗어던지고 알덴네스(Ardennes)숲에 있는 시그니(Signy)에 위치한 새로운 시토 수도원에 가입하여 베르나르두스를 위시한 12명의 수도사들과 함께 일반 수도사로서의 겸손하고 명상적인 삶을 살았다. 윌리엄은 베르나르두스에게 『육체와 영혼의 본성에 대하여』라는 두 권으로 된 책을 헌정했는데 이 책에서 그는 우리들의 영적 생활을 삼 단계로 구분하여 설명한다. 이 구분은 그리스도의 정결한 사랑을 체험하는 풍성한 영성생활을 소원하는 이들에게 좋은 길잡이가 될 것으로 여겨진다.

그의 영향력은 갈수록 커져, 아나클레투스 3세와 이노센트 2세가 교황직을 놓고 대립했을 때 이노센트를 교황에 자리에 오르게 하고, 또한 제자였던 유게니우스를 교황의 자리에 오르도록 돕기도 한다. 그럼에도 그는 모든 권력과 제안을 거절하고 클레르보의 수도원 원장으로 지냈다. 그는 수도원 원장으로서 하나님을 경험하며 살아가는 것을 자신의 소명으로 알았다.

그는 시토 수도원장으로 당시 새롭게 부상하던 스콜라주의 신학자 아벨라르두스와 논쟁하였다. 아벨라르두스는 12세기에 보편논쟁을 주도하면서 베르나르두스와 대립하였다. 아벨라르두스는 보편은 개체 속에 내재하는 것이며, 독립된 존재라고 보지 않았다. 이러한 그의 주장은 결국 하나님의 실체와 삼위일체 등의 성경적 교리를 파괴할 위험성을 제기하였고, 베르나르두스 그와의 논쟁을 통해 하나님의 실재를 증명하고자 했고, 하나님을 철학적 사변으로 이해되는 존재가 아니라 '경험'되는 존재로 보았다. 이러한 논쟁 과정에서 1140년 상스 종교회에서 아벨라르두스는 파문당하였다.

그는 2차 십자가 전쟁이 조직되는데 설교자로서 중요한 역할을 하였다. 제1차 십자군은 1096년에 콘스탄티노플을 출발해 3년 만에 예루살렘을 정복하고 예루살렘왕국을 세운 후 3개의 라틴제국을 세웠는데, 예루살렘 북쪽에 에데사 백작령, 안티오크 공작령, 트리폴리 백작령을 세웠다. 정복한 예루살렘에는 왕국이 들어섰는데 고두프루와가 왕이 아닌 '성묘의 수호자'라는 직책으로 통치자가 되었다.

이렇게 1차 십자군이 조직했던 에뎃사 백작령이 시리아 북부와 함께 이슬람 세력의 의해 점령당했다. 이 지역이 점령당하면서 유럽에서 라틴제국과 예루살렘으로 가는 길목이 차단될 위험에 빠지게 되었다. 이러한 사태에 유니게우스 3세 교황은 큰 충격을 받았고 제2차 십자군(1147-1149)을 조직하게 되었다. 유게니우스 교황은 베르나르두스를 설득해 십자군 전쟁 참여를 위한 순회 설교를 부탁했고, 베르나르두스는 십자군 전쟁이 하나님께서 계획하시고 기뻐하는 일이라 확신하며 기꺼이 동참하였다. 그는 십자군 전쟁을 하나님을 향한 성전 개념으로 확대해석했고, 또한 십자군에 참여하는 자들에게는 하나님의 구원이 보장되었다고 주장했다. 십자군에 참여하는 것은 하나님을 사랑하는 확증이자 표시라고 말하며 수많은 사람들을 참여시켰다. 독일 콘라드 3세와 프랑스 루이 7세가 제2차 십자군을 이끌고 에데사 백작령을 수복하려고 떠났으나 독일군은 거의 전멸되다시피 했고, 제2차 십자군은 모두 실패했다. 베르나르두스는 예수님의 무죄 탄생을 옹호하기 위하여 육신의 어머니인 마리아도 무죄해야 한다고 주장했지만, 마리아 숭배에는 반대하였다.

2. 베르나르두스의 저서들

베르나르두스의 저작들은 시토 수도원에서 완성된 것으로, 시토수도원의 다음과 같은 특색을 반영하고 있다. 첫째로 이 문헌은 금욕주의 수도원으로서 시토수도원의 침묵학교에서 완성된 것이다. 수도사들은 수도원의 침묵의 환경에서 살아간다. 세속의 강연장은 논쟁과 토론이 벌어지는 곳인데 반해, 수도사들은 침묵 속에서 묵상을 하고 그것을 저술하였고 동료 수도사들과 서신으로 의견을 교환하였다. 수도원 공간에서의 침묵은 하나님의 신비를 체험하기에 적합한 수단이었다. 수도사들의 저술과 설교와 편지는 하나님에 대한 묵상으로 인도할 수 있도록 묵상과 반성 속에서 신중하게 저술되었다.

둘째로 시토 수도원과 카르투시우스 수도원은 백의 수도사들의 수도원이었는데, 이 수도원은 평신도학교로 발전하였다. 이전의 수도원이었던 베네딕트 수도원과 클루니 수도원은 수도사를 지원한 젊은 지원자들을 중심으로 전통적인 방식으로 교육시키는 수도원이었고, 이러한 수도원에 소속된 수도사들은 검은색 수도복을 입었기 때문에 흑의 수도사라고 불렀다. 반면에 시토 수도원은 수도사들을 모집하는 방식에서 새로운 개혁을 추구하였다. 이들은 이전의 수도원들이 금욕주의를 포기하고 수도원의 청빈, 순결, 복종의 제대로 지키지 않는다고 생각하여 더욱 엄격한 금욕주의를 추구하면서 하나님에 대한 헌신을 강화하고자 하였다. 그들은 이러한 수도원 개혁의 목적을 달성하기 위하여 수도사들을 모집하는 방식을 바꾸었다. 첫째는 수도사들을 귀족, 학자뿐만 아니라 다양한 장인과 기술공들은 물론 기사까지 포함하여 다양한 성인 계층에서 모집하였다. 또한 한 울타리 안에 처녀와 과부, 심지어 창녀들을 함께 섞어 놓는 새로운 수도원 운영법이 시작되었다. 이들은 흰 옷을 입었기 때문에 백의 수도사라고 불렀다. 둘째는 이들은 수도사들의 영혼을 양육하고 개조하기 위한 다양한 영적 교제를 개발하게 되었다. 베르나르두스와 그의 친구인 티에리의 성 윌리엄 등의 저술들은 수도사들의 그러한 영적 개발을 위한 목적으로 저술되었다.

셋째로 시토 수도원의 개혁은 사랑의 학교였다. 시토 개혁의 윤곽은 알버릭(Alberic)에 의해 소개되었지만, 개혁이 진행되어가야 하는 방법에 대한 결정적인 지침인 사랑의 헌장(Carta Caritas)에서 개혁의 최종적인 형태가 확정되었다. 이 문서는 시토 수도원의 여러 지부들 간의 관계를 규정하였고, 또한 향후의 서양 수도원 제도의 발전 과정에도 큰 영향을 끼쳤다. 운영체계라는 하나의 관점에서 보면, 시토수도원은 각 수도원이 자율적이고 고립되어 있던 초기의 베네딕트 수도원 체제와 수도원장이 전체 수도회에서 유일하고 진정한 지도자로서 완전한 중앙집권화를 이룬 클루니 수도원 체제 사이의 타협으로 볼 수도 있다. 시토 수도원은 한편에서는 개별적인 지부들의 독립적인 유기적 생활을 유지했다. 각 수도원은 수도사들에 의해 선출된 수도원장에 의해 운영되었으며, 전체 수도회가 아니라 자체적인 공동체를 이루어, 외부의 간섭 없이 관리되는 자신의 재산과 재정을 가지고 있었다. 그러나 다른 한편으로는 모든 수도원들은 수도원에 대한 감독을 행사하는 헌법기관인 총회에 종속되어 있었다. 모든 수도원장들로 구성된 총회는 매년 9월 중순에 시토에서 만났다. 출석은 강제되었고, 무단 결석은 엄하게 처벌되었다. 시토의 수도원장이 총회를 주재했다. 그는 소속된 모든 수도원에서 외적인 생활의 준수사항, 찬양과 관습의 모든 상세한 것에서 시토수도원에 정확하게 일치시키는 지배적인 영향력과 힘을 행사하였다. 그 원칙은 시토수도원이 언제나 다른 지부들이 모두 순응해야 하는 모델이 되어야 한다는 것이었다. 헌장에 대해 견해가 다른 경우, 시토수도원이 지지하는 의견이 항상 우세하였다.

이와 같이 시토 수도원은 사랑의 헌장에 의해 사회적 다양성을 한데 묶을 수 있었다. 이 사랑의 헌장은 궁극적으로 하나님의 사랑에 기초하고 있었다. 수도원 입회자들은 육체적 사랑을 잘 알고 있었기 때문에, 그것을 넘어선 그리스도의 정결한 사랑을 체험해야 마음이 청결해질 수 있었다.

베르나르두스는 이러한 하나님의 사랑을 가르치는 문학의 선구자였다. 그는 오리겐과 대 그레고리우스의 설교로부터 사랑의 욕구의 신학을 재현시켰다. 그는 자신이 아가서의 사랑의 달콤한 맛을 경험했기 때문에 이 문헌들을 재현시키는 한 부분이 되었다. 자비로서의 사랑이 그의 여러 작품들과 기도 그리고 찬송에서 전적으로 새롭게 강조되는 핵심사항이었다.

베르나르두스의 이 사랑의 문학은 설교, 논문의 형태로 확장된 서신, 명문선인 플로리레기아(Florilegia)라는 세 가지 독특한 양식으로 되어 있다. 설교는 수도원 문학 가운데 가장 자주 사용된 양식이다. 설교는 교부시대부터 발전하였고 수도사들에게 매일 주어지는 강화의 양식에서 활용되었다. 모든 설교가 기록된 형태로 유포되지는 않았지만, 그렇다고 기록된 설교가 항상 구두로 전달되지도 않았다. 베르나르두스의 아가서 설교 발췌집은 전달보다는 명상을 위해 기록된 형태로 계획된 것으로 보인다. 그의 설교의 길이와 오류를 반박하는 복잡한 시도, 세련된 라틴어 운율과 연속되는 운율의 결합 등은 설교가 신중하게 기록된 강해임을 보여준다.

서신은 성 베네딕트가 사용한 중요한 문학양식이었고, 수도사들이 침묵의 실행으로서 같은 수도원에 속하는 흩어진 공동체 사이에 의사를 전달하는 양식이었다. 베르나르두스는 자신의 주변의 다양한 사람들, 심지어는 국왕들과 교황들에게도 서신을 써서 영향력을 행사했으며, 현재 500여 통의 서신이 남아 있다. 그 중에는 수도원 형제들 사이에 영적인 우정을 나누는 아름다운 서신들도 들어 있다.

이러한 서신들 가운데 일부는 논문의 형태로 발전하였다. 이러한 논문은 개인적인 요청에 대한 응답이나 허락이었다. 그들의 직면한 다양한 문제들을 서신을 통해 상호 논의하는 과정에서 논문으로 확장되었다. 따라서 이러한 논문들의 서문 중 다수는 확대되어 기록된 서신의 형태였다. 이러한 논문은 공동서신의 형태로 공동체 전체에 대한 영적 지시나 권고의 서신으로 되어 있으며, 따라서 성경구절들을 중심으로 구성되어 있다.

명문선인 플로리레기아는 수도사들이 시간적 여유가 있을 때에 자신의 헌신에 도움이 되도록 음미하고 묵상하는데 목적이 있었다. 묵상하는데 도움이 되는 좋은 문장들을 모아서 그것을 읽으면서 하나님께 나아가고자 하였다.

베르나르두스의 저술은 수도사로서 깊이 있는 통찰력을 가지고 더 풍성하고 위대한 하나님의 사랑을 향한 것이었다. 첫 번째 저작은 1127년에 썼던 『겸손과 교만의 단계에 대하여』(*De gradibus humilitatis et superbiae*)였다. 이 책은 수도원이 추구하는 완전에 도달하는데 큰 도움이 되는 겸손에 대하여 12단계로 논하였고, 그와 함께 그 완전에 도달하는데 커다란 장애가 되는 교만에 대하여 12단계로 논하였다. 자신의 친구인 성 띠에리의 윌리엄(William of St. Thierry)의 요청으로 쓴 『수도원장 윌리엄에 대한 변증』(*Apologia ad Guillelmum Sancti Theoderici Abbatem*)은 시토 수도원과 클루니 수도원 사이에 일어난 논쟁에 대해 시토수도원의 삶과 이상을 변증하는 글로, 클루니 수도원의 화려함과 심한 낭비를 비판하였다. 1128년에 기록한 『하나님을 사랑하는 것에 대하여』(*De diligendo Dei*)는 그의 신비신학의 성격을 잘 드러내 주고 있다. 비슷한 시기에 저술한 『은혜와 자유의지에 대하여』(*De gratia et libero arbitrio*)는 아우구스티누스의 가르침을 따라 인간의 구원에서 은혜의 필요성을 강조하고 있으며, 은혜를 통해 의지가 자유로워진다고 설명한다.

베르나르두스의 중요한 설교는 수도원 청중들에게 했던 300편 이상의 설교들이다. 남아 있는 설교들은 대부분 교부들의 전통을 따른 것이다. 이 설교들 가운데 가장 유명한 것은 1135년부터 저술을 시작한 86편으로 되어 있는 아가서 설교이다. 그는 이 설교에서 매우 정교한 알레고리를 통해 그리스도와 성도 사이의 사랑으로 해석하는 그의 신비적 체험을 잘 표현하고 있다.

3. 베르나르두스 신학사상

1) 지식과 함께 하나님의 실존적 체험에 대한 강조

역사가들은 서양 중세 12세기의 문예부흥을 말하고 있다. 12세기에 이르러 아라비아를 통한 그리스의 철학과 과학의 전달과 함께 아라비아의 발전된 학문들이 전달되면서 유럽은 새로운 문예부흥을 맞이하고 있었다. 이러한 가운데 새로 유입한 학문들이 대학에서 스콜라주의를 통해 신학에 응용되기 시작하였다. 이러한 환경 가운데 페트루스 아벨라르두스는 이성을 적극적으로 사용하여 신앙을 합리적으로 설명하려는 경향을 나타냈다. 당시에 베르나르두스는 아벨라르두스의 이러한 시도가 가지는 위험성을 충분하게 감지하여 "체험하기 위해 믿는다(credo ut experiar)"는 표어를 내세우며 하나님의 실재에 대한 체험을 강조하였다.

초기의 시토 수도원은 그들이 '그리스도의 학교'에 살고 있다고 강조했다. 베르나르두스는 아가서 설교 서두에서 자신의 교훈의 방식은 "바울의 교육 방식으로, 영적으로 밝아진 사람들을 살찌우는 방식이 될 것"이라고 하였다. 그는 "우리는 철학이 가르치는 방식이 아니라 성령께서 우리를 가르치는 방식으로 가르친다"고 하였다.

그는 지식을 경시하는 반지성주의자가 아니다. 그렇지만 그는 문헌적인 지식보다는 하나님과 자신에 대한 경험적 지식을 더 우선시 하였다. 이것이 구원에 필수적이기 때문이다. "너 자신을 알라. 그리하면 하나님께 대한 건전한 두려움을 가지게 될 것이다. 하나님을 알라. 그리하면 또한 하나님을 사랑하게 될 것이다." 하나님을 두려워하는 것은 주를 경외함이요, 이것이 바로 하나님 앞에서 살아가는 삶의 방식이다. 그가 말하는 하나님의 사랑은 그리스도 안에 있는 하나님의 사랑이다. 그러므로 이 진리들은 그리스도 안에서만 배울 수 있다. 그러므로 그는 그리스도를 통해 하나님을 알고 사랑할 것을 제시하였다.

그는 『겸손과 교만에 대한 논문』에서 산상수훈의 핵심인 진리에 이르는 세 단계를 말한다. 첫째로 죄인으로서 그리스도에 의해 겸손하게 된 지성을 가질 필요가 있다. '심령이 가난하게 되어야' 자신을 알고 그리스도의 제자가 되는 것을 배우게 된다. 둘째로 성령에 의해 자신의 의지가 변화를 받아 다른 사람들을 자비로 대하고, 다른 사람들을 배워 알며, 하나님의 친구가 될 필요가 있다. 셋째로 하나님 아버지를 묵상하는데 사로잡힘으로써 마음이 정결케 되어 하나님을 알고 또 보게 될 필요가 있다. 따라서 겸손의 목표인 이 가르침의 기초는 진리는 아는 것이다. 이와 반대로 교만은 무지와 미련함에 빠지게 할 뿐이며, 교만한 사람은 무지하여 하나님 없이 사는 사람들이다.

시토 수도원에서 수도사들은 일생에 걸쳐 하나님을 사모하게 하는 수도원의 교양을 통해 거룩한 배움으로 양육된다고 보았다. 그들은 하나님의 말씀에 대한 조용한 묵상과 기도로써 경건한 소망을 신장시켰다. 성서는 하나님을 알고 하나님과 교제하기 위하여 연구되었다.

성서는 수도원에서 계속되는 반복과 구절 암송을 통해 잘게 씹혀지고 있었다. 매일 예배 중에 성서가 암송되었다. 그들은 성경을 읽는 것과 묵상과 기도를 일치시켰다. 여기서 거룩한 독서(lectio divina)가 발전하게 되었다. 말씀을 읽고 기도하며 묵상하는 가운데 하나님과의 합일하는 데로 나아갔다. 베르나르두스는 '연약함의 침상에서' 그리고 '무지의 밤중에서' 하나님과 친교 하는 것에 대해 언급하고 있다.

2) 최우선적인 사랑의 중요성

베르나르두스는 하나님을 이해하기 위해 체험한다고 말하였다. 그는 하나님에 대한 영적인 체험을 했기 때문에 그러한 영적인 체험을 저술로 표현하였는데, 그러한 하나님의 영적인 체험의 정수는 하나님의 사랑에 대한 체험이었다. 그는 아가서 설교의 마지막 부분에서 이러한 영적인 체험을 깊은 사랑의 언어로 표현하고 있다. "이제 하나님의 말씀을 향유한다는 것이 무엇과 같은지 나에게 물어올 사람도 있을 것이다. 나의 대답은 이렇다. '실제로 체험해 본 사람을 찾아 그에게 물어 보라. 내가 그 체험을 한 적이 있다면 말로는 형용할 수 없는 그것을 당신에게 설명해 줄 수 있을 것이라고 생각하는가?' … 입술로는 설명할 수가 없다. 은혜가 설명해 준다. 지혜롭고 경건한 자에게는 숨겨졌고, 젖먹이 어린 아이에게는 알려졌다. … 그렇다면 소유하지 못한 것을 소유할 자격이 있다고 인정받는 것은 겸손의 미덕이다. 무가치함 속에서 영혼은 하나님의 가치를 체험한다. 만물 위에 아버지이시며 영원토록 영광을 받으실 세상의 아버지, 영혼의 신랑, 예수 그리스도께서 우리를 기뻐하기 때문이다"(롬9:5).

베르나르두스는 하나님을 사랑이라고 강조하면서 사랑의 신학을 시작하였다. 하나님이 사랑이시기 때문에 '사랑은 생명의 샘이며, 이 물을 마시지 않는 영혼은 살았다고 할 수가 없다.' 사랑은 생명의 시작이며, 끝이다. 사랑은 하나님께 속한 것이기 때문에, 그의 아들 예수 그리스도를 통해서만 하나님 안에서의 사랑의 체험이 온다.

그는 『하나님을 사랑하는 것에 대하여』라는 저술에서 하나님을 사랑해야 하는 우리의 의무를 검토하고 있다. 하나님은 사랑이시기 때문에 우리는 그를 사랑해야만 하고, 우리가 지닌 사랑의 한계는 한량없이 그를 사랑하는 것이다. 우리의 영혼이 하나님을 향하도록 하는 것은 사랑의 은사이다. 따라서 사랑은 인간이 존재하는 이유 전체이기 때문에, 인간의 여러 가능성 가운데 하나로서 체험하기를 사모하고 즐거워하는 것이 아니다. 바로 이것이 아가서에 나오는 신부의 모습이기 때문에 사랑의 신학자들의 마음을 사로잡게 된다.

인간이 만약에 사랑하는 존재로 창조되었다면, 그것은 인간이 자유롭게 선택하도록 지음 받은 것을 의미한다. 그러나 타락한 후에 인간은 그 타락으로 인하여 창조주 대신에 피조물을 절대화하여 섬기는 우상숭배를 범하고 있다. 그는 하나님보다 자신을 사랑하되, 이기적으로 사랑하고 있다. 그러므로 인간은 이렇게 타락한 상태에서 하나님의 은혜로만 벗어나게 된다. 인간이 은혜로 구원받아야 이렇게 왜곡되고 타락한 자기 사랑에서 벗어나 하나님을 하나님으로 사랑하고, 또한 하나님께서 자신을 사랑하는 것처럼 하나님을 사랑하는데 이르게 된다. 이렇게 하나님을 올바르게 사랑하게 될 때, 신부가 자유롭게 신랑을 선택하는 관계처럼 자유롭게 사랑하는 자를 선택하는 관계에 놓이게 될 것이다.

그는 그의 사랑의 신학에 기초하여 『은혜와 자유의지에 관하여』를 저술하였다. 그는 이 논문에서 인간이 하나님을 사랑하도록 되어 있다는 것을 자유의지와 은총의 관계에서 살펴보았다. 인간은 자유의지를 가지고 창조되었으나, 타락으로 인해 그 자유의지를 상실하였다. 그러므로 사심 없는 사랑을 가지고 하나님을 사랑하기 위해서는 먼저 자유롭게 되어야 한다. 그리고 하나님과의 관계를 맺은 후에 그리스도인들은 자유 안에서 큰 성장을 하게 된다.

3) 성서적인 성서이해

시토 수도사들은 성서에 대한 묵상을 통해 하나님과의 우정을 유지하고 육성하였다. 그들의 하나님을 향한 소망은 하나님의 말씀을 알고 순종하기 원하는 소망과 한 가지였다. 그들에게는 '모든 성서 안에 있는 그리스도'가 성서의 4중 해석을 통하여 그들에게는 현실이 되었다. 수도원 교육은 하나님과 교제하여 그와 하나가 되려는 소망으로 하나님에 대해 이야기하기보다는 하나님을 맛보기 원했다. 그러므로 베르나르두스는 라틴어를 감미롭게 구사하여 하나님을 맛보는 가운데 하나님에 대한 경외를 표현하고자 하였다. 그는 당시의 성경 해석법에 따라 문자적 해석, 알레고리적 해석, 비유적/도덕적 해석, 신비적/종말론적인 해석을 하였다. 이러한 성경해석방법은 종교개혁 이후에는 비판을 받았으나, 이미 오리겐 시대부터 시작되어 아우구스티누스에 의해 발전되어 중세시대에 광범위하게 사용되고 있었다. 베르나르두스는 성서의 진리에 대한 묵상을 통하여 배움을 얻었고, 공의에 대한 묵상을 통하여 그는 지혜롭게 되었다. 이 지식은 지성적 지식 이상으로 하나님의 말씀에 대한 순종을 포함한 의지적인 지식이었다. 신부와 하나님을 향한 소원이라는 은유적 언어는 베르나르두스에게 사랑과 지식의 일치를 의미하였다.

4. 『은혜와 자유의지에 관하여』의 내용

베르나르두스는 1128년경에 저술한 이 책에서 대화 형식으로 하나님의 은혜와 자유의지의 관계를 논하는데, 주요한 내용은 아래와 같다.

1) 하나님의 은혜와 자유 선택

베르나르두스가 모든 일 가운데 하나님이 함께 하시고 인도해 주셨음을 느낀다고 말했다. 그러자 "모든 것이 하나님께서 하신 일이라면, 당신이 한 일은 무엇이고, 무슨 상급을 바라겠는가?" 반문하는 사람이 있었다. 이에 대해 베르나르두스는 거룩한 길을 가는 것에 대해 가르침을 받는 것과 그 가르침에 따라 살아가도록 도움을 받는 두 가지가 필요하다고 말한다. 성령도 우리의 연약함을 도우시고(롬8:26), 우리 속에서 소원을 두고 행하시는 하나님이 우리를 돕는다(빌2:13).

그러면 자유선택의 역할은 무엇인가? 자유선택의 역할은 구원을 수용하는 것이다. 자유선택을 일으키는 주체와 마찬가지로 그것을 일으키는 원인이 필요하다. 하나님은 구원의 조성자이시다. 하나님이 홀로 구원을 주실 수 있으며, 자유선택만이 이것을 받을 수 있다. 자유선택이 은혜와 협동하여, 즉 동의의 행동에 의해 우리의 온전함을 제공한다는 말이 옳은 것은 이러한 의미에서이다. 육체의 욕구이자 육신의 생각인 동물적인 요구는 동의가 없기 때문에 자유의지의 동의에 의한 자유선택과는 전혀 다른 것이다.

자유선택은 의지에서 나오며 사람을 자유롭게 하는 특징적이고 습관적인 영혼의 능력이다. 베르나르두스는 인간의 생명에는 감각과 욕구와 의지가 있으며, 감각과 욕구를 다스리는 이성적인 움직임인 이 의지에서 동의가 나온다고 말한다. 이성적인 사람이 필연성에 의해 움직이면 의로울 수도 없고 불의할 수도 없다. 인간은 자유의지가 있어 선택할 수 있어야 행복을 경험한다. 그리고 인간의 의지에서 판단이 나온다. 베르나르두스는 이러한 자유는 자연 상태의 자유로서 "주의 영이 있는 곳에 자유함이 있다"(고후3:17)는 의미의 자유는 아니라고 지적한다.

2) 자연과 영광과 은총의 삼중적 자유

베르나르두스는 인간에게 죄로부터의 자유, 슬픔으로부터의 자유, 필연성으로부터의 자유라는 삼중적 자유가 있는데, 이 세 가지 자유는 자연과 은혜와 영광의 자유로 귀착되고 주님만이 이 자유를 소유하신다고 말한다.

육체를 이탈한 상태에서 거룩한 영혼도 이러한 삼중적 자유를 누리나 부활한 육체를 가지지 못해 불완전한 영광을 누린다. 이 땅에서 우리는 타락한 상태에서 선한 것을 의도하기 위해서는 은혜가 필요하다.

최초로 창조한 아담은 이러한 삼중적인 자유를 소유하고 있었다. 인간은 이러한 세 가지 자유를 받았으나, 필연성으로부터의 자유라는 한 가지 자유를 남용하여 죄로부터의 자유와 슬픔으로부터의 자유라는 두 가지 자유를 잃어버렸다. 이렇게 자유를 잃어버린 상태에서도 인간에게 자유선택은 남아 있었다. 베르나르두스는 창조주의 형상과 모양이 이 삼중적 자유 안에 표현되어 있다고 말한다. 그리스도 안에서 인간의 모양이 회복된다.

아담에게 선택의 자유와 의도의 자유와 즐거움의 자유의 삼중적인 자유가 부여되었는가? 질문하고, 베르나르두스는 첫째 자유는 확실하고, 각 자유에는 높은 자유와 낮은 자유가 있는데, 둘째와 셋째에는 낮은 수준의 자유를 받아들였다. 그리하여 아담은 죄를 지었을 때 모든 자유를 잃어버렸다. 타락 이후에는 죄만 지으려는 의도에 예속되어, 아담은 모든 자유를 잃어버렸다.

이 자유는 상호 연결되어 하나를 잃어버렸을 때 나머지도 모두 잃어버렸다. 인간은 죄를 짓게 된 이후에도 자유의지를 가지고 있는데, 참된 지혜도 없고 참된 능력도 없어 죄와 악을 선택하여 행하게 된다. 여기에 그리스도가 개입하셔서 하나님의 능력과 하나님의 지혜를 소유할 수 있게 된다. 이제 우리는 죄를 지으려는 의도의 자유를 훈련하여 의도의 자유를 배워야 하고 미래 언젠가 완전한 즐거움의 자유를 누리게 될 것이다. 그러므로 우리는 은혜의 수단을 통하여 우리 안에 있는 하나님의 형상을 회복하는 과정에 있다.

3) 창조주의 모양과 형상은 이 삼중적 자유 안에 표현되어 있다.
베르나르두스는 선택의 자유 속에 형상이 들어있고, 다른 두 자유 속에 하나님의 모양이 들어 있다고 말한다. 그는 자유선택은 없어지지도 않았고 줄어들지도 않은 반면에, 다른 두 가지 자유는 회복될 수 없는 상실을 하였다고 한다. 그러므로 형상에 속한 자유의지는 타락은 했지만 선택할 능력을 가지고 있다. 이 형상 속에는 또한 이성이 들어 있다. 따라서 하나님의 형상은 필연성으로부터의 자유를 말하며, 이 자유는 자신의 이성적 판단에 입각하여 스스로 한 결정에 따라 어떤 행동에 동의하는 것을 말한다. 그는 이 자유는 자연 상태에서의 자유이고, "하나님의 영이 있는 곳에 자유가 있다"고 말하는 그러한 구원 상태에서의 자유는 아니다. 형상은 영구적이고 불변한 채 자유선택 안에 남아 있으나, 의도와 즐거움을 포함하는 하나님의 모양은 상실되며, 특히 지옥에서는 전혀 남아 있지 않다. 하나님의 모양을 상실했다는 것은 두 가지 자유, 즉 죄로부터의 자유와 슬픔으로부터의 자유를 상실한 것을 의미한다. 이 슬픔은 죄로 인한 불행과 그에 따르는 슬픔을 말한다. 인간은 범죄 한 후에 아우구스티누스가 주장한 바와 같이 죄를 짓지 않을 수 없는 상태가 되어 죄로부터의 자유를 상실하였고, 그와 함께 죄의 결과로 인한 불행과 슬픔으로부터의 자유도 상실했다. 이러한 두 가지 자유의 상실을 베르나르두스는 하나님의 모양의 상실이라고 말한다.

이렇게 상실한 인간의 하나님의 형상이 그리스도 안에서 회복된다. 구원의 역사에서 은혜는 하나님께서 주시는데, 하나님께서 주시는 은혜를 인간의 자유의지가 동의하여 수용해야 한다. 베르나르두스는 구원에서 인간의 공로는 없고 모든 것이 하나님께로부터 온다고 하여 아우구스티누스의 은혜론을 이어받고 있다. 하나님께서 우리에게 선한 생각, 선한 의지와 행위의 완성까지 부여하신다면, 모든 것이 하나님의 공덕이다. 그리고 이러한 하나님의 은총은 우리의 의지가 자유롭게 동의하여 그 은혜를 받아들이도록 역사하신다. 그러므로 모두가 은혜로 시작해서 모두가 은혜로 마치지만 동시에 자유선택이 은혜와 함께 일하는 방식으로 진행된다. 그렇지만 이러한 표현이 신인협동설을 의미하는 것은 아니다. 베르나르두스에게 있어서 주도권은 하나님의 은혜에 있고, 그러한 하나님의 은혜에 대해 자유의지가 동의하고 반응하여 수동적으로 받아들이는 것을 말한다. 그러므로 그도 아우구스티누스와 같이 '너희가 가진 것 중에 받지 않은 것이 무엇이냐?'고 질문한다.

그는 아직 칭의와 성화를 명확하게 구분하지 못하는 상태였기 때문에, 자신의 존재를 얻고 성화되어, 영원한 구원을 얻는 것으로 설명하는데, 이 창조와 구원의 모든 것이 하나님이 홀로 행하시는 일이라는 것을 강조한다. 그는 창조, 구속, 완성의 삼중의 사역에서 하나님의 은혜가 자유선택을 도와준다고 설명한다. 우리의 구원은 하나님의 은사이기 때문에 우리 안에서 역사하시는 분은 하나님의 영이시다. 우리 안에서 성령이 역사하시고,

그러한 역사 속에서 일한 사람들에게 하나님께서 상급으로 면류관을 주신다. 그러므로 우리가 선을 행할 의지와 그러한 선행에 대한 상급은 모두 하나님으로부터 온다.

5. 『하나님을 사랑하는 것에 대하여』

베르나르두스의 신비주의의 핵심은 사랑이다. 그는 사랑을 인간의 정적인 요소를 드러내는 가장 힘이 있고 적절한 용어라고 제시한다. 그의 신비주의는 하나님을 사랑하는 경외적인 사랑, 그리스도를 신랑으로 사랑하는 애정적 사랑, 그리고 이웃을 사랑하는 헌신적 사랑으로 표현된다. 그의 신비주의는 이 사랑을 온전하게 구현하기 위하여 상승하는 과정으로 제시된다. 사랑은 바로 하나님께 올라가는 유일한 도구이므로, 그의 사랑의 여정의 가장 핵심적인 성경 구절은 "하나님은 사랑이시다"라는 요한일서 4장 8절이다. 그는 하나님에 대한 경외적인 사랑을 『하나님을 사랑하는 것에 대하여』에서 설명하였고, 그리스도를 신랑으로 사랑하는 애정적 사랑을 『아가서 강해설교』에서 설명하였다.

『하나님을 사랑하는 것에 대하여』는 3부분으로 구성되어 있다. 첫 부분은 하나님을 사랑하는 이유와 하나님이 사랑받는 방법을, 둘째 부분은 하나님을 사랑하는 4단계, 셋째 부분은 추가적인 논의와 결론을 설명하고 있다.

1) 하나님을 사랑하는 이유

타락한 인간이 가지고 있는 가장 심각한 문제는 하나님을 왜 사랑해야 하는가? 라는 하나님을 사랑하는 이유를 모른다는 것이다. 우리가 하나님을 사랑하는 이유는 그 분이 하나님 자신이시기 때문이다. 하나님이 사랑받아야 할 두 가지 이유는 그 분보다 더 타당(합당)하게, 그리고 더 큰 유익으로 사랑받을 분이 없기 때문이다. 다시 말해 하나님이 사랑받으셔야 하는 이유는 하나님이 지니신 가치와 우리가 받는 유익 때문이다.

하나님이 사랑받기에 합당한 이유를 먼저 살펴보자. 하나님은 우리가 아무런 가치가 없는데도 불구하고 우리를 위해 자신을 주셨으므로 마땅히 사랑받아야 한다. 하나님께서 먼저 우리를 사랑하셨으므로(요일4:19) 하나님은 우리의 사랑의 응답을 받으셔야 한다. 우리가 사랑해야할 사랑은 자신의 유익을 돌보지 않는(고전2:13) 엄위하신 하나님의 사랑이다. 하나님은 우리가 원수 되었을 때에 우리를 값없이 사랑하셨다. 하나님은 우리를 독생자를 주시기까지 사랑하셨다. 하나님께서 죄에 빠져 가장 비참한 인간을 이렇게 사랑하신다. 그러므로 우리는 그 분의 이 놀라운 사랑으로 인해 하나님을 사랑해야 한다.

사람들이 하나님을 헤아릴 수 없을 정도로 사랑하여 감사해야 하는 이유는 하나님께서 불신자들에게도 인간의 삶에 가장 필수적인 식물과 태양과 공기를 공급해 주시기 때문이다. 더 나아가 하나님은 인간에게 더 고상한 은사인 존엄성, 지혜, 미덕을 영혼에 주시므로 감사해야 한다. 인간의 존엄성은 자유의지와 다스리는 주권에 있고, 지혜는 이것이 자신이 성취한 것이 아니라 하나님이 주신 것이라는 것을 아는 것이고, 미덕은 조물주를 지속적으로 열심히 찾아 붙들도록 촉진하고, 발견하면 매달리게 한다.

우리는 모든 것을 주님께로부터 받았다(고전4:7)는 것을 깨달았을 때, 주님께 감사하며 주 안에서 자랑한다. 사람이 감사하지 못하게 되는 것은 자신이 받은 것을 알지 못하여 하나님의 영광에 관여하지 않는 무지와 자신을 높게 생각하여 하나님의 영광을 구하지 않는 자만과 하나님을 무시하고 경멸하는 교만 때문이다. 그러므로 인간에게는 하나님에 합당한 영광을 돌리게 하는 미덕이 필수적으로 필요하다. 그러므로 인간은 존엄성과 지혜와 미덕을 갖추어 하나님께 영광을 돌리고 감사해야 하고 사랑해야 한다.

그리스도인들은 그리스도의 십자가 사랑을 깊이 깨달아 감사하지 못하고 사랑하지 못하는 배은망덕을 극복해야 한다. 그리스도인들은 주님의 고난과 부활의 열매로 인해 그 분과의 깊은 교제를 해야 한다. 그 분과의 깊은 교제를 위해 그리스도를 빈번한 방문자로 삼고 싶다면 하나님에 대한 신실한 묵상으로 마음을 채워야 한다. 이 묵상은 주님이 죽음으로 보여주신 자비에 대한 믿음의 실재와 그리스도께서 부활하심으로 보여주신 강력한 능력에 의해 견고해져야 한다. 묵상을 통해 하나님을 사색함으로 하나님에 대한 성도의 사랑은 지속된다. 그러한 하나님과의 지속되는 교제의 은혜와 기쁨은 순례자에게 현존하는 위로가 된다.

하나님을 기억하여 위로받는 세대는 의에 주리고 목마른 세대이다. 그러므로 참되게 하나님을 묵상하는 자는 세상으로부터 떠나가야 한다. 신실한 영혼은 자신의 명예를 십자가 수치 밑에 내려놓고 그 분의 임재를 간절히 갈망하며 그 분을 묵상하는 가운데 감미로운 안식을 누려 마음이 정결하게 된다. 이렇게 정결해진 영혼을 주님은 왼손으로 베게하고 오른 손으로 껴안는다(아2:6). 왼손은 주님의 십자가 사랑의 기억이고 오른손은 약속하신 행복한 환상과 그 분의 임재 속에 가지는 기쁨을 가리킨다. 이렇게 주님과 묵상을 통해 친밀한 교제를 하는 성도들의 영혼은 사랑의 열정에 타올라 재빠르게 달려가지만 자신이 사랑하는 것보다 더 큰 사랑을 받는다는 것을 알고 있다. 왜냐하면 전 삼위일체께서 전적으로 우리를 사랑하시기 때문이다.

물론 불신자들은 이러한 하나님의 사랑에 대한 감사의 필요를 이해할 수 없다. 그렇지만 구속받은 자들은 하나님께 진 빚을 알고 있다. 하나님께서는 우리를 창조하시고 구속하신 분으로 우리에게 사랑하라고 요구하신다. 그러므로 하나님은 그 무엇보다도 우리의 사랑을 받아야 마땅한 분이시다. 하나님께서 먼저 우리를 사랑하셨으므로, 우리는 이제 빚진 자로서 하나님께서 힘을 주시는 대로 사랑해야 한다.

2) 하나님을 사랑함으로 받는 유익

우리는 하나님이 먼저 우리를 사랑했기 때문에 우리의 사랑을 요구하실 권리가 있는 것을 설명했고, 다음으로 우리가 그 분을 사랑하면 받는 유익은 무엇인가? 우리가 하나님을 사랑할 때, 그 유익의 여부와 관계없이 먼저 우리는 비이기적인 사랑으로 하나님을 사랑해야 한다. 그럼에도 불구하고 우리가 하나님을 사랑하면 그에 따른 결실이나 상급이 있다. 그러므로 하나님을 사랑함으로 우리가 받는 보상은 하나님께서 선물로 주시는 것이다. 당연히 참된 사랑은 자발적으로 어떤 보상도 구하지 않는다. 그리고 우리가 사랑하는 동기가 우리의 사랑의 질을 결정한다. 물질적인 소유의 욕구에 사로잡혀 있는 한 평화와 만족을 얻을 수 없다. 그러므로 참된 만족은 피조물에게서 올 수 없고 창조주이신 하나님께만 있다. 그러므로 의인은 의의 길인 하나님의 길을 선택하여 하나님을 사모해야 한다. 의는 영혼에 있어 필수적이고 자연적인 양식이다. 육신적인 배고픔이 바람으로 채워질 수 없듯이, 영혼은 땅의 보화로 만족할 수 없다. 하나님은 우리의 사랑의 유효인이시고 목적인이시다. 그 분은 사랑할 수 있는 기회를 주시고 사랑의 소원을 창조하시며 우리의 감정이 열매를 맺도록 해 주신다.

하나님의 임재를 구하는 자에게 이미 하나님께서 아신 바 되신 분이시라는 놀라운 사실이 있다. 하나님께서 먼저 우리를 알고 우리를 이끌지 않으면 하나님께 나아갈 수 없고, 그 임재를 구할 수 없다.

3) 하나님에 대한 인간의 사랑의 4단계

베르나르두스는 하나님을 사랑해야 하는 이유와 하나님을 사랑함으로 받는 유익을 서술한 후에 사랑의 4단계를 나누어 설명한다.

1단계의 사랑은 자신을 위하여 자신을 사랑하는 것이다. 이 사랑은 자연적인 인간이 자기를 사랑하는 것이다. 사람은 하나님을 사랑해야 한다. 그러나 인간의 본성은 너무나 연약하고 유약해서 자기 자신을 사랑할 수 밖에 없다. 이것은 육적인 사랑이고 이기적인 사랑이라고 할 수 있다. 이 사랑은 하나님을 알지 못하는 상태에서 자신을 사랑하는 것이다. 예수님께서 자기를 미워하는 사람이 없다고 말씀하신 바와 같이 이 사랑은 지나친 자기 사랑으로 기울어진다. 그래서 하나님은 이 자기 사랑의 한계를 정하시려고 온 인격과 힘과 정성을 다하여 먼저 네 하나님을 사랑하고, 그리고 네 이웃을 네 몸같이 사랑하라는 계명을 주셨다(마태복음 22장 37절-40절). 이기적인 자기 사랑을 제어하고, 하나님과 이웃을 사랑하도록 명령을 하신 것이다. 자신의 필요를 채우는 것을 넘어서서 이웃에게 나누어야 한다. 이를 위해 자신의 궁핍을 채우시는 하나님을 의지해야 한다. 우리가 절대적인 의를 가지고 이웃을 사랑하려고 한다면, 하나님의 사랑이 필요하다.

제2단계는 사람은 자신의 축복을 위하여 하나님을 사랑한다. 우리는 자신이 아닌 하나님을 사랑해야 한다. 하지만 이 단계에서 하나님을 사랑하는 것은 자신의 축복을 위한다는 점에서 자신을 사랑하는 것과 크게 다르지 않다. 이 단계는 하나님의 사랑으로 나아가는 전환기라 할 수 있다. 인간이 자신을 사랑하다 하나님을 사랑하는 단계로 나아가는 것은 인간이 겪는 시련과 고통의 훈련을 통해서이다. 시련과 고통의 훈련 과정에서 인간은 하나님을 찾고 하나님은 그를 구원하신다. 그러한 과정을 통해 자신의 문제를 해결해 주시는 하나님을 발견하고 그를 사랑하게 된다. 하나님을 믿어 구원받고, 환난 중에 도움을 받으니 하나님을 사랑하는 것이다. 인간은 얼마 동안 하나님을 위함이 아니라 자신을 위하여 하나님을 사랑하는 것이다. 이 단계에서는 하나님을 사랑하지만 자신의 이익과 유익을 위해 하나님을 사랑하는 깃이다.

제3단계는 하나님 자신을 인하여 하나님을 사랑한다. 인간은 계속적인 결핍 속에서 지속적으로 하나님을 향하게 된다. 인간은 결핍을 채우기 위해 하나님께로 가지만, 이러한 계속적인 의존을 통해 하나님의 임재를 향유하는 것을 배우게 된다. 이와 같이 제2단계에서 사람이 자신을 위하여 하나님을 사랑하는 과정에서, 나중에는 자기의 이기적인 동기가 아니고 하나님의 임재의 체험 속에서 하나님 자신 때문에 하나님을 사랑하게 된다. 하나님이 자기에게 선하시기 때문이 아니라 하나님이 선하시기 때문에 하나님을 찬양하는 사람은 자기 자신 때문이 아니라 하나님 때문에 하나님을 참으로 사랑하는 것이다. 이것이 제3단계의 사랑으로, 나 때문에 하나님을 사랑하는 것이 아니라, 하나님 때문에 하나님을 사랑하는 것이다. 이 사랑은 영적으로 높은 단계의 사랑이다. 하나님과 교제할 때 하나님을 맛보게 되고, 그로 인해 하나님께서 세상의 어떤 것과도 비교할 수 없는 분임을 알고 사랑한다. 하나님을 알면 알수록 더욱 사랑하는 이유다. "하나님께서 자비를 베푸시므로 그가 감사할 것이라"(시49:19)는 2단계의 사랑이요, 3단계는 순수하게 하나님 자신을 인하여 하나님의 사랑을 송축하게 되는 때이다. 이러한 단계에 이른 사람은 이웃을 자신의 몸과 같이 사랑하는데 어려움이 없게 된다.

제4단계의 사랑은 하나님을 위하여 자신을 사랑한다. 이 단계에서 우리는 하나님 안에서만 자신을 사랑하게 된다. 우리의 영혼이 하나님의 사랑에 도취되어서 무의식적으로 자신을 잊어버리고 하나님과 교제하게 된다. 우리의 영혼이 하나님과 하나가 되는 단계이다(고전6:17). 이 단계는 자기 자신이 없어지고, 하나님의 사랑에 도취되는 것이다. 그리하여 더 이상 자신을 사랑하지 않고 하나님만을 사랑한다.

잠시 동안이라도 이 사랑을 맛보는 특권을 누린 자는 복되고 거룩하다. 자신이 무로 축소되기까지 자신을 내버리는 것은 신적 체험이지 인간적인 감상이 아니기 때문이다(빌2:7). 이런 경험을 일시적으로 한다 해도 우리는 다시 세상의 일에 휩싸일 수 밖에 없다. 이 모든 것에도 불구하고 하나님께서 만물을 하나님의 영광을 위해 지으셨다고(사43:7) 성경에 기록되어 있으므로, 참된 축복은 자기과시나 일시적인 쾌락에서 오지 않고 우리 안에 있는 하나님의 뜻을 성취하는데서 온다. 이 상태는 우리의 사랑이 하나님의 사랑에 의해 변화되어 하나님께서 만유 가운데 만유가 되시는 것이다. 우리가 만사에 성령에 복종할 뿐만 아니라 영원하며 완전하고 화평하며 충분히 통일된 영적인 몸 안에서 영혼은 4단계의 사랑에 이를 소망을 가질 것이다.

우리는 이 세상에서는 이러한 사랑의 완성을 바라보면서 단지 맛을 볼 뿐이다. 그러므로 이 사랑의 완성은 부활할 때에 체험하게 될 것이다. 부활 이전의 영혼은 몸이 완전히 복종하지 않은 상태이기 때문에 완전한 완성에 이를 수 없을 것이다. 그러므로 몸이 부활할 때에야 영혼과 육체가 하나님께 완전히 복종하며 참다운 하나님의 사랑을 온전하게 향유할 것이다.

베르나르두스는 이러한 사랑의 상승 작용을 통하여 하나님과 함께 거하는 순간에 이를 수 있다고 말하지만, 그것은 순간적인 체험이요 지속적인 것이 될 수 없다고 말한다. 우리는 이 세상에 사는 동안에 세상의 것들과 자신에 대한 사랑에 매여 있어 하나님을 하나님으로 온전하게 사랑하고, 더 나아가 그의 사랑 안에 거하여 그와 하나가 되는 것은 하나님께서 우리에게 주시는 잠깐 동안의 선물이요 은혜라고 말한다. 하나님에 대한 이러한 4단계의 온전한 사랑은 우리가 부활할 때에야 완성될 것이다.

4) 4단계의 사랑에 이르기까지 각 상태에서 몸의 역할

베르나르두스는 우리가 주님과 함께 영원히 하나가 되어 완전한 사랑을 누리는 이 완성의 상태에 들어가기 위해서는 반드시 우리의 몸의 부활이 필요하다는 것을 강조한다. 그러므로 우리의 몸은 세 가지 상태, 즉 지상에서의 삶의 상태, 죽음의 시간의 상태, 부활의 상태의 세 단계를 거쳐 간다.

육체적 실존 하에서 신음하고 이 몸을 지고 있는 자들을 아가서는 친구라고 부른다. 이들도 하나님의 사랑을 가지고 있기 때문에 친근하다. 그러나 육체의 사슬이 풀어질 때는 더욱 친근하게 된다. 이 두 상태보다 마지막 상태가 가장 친근하다(요일3:1). 이제 세마포 옷으로 단장한 영광의 몸이 되기 때문이다.

첫째 상태에서는 몸이 장애가 되어 이마에 땀을 흘려야 식물을 먹을 수 있다. 영혼이 육체를 벗게 될 때에는 더 이상 슬픔의 음식을 먹지 않게 된다. 그렇지만 영혼은 본성적인 영혼이 지니는 온건한 욕망에 하나님의 사랑을 더함으로써 자기 몸이 영광의 몸으로 회복되기를 갈망한다. 부활의 단계가 되면 충분히 하나님의 임재 속으로 들어가서 처음과는 다른 완전한 하나님의 형상을 받게 된다.

이 세 가지 향연을 경축하는 것이 하나님의 지혜이다. 지혜는 일하는 자에게는 먹을 것을 주고, 쉬는 자에게는 새로운 활력을 주며, 다스리는 자에게는 완전한 방책을 주는 사랑으로 이루어져 있다. 이렇게 해서 네 번째 단계의 사랑이 이루어진다. 그것은 항상 하나님을 사랑하는데 있으며, 이제 하나님은 영원한 사랑에 대한 무궁한 상급이 될 것이다.

베르나르두스는 이 네 단계의 사랑을 통해 하나님을 모르는 사람이 하나님과 합일의 경지에 이르는 모든 과정을 설명하고 있다. 그는 이러한 사랑의 상승과정에서 하나님께서 주도권을 가지고 인도하시는 것으로 이해하며, 그러한 인도하심 속에서 인간의 사랑의 변화과정을 정서적 관점으로 제시하고 있다. 원종천 교수는 일단계는 구원받지 못한 상태이고, 이단계의 사랑은 그리스도의 구속을 찾아가는 준비과정이며, 3단계에 이르러야 그리스도를 믿어 칭의받고 성화의 과정이 전개되는 과정이고 하나님만을 사랑하는 4단계는 영화의 단계로 분석한다. 당시 수도원에서 생활하던 수도사들은 3단계의 수준에 있으면서 마지막 4단계를 체험하고자 나아가기 위해 노력하고 있었다. 이 네 번째 단계가 그리스도의 인성에 대한 사랑을 넘어서 그리스도의 신성에 대한 영적 사랑의 단계이다. 하나님에 대한 사랑의 시각으로 제시되는 그의 구원론은 수도사의 훈련과 명상을 통해 얻어지는 하나님과 합일을 목적으로 삼는 신비체험을 추구하고 있다.

5) 그리스도의 중심성

하나님을 사랑하는 네 단계의 묘사에서는 그리스도의 역할이 나타나지 않는다. 여기서 베르나르두스는 그리스도의 역할이 아니라 인간에게 나타나는 하나님의 사랑의 현상을 묘사했기 때문이다. 베르나르두스의 구원론에서 타락한 인간의 형상과 모양의 회복과 변화에서 그리스도의 역할은 중심적인 위치를 차지하고 있다. 그리스도는 인간의 창조와 구원과 최종적인 영화의 과정에서 주된 역할을 하고 있다. 그리스도는 성부 하나님의 참된 형상으로서 창조에 참여하셨을 뿐만 아니라 창조의 원인이시다. 베르나르두스는 우리가 먼저 그리스도 안에서 창조되어 자유의지를 갖게 되었고, 그리스도를 통하여 자유의 영으로 변화되었으며, 그리스도와 더불어 영원의 완성 상태에 이른다고 보았다. 인간의 영혼이 악에 의해 상처를 입으면서 하나님께로 돌아서려고 하지만, 인간의 노력으로는 불가능하고 하나님의 은혜로 가능하다고 설명한다. 하나님께서 은혜로 우리를 이끌어야 우리가 하나님께로 돌아간다. 신앙생활 과정에서 우리의 의도가 이 세상의 격정으로 눌려 있다가 점점 위로 올라가고, 육신의 정욕에 사로잡힌 우리 감정이 점점 영적 사랑의 힘을 얻으며, 과거 우리의 부끄러운 행위로 더러워진 우리의 기억이 계속적인 선행으로 청결해진다. 이렇게 의도와 감정과 기억이 새로워지는 구원의 과정은 그리스도로부터 오고, 그리스도께서 우리의 모든 힘의 근원이 되신다. 그러므로 그의 구원론에서 그리스도는 중심적인 역할을 한다.

물론 베르나르두스는 그의 구원론에서 공적이라는 용어를 사용한다. 인간이 하나님의 은혜를 받은 후에 나타내는 결과인 금식, 절제, 자비의 봉사 등의 선한 활동을 공로라는 용어로 표현한다. 그렇지만 그가 사용하는 공로는 구원에 기여하는 신인협동설적인 아퀴나스의 공로와는 다르다. 그는 구원은 하나님의 은혜로만 오는 것이고, 그러한 은혜의 결과에 대해 공로라는 용어를 사용하지만, 그 공로가 구원에 기여하는 것은 아니다. 이러한 면에서 그의 은혜 개념은 아우구스티누스에서 종교개혁자들을 이어주는 가교역할을 하고 있다.

그는 우리의 이 변화의 과정에서 고린도 후서 3장 18절을 중시한다. 구원의 과정을 그리스도의 형상과 모양으로 변하는 과정으로 생각하는데, 이 변화과정은 주의 영의 역사를 통해서 이루어진다. 물론 우리의 구원에서 하나님께서 먼저 은혜와 사랑을 베푸셔서 우리가 변화하게 되고, 그리스도께서 그 사랑으로 역사하실 때 우리는 육신으로 오신 그리스도를 바라보며 그리스도를 닮아가게 된다. 그리스도를 바라보며 닮아간다는 것이 윤리적인 모범으로 바라본다는 의미가 아니라 성육신하신 후에 성취하신 구속의 과정을 묵상하며 4단계의 사랑의 과정을 거쳐 하나님과 합일에 이르는 것을 의미한다. 베르나르두스는 성육신을 통해 그리스도의 인성이 우리의 구속에서 하는 역할을 주목하게 만들었다. 그리고 그리스도의 인성을 통한 하나님의 사랑을 주목하게 만드는 것은 성령의 선물이다. 베르나르두스는 그의 신비주의가 그리스도 없이 하나님과의 합일을 추구하거나 그리스도의 구원사역을 주목하지 않고 육신적인 사랑의 감정에만 매달리는 초보수준에 머무는 것을 경계한다. 그는 그리스도의 인성의 달콤한 사랑에서 출발하지만 궁극적으로는 그리스도의 신성에 대한 영적 사랑의 단계로 나아가 궁극적으로 하나님과 합일되는 목표를 추구하고 있다. 그러므로 그의 신비주의는 그리스도 중심적인 신비주의라고 말할 수 있다.

6) 십자가 신학

베르나르두스는 아우구스티누스의 사상을 이어받아 하나님의 은혜로 구원받는 이신칭의를 주장하였고, 종교개혁자들에게 전달하는 역할을 하였다. 이러한 그의 사상을 잘 정리한 책이 래인(A. N. S. Lane) 교수의 『끌레르보의 베르나르두스: 십자가의 신학자』(Bernard of Clairvaux: Theologian of the Cross)이다. 저자는 이 책 서론에서 베르나르두스의 십자가 신학은 지금까지 소홀하게 취급된 주제였다고 지적한다. 당시까지 안셀무스의 『하나님이 왜 인간이 되셨는가?』로 대변되는 객관적 속죄론과 페트루스 아벨라르두스의 주관적 속죄론이 대표적인 십자가 신학들이었다. 아벨라르두스는 그리스도의 십자가의 객관적 효력보다는 그것을 바라보는 신자들의 마음에 그리스도와 같은 충성되고 희생적인 신자가 되도록 독려해주는 모범의 주관적 측면을 취급하였다. 레인은 베르나르두스의 십자가 신학이 근본적으로 안셀무스의 객관적 속죄론에 근거하면서도 한 편에서 아벨라르두스의 지나친 인본주의적 접근을 신랄하게 비판하면서, 다른 한편에서는 십자가의 구속이 신자들에게 가져다주는 주관적인 측면들에 대해서도 상당부분 인정한다. 그는 아벨라르두스의 경도된 십자가 신학을 비판하고 안셀무스와 아벨라르두스의 균형과 통합을 추구한다.

베르나르두스는 십자가에 대한 전통적인 세 가지 의미를 통합하여 설명하고 하고 있다. 첫째로 그리스도의 십자가는 하나님과 인간 사이를 화해시켰다. 하나님은 십자가를 통해서 인간을 받아주셨다. 둘째로, 그리스도의 죽음은 사탄의 계략을 쳐부수고 죽음을 이기셨다. 죄 없는 그리스도의 죽음을 통해서 하나님은 사탄을 기만하시고 죄 없는 이를 죽게 만든 사탄의 손에서 죄인들을 구원하셨다. 셋째로, 십자가는 그를 따르는 자들이 마땅히 가야 할 길을 제시하는 모범이 된다. 베르나르두스는 안셀무스나 혹은 아벨라르두스 등에게서 보이는 신학적 경도가 나타나지 않고, 균형을 취하고 있다.

6. 아가서 설교

베르나르두스는 아가서 설교에서 아가서의 알레고리 해석을 통해 우리의 영혼의 그리스도에 대한 사랑과 헌신을 설명하고 있다. 베르나르두스는 오리겐의 신비주의적인 아가서 해석을 바탕으로 아가서를 신비주의의 방식으로 주석하고 있다. 그는 수도원의 사랑의 학교에서 아가서 1장 1절부터 3장 1절까지에 대한 86개의 설교를 했는데, 1135년부터 53년 사이에 필요한 시기에 간간이 이루어졌으며, 이 설교를 통해 그리스도에 대해 사랑하도록 가르치고 그것을 실천하도록 훈련하려는 목적을 가지고 있었다. 그의 아가서 설교는 수도사들에게 한 후에 문학적인 편집을 거쳐 우리에게 전달된 것으로 해석되고 있다. 그의 설교의 대상은 수도사들로서 그들에게 아가서를 영적으로 이해하도록 인도하려는 것이었다. 그의 설교는 1-38, 39-86으로 나누어지는데, 앞부분에서는 신론, 창조론, 구속론을 중심으로 다루었고, 뒷부분에서는 윤리신학으로 사랑을 다루었다. 그는 이 설교에서 하나님께 돌아가는 길이 되시는 그리스도에게 접붙임 되는 과정을 설명하고 있다. 상처 입은 죄인들은 연인에게 버림받은 부정한 여인의 위치에서 말씀이 주시는 힘에 의해서 그 분의 신실하심과 은혜에 응답하여 하나님께 돌아가게 된다. 그는 돌아가는 과정에서 회개와 은혜로운 도우심과 그리스도와의 친교라는 삼중적인 체험을 이야기 한다. 그리고 그리스도에 대한 삼중적인 사랑은 마음으로 하는 사랑과 영혼으로 하는 사랑과 정신으로 하는 사랑으로 구분된다.

베르나르두스는 아가서 1장 2절에 근거하여 그리스도와 영적인 입맞춤을 한 사람들은 더욱 더 그러한 체험을 고대할 것인데, 이것은 발의 입맞춤, 손의 입맞춤, 입의 입맞춤이란 삼중적인 진행을 하게 된다고 설명한다. 발에 입맞춤은 막달라 마리아가 자신의 죄를 용서받기 위해 그리스도의 발에 입 맞추고 회개하는 것이다. 손의 입맞춤은 더러움을 씻어주고 위로 올라가게 해 준다. 이것은 절제의 은혜와 귀중한 회개의 열매인데, 헌신의 결과이다. 입의 입맞춤은 앞의 두 단계를 지난 후에 감히 눈을 들어 영광과 존귀로 가득한 얼굴을 대하여 생명의 입맞춤을 하게 된다. 이 거룩한 입맞춤 속에서 이 분과 연합되어, 그 놀라우신 겸손으로 우리는 그와 한 영이 된다. 이러한 3단계의 입맞춤은 전통적인 신비주의의 구조인 정화, 조명, 합일에 상응하는 것이다.

하나님과 입맞춤을 한 신부인 우리의 영혼은 이제 그리스도를 향해 열렬하게 사랑하게 된다. 모든 본성 중에서 사랑이야말로 가장 뛰어난 것이다. 신랑과 신부로서 하나님의 말씀과 인간의 영혼 사이에 오가는 서로의 감정을 나타내는데 사랑보다 더 적합한 표현을 찾을 길이 없다. 신부의 신랑에 대한 사랑은 순결해야 하는데, 이러한 순결한 사랑은 성령의 은사이다. 성령의 역사를 통해 신부는 하나님과 그리스도를 알고 사랑하게 된다. 성령의 역사를 통해 얻은 지식은 사랑을 수반하게 된다.

이렇게 지식과 사랑을 함께 받은 신부는 통회, 헌신, 경건의 향기를 내게 된다. 통회의 향기는 독하고 고통을 일으킨다. 헌신의 향기는 부드럽고 고통을 덜어주고, 경건의 향기는 치유의 효과가 있어 병을 없애준다.

통회의 향기는 처음으로 하나님께 드리는 회개의 제사이다. 죄인이 여인이 주님께 부었던 향기와 같이(요12:3) 한 죄인이 돌아옴으로 교회에 그

향기가 풍겨나게 된다.

　헌신의 향기는 하나님의 선하심으로 인류에게 베풀어주신 은전에서 나오는 향기다. 이것은 감사로 제사를 드리는 자가 나를 영화롭게 한다(시 50:23)는 말씀에서 나오는 향기로서 하나님을 영화롭게 한다. 이 향기는 하나님을 바라보게 함으로써 위안을 주고 고통을 덜어준다.

　경건의 향기는 자신에 대하여 죽고 이웃을 자신같이 사랑하는 사람들에게서 나오는 향기이다. 그는 구주를 생각만 해도 내 맘이 좋거든 이라는 85편 찬송 가사로 하나님을 찬양한다.

　예수님의 두 가지 이름인 능력과 권세의 이름과 사랑과 선의 이름이 그리스도의 인격 안에서 합쳐져 하나가 될 때 그 이름은 쏟은 향 기름과 같다고 표현된다. 쏟은 기름 같은 이름에서 그 이름은 기름이 지닌 세 가지 속성인 빛을 주는 이름, 영양을 주는 이름, 치료하는 이름을 가지고 있다. 빛을 주는 이름은 순식간에 세계에 퍼져 신앙의 빛을 비추는 이름으로 바로 예수님의 이름이다. 예수님의 이름은 빛이 될 뿐만 아니라 그 이름을 불러 묵상할 때 마다 우리 영혼에 원기를 회복시키고, 덕성을 돈독하게 해주며, 착하고 의로운 습관을 길러주고 영혼 속에 순결한 감정을 불러일으키는 영양을 주는 이름이다. 또한 예수님의 이름은 우리 안에 있는 연약하고 부족한 모든 질병들을 치료하시는 이름이다.

　이와 같이 고귀한 기름 같은 이름을 가진 예수님이 없으면 우리의 삶은 무의미해지므로, 그를 사랑하는 법을 배워야 한다. 부드럽게 사랑하고, 지혜롭게 사랑하며, 열렬하게 사랑하기를 배워라. 마음을 다하는 사랑은 진지한 감정에 대한 응답이고, 성품을 다하는 사랑은 이성의 목적과 판단에 대한 응답이고, 힘은 다하는 사랑은 한결같은 정신과 그 활력을 가리킨다. 그러므로 마음과 성품(영혼)과 정신으로 주님을 사랑해야 하는데, 이 사랑들은 부족한 점들이 있기 때문에 성령의 능력 안에서 이루어지는 영적 사랑이 가장 높은 사랑이다.

　이렇게 하나님을 사랑하는 자들은 하나님을 알고 하나님을 보고자 한다. 우리는 이 땅에 사는 동안에 하나님을 온전하게 알고 볼 수가 없다. 그렇지만 우리는 비취임을 받는 순간에 하나님을 보게 되는데(고후3:18) 하나님은 여러 가지 방법으로 보이게 된다. 우리는 우리의 내면에 대한 성령의 역사를 통해 하나님을 알게 된다. 그런데 영혼은 영적 교훈을 배우는데 미지근하여 영적인 혼동을 겪게 되므로, 영혼의 분별력을 길러야 한다. 우리는 두려움, 인간의 칭찬, 위선, 악마의 공격의 시험 속에서 진리의 빛을 가지고 옳게 진리를 분별해야 한다. 또한 베르나르두스는 우리가 겸손 가운데서 그리고 하나님의 형상을 상실한 자신을 아는 가운데 선하고 자비하신 하나님을 알게 된다고 말한다. 이러한 지식 가운데 우리는 하나님의 자녀에 속한다는 확신을 가지게 된다.

이러한 두 가지 지식을 가진 신부는 신랑과 달콤하고 친밀한 교제를 나눈 후에 사랑에 취했다. 하나님과의 교제하는 영적 황홀경을 체험하게 되면, 불타는 하나님의 사랑의 열정을 가지게 되어 "내 마음이 내 속에서 뜨겁다"(시39:3)고 말할 것이다. 이러한 황홀경에는 밝아지는 지식의 황홀경과 불타는 의지의 황홀경의 두 가지가 있다.

신부의 열렬한 사랑은 지식의 분별력을 갖추어야 한다. 하나님은 순서에 따른 사랑을 명령하셔서(신6:4-5) 그에 따른 올바른 분별을 하도록 하셨다. 우리의 감정은 육신을 기르는 감정과 이성을 따르는 감정, 지혜로 성숙해진 감정이 있다. 우리는 이성을 따르면서 지혜로 성숙해진 감정을 따라 하나님과 이웃을 사랑해야 한다. 마음과 성품과 힘을 다해 하나님을 사랑하고 이를 뛰어넘는 열정을 가지고 이웃을 사랑하면 자신의 참된 자아를 경험하게 될 것이다.

하나님의 사랑을 받은 신부는 이제 하나님께 올바른 사랑으로 응답해야 한다. 그녀의 응답은 "나의 사랑하는 자는 내게 속하였고 나는 그에게 속하였구나"(아2:16) 하는 말이다. 신부의 이 말은 하나님에 대해 이야기하는 것인데 누구에게 이야기하는지는 분명하지 않다. 그런데 그녀는 동료 소녀들이 아니라 자기 자신에게 말하면서 독백을 하고 있는 것이다. 이 말은 감정이 하는 말로서 지성의 말이 아니기 때문에 조금도 이해할 수 없는 말이다. 신부는 즐거움에 도취되어 격한 기쁨과 자기의 사랑하는 자를 다시 보고 싶은 간절한 갈망에 빠져 있다는 것 이외에 아무 것도 없다. 감정의 언어는 마음에 가득한 것을 말하기 때문에, 자체의 언어가 있어서 자체의 뜻에 어긋나더라도 스스로 드러내게 된다. 이러한 감정의 언어들은 갑작스럽고 자발적인 충돌의 산물이다. 베르나르두스는 아가서 2장 16절은 신부가 너무 기쁜 나머지 터져 나오는 감정이라고 해석한다. 이렇게 감정에서 터져 나오지만 주님의 신부는 선한 것을 담은 그릇이어서 그녀가 풍겨내는 향기는 감미롭다.

베르나르두스는 아가서 3장 1절 "내가 밤에 침상에서 사랑하는 자를 찾아구나"라는 구절을 하나님을 구하는 영혼의 갈망으로 해석한다. 하나님을 구하는 것이야말로 하나님의 은사 중 첫 번째 것이고 영혼의 성장의 마지막 단계이다. 영혼이 하나님을 구하는 것은 우리에게서 나오는 것이 아니라 하나님께서 먼저 그러한 영혼을 고대해 오셨기 때문이다. 그러므로 하나님께서 먼저 하나님을 구하는 우리의 영혼을 고대해 오셨기 때문에 하나님만이 홀로 찬양을 받으셔야 한다. 영혼이 말씀을 구하는데, 그러나 먼저 말씀에 의해서 구한 바가 되었다. 우리의 의지에도 하나님이 하나님을 찾는 능력을 주셔야 하나님을 찾게 된다. 하나님의 사랑이 우리를 사랑하여 구하는 이중의 축복으로 우리를 고대해 오셨다. 하나님의 사랑이 우리를 구하는 원인이다. 하나님께서 먼저 우리를 찾으셨으나 우리는 하나님께 신실하지 못했다. 호세아가 지적하는 바와 같이 다른 연인에게로 갔다(호 2:5-13). 그렇지만 우리의 영혼이 질책하는 소리를 듣게 될 때 사람은 행복하다. 하나님께서 우리 영혼을 사랑하셔서 질책하므로, 그 하나님의 사랑이 질책 받는 영혼 속에서 두려움을 몰아낸다. 하나님의 생각은 화평의 생각이며, 보복의 목적이 아님을 아시기 때문에 우리는 두려움을 몰아내고 하나님께 돌아서게 된다. 그러므로 우리는 언제나 하나님을 찾고 사랑하기 위하여 하나님의 말씀이 우리를 책망하게 하도록 해야 한다.

7. 그리스도의 인성

베르나르두스의 신비주의에서 주목할 만 것은 그리스도의 인성에 대한 묵상이다. 타락한 인간이 하나님께로 갈 수 있는 소망이 생겨나는 것은 우리 안에서 역사하시는 성육하신 그리스도의 사역 때문이다. 그는 성육신하신 그리스도가 우리 속에 와 있어야 한다는 것을 강조한다. 신비주의자들이 묵상을 통해 하나님을 찾아 올라가는 데서 그리스도와의 교제가 가장 중요하다. 이러한 과정에서 그리스도의 인성은 우리에게 커다란 친밀감을 가져다준다. 하나님은 성육신을 통해 타락한 아담의 후손들에게 형제라는 칭호를 주시면서(히2:11) 다가오시고 교제하신다. 그는 우리와 같은 육신을 입으시고 오셔서 우리가 겪는 모든 연약함을 체휼하시는 대제사장이시되, 죄는 없으신 분이시다(히4:15). 그는 자신을 비어 종의 모양을 취하여 이 땅에 내려오셔서 십자가에 죽으시기까지 순종하셨다. 그리스도는 하늘에 계실 때는 이 모든 것들을 지식으로 알았으나 직접적인 경험을 통해 알지는 못했다. 그런데 인성을 취하신 후에는 자신의 몸으로 직접 이 모든 것들을 체험하셨고, 따라서 우리를 도우실 수 있으며, 우리도 그 분에게 나아가 교제할 수 있게 되었다. 그리스도의 인성은 시작이 있었고, 지상의 삶을 통해 고난을 직접 체험하시면서 자비를 통해 고난 받는 사람들을 구원하고자 하셨다. 그의 비우심은 형식적 비움이 아니라 우리의 본성을 취하여 십자가에 죽기까지의 비우심이었다. 십자가에 죽기까지 비우심을 생각할 때, 그의 겸손, 온유, 그리고 자기희생을 어떻게 측량할 수 있겠는가? 그리스도의 우리를 향한 사랑에서 나온 이러한 고난을 생각하면 사람들은 더 이상 추악하고 더러운 죄를 범하지 않고 감사하지 않을 수 없게 된다.

베르나르두스 이전까지 그리스도의 신성이 강조되었는데, 베르나르두스는 그리스도의 인성을 강조하여 우리가 그리스도의 인성과 교제하며 묵상하도록 하였다. 특별히 그는 아가서에 대한 86편의 설교를 통하여 그리스도의 인성에 대한 묵상을 통해 신자들이 그를 사랑하고 헌신하도록 인도하고자 하였다. 그리스도의 지상에서의 사역은 신자들과 친밀한 관계를 세울 수 있는 수단이 되었다. 그리스도께서 인성을 취하시고 수행하신 구원 사역을 집중적으로 묵상할 때 그 구원사역을 통한 우리에 대한 하나님의 사랑에 대해 보이는 신자들의 반응은 그에 대한 열렬한 사랑과 헌신이다. 범죄 하여 타락한 인간은 그 죄와 죄로 인한 불행으로 살 수 밖에 없었다. 그런데 그 상황에서 벗어나 하나님의 형상을 완전히 회복하여 완전한 즐거움과 행복을 누리는 이상을 추구하게 하였고, 베르나르두스는 이것을 지상에서 순간적으로나마 누리려고 애를 썼던 것이다. 하나님의 형상으로 지음 받은 인간은 하나님의 형상인 그리스도를 닮기 원한다. 물론 차이점이 있지만 유사점을 가지고 있어, 남편과 아내의 결혼관계를 맺고 있는 인간은 그리스도를 닮아가고자 그를 그리워하는 마음이 강렬해 질 수 밖에 없다. 베르나르두스는 그리스도의 인성을 강조하여 우리가 그 인성을 통해 구원 받은 은혜에 감사하면서 그의 형상을 닮아가고자 그를 묵상하여 그를 사랑하고 헌신하도록 이끌고자 하였다.

8. 평가

베르나르두스의 신비주의는 수도원 전통을 이어받는 가운데 그리스도 중심적인 신비주의를 건전하게 발전시켰다. 그의 신비주의는 그 후에 보나벤투라와 에크하르트, 요한 타울러 등에게 영향을 미쳤다. 그의 신비주의는 당시 수도원 운동을 개혁하려는 운동이었고, 성경에 토대를 두면서 성령의 역사 속에 하나님을 관상하고 영적으로 체험하려는 영적 운동이었다. 그의 신비주의는 지성을 넘어 감성과 체험을 통해 하나님을 이해하려는 성향이다. 감성적 하나님 이해는 위험하지만 풍성한 면을 가지고 있다. 그의 시와 설교들은 이러한 장단점이 모두 담겨 있다. 그의 신비주의는 하나님을 깊이 묵상하고 하나님의 사랑을 체험하려는 열정을 가지고 있다. 하나님을 아는 것은 하나님을 체험하는 것이며, 하나님을 체험하지 않고 하나님을 알 수 없다. 하나님에 대한 믿음은 머리로 아는 것만이 아니라 가슴으로 체험하여 삶으로 실천할 때 생명을 갖게 되는데, 그러한 면에서 그의 신비주의는 좋은 모범이 된다.

더 읽어야 할 책과 논문들

원종천. 『성 버나드』. 대한기독교서회, 2004.

김수천. "성 버나드의 사랑신비주의 영성 분석." 「신학과 실천」 36(2013): 417~446.

권진호. "버나드의 '아가서 설교'와 신비주의." 「한국교회사학회지」 24(2009): 93~121.

12장

보나벤투라

(Bonaventura, 1217-1274)

12장 보나벤투라

보나벤투라는 파리 대학에서 토마스 아퀴나스와 함께 교수로 활동하다가 프란체스코 교단의 총장이 되어 활동하였다. 그는 아우구스티누스의 신학사상을 계승하면서 아리스토텔레스의 철학을 수용하는 것에 비판적이었다.

1. 생애와 교육과 작품들

보나벤투라(Bonaventura)는 1217년경 이탈리아의 비테르보(Viterbo)와 오르비에토(Orvieto) 사이에 있는 바뇨레지오(Bagnoregio)에서 태어났다. 어린 시절 심하게 앓았을 때, 그의 어머니는 성 프란시스에게 서원을 하였고, 그는 이 성인이 자신을 치료해 주었다고 믿었다. 보나벤투라는 바뇨레지오에 있는 수도회에서 초등교육을 받았으며, 1235/6년경에 파리로 진출하여 7개의 자유학예과목을 배우는 교양학부 교육을 1243년에 마쳤다. 이 때 파리 대학은 아리스토텔레스의 철학이 지배하고 있었는데, 이 철학을 수용했던 아퀴나스와 달리 보나벤투라는 이 철학에 거리를 두었다. 그는 1243년에 프란체스코 수도회에 입교하였으며, 이 때부터 본격적으로 신학 연구에 집중하였다. 이 수도회의 지도자 가운데 한 사람이 파리 대학교 신학부의 유명한 교사인 헤일즈의 알렉산더(Alexander of Hales)였다. 그는 알렉산더를 비롯하여 장 데 라 로쉘(Jean de la Rochelle), 유데스 리가우드(Eudes Rigaud)와 멜리토나(Melitona)의 윌리엄의 지도 아래 연구를 마쳤다. 그는 1248년까지 5년 동안 강좌를 청강하거나 논쟁을 관찰하는 수동적인 학생의 기간을 보냈다. 그는 1248년부터 1250년까지 성서강좌와 다양한 논쟁에 참여하고 설교도 할 수 있는 성경학사 과정을 마쳤고 1252까지 페트루스의 『명제집』을 연구하고 토론하는 명제학사의 과정을 거쳤다. 그는 1248년부터 파리 대학에서 가르치기 시작했으며, 1252년에 수도사 학교의 제5대 교장으로 임명받았다. 그는 1257년 2월 수도회의 제7대 총재로 선출되었으며, 따라서 파리 대학에서의 교육경력을 마감하였다. 그는 파리 대학에서 가르칠 때 아퀴나스도 가르치고 있었다. 두 사람은 사상적 기반은 달랐지만 서로 우정을 나누며 교육활동을 함께 하였다. 보나벤투라는 빠른 속도로 확장되어 가던 프란체스코 수도회를 이끌면서, 수도회가 설립자의 가난에 대한 이상에 충실하도록 노력하였다. 그레고리우스 10세는 1273년 그를 알바노 추기경으로 임명하였다. 그는 리용에서 열린 교회회의에 참석했다가 회의 도중인 1274년 7월 15일에 사망하였다.

2. 보나벤투라의 저작들

그의 작품들은 주로 세 가지 영역의 저술들로 구성되어 있다. 첫째는 성경 강의를 토대로 신학 문제들을 다루는 저술들이다. 그는 1248년에 누가복음을 강의하였고 그 후에 전도서, 요한복음 주석을 출판하였다. 그는 이러한 성경 연구를 토대로 『신학요강』(*Breviloquium*), 『독백』(*Soliloquium*), 『학문의 신학적 환원론』(*De reductione artium ad theologiam*), 『하나님을 향한 영혼의 여정』(*Itinerarium mentis in Deum*)과 같은 다양한 신학관련 저술들을 하는데 그는 이러한 책들은 성경 인용으로 시작하고 있다. 특히 『신학요강』은 신학의 주요한 질문들에 대한 그의 명료한 설명을 제공한다. 그는 『페트루스 롬바르두스의 4권으로 된 명제집 주석』(*Commentaria in quatuor libros sententiarum*)으로부터 시작해서, 『그리스도의 지식에 대한 토론집』(*Quaestiones disputatae de scientia Christi*)과 『삼위일체 신비에 대한 토론집』(*Quaestiones disputatae de mysterio*)을 포함하는 여러 권의 스콜라 신학 작품들을 편집하였다.

그는 다음으로 헌신을 강조하는 경건 서적들로 『자매들을 향한 완전한 삶에 대하여』(*De perfectione vitae ad sorores*), 『하나님을 향한 영혼의 여정』, 『생명 나무』(*Ligum Vitae*), 『삼중의 길에 대하여』(*De triplici via*), 『독백』, 『영혼의 통치에 대하여』(*De regimine animae*), 『미사준비론』(*De praeparatione ad missam*) 등을 저술하였다. 이러한 저술들은 그에게 성 프란시스의 생애에 중심이 되었던 구유, 십자가, 그리고 성만찬에 대해 심사숙고할 기회를 제공하였다. 그리고 안셀무스와 베르나르두스와 같이 그는 감정의 경건의 전통 안에서 활동하였다. 헌신을 유도하려는 논문들과 스콜라주의의 논문들에서 특별한 주제들이 나타나는 방식은 주로 신인의 수난과 죽음에 적용된 하나님의 명예의 회복을 통해 예시된다. 또한 예시되는 방식은 미사의 열매들의 검토에서 특징으로 나타나는데, 하나님에 대한 헌신의 보존과 이웃에 대한 사랑, 그리고 내적인 만족이다. 이러한 주제들이 『미사준비론』의 토대를 형성한다. 『미사준비론』은 그의 경건 서적들과 성체성사의 경건의 장려자들인 수도사들의 역할에 대한 좋은 본보기가 되는데, 성체성사는 수도회들의 예배 생활의 핵심에 자리잡고 있던 성례이다.

셋째로 보나벤투라의 저술들 가운데 일부는 논쟁적이고 대학교들에서 토론의 주제가 되었던 문제들을 취급한다. 프란시스 수도회의 규칙들의 준수와 탁발 수도사 생활양식을 위한 기준에 대한 심사숙고는 1250년대 중엽에 『무명의 교사에게 보낸 세 가지 질문에 대한 편지』(Epistola de tribus quaestionibus ad magistrum innomiantum)와 『복음의 완전함에 대한 토론집』(Quaestiones disputatae de perfectione evagelica)으로 구체화된다. 파리 대학에서 탁발 수도사 논쟁은 『가난에 대한 변증』(Apologia pauperum)을 저술하도록 자극하였는데, 이 책에서 그는 게라르드 아베빌(Gérard d'Abbeville)의 공격에 반대하여 탁발수도사들의 이상을 설명하였다. 보나벤투라는 『아시시의 성 프란시스의 작은 전설』(Legenda maior Sancti Francisci Assiensis)을 저술하도록 위임받았다. 그는 이 책에서 설립자의 삶에 대한 권위 있는 해석을 제공하고자 의도하였다. 파리에서 2대 교사인 장 데 라 로첼과 보나벤투라는 탁발수도회의 학교들에서 철학 연구를 열정적으로 변호하였다. 권위의 위계질서에서, 철학은 성서, 교부들, 그리고 신학자들 후에 네 번째에 자리 잡고 있다. 그러나 때때로 이러한 균형은 무너지는 것같이 보인다. 아리스토텔레스는 가장 위대한 철학자로 선언되지만, 세상의 영원성 같은 그의 일부 개념들은 1250년대에 가톨릭 가르침과 양립할 수 없는 것으로 선언되었다. 교양학부에서 새롭게 회복된 아리스토텔레스 전집의 증가하는 영향력과 1260년대에 급진적인 아리스토텔레스주의자들과 아베로에스주의자들이 진전시킨 과도한 주장들이 더 큰 관심을 불러 일으켰다. 철학이 자족적이라는 어떤 주장과 싸웠던 보나벤투라는 이 새로운 위험에 대하여 1267년 3월에 전달된 그의 『십계명에 관한 강연』(Collations de praeceptis decem)과 1268년 2월경에 설교된 그의 『성령의 7가지 은사들에 대한 강연』(Collationes de septem donis Spiritus sancti)에서 응답하였다. 『성령의 7가지 은사들에 대한 강연』은 파리 대학에서 새롭게 회복된 아리스토텔레스 전집의 적용에 대하여 많은 탁발수도사들이 느낀 불안들과 신앙과 이성 사이에 적절한 균형을 유지할 필요성을 설명하였다. 그의 저술들은 신학자들, 철학자들, 성경 연구자들, 경건 서적 저술가들, 그리고 설교 역사가들과 프란체스코 수도사들의 관심을 끌었다. 이러한 각각의 영역은 관심을 끌기에 충분하였다.

3. 보나벤투라의 신학 연구의 토대들

1) 성경관

보나벤투라는 『신약요강』의 서문에서 신학에 대해 설명하는데, 신학은 계시에 근거하여 인간의 구원에 관한 지식을 전달해 주는 학문이라고 하였다. 중세 신학자들은 성경의 권위를 존중하여 연구했기 때문에 신학을 거룩한 책(sacra pagina)에 대한 연구라고 불렀다. 성경연구를 한 후에 그 연구를 바탕으로 신학 체계를 수립하기 때문에, 성경 연구는 스콜라 신학을 연구하기 위한 토대를 구축한다. 이러한 측면에서 보나벤투라는 파리 대학에서 공부하는 과정에서 성경 연구에 참여하였다. 그는 1243년부터 1245년까지 전체 성경에 대한 기초적인 강의에 참여하였고, 1247년부터 1249년까지는 교사들이 깊이 있는 성경 주석을 제공하는 일반적인 강의에 참석했다.

그는 『신약요강』을 시작하면서 에베소서 3장 14-19절을 인용하고 있다. 이 성경 구절은 그의 신학을 이해하는데 매우 중요하다. 그는 『신약요강』 서문에서 세 가지 주제를 다루고 있다. 첫째는 성서의 기원, 전개, 그리고 목적을 다루고, 둘째는 자신의 해석학을 설명하며, 셋째는 이 책의 내용에 대한 안내를 하고 있다. 그는 이러한 삼중성을 가지고 책을 저술하는데 서론(ortus), 전개(progressus), 정점(status)의 방식으로 전개된다.

보나벤투라는 당시 스콜라주의 전통에 충실하여 신학을 성경에 대한 연구라고 보았다. 그는 신학의 개념에 대해 첫째로 성경과 완전히 일치하고 둘째로 이성의 부가이다. 이것은 성경의 내용을 이성적으로 설명하겠다는 의미이다.

보나벤투라는 신학자들에게 적절한 질서를 지키며 영과 문자를 고려하여 성서 연구를 시작할 것을 촉구한다. 성서는 신적 기원을 가지고 있기 때문에 권위를 가지고 있다. 그가 『6일간의 세계 창조에 대한 강연』(*Collationes in Hexameron*)에서 밝힌 바와 같이 성서의 전체는 하나님의 마음이고, 하나님의 입이며, 하나님의 혀이고, 하나님의 손가락이며, 안과 밖으로 기록된 두루마리 책이다. 아버지(입)는 아들(혀)을 통해 말씀하시고, 성령(손가락)에 의해 기록된다. 그러므로 삼위일체 하나님은 성서의 기원의 토대가 된다. 따라서 삼위일체 신앙은 성서의 이해가능성을 위한 원천인 동시에 기술된 성서의 기원이다. 그러므로 성서는 인간의 탐구가 아니라 하나님의 계시를 통해 전해진 것이다. 그러므로 다른 학문과 달리, 계시된 진리에 대한 확고한 신앙은 신학자를 위한 필수조건이다. 성령의 선물로 주어지는 신앙, 특히 그리스도에 대한 신앙은 성서 이해를 위한 등불이 된다.

하나님께서 처음에 창조하셨을 때 창조 세계의 책을 통해 아담과 하와와 효율적으로 의사소통을 하시면서 그들을 인도하셨다. 그러나 그들이 범죄 하여 이 책을 읽을 능력을 상실했을 때, 하나님은 성경책이란 더 깊이 있는 증언을 제공하셨다. 하나님의 계시에 일치하여 기록된 성서는 세상을 조명하여 세상이 하나님을 알고, 찬양하며, 사랑하도록 회복시킬 힘을 소유하고 있다. 성서는 구원 사역에 관심을 가지고 있으며, 인류가 선을 지향하고 악을 중단하도록 만드는 지식을 제공한다. 성서는 『신학요강』에서 분명하게 중심적인 역할을 하여, 이 책의 서론은 성경 사용법의 요약을 제공한다.

보나벤투라는 성경은 인간에게 은총을 부여하고 신앙을 가르쳐주고 지혜를 열어주며 구원을 가져다주는 4가지 혜택을 제공한다고 말하는데 특히 4번째에 모든 것이 달려 있어 가장 중요하다. 따라서 성서의 목적은 우리가 구원을 받아 영생을 소유하게 하려는 것이다. 그러므로 성서의 목적은 하나님의 영원한 지복의 풍성함에 이르는 것이다. 그러므로 우리가 성서를 연구하고 가르치고 듣는 것은 바로 이러한 목적을 얻기 위한 것이다.

그러면 성경을 어떻게 연구해야 하는가? 보나벤투라는 성경해석에서 문자적인 의미를 성서해석의 기초로 보지만 그의 강조점은 성서의 영적인 의미에 두고 있다. 그는 성서 내용의 전개를 넓이, 길이, 높이, 깊이의 4가지 차원에서 해석방식의 전개를 보여주고 있다. 넓이는 성서가 많은 부분으로 이루어져 있음을 펼쳐 보이는 것이고, 길이는 시대에 따라 기술된 것을 제시하며, 높이는 거룩한 질서 가운데, 깊이는 영적 의미의 다양성 가운데 잘 드러난다.

성경의 넓이는 성경이 구약과 신약으로 나누어지고, 구약은 율법서, 역사서 지혜서와 예언서로 구분되고 신약은 그에 맞추어 복음서 사도행전 사도서신, 요한계시록으로 구약과 조화되어 구분된다. 그러므로 신약과 구약은 서로 일치하며 4가지 형태를 갖는다는 점에서도 일치한다. 성서는 인간의 구원을 향해 방향이 정해져 있으며, 이 때 인간은 구원의 진리를 수용하고 이해하고 한정하는 능력을 갖게 된다. 성서는 다른 학문들과 동일한 방법을 사용하지 않고 신앙에 기초한다. 그리고 신앙은 도덕적 태도의 토대가 되며, 신앙의 대상은 도덕적 진리와 분리될 수 없다. 성서는 두려움의 구약과 사랑의 신약으로 구별되는데, 이는 성서를 통해 악을 멀리하고 선을 지향하게 하려는 것이다. 이렇게 악에서 선으로 나아가게 하는 방법은 계명, 모범(실례)과 진리의 증거와 이 모든 것을 종합하는 것이다.

성경의 길이는 태초와 창조의 시작에서부터 종말까지의 시간적 연장을 다룬다. 시간의 영역에는 자연법, 성문법과 은총법의 세 시대가 있고, 아담-노아, 노아-아브라함, 아브라함-모세, 모세-다윗, 다윗-바벨론포로시대, 바벨론 포로시대-그리스도시대, 그리스도시대- 종국의 7시대가 있다. 성서는 길이를 통해 세계의 시작과 끝, 과정과 목표를 보여준다.

성서의 높이는 정돈된 위계질서에 대한 기술이라고 보았다. 위계질서는 교회, 천사, 하나님으로 구성되어 있는데, 교회는 분명한 말로 구성되어 있으나, 천사는 비밀에 싸여있고, 하나님 자신은 신비로움이다. 위계질서의 목적은 언제나 피조물이 창조주를 닮아가게 하려는 것으로 은혜와 인식과 도덕적 태도의 방식으로 이루어진다.

성서의 깊이는 4중적 해석을 통한 비밀스런 통찰의 다양성에서 기인한다. 보나벤투라는 문자적이고 역사적인 의미를 제외한 은유, 도덕, 신비의 해석방법을 통해 성서의 깊이를 논의하고 있다. 보나벤투라는 성경의 본래의 의미를 찾기 위해서 은유적인 해석을 필수적인 것이라고 생각한 반면에, 토마스 아퀴나스는 문자적 해석을 강조하였다.

성서가 말하고 논증하는 방식은 성서 전체가 구원에 필수적인 지식을 내포하는 충족성을 갖는다. 성서의 목표는 오직 구원이므로, 성서의 말하기 방식은 영혼을 울림으로써 구원에 참여하게 하려는 것이다.

2) 성경해석방법

보나벤투라는 이해와 해석이 철저하게 성경의 어법에 일치해야 한다고 주장한다. 본래적인 것을 찾아내 숨겨진 것이 빛을 보도록 해야 한다. 이러한 주장은 문자적인 의미를 무시한다기보다는 문자적인 의미에 기초를 두면서도 영적인 의미를 찾는 것을 강조하였다. 보나벤투라는 성서가 분명하게 이해되고 전달되기 위해서는 우선적으로 유사한 본문을 통해 명료함과 풍부함에 도달해야 한다는 것이다. 세 가지 규칙을 더했는데 아우구스티누스의 『기독교 교육론』에서 가져온 것이다. 성서가 직접적으로 믿음과 사랑을 말할 때 문자적으로 해석하면 된다. 둘째는 성서가 창조와 이스라엘 역사를 말할 때 그 의미를 통해서 병렬적으로 신앙의 진리와 도덕적 규범을 경험하도록 해야 한다. 셋째로 성서가 문자적 의미와 영적인 의미를 같이 지니고 있을 때 영적인 의미를 우선시해야 한다.

보나벤투라는 세 가지 성경해석 방법을 말하는데, 성경에서 신앙의 내용을 다루는 문자적 해석은 학자의 일이고, 삶의 규범을 다루는 도덕적인 해석은 설교자의 일로, 신앙의 내용 및 윤리를 다루는 영성의 해석은 영성가의 일로 분류한다. 초대 교부 중에서 아우구스티누스, 그레고리우스 대제, 위 디오니시우스를 각 해석 분야의 대표자로 언급한다. 중세 시대에 대해 보나벤투라는 휴고는 이 세 분야 모두에서 뛰어나다고 언급하였다.

보나벤투라는 자신의 성서 연구에서 교부들의 도움을 받는다. 동방 교부들은 디오니시우스, 나지안주스의 그레고리우스, 닛사의 그레고리우스, 다마스쿠스의 존, 대 바질, 아타나시우스, 그리고 존 크리소스톰이다. 라틴 교부들은 힐러리, 대 그레고리우스, 아우구스티누스, 암브로시우스, 그리고 제롬이다. 다마스쿠스의 존이 헬라의 박사로 환호받는 바와 같이, 아우구스티누스는 라틴의 우수한 박사, 그리고 존경스러운 박사이다. 힙포의 주교는 보나벤투라가 백과사전적인 권위로 취급하는 단연 가장 영향력 있는 교부이다. 보나벤투라는 그를 3050회 이상 인용하였으며 그의 『고백록』, 『삼위일체론』, 『문자에 따른 창세기론』, 그리고 『하나님의 도성』이 시간, 질료, 형상들, 사물들의 생산, 하나님, 영혼, 그리고 창조의 성격에 관한 가장 훌륭한 강해들이라는 견해를 표명했다.

그는 다음으로 중세 당대의 신학자들과 목회자들의 저술들을 인용하고 있다. 안셀무스와 성 빅토르의 리카르두스, 그리고 끌레르보의 베르나르두스는 신학적 강해, 설교, 그리고 명상의 각각에서 아우구스티누스, 대 그레고리우스, 그리고 다마스쿠스의 존에 대한 중세의 계승자들로 발표되고, 성 빅토르의 휴고는 이 모든 세 가지 영역들에서 뛰어났다. 1243년과 1245년 사이에 보나벤투라를 가르쳤던 헤일즈의 알렉산더는 특별한 칭찬을 받아서 자신의 아버지이자 좋은 기억의 교사라고 묘사된다.

성서는 기독교인들이 믿는 것을 표현하는 반면에, 이 신학자는 계시의 내용을 이해할 수 있는 용어로 제시하면서, 믿을 수 있는 것으로부터 이해할 수 있는 것으로 넘어간다. 보나벤투라는 "우리는 믿는 것을 권위에 따라 믿으며, 우리는 이해하는 것을 이성에 따라 이해한다"는 아우구스티누스의『믿음의 유익』(De utilitate credendi)의 권위에 호소한다.

그는 신학이란 학문이 참된 통일과 건전한 체계를 갖춘 유일하게 완전한 지혜라는 것을 보여주고자 한다. 지혜는 철학적 지식이 끝나는 지점인 반면에, 신학은 최고의 원인인 하나님을 죄의 치료, 공적의 보상, 그리고 인간의 소망의 목표로 검토하여 나간다. 보나벤투라는 모든 기독교인들이 이러한 지식을 획득하려는 열망으로 불붙어야만 한다는 결론을 내린다.

성서는 영생의 말씀들을 포함하고 있으며 인류가 믿을 뿐만 아니라 영생을 얻게 하려고 기록되었다. 탁발 신학자는 순수한 신앙의 정신으로 하나님께 이르러 성서를 이해하라는 조언을 듣는다. 성서는 최고의 존경의 정신으로 접근해야만 하고 예수 그리스도의 십자가를 동반해야만 한다. 겸손하고, 순수하며, 신실하고, 주의깊은 사람을 제외하고 아무도 성경을 이해할 수 없으며, 역으로, 악들은 계시된 진리의 이해를 위한 탐구를 방해한다. 그는 신학자의 작업에 대한 장애물로 특별한 관심을 기울일 대상을 교만과 호기심이라고 지적한다. 성 프란시스는 신비한 통찰력을 받은 거룩한 사람의 전통의 모범이다. 프란시스는 신학적 통찰력을 부여받았으며 감정적인 사랑을 통해 지식만을 가진 신학자들이 들어갈 수 없었던 장소로 들어갔다. 설립자의 소원들과 보조를 맞추면서, 보나벤투라는 신학 연구들을 성숙함과 온전함에 대한 길로 간주한다. 신학의 목적은 우리가 덕스럽게 되고 구원받는 것이다.

4. 『신학요강』

보나벤투라의 작품 가운데 중세에 가장 인기가 있었고 영향력있는 두 개의 작품은 『신학요강』과 『하나님을 향한 마음의 여정』이었다. 『신학요강』은 보나벤투라 신학의 가장 훌륭한 개요를 제공한다. 이 작품은 1254의 『그리스도의 지식에 대한 논쟁의 질문들』과 1255년의 『삼위일체의 신비에 대하여』 후에 저술되어 1257년에 완성되었다. 이 해에 그는 파리 대학 교수직을 그만두고 프란체스코 수도회의 총장이 되었다. 그는 이 때 자신의 강의, 질문과 논쟁들을 종합하여 교육적 목적을 위해 기독교 교리의 간결한 종합을 하고자 이 책을 저술하였다. 이 책은 자신의 학문적인 연구를 결산하는 의미를 가지고 있을 뿐만 아니라, 프란체스코 수도회의 수도사들을 교육하여 설교를 잘 하고 고해성사를 수행할 수 있도록 준비시키는 필요를 충족시키려는 목적도 있었다.

이 시기에 대학교육을 받고 수도회에 들어오는 수도사들이 많았다. 이러한 수도사들을 교육시키는데 12세기의 페트루스 롬바르두스의 『명제집』은 명료성과 조직성에서 충분하지 못하였다. 13세기에 신학은 여러 성인들과 박사들의 작품에서 분산된 방식으로 전달되고 있었고 성경은 초보자들에게는 너무나 혼란스럽고 뚫고 들어가기 어려운 숲과 같았다. 그래서 사람들은 수도회의 수도사들을 가르치기에 적합한 신학체계를 제시해 줄 것을 보나벤투라에게 요구하였고, 그러한 요구에 부응하여 저술된 것이 『신학요강』이었다.

이 책은 512개의 질문을 다루는 아퀴나스의 『신학대전』에 비해 78장으로 되어 있다. 두 사람은 초보자들을 위해 간결하고 응집력있는 종합을 제시하려는 점에서 유사하다. 그렇지만 가장 중요한 차이는 방법론에 있다. 『신학대전』은 질문을 통해 문제를 제기하고 증거들을 분석해서 답변을 제공하는 변증법적인 방법론을 사용하고 이것이 가장 대표적인 스콜라주의 방법론으로 알려져 있으나, 보나벤투라는 이것과 다른 방법론을 사용하여 『신학요강』을 저술하였다.

그는 이 책에서 질문방법론을 사용하는 귀납법적 방법론이 아니라 연역법적 방법론을 사용한다. 그는 인간의 원죄에 의한 부패를 설명할 때, 인간은 원죄에 의해 부패했다는 기독교 교의를 선언한 후에 성경 구절을 인용하며 그 의미를 설명한다.

보나벤투라는 신학의 주요한 질문들에 대한 자료들이 성인들과 박사들의 저술들에 아주 폭넓게 흩어져 있을 뿐만 아니라, 신학의 입문자들이 성경 자체를 이해하기 어려운 책으로 두려워하기 때문에, 그러한 학생들의 요구를 부응하여 『신학요강』을 썼다.

이 책은 서론에서 성경에 대한 보나벤투라의 입장을 설명한다. 그는 에베소서 3장 19절의 표현을 차용하여 성경의 넓이, 길이, 높이, 깊이를 설명하고 성경을 해석하는 방법을 제시한다. 그 후에 이 책은 삼위일체론, 창조론, 죄론, 말씀의 성육신론, 성령의 은총, 구원의 수단인 성례전, 마지막 심판의 휴고식에 대하여 설명한다. 이 작품은 전체 구조가 그리스도의 중심성에 맞추어져 있다. 이 작품의 중심에 말씀의 성육신에 대한 논의가 자리잡고 있다. 그는 성육신에서 창조된 질서를 구원하여 완전하게 하시는 예수 그리스도가 수행한 중요한 역할을 강조한다. 구속받은 질서의 완전함은 창조의 완전함과 필적한다. 아담과 이브는 창조된 질서의 최고의 영광이었는데, 그들이 완성을 함축하는 제6일에 만들어졌다는 사실이 이것을 함축한다. 비슷하게 "구원받은 세계"를 완성하는 신인은 6번째의 마지막 시대에 오셨으며 6일에 십자가에 달리셨다. 성육신은 창조자와 타락한 인류 사이에 결속의 밀접함을 증명하여 이것은 우정의 용어에 반영된다. 창조자와 피조물을 통합시킬 수 있는 가장 우호적인 중보자는 이 우정을 회복시킨다.

보나벤투라는 그리스도가 모든 학문의 중심이며 그 분 안에 그리스도의 모든 보화가 감추어져 있다고 말한다. 그는 하나님의 치료의 완전함, 구원의 방식과의 조화라는 주제에 특별한 관심을 기울인다. 적합성 혹은 적절성의 주제들은 보나벤투라의 신학의 형성에서 중심적인 역할을 수행한다.

구속이 특별한 방식으로 일어나야만 했다는 어떤 암시도 주의 깊게 피하면서 대신에 그는 아우구스티누스와 파리와 옥스퍼드에서 프란시스 학파들의 기독론과 구원론을 형성하였던 그러한 사람들이 지지했던 조화의 주제를 강조한다. 보나벤투라는 수난을 통해 성취된 구원의 적합성을 강조하였고, 다른 어떤 방법도 그 정도로 적합하지 않으며, 구원자, 구원받은 자, 그리고 구원의 성격에 동일하게 그렇게 잘 조화된 경우는 없다고 주장한다. 타락한 인간성은 신성한 중보자를 통한 것을 제외하고 그 우수성, 하나님과의 교제, 그리고 영혼을 순수성을 회복할 수 없다. 인류는 창조되지 않은 말씀을 통하여 존재하게 되었고 영감된 말씀에 주의를 기울이지 않아 범죄 하였다. 따라서 인류는 성육신한 말씀을 통하여 죄로부터 일어났다. 하나님께서 회복의 가장 적합한 수단들을 적용시키시는데, 성육신은 타락의 과정의 역전의 견지에서 제공된다. 인류는 사단의 제안과 기만당한 여인의 동의를 통하여 타락하였으므로, 치료하는 과정이 선을 증진시키는 선한 천사와 믿고 동의하는 처녀를 포함하였다는 것은 적합하였다. 의약품은 질병에, 회복은 타락에, 그리고 치료는 상처에 부합해야 한다. 반대되는 것들은 반대되는 것들에 의해 치료된다는 대 그레고리우스의 주장을 자주 인용한다. 아담과 이브는 금지된 나무의 열매를 향유하기를 소망하면서, 하나님만큼 지혜로워지려고 열망하는 것을 통해 범죄 하였다. 신인의 적합한 치료책에 의해 타락한 인류를 치료하는 것은 신인이 낮아져 굴욕을 당하고 나무에서 고통 받는 것을 원하였다.

보나벤투라는 그리스도의 성육신에서 이중적인 목적에 대해 논의한다. 하나는 구속의 목적이고 다른 하나는 우주의 완성이다. 구속의 목적에 대해서는 "말씀의 성육신은 최종적인 구원의 견지에서 육신의 자리를 차지하였다"고 하였다. 우주의 완성과 관련하여 "그러므로 하나님이 사람이 되었을 때, 하나님의 사역이 완성되었다. 이것이 신인이신 그리스도를 알파와 오메가, 시작과 마지막이라고 부르는 이유이다."

그는 죄, 구원, 그리고 우주의 완성을 종합하고자 노력할 때 그의 글은 복합적이고 미묘하다. 그는 분명하게 죄를 역사적인 실재로 구현된 것으로 보았다. 그렇지만 그는 그리스도의 신비를 죄에 제한하지 않았다. 그 시대의 대부분의 학자들과 달리, 보나벤투라는 아담이 범죄 하지 않았더라면 그리스도께서 성육신하셨을까? 하는 문제를 질문하지 않았다. 그러나 그는 성육신의 합당한 근거를 물었는데, 그는 답변에서 하나님께 외적인 어떤 것이 어떤 방식으로든지 하나님께 강요하는 것을 피하고자 하였다. 그는 성육신을 현재의 역사적인 질서 안에서 고찰했지만, 그는 성육신을 하나님 편에서의 후찰이라고 고찰하지 않았다. 그리스도의 성육신은 인간의 죄 때문에 생겨난 것이 아니다. 하나님께서는 영원부터 인류의 타락 가능성을 포함시키셨고 그러므로 구속과 관련하여 인성을 구성하였다. 하나님은 그리스도를 인간이 범죄 했기 때문에 예정하지 않으신다. 하나님의 작품들 가운데 가장 고귀한 것으로 성육신은 어떤 더 작은 선을 위해서가 아니라 그 자체적으로 의도되었다. 그러나 구속적 기능은 단순하게 성육신에 첨가된 것이 아니다. 왜냐하면 실질적인 성육신은 구속의 기능에 의해 형성되었기 때문이다.

성육신은 구속의 목적과 함께 하나님의 사랑의 최고의 계시가 사실상 구속의 행위로서 역사 속으로 들어올 수 있는 바와 같이 성육신은 그 자체적으로 의도했던 가능성을 열어두었다. 그러므로 성육신이 구속의 신비인 반면에, 역시 세상에서 기능들을 성취하는데 특별히 우주의 완성을 성취한다. 성육신이 우주의 완성을 가져온다고 이해하는 것은 창조의 맥락에서 성육신을 이해하고 창조의 삼위일체에 대한 관계의 맥락에서 이해하는 것이다. 보나벤투라는 창조를 신플라톤적인 맥락에서 하나님의 사랑의 확산으로 이해하고 또한 창조를 아버지로부터 아들의 나심의 신비를 공유하는 것으로 묘사한다.

안셀무스는 인간의 범죄에 대한 신적인 처벌에 대해 영원한 처벌과 시간상에서의 처벌을 언급하였다. 하나님의 공의는 인간의 범죄에 대한 처벌을 요구하는데, 이것은 두 가지 처벌을 요구한다. 안셀무스는 구원의 계획은 하나님의 공의와 자비를 보여주는 것이다. 하나님의 공의는 죄에 대한 만족(satisfactio)을 요구하며, 하나님의 자비는 자신의 독생자를 드리는 것에서 나타난다.

    보나벤투라는 『명제집 주석』에서 안셀무스의 형벌의 만족 이론을 수용하지만, 동시에 안셀무스의 만족을 정의하는 방식이 형벌을 받는 것이 만족에 본질적이라는 것을 명확하게 제시하지 않는다는 것을 인식한다. 보나벤투라는 『명제집 주석』에서 만족을 드리는 것은 우리가 하나님께 빚지고 있는 영예를 돌려드리는 것이다. 그러나 만족은 어떤 선행을 통해서도 일어날 수도 있다. 그러므로 만족은 형벌을 통해서만 일어나는 것이 아니라 다른 방식으로 일어날 수도 있다. 이러한 주장에 대한 답변 속에서 보나벤투라는 우리가 하나님께 빚지고 있는 4가지 종류의 영예를 구별하고 있다. 우리는 하나님께서 우리에게 허락하신 선한 일들 때문에, 우리에게 주신 명령들 때문에, 예배드리는 그의 위엄 때문에 그에게 영예를 빚지고 있다. 그리고 그는 네 번째로 형벌로 인한 영예의 빚을 이야기하고 있다.

    보나벤투라는 그리스도께서 우리 죄를 위한 형벌을 자발적으로 감수함으로써 만족을 드렸다고 주장하지만, 그리스도의 생명이 만족을 드릴 수 있었는지를 질문한다. 참으로 보나벤투라는 생명이 사망보다 더 큰 선이라는 것을 수용한다. 이것은 생명을 죄악에 대한 보상으로서 하나님께 드릴 수 있는 더 적합한 선으로 만드는 것같다. 안셀무스는 이러한 추론을 생각하였지만, 그리스도의 생명은 이미 하나님께 빚진 것이기 때문에 이것을 거부하였다. 그리스도의 생명이 그의 사망보다 낫다는 반대에 대해, 이것은 의심 없는 사실이라는 것이 인정되어야만 한다. 그렇지만 이것이 그리스도께서 그의 생명보다 사망으로 만족을 드려서는 안 된다는 결론이 따라오는 것은 아니다. 그 반대 이유는 두 가지이다. 하나는 만족은 형벌이어야만 하고, 가장 큰 만족은 가장 큰 형벌이어야만 한다. 둘째는 하나님의 영예를 위하여 생명을 의도하는 것보다는 죽음을 의도하는 것이 더욱 완전할 것이다. 생명을 의도하는 것은 더욱 큰 사랑으로부터 오는 것이다. 보나벤투라는 성례신학에서 사용되는 형벌의 만족 개념이 그리스도의 수난을 분석하기 위해 사용되는 동일한 개념이라는 것을 보여준다. 두 경우에 만족은 자발적으로 형벌을 당하는 것을 요구한다. 여기서 그리스도의 만족은 모든 인류의 불명예에 대한 만족이고, 개인의 만족은 자신의 불명예에 대한 만족이다.

그러나 둔스 스코투스에 이르면 불의를 위한 만족과 정죄를 위한 만족을 구별하면서, 정죄를 위한 만족은 그리스도께서 죄인들을 위한 은혜의 공적을 얻는 것을 통해 죄에 의해 손상된 선을 하나님께 회복시켰다고 설명하는 데로 이끌었다.

5. 『성령의 7가지 은사들에 대한 강연』

이 강연은 1268년의 사순절 기간에 했던 성령의 7가지 은사에 대한 학술적인 연속 설교이다. 보나벤투라는 『성령의 7가지 은사들에 대한 강연』에서 하나님에 대한 경외, 경건, 지식, 용기, 분별, 지성, 그리고 지혜의 7가지 은사를 탐구한다. 8번째의 강연에서 지성의 은사에 대해서 취급하는데, 이 강연 설교의 끝부분에서 당시 파리 대학 인문학부에서 등장했던 급진적 아리스토텔레스주의와 관련하여 보나벤투라는 3가지 철학적 오류들을 지적한다. 그는 이러한 철학적인 오류들을 이단으로 정죄할 것을 호소하며 존재의 원인, 이해의 근거, 그리고 삶의 질서에 반하는 것이라고 주장한다. 첫 번째 철학적 오류는 세상의 영원성을 주장하는 것으로, 이러한 오류는 하나님의 지배를 무너뜨린다. 이 오류는 운동과 시간의 순환을 전제하며 성서의 증거에 의해 반박된다(창1:1). 이러한 오류에 대한 취급에서 그는 마카비 2서 7장 28절에 호소하면서 결론을 내린다. 결론을 내리기 전에 보나벤투라는 이러한 오류가 성경 전체를 왜곡시키며 성육신을 부인한다고 항의하였다. 둘째 오류는 이해의 토대를 무너뜨리는 주장으로, 결정론의 결론을 가져오는 운명적 필연성에 존재한다. 별들의 움직임에 뿌리박고 있으면서, 이것은 특별한 별자리 아래서 태어난 사람들은 필연적으로

좋든 나쁘든 도둑들이 될 것이라고 주장한다. 이것은 자유의지, 공적, 그리고 보상의 교리와 어긋나며 하나님이 모든 악의 기원이라는 믿음을 수반한다. 셋째 오류는 모든 사람 속에 하나의 지성이 있다는 인간 지성의 통일성에 관련되어 최악의 것으로 간주되는데, 또한 구별과 개별화의 뿌리를 부인하므로 앞의 두 개의 믿음들을 포함한다. 이러한 주장의 함의들 가운데에는 신앙의 진리, 영혼들의 구원, 그리고 계명들의 준수의 부인 등이 들어 있다. 이 오류는 가장 나쁜 사람이 구원받고 가장 좋은 사람은 정죄받는다고 선언한다.

이 강연에서 했던 보나벤투라의 이러한 논쟁에 대한 간섭은 2년 이상이 지난 1270년 12월에 몇 가지 합리주의적인 명제들에 대해 파리 주교 에티엔느 템피어(Étienne Tempier)가 제기한 비난들에 빌미가 된 것으로 평가되어 왔다. 이러한 고위성직자의 판단에도 불구하고, 보나벤투라의 이러한 공격은 철학에 대한 부당한 의존에 대한 더욱 일관된 비판을 포함한 『6일간의 창조사역에 대한 강연들』(Collationes in Hexameron)에서 더욱 강력하게 갱신되었다. 『강연들』의 앞부분에 이러한 오류들에 대한 심도 있는 집중적인 논의가 있다. 창세기로부터 나오는 성경 본문들이 세상의 영원성의 이론을 부인하고자 인용되었으며, 헬라 교부들과 모든 아랍 주석가들은 이 이론을 아리스토텔레스에게 귀속시켰다. 보나벤투라는 아리스토텔레스가 세상이 원리 또는 시작을 가지고 있었다고 어디에서도 주장하지 않는다고 덧붙이며, 그는 심지어 플라톤의 창조에 대한 견해를 비판하였다. 이러한 오류는 아리스토텔레스 주석가가 또한 그에게 귀속시켰던 하나의 지성에 관한 교훈을 낳았다. 아리스토텔레스가 몇 가지 질문들에 관한 그렇게 우수한 안내자였기 때문에, 일부 사람들은 그가 이러한 문제에서 오류를 범할 수 있다고 믿을 수 없었다.

보나벤투라의 이러한 철학적 과도함과 이단들에 대한 응답은 신학자에게 철학적 지식을 넘어서서 하나님의 선물들의 발전을 통한 지혜의 터득을 찾으라고 권면하려는 것이다. 따라서 그는 『성령의 7가지 은사들에 관한 강연』의 마지막 부분인 9-10장은 복음에 적대적인 세력들과는 양립할 수 없는 지혜의 은사들에 할애된다. 이 신학자는 헛된 지혜를 일축하면서 참된 지혜를 추구하도록 교육한다. 십자가는 이 세상의 지혜에 대한 비난으로 존재하며 하나님의 지혜를 계시한다. 신인은 참된 지혜로 인류를 가르치며 여자들과 남자들의 마음에 이 지혜를 확립하기 위하여 부활하여 승천하였다. 사단의 주장은 예수 그리스도의 교훈과 대조된다. 전자는 파괴적이고 후자는 건설적이며 구원으로 인도한다. 진리와 지혜의 추구를 해치는 악들은 『6일간의 창조사역에 대한 강연들』의 첫 번째 것에서 확인된다. 육욕, 탐욕, 악의, 그리고 잔인성은 하나님의 법에 반대되는 것으로 정리된다. 주제 넘는 교만과 호기심의 우월함이 인문학부와 신학부를 둘러싸고 있는 문제들의 뿌리이며 포로의 성경적 이미지인 이집트로의 복귀를 알려준다. 학교들을 둘러싸고 있는 오류들과 그들의 치료는 다음과 같이 제시된다.

신학자들은 그리스도의 생활을 도덕에 관련된 것으로 공격하였고 인문학부의 교사들은 그들의 거짓된 서술들에 의해 그리스도의 교리를 공격하였다. 시작은 중심, 다시 말해, 그리스도로부터 이루어져야만 한다. 왜냐하면 그 자신이 모든 것에서 중심적인 위치를 차지하고 있는 … 중보자이시기 때문이다. 그러므로 어떤 사람이 기독교의 지혜에 이르기를 원한다면 그리스도로부터 출발하는 것이 필수적이다.

그리스도 안에 지혜와 지식의 모든 보화들이 숨겨져 있으며 그는 이해의 중심점이다. 이러한 중심은 지식을 만들어내고 구원의 상징인 생명나무로 기여한다. 신인의 중심성에 대한 이러한 강조는 학교들을 둘러싸고 있는 철학적 오류들에 대한 해독제로 제시된다. 보나벤투라는 지식에 대한 인간의 목마름은 지혜와 거룩함에 대한 탐구에 종속되어야만 한다고 결론짓는다.

6. 보나벤투라의 『학문의 신학적 환원론』

보나벤투라는 관념론자의 입장으로 절대자나 절대 경지를 전제하고 이론과 실천의 완전한 조화를 시도한다. 이 책의 가장 중요한 주장은 이론과 실천이 조화를 이루어야 한다는 것이다. 중세 시대에 이론과 실천은 이성과 신앙으로 대변된다. 보나벤투라를 위시한 신비주의철학자들은 이성과 신앙으로 대변되는 이론과 실천의 완전한 조화 혹은 일치를 통해 절대자이신 신과의 합일을 추구할 수 있다고 보는 이론을 전개하였다.

이곳에서 전개되는 사상은 『독백』과 『하나님을 향한 마음의 여정』과 깊은 연관성을 가지고 있다. 이러한 저술들에서 그의 인식론적인 논의는 존재론과 연계되므로 존재론적 인식론 혹은 인식론적 존재론이라고 말할 수 있다. 그에게 있어서 외면의 빛에서 은총과 성서의 빛에 이르는 인식과정은 자연으로부터 신에 이르는 존재계열에 대응한다고 볼 수 있다.

보나벤투라는 『학문의 신학적 환원론』에서 "온갖 좋은 은사와 온전한 선물이 위로부터 내려온다. 그것은 빛의 아버지로부터 내려온다"는 야고보서 1장 17절을 인용하여 서론을 시작한다. 이 말은 조명의 근원에서부터 다양한 빛이 흘러나온다는 의미이다. 이 빛들은 보나벤투라가 네 가지로 나누는 지식이다. 첫째는 기계적 기술의 외적인 빛이다. 둘째는 감각 인식에 속하는 내적인 빛이고, 셋째는 철학적 인식에 속하는 빛인 내적인 빛이다. 넷째는 은혜와 성경의 빛인 위로부터의 빛이다. 첫째는 예술의 형태를 조명하고, 둘째는 자연형태를 조명하며, 셋째는 정신적으로 인식할 수 있는 진리를 조명한다. 그리고 마지막으로 넷째 빛은 마지막 빛으로써 구원의 진리를 조명한다.

그가 존재 자체인 신을 기본전제로 제시하는 것은 신앙에 의한 것이고 인식과정을 제시하는 것은 이성에 의한 것이다. 그러나 보나벤투라는 인식과정이 완성되는 것과 동시에 존재 자체와 합일을 이루는 것을 신비신학이라고 부른다. 이러한 입장은 위 디오니시우스의 부정신학, 긍정신학, 최상의 신학을 이어받은 것으로 그의 최상의 신학과 일치한다. 그에게 있어서 신앙은 은폐되어 있으면서 이성이 활동하기 시작하는 신학이 상징 신학이고, 이성이 가장 왕성하게 활동하는 신학이 고유 신학이며, 신앙과 이성이 합일을 이루는 것이 신비신학이다. 그는 감각적인 것을 올바르게 사용하도록 상징 신학을, 정신적인 것을 올바르게 사용하도록 고유 신학을, 모든 것을 초월하는 황홀에 잠기도록 신비신학을 가르친다.

그는 이 작품에서 인간은 이 빛의 근원적인 원천에서 생기는 다양한 풍요로운 방출에 의해서 이성과 신앙의 합일의 가능성을 논의한다. 빛의 근원적인 원천은 존재 자체이신 신이고, 다양한 빛은 정신적인 연마이고, 인간의 영혼은 정신적 연마를 통하여 자신의 내면을 통찰함으로써 자연, 인간의 유한성, 영원한 것을 관조한다. 여기서 이성과 신앙의 통합을 이루는 것은 마지막의 관조의 빛이다. 그는 이러한 관조의 단계를 기계적 기술형태, 자연형태, 정신적으로 인식 가능한 진리, 구원의 진리 등의 4가지 빛으로 분류한다. 기계적 기술 형태의 빛은 7가지가 있는데 인간에게 위로는 주는 연극과 인간에게 유익을 주는 직조, 대장, 사냥 등의 6가지의 기술을 제시한다. 기계적 기술을 통한 인식능력은 일상성의 인식능력으로 존재로부터 가장 거리가 먼 최하위의 인식능력이다.

보나벤투라는 자연적 형태를 인식하게 깨우쳐 주는 두 번째 빛을 감각적 인식의 빛이라고 했다. 그는 감각적 인식을 외적, 부분적, 형식적 인식을 제공하는 저급한 인식이라고 하였다. 감각적 인식은 오감을 통한 인식인데, 자연의 외적 대상을 인식하는 것을 가리킨다. 그는 감각적 인식을 통한 단계를 상징 신학이라고 불렀다. 자연은 존재 자체의 흔적이며, 이러한 흔적을 통해 존재의 흔적으로서의 실체, 힘, 능동 등을 인식할 때, 위 디오니시우스의 긍정신학의 측면을 가지게 된다. 흔적을 통해 존재 자체를 인식할 수 없다는 측면이 강조되면 위 디오니시우스의 부정신학의 측면을 가지게 된다.

그는 감각적 인식의 빛 다음으로 철학적 인식의 빛을 제시한다. 정신적으로 인식 가능한 진리의 탐구를 행하여 깨우쳐 주는 세 번째 빛은 철학적

인식의 빛이다. 이 철학적 인식의 빛은 '인간에게 원래 심어져 있는 학문의 빛과 자연적 진리의 도움에 의해 내면적이고 숨겨져 있는 원리'라는 말에서 알 수 있는 바와 같이 원래 인간에게 심겨져 있는 것이다. 그가 말하는 내면적이고 숨겨져 있는 원리를 찾는다는 말은 존재 자체를 전제하는 말이기 때문에 인식론적이면서 존재론적인 언급이라고 볼 수 있다. 철학적 인식의 빛은 이성적, 도덕적, 자연적인 세 형태로 되어 있어, 이성론, 도덕론, 자연론이 된다. 철학적 인식이란 이론 인식이며, 자연론, 이성론, 도덕론에 상응하여 존재 원인에 관한 인식을 해명하는 자연학, 인식의 근거를 밝히는 논리학, 삶의 질서를 규명하는 도덕철학(실천철학)으로 상세하게 구분한다. 보나벤투라의 철학적 인식은 영혼의 능력에 의해서 가능하며 영혼이 스스로를 통찰함에 의해서 자연학, 논리학, 실천철학이 성립한다. 영혼의 세 가지 능력은 기억, 지성, 의지이며, 이것은 보나벤투라에게 있어서 존재 자체의 모사이다. 영혼의 능력인 기억과 지성을 연결시키는 것은 의지인데, 보나벤투라에게 있어서 이 의지는 막연한 정서가 아니라 바로 사랑의 정서이다. 따라서 보나벤투라의 인식론은 기계적 인식, 감각적 인식, 철학적 인식이 상호 유기적으로 연결되어 있으며, 위의 단계로 나아가는 계기적인 성격을 가지고 있다. 사랑은 단순한 감정이 아니라 질서를 가지고 기억과 지성을 결합시키는 인식의 힘이기 때문이다.

철학적 인식 가운데 논리학은 언변의 학으로, 문법학, 논리학, 수사학으로 구성되어 있다. 자연철학은 자연학, 수학, 형이상학으로 구성된다. 이 자연철학도 자연학과 수학이 결국 형이상학에서 하나로 통일되어 하나의 제일원인으로 나아가는 길을 제시하기 때문에 변증법적인 성격을 가지고 있다는 것을 알 수 있다. 도덕철학은 행위의 동기와 관련하여 개인윤리, 가정윤리 및 정치윤리로 삼분한다. 이 도덕철학도 유기적인 구성을 형성하여 마지막 인식 단계인 성서의 빛, 구원의 진리의 인식 단계로 나아간다. 지금까지 논의에서 본 바와 같이 보나벤투라는 이론과 실천이 공존하고, 인식과 존재가 상호 전제하고 있으며, 그의 인식론과 존재론 체계가 변증법적이라는 것을 알 수 있다.

　신성한 빛을 알게 해 주는 네 번째 빛은 성서의 빛이라는 그의 언급에서 그의 인식론과 존재론은 정점에 달한다. 앞에서 고찰해 본 바와 같이 철학적 인식의 빛은 고유 신학에 해당하는 것으로 영혼은 자신의 주변과 내면에서 존재 자체의 흔적을 찾아보는 것을 목적으로 삼았다. 그러나 이제 성서의 빛에서 보나벤투라의 인식론과 존재론은 변증법적 완성의 형태를 취하게 된다. 성서의 빛은 이성을 초월하는 것을 계시함으로써 보다 높은 것에 도달하게 된다. 이 빛은 앞에서 설명한 여러 빛들의 계기를 통합하는 인식능력으로 비유적인 것, 도덕적인 것, 신비적인 것 등의 세 가지 정신적 의미에서 파악된다.

　구원의 빛이 성서의 빛에서 성립된다고 할 때, 성서의 빛은 존재 자체이신 하나님의 계시를 의미한다. 성서 전체는 그리스도의 영생과 성육신, 삶의 질서, 신과 영혼의 합일을 가르쳐준다. 첫째 것은 신앙에, 둘째 것은 도덕에, 셋째 것은 이들 양자의 목표에 관계한다. 보나벤투라는 그리스도의 영생과 성육신은 비유적이고, 삶의 질서는 도덕적이며, 신과 영혼의 합일은 신비적이라고 지적한다. 계시의 원리가 신앙과 도덕을 통일시킴으로서 관조가 성립하고 관조에 의해서 영혼과 신의 합일이 가능하다. 보나벤투라의 성서의 빛은 결국 신비신학의 영역에 속한다. 신비신학은 상징신학과 고유신학을 지양함으로써 절대자인 신과 영혼의 합일이 가능하게 된다. 보나벤투라에게서 성서의 빛인 최종단계에 이르면 신앙과 이성은 통합되어 영혼과 신이 합일되는 단계에 이르게 된다. 이와 같이 보나벤투라는 이 책에서 인식론과 존재론을 상호연관시켜 변증법적으로 전개하고 있으며, 인식은 존재와 항상 유기적인 관계를 맺을 뿐만 아니라 이 양자의 유기적인 관계가 사랑 혹은 관조에 의해 지양됨으로써 존재자체와 합일되는 단계에 이르게 된다.

7. 보나벤투라의 『독백록』

보나벤투라는 아퀴나스와 같은 시기에 활동했던 인물로 보편과 관련하여 온건실재론의 입장에 있으면서도, 동시에 플라톤과 아우구스티누스의 전통을 이어받아 실재론의 입장에 가까운 측면과 함께 신비신학의 성격을 가져 보편논쟁의 성격을 벗어나는 측면도 있다.

그는 『독백록』에서도 존재론적 인식론과 인식론적 존재론의 성격을 가지고 있으면서, 『하나님을 향한 마음의 여정』에서 드러나는 바와 같이 실재론에 가까운 온건 실재론의 입장을 견지하고 있다. 보나벤투라는 그의 논의에서 이성과 신앙이 가장 중요한 문제이고 그 다음으로 존재와 인식은 항상 상호간을 전제하고 있으며, 양자는 불가분리성을 가지고 있다.

그는 『독백록』에서는 영혼의 내면의 세계를 먼저 사색하고, 그 후에 외부적인 것(감각적인 것), 영혼 아래 있는 것, 그리고 영혼 위의 것을 사색하는 상향의 과정을 논의하고 있다. 그는 이 책의 부제 "네 가지의 마음 훈련에 대하여"라고 표현하는 바와 같이 신을 경외하는 마음의 훈련의 대상은 이와 같이 네 가지라고 언급하고 있다. 그러므로 인식의 대상이 네 가지이고 그에 따른 인식의 방법도 네 가지라는 것을 함축하고 있다. 14세기의 둔스 스코투스나 윌리엄 오컴의 시대 이전까지 중세에서 신학과 철학은 분리되지 않아 확실한 구별이 불가능하였다. 따라서 보나벤투라에게 있어서도 신앙을 이성으로 어떻게 설명할 수 있는가? 라는 질문은 가장 중요한 철학적이면서 신학적인 질문이었다. 신앙과 신학의 관계는 믿을 만한 것에 이성을 첨가하여 믿을 만한 것을 알 수 있게 만드는 것이었다. 이러한 관점에서 보면 보나벤투라의 『하나님을 향한 마음의 여정』과 『독백록』에서 신학적인 논의에 철학이 동반되는 이유는 쉽게 이해할 수 있다.

『독백록』은 인간과 영혼의 대화의 형태로 구성되어 있는데, 내면적 인간이 영원한 진리(신)를 추구하는 영혼을 마음 훈련의 네 가지 대상으로 인도함으로써 궁극적으로 신과의 황홀한 사랑의 합일을 가능하게 한다. 여기서 내면적 인간은 이성에, 영혼은 신앙에 그리고 대화를 이성과 신앙에 결합시키는 사랑에 해당한다고 말할 수 있다. 『독백록』은 네 권으로 되어 있다. 1권은 영혼이 자신의 내면을 사색하는 것인데, 인간의 원래의 창조 상태와 그 후의 죄악으로 인한 타락의 상태와 은혜를 통한 회복의 상태를 논의하는 것이다. 보나벤투라는 『하나님을 향한 마음의 여정』에서는 외적 피조물에서 영혼으로 영혼에서 초월의 세계로 나아가는데 반해, 『독백록』에서는 먼저 영혼의 내면을 사색하는 것을 첨가하고 있다. 그는 이 두 작품에서 궁극적으로 영혼이 어떻게 궁극적 실재인 신과의 합일에 이를 수 있는지를 논의하고 있다. 인간은 인식능력이 상승하면서 존재원리에 접근할 수 있는데, 인간 영혼의 능력은 기억, 지성, 의지의 세 가지이다.

최상의 선에 대한 관조는 플라톤과 아리스토텔레스, 그리고 아우구스티누스의 전통을 잇고 있다. 최상의 선은 플라톤의 선의 이데아, 플로티누스의 일자와 유사하고 영혼의 상승과정은 플로티누스의 명상(theoria), 영혼의 하강과정은 플로티누스의 유출과정과 유사하다. 따라서 그의 철학함은 합리주의적인 성향을 가지면서도 강한 신비주의적인 경향을 가지고 있다.

보나벤투라는 선과 관련하여 "이 선을 누리는 자는 자신이 요구는 것을 얻을 것이고, 원하지 않는 것은 얻지 못할 것이다"라고 말한다. 이 말에서 보나벤투라는 본체론적인 안셀무스의 신 존재 증명을 암암리에 암시하고 있다. 보나벤투라는 신에 대한 사랑과 그 사랑에서부터 얻는 기쁨을 말하여 안셀무스를 따른다는 것을 보여주고 있다. "만일 그대가 최고로 사랑하지 않는다면 그대가 어떻게 봄을 기뻐하겠는가?" 그의 이러한 표현은 영혼이 존재원리를 파악함으로써 희열을 느낀다는 것을 말하는 것인데, 이것은 신앙의 대상으로서 신을 대전제로 삼고 있는 것이 분명하다.

그는 이 책에서는 영혼의 인식능력에 대한 고찰을 최우선으로 삼기 때문에 영혼의 내면을 먼저 고찰하고, 그 후에 외면, 영혼 아래 있는 것, 영혼 위에 있는 것을 고찰한다. 그의 상승과정에서 제일 중요한 것은 신앙과 이성 그리고 사랑인데, 이러한 개념들은 현상세계와 존재원리, 그리고 영혼과 신과의 근접원리 내지는 합일을 밝혀주는 핵심 개념들이다. 그는 온건

실재론의 입장에서 실재론의 입장에 기울어지면서도 영혼과 존재원리의 합일을 이끌어낼 수 있다고 주장하여 신비철학을 완성하였다.

8. 영적 상승의 신비주의

보나벤투라는 신플라톤주의를 신봉하고 아우구스티누스의 인식론의 입장을 따랐다. 그는 진리는 인간의 감각으로 알 수 없다고 주장하고 영혼이 진리의 빛의 비춤을 받아 직접적으로 인식한다고 주장하여 아퀴나스와 반대되는 길을 걸어갔다. 보나벤투라는 이러한 인식론을 나타내는 영적 상승의 신비주의에 대해 5가지의 책을 썼다. 그 가운데 가장 유명한 것이 『하나님을 향한 마음의 여정』, 『세 가지 길』, 『완전한 삶』, 『생명나무』, 『신비의 포도나무』 등이 있다.

『세 가지의 길』(1259)은 1장에서는 정화, 조명, 완전의 길과 각각의 세 가지 실천을 정리하였다. 2장에서는 우리의 비참함을 슬퍼하는 세 가지 방법, 하나님의 자비를 간구하는 세 가지 방법, 경배를 드리는 세 가지 방법과 하나님을 사랑하는 여섯 단계를 말한다. 3장에서는 참된 지혜를 얻는 관상으로서 평화의 고요함, 진리의 빛, 사랑의 감미로움을 얻는 각각의 일곱 가지 단계와 또 다른 구분법인 아홉 가지 발전단계와 신적 신비를 묵상하는 두 가지 방법을 다룬다. 이와 같이 『세 가지의 길』은 영적상승을 위한 실천서이다.

『생명의 나무』(1260)는 탄생의 신비(1-4), 영광의 신비(5-8), 수난의 신비(9-12)의 12단계를 세 부분으로 나누어서 설명한다. 모두 예수님에 관한 설명이므로 기독론해설서라고 할 수가 있다. 『신비의 포도나무』(1263) 역시 그리스도의 가상칠언을 순서대로 정리한 것이다. 5권중 2권이 그리스도에 대한 해설서이므로 학자들은 보나벤투라를 삼위일체의 그리스도 중심적 신비주의 신학자라고 명명한다.

『완전한 삶』(1259)은 원장수녀의 요청에 따라 저술된 완전한 삶을 위한 지침서이다. 총 8장으로 구성되어있으며, 참된 자기인식으로부터 출발하여, 참된 겸손, 완전한 가난, 침묵과 고요, 끊임없는 기도, 그리스도의 수난을 기억함, 하나님을 향한 완전한 사랑, 마지막으로 항구한 인내로 글을 맺는다. 하나님을 향한 완전한 사랑이란 "온 영으로 하나님을 사랑하는 것이며", "온 의지로 하나님을 사랑하는 것"이다. 이에 대한 증거는 "혹 요구된다면 죽을 준비가 되어있는 것"이라고 보나벤투라는 말한다. "온 정신으로" 즉 "온 기억력"으로 하나님을 사랑하는 것이다.

『하나님을 향한 마음의 여정』은 영적 상승론, 기도론, 관상론, 삼위일체론, 그리고 성화론을 설명하는 7장으로 구성되어 있다. 제1장은 하나님께 상승하는 단계들과 하나님의 흔적인 우주를 통하여 하나님을 관상하고자 한다. 그는 이 책을 쓰면서 창조세계, 영혼, 하나님의 삼중적인 글쓰기를 하고 있다. 영적 상승은 창조세계를 통한 외적 단계, 인간의 영혼을 통한 내적 단계, 삼위일체 하나님을 통한 초월의 단계가 있다. 이러한 단계는 다시 솔로몬의 여섯 계단, 이사야의 여섯 날개, 예수님의 6일 후의 변화산의 변화를 비유하여 6단계로 나눈다.

제2장은 하나님의 흔적인 감각 세계 속에서 하나님을 관상한다. 영적상승의 둘째 단계는 모든 사물 속에 본질과 능력과 임재를 통하여 계시는 하나님을 숙고하는 것이다. 모든 피조물은 육체적 감각을 통하여 우리의 정신(mente) 속으로 들어온다. 2장의 1절은 영적상승의 두 번째 단계로서, 우리의 오감이 하나님의 창조물을 지각하는 것이다. 2절은 하나님의 창조세계인 대우주를 설명하고, 3절은 소우주인 인간에 대해 설명한다. 4-6절은 정신이 외부의 모든 사물을 파악하는 방법은 매개체, 외적 감각, 내적 감각의 순서임을 구체적으로 설명하고 있다. 7-9절은 모든 사물은 하나님의 흔적들이며 흔적들안에서 하나님을 볼 수 있다는 논증을 하고 있다. 10절은 아우구스티누스의 영적상승론 7단계를 예로 들면서, 11-13절에서 2장의 내용을 결론짓는다. 즉 영적상승의 2단계는 보이지 않는 하나님을 상징하는 감각적 세계의 피조물을 통하여 정신으로 파악하므로 모든 사람은 핑계할 수 없다. 그러므로 하나님의 모형인 창조세계, 즉 영의 거울 앞에

설 수 있게 된 것을 하나님께 감사드려야 한다.

  1-2장은 보나벤투라가 영적상승론의 단계를 두 단계로 나누었으나 이는 성부 하나님을 통한 영적상승이라고 할 수 있다. 즉 창조주이신 성부 하나님의 형상인 대우주의 피조물을, 소우주인 인간이 오감을 통하여 파악하는 능력, 즉 양심의 불꽃에 의하여 하나님께로 올라 갈 수 있는 것이다. 이 유비는 성부 하나님과 성자 예수님의 연합과 같은 것이다. 1-2장은 성부 하나님의 창조세계에 대한 논증이 많은 분량을 차지하고 있으므로, 조금 무리가 있지만, 성경순서로는 구약적인 것에 해당하는 것으로 비유할 수가 있다. 순수 감각적 사물의 세계는 하나님의 흔적 혹은 그림자이지만, 보나벤투라는 거기서도 삼위일체의 유비를 발견하고 있다. 그 감각적 사물의 세계는 '밖으로 쓰여진 책'이다.

  제3장은 자연적 능력에 각인된 하나님의 형상을 통하여 하나님을 관상한다. 우리는 하나님을 정관하기 위하여 우리 속으로, 우리 정신 속으로, 하나님의 빛나는 형상 속으로 들어가야 한다. 이것은 기억, 지성, 의지라는 정신의 삼중적인 능력을 통해서 이루어진다. 그는 최고선에 대한 동경이 없이 피조물은 아무것도 사랑할 수 없다고 하였는데 '최고선'은 성삼위일체 하나님을 말한다. 그러므로 영혼이 하나님께 얼마나 가까이 있는지를 보라고 한다. 기억과 지성과 선의지가 올바르게 활동하기만 하면 기억은 영원으로, 지성은 진리로, 의지는 선으로 나아간다.

  성삼위일체이신 하나님은 기억과 지성과 의지로서 영혼 안에 내재하신다. 보나벤투라는 인간의 기억, 지성, 의지를 성부, 성자, 성령이신 삼위일체하나님의 비유로 설명하고 있다. 영혼이 지닌 삼위일체의 원리에 대해 영혼이 숙고할 때 지식의 빛이 영적상승을 도와준다. 즉 이 지식의 빛은 철학을 말하며 자연론, 이성론, 도덕론으로서, 각각 성삼위일체의 신비에 이르도록 도와주는 역할을 하게 된다. 이에 대하여 성부, 성자, 성령과 연결함으로써 보나벤투라는 철학의 종류, 방법, 목적 및 결과를 순차적으로 삼중적인 설명을 한다. 우리의 정신은 자기 자신을 고찰함으로써 영원한 빛이신 하나님을 볼 수 있도록 인도 받을 수 있다.

특히 기억은 모든 인식의 원인이고 이에 따라 정신의 가장 중요한 최고의 능력이다. 기억은 자신 안에 불변한 빛을 현재적으로 지니고 있으며, 그 빛 안에서 불변적 진리를 기억한다. 그리하여 기억의 능력으로부터 생긴 결과는, 정신이 하나님의 형상이고 비유이므로, 정신의 능력 안에서 하나님을 파악 할 수 있다. 즉 인간의 정신은 하나님 형상이므로 우리 자신을 통해서 하나님을 관상(숙고)할 수 있다는 것이다. 영적 상승을 위한 3단계는, 인간의 정신 속에서 거울을 보듯이, 우리를 통해서 볼 수 있는 삼위일체의 형상으로서 기억, 지성, 의지를 통하여 하나님께 상승할 수 있다.

제4장은 값없이 주시는 은혜로 중생한 하나님의 형상 안에서 하나님을 정관할 수 있다. 영적상승의 네 번째 단계는 우리 '안에서' 제일원리(하나님)를 숙고하는 것이다. 그런데 근심과 환영(幻影)과 육욕은 자기 자신 속에 있는 하나님을 숙고할 수 없게 한다. 그런데 우리의 문이자 생명나무이신 중보자 예수 그리스도가 아담이 부서뜨린 첫째 사다리를 회복하여, 우리의 영혼은 자기 자신 안에서 영원한 진리를 숙고하는 데까지 올라갈 수가 있다. 바로 아가서는 영적상승의 네 번째 단계를 말한다. 영적감각들은 길과 진리와 생명이신 예수그리스도를 믿을 때, 회복되어 영혼은 아가를 부를 수가 있다. 이것은 이성적 사고가 아닌 정감적 체험에서 일어난다. 영혼은 아가의 세 가지 환호에 맞추어, 헌신과 경탄과 환희를 통하여 영적 몰아경에 들어가도록 준비된다. 보나벤투라는 아담의 타락으로 무너진 영적 사다리를 예수그리스도가 성육신하시고 회복시킴으로써 우리의 영혼은 문이요, 길과 진리와 생명이신 그분을 통하여 아가서에 기록된 헌신과 경탄과 환희를 통하여 하나님께 나아갈 수 있다고 한다. 3장의 삼위일체론에 이어서 보나벤투라는 기독론적으로 영적상승의 길을 안내하고 있다.

다음으로 천사들의 위계와 관련지어 영적상승의 단계를 인간정신의 본성과 개인적인 노력에 뒤이어 하나님의 은혜가 인간의 마음에 부어지면, 우리의 영혼은 천상의 예루살렘에 들어가게 되고, 천사들을 통하여 하나님을 보게 된다. 보나벤투라는 여기서 디오니시우스가 말한 9품의 천사들의 활동을 인용하여 하나님의 시역과 성품을 말하고 있다. 하나님이 천사들 안에 거하실 수는 없으므로, 하나님의 명령을 수행하는 천사들 속에서 하나님의 사랑의 은혜의 속성을 볼 수 있게 하는 것으로 이해된다. 영적 상승의 4단계는 철학이 아니라 성경을 통해 이루어진다. 성경은 구원의 역사의 대상으로 믿음, 소망, 사랑을 다루고 있으며, 그중에서 가장 많이 다루는 것은 사랑이고, 예수 그리스도 안에서 하나님과 이웃에 대한 사랑으로 나타난다고 보았다. 그러므로 예수그리스도는 교회와 모든 영혼을 정화, 조명, 완성시키시는 대제사장이시다.

성경을 통하여 우리는 정화, 조명, 완성에 이를 수가 있다. 이러한 3단계에 해당하는 것은 각각 자연법, 성경법, 은혜법이다. 또한 율법과 계시와 복음이 각각에 해당되며, 성경해석으로는 비유법, 알레고리, 상징적인 것이 해당한다. 여기서 보나벤투라의 성경해석법에 대한 이해를 잠깐 볼 수 있는데, 그는 비유법은 성실한 삶을 위한 것이며, 알레고리는 분명한 이해를 밝혀주는 것으로 보았다. 다시 말하면 신학적인 덕, 회복된 영적 감각, 삼중적 무아경, 정신의 위계적 발전의 활동에 상응한다. 또한 보나벤투라는 당시의 교회위계질서를 영적상승을 위한 설명으로 사용한다. 즉 우리 안에도 준비된 단계들이 있으며, 단계적 등급들을 통해서 인도된다고 한다.

지적인 빛들로 충만해진 우리 영혼은 신적인 지혜가 머무르는 성령의 전이다. 이 모든 것은 그리스도의 사랑이 성령으로 우리마음에 부어졌기 때문이며(롬 5:5), 성령이 없이는 하나님의 신비를 이해할 수 없다(고전 2:1). 그러므로 사랑에 뿌리를 내리고 근거하여 그리스도의 사랑의 길이, 넓이, 깊이를 깨달아야 한다(엡 3:18-19). 보나벤투라는 이제 성령에 대한 이해를 드러낸다. 우리는 성령의 전이다. 그리고 하나님의 신비(비밀)를 이해할 수 있는 방법은, 인간의 지성과 지혜가 아니라, 그리스도의 사랑으로 우리 영혼에 내주하시는 성령에 의하여 가능하다. 보나벤투라는 신적인 지혜가 머무는 영혼은 하나님과의 관계가 자녀, 신부, 친구, 누이, 공동상속자가 된다고 밝힌다. 영적상승의 3, 4단계는 우리자신 안으로 들어가서 하나님의 형상인 정신의 삼중적 요소인 기억, 지성, 의지를 통하여 하나님을 관상하는 것으로 세라핌의 중간날개에 해당하며, 이 모든 것은 성령 없이는 하나님의 신비를 이해할 수 없다고 강조한다.

제5장은 일차적인 이름인 존재를 통하여 하나님을 정관하는 것에 대해 논의한다. 보나벤투라는 우리가 우리 밖에서뿐만 아니라 안에서 진리의 빛을 통해서, 그리고 우리 위에서도 하나님을 관상할 수 있다고 설명한다. 그는 이것은 성전 뜰, 성소, 지성소로 비교하였다. 구약에 의하면 신적 본질을 강조한 "스스로 있는 자"(출 3:14)가 하나님의 첫째 이름이 된다. 신약에 의하면 신적 위격을 강조한 "하나님 한 분 외에는 선한 이가 없느니라"(눅 18:19)의 하나님의 선하심이 첫째 이름이 된다. 그러므로 하나님은 "스스로 계시는 선하신" 분이시다. 하나님의 보이지 않는 존재를 관상하려고 하는 사람은 먼저 '존재'의 측면에서 하나님을 고찰해야 한다. 하나님은 활동적인 존재로서 우리의 이성(오성) 속으로 들어오는 순수 활동이시다. 그런데 우리의 정신의 눈은 박쥐의 눈처럼, 최고의 존재자 자체의 빛을 직관하고도 아무것도 보지 못했다고 잘못 생각하고 있다고 말한다. 보나벤투라는 하나님의 본질적 속성을 설명한 후에 하나님은 한 분이신 분임을 인식할 수 있기를 바라며 마무리를 한다. 하나님은 보편적 능동인, 형상인, 목적인이시고 유일하신 분이시다. 이와 같이 5장은 하나님을 존재로서 관상하기 시작하여 하나님의 본질적 속성들을 논한 후에 하나님의 유일성 논증으로 마무리된다.

그는 5장에서는 구약성경에서 알려진 하나님의 스스로 존재하시는 자존자로서의 존재이신 하나님을 관상했는데, 이제 6장에서는 신약에서 알려지신 그 분의 이름인 선하심에서 삼위일체 하나님에 대하여 정관하는 것을 논한다. 영적상승의 마지막 단계는 창조의 6일과 비유되며, 삼위일체의 신비를 고찰함으로써, 인간은 신앙의 신비인 완전한 깨달음을 얻게 된다. 6

장에서 보나벤투라는 하나님을 선으로 관상한다. 이제 지성은 더 이상 나아갈 수가 없다. 6장에서는 하나님의 선하심을 정관하면서 궁극적으로 삼위일체 하나님에 대하여 인간의 마음이 조명을 통하여 완전한 깨달음을 얻는 것이다. 인간은 하나님의 형상이신 그리스도를 정관함으로 삼위일체 하나님을 정관하게 된다. 그런데 정신의 정관은 휴고식을 취하면서 여기에서 끝나게 된다.

다음으로 7장에서는 지성은 휴고식을 취하나 정서는 완전한 하나님께 건너가는 신비적 황홀경에 대해 논의한다. 이제 영적 상승의 6단계를 마치면 마지막 단계는 참 평화에 도달한다. 내면적 예루살렘인 영혼에서 깊은 안식을 할 수가 있다. 6단계의 관상에서는 하나님과 사람사이의 중보자이신 예수그리스도가 필요하다. 그분은 "하나님 속에 감추어졌던 신비"(엡 3:9)이다. 예수 그리스도 안에서 지성을 넘고, 감각을 넘고, 자기 자신까지도 넘어서는 것이다. 속죄판을 향하고 십자가에 달리신 그리스도를 바라보는 사람은 그분과 더불어 유월절처럼 홍해를 건너고 이집트를 떠나 광야로 가서 만나를 맛보고 그리스도와 더불어 무덤 속에서 안식을 누린다. 보나벤투라가 이 책을 쓴 이유는 바로 스승인 프란체스코가 알베르나 산에서 날개 여섯 달린 세라핌의 환상을 보고 몰아적 관상 혹은 관상적 몰아상태에서 하나님 속으로 건너감(침잠함)으로써 완전한 관상의 모범이 된 것을 설명하여 영적인 사람들을 이러한 건너감(transitus)과 정신의 활용경(탈혼)으로 초대하고자 한 것이다. 하나님 속으로 건너가는 것이 완전해지려면 먼저 우리의 지성적 작용은 포기되어야 하고 정서의 가장 깊은 곳까지도 하나님 속으로 건너가서 변형되어야하는데, 성령의 불이 그 속에서 타오르는 자만이 열망을 하게 된다. 보나벤투라는 영적상승의 마지막 단계에서는 인간의 지성과 감정은 포기되어야 하고, 성령의 불이 타오르는 열망 가운데 하나님 안으로 들어가 변형되는, 신비스러운 지혜의 계시는 오직 성령이 하시는 일이라고 강조한다. 우리의 본성은 무능하므로 연구보다는 사랑을 중요시하고, 언어나 말과 글이 아닌 내밀한 기쁨과, 하나님의 선물인 성령과, 창조의 본질이신 성삼위일체를 가장 중요하게 여겨야 한다. 그러므로 보나벤투라는 그리스도의 쓰라린 고난의 열정으로 죽음을 사랑하고, 십자가의 그리스도와 더불어 이 세상을 떠나 아버지께로 가자(요 13:1)고 외치면서 주님을 찬미함으로써, 신비신학의 대표작인 영적상승의 길, 하나님께 이르는 영적인 여정을 마친다.

7장은 그리스도를 통해 관상을 하는데, 프란체스코가 관상의 모범이며, 영적상승의 마지막에서는 지성과 감성 작용이 포기되어야하며, 성령의 신비스러운 지혜의 계시를 통해 하나님의 초 본질적인 광선까지 영적상승을 하게 되는 것을 설명한다. 그는 결사각오와 불타는 사랑으로, 하나님을 만나고자 하는 갈망을 독자들에게 불어 넣으면서 결론을 내린다. 창조의 6일 이후 하나님이 7일째 안식하신 것처럼 6장에서 그리스도를 관상한 자들은 이제 7장에서 평안과 안식을 누리게 된다. 7장은 구원의 완성을 이루는 천국의 소망을 갖게 하는 종말론 사상을 엿볼 수 있다. "죽음을 선택하는 사람은 하나님을 볼 것이다". '사람은 나를 보고는 살지 못한다'라는 말이 참되기 때문이다.

보나벤투라의 하나님께 이르는 영혼의 여정은 크게 보아 3단계의 영적인 상승을 거친다. 첫째는 우리 밖에 있는 하나님의 창조 세계를 통해, 둘째는 우리 안에 있는 하나님의 형상을 통해, 셋째는 우리 위에 있는 삼위일체 하나님을 통해 우리는 영적인 상승을 하게 된다. 그리고 이러한 영적 상승이 완성된 6단계 이후의 7단계에서는 6일 창조 후에 하나님께서 안식하신 바와 같이, 하나님을 관상하는 자들도 성령의 조명 속에서 하나님 안에서 안식하게 된다.

영적상승의 세부적인 6단계는 각각의 제목처럼, 1단계는 우주 속에 나타난 하나님의 창조물인 발자취를 통하여, 2단계는 소우주인 인간의 감각세계의 하나님의 흔적 안에서, 3단계는 인간의 하나님의 형상인 정신(영혼)이 학문(철학)을 통하여, 4단계는 인간 내면의 하나님 형상인 영혼(정신)이 성경을 통해서, 5단계는 하나님의 "존재"를 통한 유일신이신 하나님을 통하여, 6단계는 하나님의 "선함"안에서 하나님의 삼위일체를 통하여 하나님을 만나게(깨닫고 알게) 된다. 이러한 모든 일들은 아리스토텔레스의 형이상학적인 이성적 판단과 분석에 의해서 가능한 것이 아니라, 오직 성령에 의해 불타오르는 사랑과, 겸손과 순종의 믿음에 의한 기도로써 가능한 신비의 영역에 속하는 것이다.

보나벤투라는 하나님께 이르는 영혼의 여정을 저술하는 과정에서 성경을 신비주의적인 방식으로 해석하였다. 토마스 아퀴나스는 성경의 4중 의미 가운데 문자적, 역사적인 의미를 중시하면서 아리스토텔레스의 4중 원인의 방법론을 차용하여 성경을 이성적으로 해석하였다. 여기에 비해 보나벤투라는 성경해석에서 4중적인 의미가 동등하게 중요하다고 보았고, 성경의 알레고리 해석방법을 중시하였다. 그는 『하나님께 이르는 영혼의 여정』에서 알레고리적인 성경해석을 통해 영적 제일 원리인 하나님께 이르는 길을 제시하고 있다.

보나벤투라는 설교 사역을 위한 준비로 탁발수도사들이 신학과 철학을 연구할 필요를 변호하였으며 그들의 연구들을 인도할 원리들을 서술하였다. 기독교인들에게 자발적인 가난의 삶을 초청하는 그리스도에 의해 경험된 가난과 같은 탁발수도단의 주제들이 그의 저술들에서 나타난다.

보나벤투라는 13세기 프란체스코 교단의 가장 대표적인 신학자이다. 그는 한 편에서는 온건실재론에서 실재론으로 기울어지는 아우구스티누스의 입장을 수용하면서 다른 한 편에서는 위 디오니시우스의 신비주의 신학을 수용하여 양자를 종합하고자 하였다. 그러므로 그는 학문연구와 함께 신비주의의 추구를 통하여 신과의 합일을 추구하는 영적 상승의 신비주의자였다고 평가할 수 있다. 그는 영혼이 우주와 감각세계, 하나님의 모상인 인간, 삼위일체 하나님을 관상함으로 신과의 합일로 올라가고자 하였다. 그러므로 그의 신학은 자연신학을 바탕으로 출발하여 성경에 기초하는 신학으로 나아가고 있다.

더 읽어야 할 책들

폴 루트. 한규희 역. 『프란치스코와 보나벤투라』. 프란치스코출판사, 2018

보나벤투라. 원유동 역. 『하느님께 이르는 영혼의 순례기: 해설판』. 누멘, 2018.

소피아 로비기. 이재룡 역. 『성 보나벤투라』. 가톨릭대학교출판부, 2001.

보나벤투라. 박주영 역. 『6일간의 세계 창조에 대한 강연』. 길, 2019.

13장

토마스 아퀴나스

(Thomas Aquinas, 1225-1274)

중세시대에 가장 유명한 신학자는 토마스 아퀴나스이고, 그의 가장 대표적인 저술은 신학대전이다. 그의 신학대전은 당시에 새롭게 소개되었던 아리스토텔레스의 철학을 자신의 신학 안에 수용하여 지금까지 아우구스티누스의 신학에 근거하고 있던 중세 신학이 새로운 방향을 설정하는데 중요한 영향을 미쳤다. 또한 그의 신학대전은 종교개혁 후에 로마가톨릭이 자신들의 교리적인 표준을 결정할 때 근거가 되었던 책이었다.

1. 토마스 아퀴나스의 교육활동과 저술들

아퀴나스는 이탈리아의 나폴리 근교 로카세카 성(Roccaseca)에서 아퀴노(Aquino) 지방 영주의 아들로 태어났다. 그의 출생 연대는 알려져 있지 않아, 그의 사망년도인 1274년을 기준으로 그가 태어난 해를 추정하고 있다. 그는 48-50세에 사망한 것으로 알려져 있으므로 1224-6년 사이에 출생한 것으로 추정할 수 있으며, 49세에 사망했다는 설이 가장 신빙성이 있어서 일반적으로 1225년경에 출생한 것으로 인정된다.

그는 아버지의 뜻에 따라 1230년경 성 베네딕트 수도회 소속의 몬테카시노 수도원에 들어가 수도사 수업을 받았다. 그러나 1239년 경 토마스는 당시 교황과 황제의 대립으로 인한 정치적 혼란 속에 황제 군대가 수도원을 점령하고 수도사들을 추방하여 수도사 수업을 중단하였다. 이곳에서 그는 수도원의 영적 독서(lectio divina)의 훈련을 받았다. 수도원을 나온 아퀴나스는 신성로마황제 프레데릭 2세의 후원으로 발전하고 있던 나폴리 대학교에 입학하였다. 당시 나폴리 대학에서는 아랍어와 헬라어로부터 번역된 아리스토텔레스의 작품들이 교육되고 있었다. 그는 이 대학교에서 7개의 자유학예과목과 동시에 아리스토텔레스의 철학을 배우면서 도미니크회 수도사들을 접촉했다. 특히 도미니크회 수도사들과의 만남은 그의 삶을 결정적으로 바꾸는 계기가 되었다. 그는 단지 자신을 위해 명상을 하는 것보다는 명상의 결과를 다른 사람들에게 전하는 것이 더 바람직하다고 판단하여 설교 중심의 수도회인 도미니크 수도회에 이끌렸던 것으로 보인다.

그는 전통적인 베네딕트 수도회에서 공부하여 수도원장이 되기 원했던 가족들의 기대를 저버리고 1244년 당시 프란체스코회와 더불어 새롭게 등장하던 탁발수도회인 도미니크회 수도사로 들어갔다.

이에 당황한 그의 가족들은 도미니크 수도원의 주선으로 파리로 유학 가던 토마스를 도중에 납치하여 로카세카 성에 감금했다. 그리고 약 1년간 회유와 협박을 동원하여 도미니크 수도회에서 탈퇴할 것을 강요했다. 그러나 어떤 노력으로도 그의 소신을 굽힐 수 없었으므로 가족들은 결국 1245년 여름 그를 나폴리 도미니크회 수도원으로 돌려보냈다.

나폴리로 돌아온 1245년부터 1248년까지의 그의 행적에 대해 명확하게 알려진 것이 없다. 알베르투스 마그누스를 따라 독일의 쾰른으로 떠날 때까지 약 3년 남짓한 기간에 그는 최소한 파리 대학교에서 7개의 자유학예 과목을 공부했을 가능성이 높다. 그는 이 기간 동안 교양학부의 강의를 들으면서 남아있는 강의록에 근거해 볼 때 알베르투스의 강의에 참석한 것은 분명하다. 1248년 토마스는 쾰른에 있는 도미니크회 수도원에서 계속해서 알베르투스로부터 4년간 지도를 받게 되었다. 이 시기에 토마스는 그의 영향 아래 아리스토텔레스의 철학은 물론 디오니시우스의 신학에 대한 심도 있는 연구를 수행하였고 성경주석 등을 하면서 능력 있는 학자로 성숙하였다. 당시 다른 동료들이 그에게 붙여준 별명은 그의 우람한 몸집과 과묵한 성격 때문에 '시칠리아의 벙어리 황소'였다. 하지만 이 별명과 관련하여 제자들이 모인 자리에서 알베르투스가 "지금 벙어리 황소라 불리는 저 수도사의 우렁찬 목소리를 온 세상이 듣게 될 것"이라고 예언했다는 일화가 전해지고 있다.

알베르투스는 도미니크회 총장에게 아퀴나스를 강력하게 추천하여 1252년 9월에 그는 파리대학으로 돌아와 롬바르두스의 명제집 강독자로서 강의를 하면서, 1252년부터 1256년에 이르는 기간 동안 이 강의와 더불어 신학을 배우면서 신학교수로서의 자격을 얻기 위한 필수과정으로서 명제집 주석 집필에 착수하였다. 그는 이 명제집 주석에서 아리스토텔레스를 2,000여회나 인용할 정도로 그의 철학적 사고에 비추어 신학을 재구성하고 있었다. 그는 이 시기에 아리스토텔레스를 연구하여 최초의 책으로 『자연의 원리』(De principiis naturae)들을 저술하여 아리스토텔레스의 철학의 개요를 정리하였다. 그는 뒤이어 『존재와 본질에 관하여』(De ente et essentia)를 저술하는데 아리스토텔레스의 철학을 넘어서서 그의 독자적인 사상을 제시하는 그의 형이상학 입문서이다. 그 이후 아퀴나스는 아리스토텔레스의 작품 11개에 대한 주석을 저술하였다.

1256년 명제집 주석 작업을 완성할 무렵에 아퀴나스는 파리 대학 신학교수로 취임한다. 하지만 이 시기에 재속성직자 교수들과 탁발수도회 수도사 교수들 사이에 교수직을 둘러싸고 긴장이 고조되어, 유혈폭력사태로 이어질 만큼 최악의 상황으로 치닫고 있었다. 실제로 재속성직자 교수들이 아퀴나스를 받아들이지 않아, 아퀴나스의 취임 강연은 만약의 폭력사태를 막기 위해 프랑스 왕의 군대가 강연장까지 배치되어 삼엄한 경호를 펼친 상태로 진행되었다고 전해진다. 비슷한 시기에 교수가 된 보나벤투라의 경우도 신학교수로 취임할 자격을 갖추고서도 2년에 가까운 강의를 할 수 없었다. 이 때 아퀴나스는 적들의 입장을 단호하고 철두철미하게 비판하며 동료수도사들과 수도회를 위기로부터 구하였다. 실제로 수도회를 비판하는 데 앞장섰던 재속성직자들 및 교수들의 수장 기욤 드 생따무르(Guillaume de Saint Amour)의 입장을 주도면밀하게 반박함으로써 교황청이 그의 주장을 철회하라는 명령을 내리게 되었다. 그는 논쟁에서 승리한 후 『욥기 주석』(Expositio in Job ad litteram) 그리고 『진리에 관한 정규토론집』(Quaestiones disputatae de Veritate) 그리고 『자유토론집』(Quaestiones de quodlibet) Ⅶ과 ⅩⅠ과 같은 작품을 저술하였다.

1259년 말에서 1260년 초 사이에 그는 후임자에게 교수직을 물려준 이후 파리를 떠났다. 그 이후의 행선지에 대한 명확한 기록은 없으나 나폴리일 가능성이 제일 높다. 그는 파리를 떠날 즈음 『대이교도대전』(Summa contra Gentiles)을 집필하기 시작했다. 이 책은 이슬람교와 유대인들 사이에서 일할 도미니크 수도회 선교사들을 위한 기독교 변증론으로 작성되었으며, 철학적인 성격이 강하다.

아퀴나스는 1261년 9월 오르비에토에 체류 중인 것으로 기록에 나타나며, 1265년 로마로 떠나기 직전까지 수도회를 대표하는 학자이자 성직자로서 활동한다. 이 시기에 토마스 아퀴나스는『욥기 주석』과『대이교도대전』, 그리고『디오니시우스의 신명론 주석』(Expositio in Dionysium De divinis nominibus)을 완성했으며『4복음서 연속주해』(Glossa (expositio) continua in Mattheum, Marcum, Lucam, Joannem)의 상당부분을 작성한다. 그리고 교회의 요구에 따라『헬라인들의 오류를 반박하며』를 비롯한 다수의 소논문들을 작성한 것 외에도 오르비에토는 물론 주변의 도시까지 방문하여 성직자로서의 사명을 충실하게 이행했다.

1265년부터 1268년까지 학문적 불모지였던 로마 수도원에서 아퀴나스는 교수로서 활동하며 저작활동을 계속한다. 그는 명제집 주석을 다시 쓰려고 하다가 새로운 구조로 저술할 필요를 깨닫고 그의 대표작인『신학대전』(Summa Theologia)의 집필을 시작하고, 아리스토텔레스의『영혼론 주석』(In libros De anima expositio)을 집필했다. 그는 이 책을 영혼이 하나님의 형상이 자리하는 곳이라는 입장에서 저술하였다. 그는 이 시기에 자신이 아리스토텔레스에 대한 작품들을 저술할 수 있도록 그의 작품을 라틴어로 번역했던 모어베크(Guillaume Moerbeke)와 한 수도원에서 살았다. 그는『하나님의 권능에 관한 정규토론집』(Quaestiones disputatae de potentia Dei)을 비롯하여『영혼에 관한 정규토론집』(Quaestiones disputatae de Anima), 그리고『영적피조물에 관한 정규토론집』(Quaestiones disputatae de spiritualibus creaturis) 등과 같은 작품들을 완성하였다. 9년 남짓한 그의 이탈리아의 체류기간은『대이교도대전』을 완성하고『신학대전』을 집필하기 시작한 시기이자, 그의 성숙한 사유를 반영하는 수많은 주요저작들이 쏟아져 나오기 시작하던 시기이다.

그는 다시 1268년부터 72년 사이에 두 번째로 파리대학에서 강의하게 되었다. 그는 이 시기에 쉬지 않고 교수와 저술활동을 하여 방대한 결과를 맺었다. 1270년에 아퀴나스는 이슬람의 철학자인 아베로에스가 지성의 단일성을 주장하는 것을 비판하면서 지성의 단일성에 대하여, 『파리의 아베로에스주의자들을 반박하며』(Contra Averroistas)를 저술하였다. 아베로에스의 지성단일성론을 수용한 파리의 브라방의 시제를 중심한 급진아리스토텔레스주의자들의 주장에 반박하여 아퀴나스는 지성이 들어있는 영혼의 개별적 존재를 주장하면서 지성의 단일성 이론을 반박하였다. 그는 또한 마태복음, 바울서신 및 요한복음에 대한 방대한 주석 및 강해를 이 시기에 수행했으며 『미덕에 관한 토론집』(Quaestiones disputatae de virtutibus) 및 자유토론집의 상당수는 이 시기에 토론한 내용을 토대로 작성한 것이다. 그리고 『신학대전』의 1부와 2부를 역시 파리에서 두 번째 교수생활을 할 당시 완성했으며 『영혼론 주석』과 『감각과 감각물에 관하여 주석』(In librum De sensu et sensato expositio)을 제외한 대부분의 아리스토텔레스 주석서들도 이 시기에 완성하거나 집필했다. 이러한 아리스토텔레스의 작품들에 대한 주석은 신학대전 2권의 윤리학적 논의와 관련되어 있다.

그는 1272년 파리를 떠나 나폴리로 향한다. 이곳에서 아퀴나스는 학교를 세워 가르치면서 바울서신 주해, 시편 주해, 그리고 결국 미완성으로 남게 되는 『신학대전』의 3부와 같은 대작과 함께 여러 소논문을 작성한다. 이렇게 끊임없이 집필에 여념이 없었던 토마스 아퀴나스는 1273년 12월 6일 환상을 본 후에 "내가 본 것에 비하면 내가 쓴 것들은 모두 지푸라기에 지나지 않아"라고 말하면서 절필하였다. 그는 1274년 2월 리용 공의회에 참석하러 가던 도중에 건강이 악화되어 3월에 세상을 떠났다. 토마스 아퀴나스는 작품들은 상당히 방대한데, 성경주석들과 아리스토텔레스의 작품들에 대한 주석들과 신학 작품들이 있다.

2. 아퀴나스의 사상적 배경

아퀴나스는 12세기부터 아랍세계를 통해 들어오는 아리스토텔레스의 철학 작품들이 라틴어로 번역된 작품들을 읽으면서 아리스토텔레스의 철학을 수용하였다. 물론 그의 철학적인 주장 가운데 기독교 교리에 어긋나는 것은 비판적으로 수용하였다. 당시에 아리스토텔레스의 철학 작품 가운데 아퀴나스에게 영향을 많이 준 것은 존재론이었다. 그와 함께 아랍-유대 철학도 그에게 영향을 주었다. 이미 아리스토텔레스의 철학은 아랍인들에 의해 재해석된 형태로 유럽에 유입되었다. 그러므로 아퀴나스의 사상 속에는 기독교 사상과 초대 기독교 때부터 영향을 미쳤던 신플라톤주의, 그리고 아리스토텔레스의 철학과 아랍-유대의 사상들이 영향을 미쳤다. 신플라톤주의의 가장 중요한 영향 가운데 하나가 『신학대전』의 구조가 하나님으로부터 나와서 하나님께 돌아간다는 유출과 귀환의 구조이다. 이러한 신플라톤주의의 구조를 가지고 『신학대전』을 저술하는데, 그 내용 가운데는 상당한 정도로 아리스토텔레스의 철학의 영향을 받고 있고, 그 아리스토텔레스에 대한 논의 가운데는 아랍-유대인들을 통한 논의들에 대한 비판적 수용이 들어 있다. 아랍 철학자 가운데 아베로에스의 지성의 단일성은 아퀴나스의 비판의 대상이 되었고, 유대 철학자인 마이모니데스의 영향도 찾아볼 수 있다.

아퀴나스는 그의 철학사상에서 그 이전의 신플라톤주의와 다른 아리스토텔레스에게서 큰 영향을 받았다. 그는 아리스토텔레스의 형이상학 가운데 존재론에서 가장 큰 영향을 받았다. 아퀴나스의 존재론에 반영된 형이상학적 입장은 종래의 형이상학적 입장과는 분명한 차이를 나타낸다. 종래의 형이상학적 입장을 '본질의 형이상학'이라고 부른다면, 아퀴나스의 형이상학적 입장을 '존재의 형이상학'이라고 부를 수 있다. 존재의 형이상학의 근본 문제는 존재자 안에서 존재와 본질은 어떤 방식으로 관련되어 있는가 하는 것으로 규정된다. 이것은 본질의 형이상학이 다루던 문제와 동일하지 않다. 존재의 형이상학과 비교해보면, 본질의 형이상학은 존재자의

한 측면인 본질을 존재자와 대립시키고 양자를 각각 실재와 외양으로 규정하였다.

존재의 문제, 즉 존재자 안에서 존재와 본질은 어떤 방식으로 관련되어 있는가에 대한 아퀴나스의 대답은 존재와 본질은 서로 결합되기 이전에는 존재할 수 없다는 것이다. 이 대답은 중세의 보편 논쟁에서 보편자가 개별자를 초월해 있다는 실재론에서 개별자에 내재해 있다는 온건실재론의 입장으로의 이동을 나타낸다. 이것은 형상과 질료의 종합을 존재로 보는 아리스토텔레스의 입장에 입각한 설명이다. 형상이 보편자로서 개별화의 원리인 질료와 결합할 때 개별적인 존재가 생겨난다.

이와 같이 아퀴나스의 철학사상에서 가장 핵심적인 개념은 존재(esse)이다. 그 이전까지 철학, 특히 형이상학이 본질에 논의를 집중했다면, 아퀴나스는 존재에 깊은 관심을 기울인다. 개별적인 존재자(ens)가 존재하게 만드는 것이 존재이다. 그러므로 우리가 우리의 정신을 통해 파악할 수 있는 가장 근본적인 대상이 바로 존재이다. 그는 존재에서 구체적인 개별적인 존재자의 현존(existentia)과 본질(essentia)을 구분한다. 본질은 그 사물을 한계지어 개념적으로 정의해 주는 것이다. 반면에 존재자의 현존은 직접적이고 직관적으로 파악되는 것이다.

이 존재론에서 가장 중요한 것은 현실태와 가능태이다. 신은 완전 순수 현실태이고, 다른 존재들은 현실태와 가능태를 함께 가지고 있으며, 이러한 조합에 따른 위계질서를 가지게 된다. 그리고 이렇게 존재에 따른 유사성을 가지고 있기 때문에 신존재의 이해에서 아퀴나스는 존재의 유비론(analogia fidei)을 전개한다. 중세 시대에 인간이 사용하는 언어를 어떻게 신에게 적용할 것인지는 중요한 논쟁의 대상이었다. 신플라톤주의자들은 하나님과 인간의 완전히 다른 존재이기 때문에, 인간의 언어는 하나님에 대해 부정적으로만 사용될 수 있다는 부정의 방식을 주장하였다. 이렇게 하나님과 인간의 다름을 강조할 때 긍정적으로 사용될 수 있는 언어는 존재하지 않게 된다. 다른 하나의 견해는 인간의 언어를 하나님께 문자적으로 동일하게 적용할 수 있다는 견해이다. 그렇지만 이러한 견해는 하나님을 인간과 동일한 차원에 두는 것이기 때문에 불가능한 입장이었다. 이러한 입장의 중간에 서서 아퀴나스는 존재의 유비론을 주장하였다.

그는 신과 인간은 존재의 수준에서는 창조주와 피조물로 완전히 차원이 다르다는 것을 인정한다. 그럼에도 불구하고 인간과 신은 존재라는 차원에서 유사성이 있다. 만약에 인간과 신 사이의 존재에서 동일하다면 인간과 신은 동일한 존재가 되기 때문에 동일성 이론을 주장될 수 없다. 만약에 신과 인간이 존재의 측면에서 완전히 다르다면, 우리는 신을 전혀 이해할 수 없을 것이다. 그렇지만 인간과 신 사이에는 존재의 유비적인 관계가 있기 때문에 이 유비성에 입각하여 이해하고 표현할 수 있다는 것이다. 이러한 점에서 아퀴나스는 존재의 유비론을 주장하였다.

아퀴나스는 이러한 유비론에 입각할 때, 자연 만물은 하나님의 존재를 드러내고 있다고 보았다. 그러므로 자연만물은 하나님의 흔적이고 하나님의 흔적으로부터 하나님으로 올라갈 수 있다고 보았다. 그리하여 지금까지 하나님으로부터 인간을 비롯한 피조물에게로 내려오는 방식으로 신의 존재를 증명하고자 하던 안셀무스의 신플라톤주의적인 방식에서 이제는 아리스토텔레스의 철학에 입각하여 피조물에서부터 신으로 올라가는 신존재증명방식을 채택하게 되었다. 그리하여 아퀴나스는 다섯 가지 신존재증명을 주장하였다. 이 신존재증명의 첫 번째는 운동에 의한 것이다. 모든 피조물은 운동을 하려면, 자신을 움직여주는 존재가 필요한데, 모든 운동의 시초에 자신은 움직이지 않으면서 다른 존재를 움직이는 부동의 동자가 있어야 한다. 아리스토텔레스가 이러한 부동의 동자를 주장했는데, 아퀴나스는 이 부동의 동자가 신이라고 주장하였다. 둘째는 모든 일에는 원인이 있으므로, 제일원인이 신이라고 하였다. 셋째는 우연성과 필연성으로부터의 증명이다. 모든 존재들이 우연적인 존재들이라면, 그들이 존재하지 않았을 수도 있다. 그러므로 모든 우연적인 존재들이 존재하게 만드는 필연적인 존재가 있어야 하고, 이 존재가 신이다. 넷째는 완전성의 등급으로부터의 증명인데, 이것은 잠재태와 현실태로부터의 증명이라고 할 수 있고, 순수현실태가 신이다. 다섯째는 모든 사물에는 목적이 있으므로, 최고의 목적이 신이다. 혹은 사물의 지배 질서에 따른 증명이라고 할 수도 있다.

그는 아리스토텔레스의 철학을 수용하여 신학을 연구하면서 은혜는 자연을 파괴하지 않고 완성한다는 유명한 말을 하였다. 이것은 아리스토텔레스의 자연(이성)에 기초한 철학과 기독교의 은혜에 기초한 가르침이 양립 가능하다는 주장이다. 그는 이것을 특히 그의 행복에 대한 논의에서 잘 접목시키고 있다. 아퀴나스 이전의 아우구스티누스의 행복론은 인간은 이 땅에서 죽음의 불가피성의 비참함 때문에 행복할 수 없다는 비관론을 가지고 있었다. 반면에 아리스토텔레스는 이 땅에서 덕의 완전한 발전에서 신의 관상하는 것을 행복이라고 보았다. 그러나 아리스토텔레스는 인간이 신을 관조하는 덕에 이르는 것은 이생에서 인간에게 가능하지 않고 인간적인 행복에만 이른다는 것이다. 아퀴나스는 이 땅에서 인간은 완전한 신의 관상에 도달할 수 없는 불완전한 존재이기 때문에 아리스토텔레스가 말하는 행복은 불완전한 행복이라는 것이다. 인간 존재의 유한성과 인간 존재의 불완전성 때문에 제일원리 혹은 제일존재에 대한 지식은 추상적인 불완전한 지식으로 남는다. 그러므로 기독교의 행복론은 이 땅에서의 불완전한 행복을 신앙으로 신을 관조함으로 넘어서야 한다는 것이다. 우리가 이 땅에서 완전한 행복을 얻을 수 없지만 미래에 하나님을 볼 수 있다는 믿음을 가질 때 불완전한 행복을 넘어설 수 있다는 것이다.

3. 아퀴나스의 『신학대전』의 저술 방식과 구성내용

아퀴나스는 논쟁의 방식과 신앙과 이성을 조화시키는 방식으로 『이방인대전』과 『신학대전』을 저술하였다. 그는 아베로에스의 철학과 신학의 이중 진리가 있다는 이중진리론을 반박하고 진리는 모두 하나님에게서 나오기 때문에 하나의 진리만이 있다고 하였다. 그는 지성을 통해 존재의 유비를 가지고 하나님을 알 수 있다는 주지주의의 입장을 제시하였다. 그는 5

가지 하나님의 존재 증명을 하였는데, 안셀무스의 방식을 비판하고 결과로부터 원인으로 거슬러 올라가는 아리스토텔레스의 철학의 방법을 이용하고 있다. 토마스 아퀴나스는 아리스토텔레스의 철학을 신학에 이용하는 것에 대한 비판들을 극복하고, 그의 철학을 신학에 맞도록 조정하여 신학을 체계화하는데 사용하였다. 아리스토텔레스는 세계가 영원하다고 주장하는데, 그는 그러한 주장을 부정하여 자신의 신학에 대한 비판을 극복한다.

아퀴나스는 주지주의자로 하나님을 이해하는데, 인간과 동일한 존재라는 점에서 존재의 유비를 통해 이해하고자 하며, 이렇게 지식을 통해 하나님을 이해할 수 있다는 관점에서 신학을 전개하므로 주지주의자이다. 그의 주지주의의 길은 온건 실재론에 기반하고 있으며, 그래서 via antiqua라고 불린다. 온건실재론은 보편이 먼저 있고, 그 후에 개체가 있다는 안셀무스의 실재론의 입장을 비판하고, 사물이 형상과 질료의 구성된다는 아리스토텔레스의 견해에 따라 형상을 보편으로, 질료를 개체화의 원리라고 보았다. 그래서 개체 속에 보편이 형상으로 들어 있으며, 그 형상이 개체화시키는 원리로서 질료를 만나서 개체를 이룬다고 보았다. 그러므로 보편과 개체가 분리되어 존재하는 것이 아니라, 보편이 개체 속에 들어있다는 온건실재론을 주장하였다.

신학대전은 서론에서 그가 신학의 가장 기본적인 내용을 논한다고 말하고 있으나, 내용 전체는 만여 개의 질문으로 구성되어 있다. 이 책은 기본적으로 신플라톤주의의 구조로 인간이 하나님에게서 나와서, 이 세상에서 살다가, 하나님께로 돌아간다는 구조로 되어 있다. 아퀴나스는 유출과 귀환이라는 신플라톤주의의 구조를 채택하면서 동시에 아리스토텔레스의 철학을 이용하여 신학대전을 구성하였다.

이 책은 3부로 구성되어 있는데, 제1부는 신과 신의 작품으로서의 창조를 서술하여 신론과 창조론에 해당한다. 제2부는 신을 원천으로 삼는 동시에 목적으로 지향하는 인간의 활동을 서술하여 인간론, 행위론, 윤리학에 해당하며, 인간 행복과 도덕에 대한 논고이다. 제3는 구원의 실제적 역사로서 그리스도는 사람의 아들로서 인간이 신을 향해갈 수 있는 범례라는 것을 논하며, 그리스도론, 교회론, 성사론에 해당한다.

1부는 신론과 창조론인데, 119문으로 구성되어 있다. 1문은 서론으로 학문으로서의 신학을 취급한다. 신학을 다루는 신학대전의 기본구도는 신에 대한 학문과 구원에 대한 학문을 논한다. 1부에서 신론은 2-43문까지 다루어지고, 나머지는 창조론이다(44-119). 신론에서 신의 실존과 본성을 다룬 후에 신의 속성(14-26)과 삼위일체론을 서술하였다. 창조론에서는 창조 일반을 서술하고, 영적 피조물인 천사 창조와 물질적 피조물인 6일간의 창조, 그리고 영육의 결합인 인간 창조와 영혼의 본성적 능력, 하나님의 형상으로서의 인간, 세상 통치를 설명하였다.

2부는 1편과 2편으로 나누어지는데, 1편은 인간의 행복론을 취급한다. 인간의 삶의 목적은 행복을 추구하는 것인데, 그는 인간의 행복론에 대해 5개 항목에 걸쳐 질문한다. 인간은 하나님의 형상으로서 지성과 자유의지와 자기 통제력을 갖춘 존재로서 자기 행동의 원리이다. 그는 2부 첫 부분에서 인간의 최종목적에 대해서 탐구하고, 나머지는 그 목적에 도달하려는 각 개인의 노력을 다루고 있다. 모든 피조물은 그 본성상 그에 어울리는 최종 목적을 향해 행동하도록 되어 있다. 그러므로 인간은 인간 본성에 어울리는 최종목적을 향해 행동하도록 되어 있다. 그런데 창조되지 않은 선이신 신만이 인간의 가장 근본적인 요구들을 완전히 채워줄 수 있으므로, 인간의 최종목적인 인간 행복의 진정한 대상은 하나님이시다. 행복에 대해 프란체스코회는 의지를 강조하여 행복을 의지의 한 기능인 사랑에 정초시킨다. 이에 반하여 아퀴나스는 지성을 강조하여 행복을 신에 대한 명상에 정초시킨다. 이것은 이 세상에서는 신앙을 통해, 내세에서는 직관을 통해 가능하다. 인간은 이 세상에서도 행복할 수 있는데, 이것은 이 세상에서 그의 삶의 목적을 신인식과 신에 대한 사랑에 둘 때 가능하다. 신 인식은 지성의 활동을 통해 가능하며, 그 바탕 위에서 하나님에 대한 사랑이 가능하게 된다. 물론 아퀴나스는 이러한 신인식과 하나님의 사랑 외에도 이 세상에서의 행복을 위해서는 건강, 재화, 우정 등도 필요하다는 것을 인정한다. 우리는 이 생에서 인간 본성이 거기에 도달할 도달 가능성이 있기 때문에 행복 추구가 가능하다, 영원한 참 행복은 하나님이 은혜의 선물로 주시는 것이다. 이렇게 행복론을 논한 후에 2부의 나머지 부분에서는 행복에 이르는데 필요한 수단들을 논의하고 있다.

토마스는 행복을 추구하는 인간 행위의 본성 즉 지성적이고 책임 있는 인격인 한에 있어서의 인간에 속하는 행위들을 탐구한다(7-21문). 따라서 그는 인간 행위를 구성하는 인간의 감정생활(22-48문), 덕과 악습(49-70문), 죄(71-89문)를 차례대로 논한다. 인간의 행위가 행복 추구에 이르는데 필요한 내면의 원리들은 습성과 덕이며, 악습과 죄는 방해가 되는 것이다. 이 모든 문제들은 사람들이 각자 자신을 실현하는 문제와 직결되어 있다. 그러나 이런 수단들을 개인적으로 추구하는데서 올바른 방향을 잡기 위해서 토마스는 외부에서 우리를 인도하는 두 원리인 법(90-108문)과 은총(109-114문)을 연구한다.

2부 1편에서 인간의 행위가 행복을 추구하는데 필요한 내면적 원리들과 외부에서 우리를 인도하는 원리들을 살피고 나서, 토마스는 제2부 2편을 덕의 세부적 논술과 그에 상응하는 악습의 분석에 바치고 있다. 무엇보다 먼저 그는 사회를 구성하는 모든 사람에게 관계되는 덕들을 면밀히 검토하고(1-178문), 그 다음 주교, 수도자, 관상 생활, 활동 생활 등 특별한 구성원들의 생활 방식을 다룬다(179-189문).

토마스는 그의 윤리 이론 전체에서 인간 행복의 토대가 되는 덕스러운 삶을 고찰한다. 덕은 습성의 훈련을 통해 형성된다. 토마스는 전통을 따라 습성을 영혼이 타고난 능동적 성질로서, 이것을 통해 사람은 특정 작업 영역에서 자신의 행위들을 쉽게 그리고 확신을 가지고 수행할 수 있다고 보았다. 따라서 선한 습성 또는 악한 습성은 '제2의 본성'과도 같아서, 일단 한번 취득되면, 떨쳐버리기 힘들다. 아리스토텔레스에게 그러했던 것처럼 토마스에게도, 덕이란 두 극단(이것은 결국 두 악습이 된다) 사이의 '중용'(中庸, medium)이다. 행복에 이르기 위해서는 우리가 덕을 추구해야 하는데, 이 덕은 믿음, 소망, 사랑의 대신덕과 인간의 4추덕인 현명, 정의, 용기, 절제의 덕으로 나누어 설명된다. 그는 먼저 하나님을 향해 추구해야 하는 신앙의 덕으로 믿음, 소망, 사랑을 분석하고, 다음으로 4추덕(지혜, 용기, 절제)의 탐구에로 나아간다. 4추덕은 아주 다양한 측면들을 보여주고 있어서, 진정한 인간 조건을 깊이 알아듣기 위해서는 주의 깊게 그 통전적 부분들과 그 기능적 부분들을 탐구해야 하기 때문에, 《대전》중에서 이 부분이 제일 길다. 바로 여기서 토마스가 인간 조건을 그 심층에서부터 이해하고 있었다는 것이 여실히 드러난다. 그는 4추덕을 논하면서 아리스토텔레스의 4추덕을 이용하면서 기독교적인 성격을 가미하여 논의한다.

그리고 제3권은 그리스도의 성육신과 중재자로서의 역할, 그리스도의 생애, 수난과 영광을 논한 후에 7성례를 논한다.

4. 아퀴나스의 삼위일체론

11세기 후반기부터 13세기에 걸쳐 스콜라주의 신학이 성립하여 전성기를 이루었다. 이렇게 스콜라주의 신학이 발전하여 가는 과정에서 가장 치열하게 논쟁이 일어났던 분야 가운데 하나가 삼위일체 논쟁이었다. 스콜라주의 학자들은 12세기에 설립된 중세 대학에서 발전하기 시작하던 논리학, 언어 분석, 아리스토텔레스 철학의 재발견 등의 합리적인 자원들을 사용하여 신앙의 내용을 고찰하고자 하였다. 특히 삼위일체의 설명에 논리학을 도입하면서 하나님의 본질과 위격과 관계에 대한 이해에서 다양한 견해들이 표출되고 있었다. 이러한 다양한 견해들 가운데 아벨라르두스, 질베르, 그리고 피오레의 요아킴(Joachim da Fiore, 1132?~1202) 등의 견해가 교회에 의해 이단으로 정죄당하고 있었다. 이러한 상황에서 13세기 중엽에 신학활동을 했던 토마스 아퀴나스는 『신학대전』의 삼위일체론에서 당시에 문제가 되던 견해들의 오류들을 바로 잡으면서 새롭게 등장한 다양한 여러 학문조류들을 종합적으로 이용하였다. 그는 신학대전의 27-43문에 걸쳐 삼위일체론을 논하는데, 당시 여러 학자들의 삼위일체론들이 제기했던 문제들을 어떻게 해결했는지를 밝히고자 한다.

1) 토마스 이전의 삼위일체론에 대한 논의

11세기 말엽에 신학에 변증학(유명론)을 도입했던 로켈리누스는 세 위격이 하나의 실체라는 것을 부인하여 큰 논쟁을 일으켰다. 로켈리누스는 성자만이 성육신했다는 사실과 성부고난설의 위험성 때문에 삼위가 세 실체이나, 하나의 동일한 의지와 하나의 동일한 능력을 가지고 있다고 주장한다. 안셀무스는 『말씀의 성육신에 관한 서신』에서 이러한 주장을 날카롭게 비판한다. 안셀무스는 로셀리누스를 유명론적인 변증학자로 보면서, 그의 삼신론의 오류의 원인은 개체와 보편의 관계를 올바르게 이해하지 못하는데 있다고 지적한다. 안셀무스는 로셀리누스에게 신학적으로 하나님 안에서 공통적인 하나의 본질과 구별되는 위격들 사이를 구별하면서 우리가 세 가지 실체들을 말하고자 한다면, 실체 아래 관계를 포함시켜야만 한다고 주장한다.

아벨라르두스는 안셀무스의 궤도 속에서, 비슷하게 로셀리누스의 주장을 비판하였다. 『최고선의 신학』과 연속적인 개정판들의 목표는 언어 분석과 합리적이고 논리적인 연구 방법론을 사용하는 새로운 변증학의 토대 위에서 새로운 유명론자에 반대하여 전통적인 삼위일체 교리를 변증하는 것이었다. 아벨라르두스는 능력, 지혜, 선의 세 가지 특성에 존재하는 최고선의 개념을 가지고 합리적 관점에서 출발하여 하나님의 세 위격의 각각에 능력, 지혜, 선의 속성들을 배치하여 삼위일체를 설명한다. 그러나 그의 주장은 1121년에 소이송공의회에서는 사벨리우스주의로 정죄를 받았고, 성 티에리의 윌리엄과 베르나르두스의 주도로 1140년 상스공의회에서는 지혜, 능력, 선이란 삼조일체의 사용과 관련하여 종속설이란 정죄를 받았다. 그리고 그의 주장의 오류들은 내재적 삼위일체론과 경륜적 삼위일체론을 구별하는 페트루스에 의해 해결되었다.

질베르는 보에티우스의 『삼위일체론』에 대한 주석을 썼다. 질베르는 자연적인 사물들의 영역에서 추상적인 형상과 구체적인 대상 사이의 보에티우스의 구별을 강조한다. 이러한 토대 위에서, 그는 하나님 안에 유사한 구별을 하여, "하나님은 신성이 아니다"라고 주장한다. 그는 또한 하나님의 단순성을 유지하기 위해 하나님의 본질과 위격의 동일함을 주장하면서 동시에 본질과 위격의 구별을 유지하고자 관계는 실체에 귀속되지 않고, 외부에서 첨가되었다고 선언한다. 베르나르두스는 질베르가 하나님과 신성 사이, 그리고 하나님의 위격과 관계들 사이에 차별하여 하나님을 나누고 있다고 비난하였다. 질베르는 자신의 저술에서 적어도 논리적으로 그리고 언어상으로 하나님과 신성 그리고 위격과 관계 사이를 차별하였다. 이러한 질베르의 논의는 하나님의 단순성과 본질, 위격과 관계 사이의 상호연관성에 대한 중대한 논쟁을 일으켰다. 그의 주장을 추종하는 사람들의 입장은 질베르주의라고 불리는데, 동시대의 롬바르두스가 이 주장을 이단이라고 비난했을 뿐만 아니라 아퀴나스도 자신의 삼위일체론을 전개하면서 본질과 위격과 관계의 상호연관성을 올바르게 정립하고자 심혈을 기울인다. 아퀴나스가 『신학대전』에서 삼위일체론을 논하면서 공개적으로 이름을 거명하면서 비판하는 가장 대표적인 인물이 바로 질베르이다. 질베르의 입장은 하나님의 본질의 단순성과 관계를 통한 위격의 구별 사이에서 큰 논쟁을 일으켰고, 아퀴나스가 삼위일체론의 논의에서 가장 극복하고자 하는 주장들 가운데 하나이다.

당시에 아퀴나스가 삼위일체론을 논하면서 극복하고자 비판하는 또 하나의 입장은 프란시스 학파의 보나벤투라의 주장이다. 특히 보나벤투라는 성부의 위격을 낳지 않음이라는 기원을 가지고 정의하고자 하나, 아퀴나스는 관계를 통해 성부의 위격을 정립하고자 하여 프란시스 학파의 주장을 비판한다. 보나벤투라는 "선은 그 자체로 확산적이다"라는 위 디오니시우스의 공리를 이용하여 선 내부의 위격의 다수성을 설명한다. 하나님은 최고로 선하신 분이시므로, 위격을 삼위로 안전하게 나누시지만 다시 한 분으로 돌아가신다. 보나벤투라는 또한 성 빅토르 학파의 설명인 '사랑'의 분석을 받아들인다. 사랑을 '주는' 사랑과 '받는' 사랑, 그리고 '주고받는' 혼합적 사랑으로 분석하는 것을 하나님의 내부에 적용하여, 오직 베풀기만 하는 사랑, 오직 받기만 하는 사랑, 그리고 양자의 혼합 형태의 사랑이 존재한다는 것이다. 성부는 오직 베풀기만 하는 사랑이요, 성자는 오직 받기만 하는 사랑이시오, 성령은 한편으로 받으면서 다른 한편으로 주는 사랑이라고 설명한다. 보나벤투라는 이렇게 필연적인 이유를 제시하여 삼위일체를 논증하려고 한다. 그러나 아퀴나스는 삼위일체에서 이러한 필연적인 이유를 제시하려는 입장을 비판한다.

2) 아퀴나스의 삼위일체론의 구조

아퀴나스는 『신학대전』에서 삼위일체론을 다루면서 이러한 다양한 이단들과 오류들을 바로 잡으려는 목적을 가지고 있었다. 그는 이 목적을 달성하고자 신학 자체를 증명의 방식으로 진행하였다. 아퀴나스는 신학을 성령의 지혜로 이해한 신플라톤주의를 극복하고 아리스토텔레스의 방법론을 도입하여 학문으로 정립하고자 한다. 그가 신학을 이러한 학문으로 정립하려고 했다는 것은 『신학대전』이 아리스토텔레스의 『후분석서』의 구조로 진행되고 있다는 점에서 잘 드러난다. 이 책의 한 문제 안의 각 항은 학생을 배워야할 주제에 대해 점차 더 나은 이해로 인도하려는 구조로 배열되어 있는데, "그러한 배열이 바로 아리스토텔레스의 『후분석서』의 구조로 배열되어 있다. 아퀴나스는 학생들이 신학을 배우는 방법론의 최적의 배치 순서가 『후분석서』의 구조를 따르는 것이라고 보았다." 그래서 『신학대전』에서 각 문제를 다루는 순서는 주제의 존재, 본성, 그리고 그것의 방법이란 세 가지로 되어 있고, 각 절은 토론의 구조에 따라 질문, 찬론, 반론, 필자의 입장, 반대 입장을 위해 제시된 논변들에 대한 답변으로 이루어져 왔다. 이와 같이 아퀴나스는 논증의 방법론을 제시하는 아리스토텔레스의 『후분석서』를 신학에 도입하였고, 신학에 이러한 새로운 과학적 방법을 도입하여 적용했다는 의미에서 자신의 신학을 학문이라고 불렀다.

그는 『신학대전』 1문에서 신학을 학문으로 정립하려는 원칙들을 설명한다. 그는 항목 1에서 철학적인 학문과 구별되는 거룩한 가르침인 신학이 필요하다는 것을 설명한 후에 항목 2에서 거룩한 가르침이 학문이라는 것을 설명한다. 일반적인 학문에 두 종류가 있어 하나는 지성의 자연적 빛으로 알게 된 자명한 원리에서 출발하는 유형(산술학, 기하학)과 상위의 학문의 빛으로 알게 된 여러 원리에서 출발하는 유형(광학, 음악)이 있다. 그런데 거룩한 가르침인 신학은 상위의 학문의 빛으로 알게 된 원리, 즉 하나님께로부터 계시된 여러 원리들로 출발하므로 후자의 유형에 속하는 학문이다. 거룩한 가르침은 하나님께로부터 알게 된 계시에서 출발하여 하나님을 논하는 학문인데, 아퀴나스는 학문의 내용을 철학을 시녀로 사용하는 방법론으로 전개하여 간다. 이와 같이 아퀴나스는 신학과 철학을 구분하여 신학의 우위성을 확립한다. 그런데 그는 인간이 얻을 수 있는 지식은 신앙의 빛에 의해서만 얻을 수 있는 지식, 자연의 빛에 의해서 얻을 수 있는 지식, 그리고 자연의 빛과 신앙의 빛에 의해서 함께 얻을 수 있는 지식으로 나누었다. 그는 거룩한 지식에서 첫째 부분은 계시에 의해서만 얻을 수 있고, 셋째 부분은 양자에 의해 얻을 수 있다고 보았다. 그러면 철학은 도대체 어떻게 신학에 기여하는 것인가? 토마스는 『보에티우스의 삼위일체론 주석』에서 명백히 그 역할을 요약한다. 철학은 거룩한 가르침과 관련해서 우리에게 세 가지 관점에서 유익하다. 첫째 신앙이 전제하고 있거나 기초로 삼고 있는 진리들을 증명하는데 (예를 들면 신이 존재한다는 것이나 신이 하나라는 것과 같은 사실들) 둘째 자연적인 지식의 영역으로부터 취한 비유와 예들로써 신앙의 진리를 조명하는데, 셋째 신앙에 대한 공격을 물리치는데 유익하다. 이러한 방식으로 아퀴나스는 자신의 신학을 전개하면서 철학을 이용하는데, 특별히 아리스토텔레스의 철학을 도입하여 자신의 신학을 수립한다.

이러한 이론적 배경을 토대로 그는 2문에서 43문에 걸쳐 신론을 다루는데, 2-26문까지는 신의 속성들을 중심으로 신의 본질을 다루고 있고, 27-43문에 걸쳐서는 삼위일체론의 위격의 특성들을 설명한다. 아퀴나스는 신학대전에서 삼위일체론을 논하면서 이전의 책들에서 다루던 순서들보다는 훨씬 더 논리적인 체계를 갖추어 "가르침의 질서에 따라" 위격의 발출, 관계, 그리고 위격들 자체에 대해 논의한다. 그러므로 질문 27에서 43은 모두 위격과 관련하여 전개되고 있다. 그는 질문 27에서 위격의 기원인 발출을 맨 먼저 언급한 후에 위격들의 기원의 관계들을 질문 28에서 논의한다. 그는 이러한 두 가지 질문을 통하여 위격의 발출과 관련된 아리우스와 사벨리우스의 오류와 위격의 관계를 둘러싼 질베르의 오류들을 바로 잡으면서 삼위일체의 위격들을 다룰 수 있는 토대를 구축한다.

그는 질문 29에서 43에 걸쳐 위격들 자체를 분석한다. 그는 먼저 위격 자체에 대해 논의한 후(29-38)에 위격들의 비교를 통한 고찰을 한다(39-43). 위격 자체에 대한 논의는 공통적인 논의(27-32)와 개개 위격의 논의(33-38)로 구성되어 있다. 위격들의 공통적인 것으로 위격의 정의(29), 위격의 숫자(30), 위격의 차이성과 유사성(31), 위격의 인식(32)의 네 가지를 논한다. 개개 위격에 대해 성부(33), 성자(34-35), 성령(36-38) 순으로 논의한다. 이러한 각 위격의 논의에서 독특한 점은 삼위일체를 지성과 사랑의 발출이란 아우구스티누스의 심리적 유비 구조에서 이해하기 때문에, 성부와 성자와 성령의 관계를 중심으로 논하기 보다는 성자를 말씀과 모상의 관점에서, 성령은 사랑과 은사라는 관점에서 논의한다. 그리고 위격의 구성에서 관계보다 기원의 우선성을 주장하는 보나벤투라의 입장을 비판한다.

아퀴나스는 각 위격을 논한 후에 39문에서 43문에 걸쳐 위격과 본질(39), 위격과 관계(40), 위격과 인식적 표징(기원)(41)을 비교하고, 위격 상호간의 비교를 한(42) 후에 파송(43)에 대하여 논한다. 이러한 논의를 통하여 아퀴나스는 위격과 관련된 여러 관계들을 검토하여 위격의 특성을 분명하게 밝히면서 궁극적으로 내재적 삼위일체론에서 시간 속으로의 파송을 통한 경륜적 삼위일체로 삼위일체론을 마무리한다. 그의 삼위일체론은 성경 계시를 근거로 하면서, 그러한 성경 계시의 내용을 언어분석과 아우구스티누스의 심리적인 유비와 아리스토텔레스의 철학과 존재론적인 유비를 통해 설명하며 당시의 삼위일체론을 둘러싼 이단과 오류를 바로잡고자 한다.

3) 삼위일체론의 방법론
(1) 계시를 통한 삼위일체의 인식

토마스는 2문에서 26문까지 다룬 하나님의 본질에 대해서는 이성을 통한 철학적 설명이 가능하나 삼위에 대한 인식은 자연이성으로 불가능하다고 말한다. 그래서 삼위에 대한 설명은 성경 계시에서 출발한다. 그는 발출에 대해 "내가 하나님에게서 나왔습니다"(요8:42)를 인용하고, 아리우스의 견해를 반박하며 성자의 신성에 대해서는 요한일서 5장 20절, 성령의 신성에 대해서는 고전 6장 19절을 인용한다. 성자와 성령이 스스로 행동해 간다는 사벨리우스의 견해를 반박하여 "아들은 아무 것도 스스로 할 수 없습니다"(요5:19)를 인용한다.

아들의 출생에 대해서는 "나는 오늘 너를 낳았다"(시2:7)를 인용한다. 성령의 발출에 대해서는 성령의 성부로부터의 발출에 대해 요15장 26절을 인용하고, 성령과 성자의 구별에 대해서는 "나는 아버지께 청하겠습니다. 그러면 아버지께서는 다른 보혜사를 여러분에게 붙여주실 것입니다"(요14:16)을 인용한다. 그는 세 위격이 있다는 것에 대해 요일5:7을 인용한다. 그는 이와 같이 삼위일체의 발출에 대해 성경을 인용하여 자신의 입장을 설명하며 성경적 토대를 구축한다.

"유일한"이란 배타사는 하나님께 사용될 수 없다는 주장에 대해 "모든 세기의 왕이시며 불사불멸하시고 눈에 보이지 않는 유일하신 하나님께"(딤전1:17)라는 구절을 인용한다. 아퀴나스는 질문 32의 항목 1에서 위격의 삼위성을 인간 이성으로 설명하려는 것은 히11:1절을 인용하여 인간 이성을 초월하는 보이지 않는 것이자 고전 2장 6절에서 말하는 바와 같이 신비로운 지혜이기 때문에 불가능하다고 말한다. 따라서 그는 삼위일체가 계시에 근거하여 인식된다는 것을 설명한다. 이와 같이 아퀴나스는 삼위일체의 인식에서 인간의 이성보다 신앙의 우선성을 성경을 인용하여 설명한다.

(2) 아우구스티누스의 삼위일체론의 심리학적 유비들의 사용

아퀴나스는 아우구스티누스의 삼위일체론의 심리학적 유비들을 사용하여 자신의 삼위일체론을 설명하고 있다. 아우구스티누스는 자신의 『삼위일체론』 8장 이하의 논의를 하나님의 형상이 무엇인가에 대한 숙고에서 출발한다. 그는 인간이 하나님의 형상인데, 하나님의 형상의 내용이 바로 삼위일체의 흔적이라고 해석한다. 인간에게 삼위일체의 흔적이 반영되어 있으므로 이러한 삼위일체의 흔적의 반영을 유비적으로 이해할 때, 삼위일체를 이해할 수 있다고 본다. 아퀴나스는 심리학적 유비를 삼위일체의 흔적 내지 예증이라 이해하는 아우구스티누스를 넘어 삼위일체를 설명하는 핵심적인 원리로 이용한다. 아퀴나스는 신플라톤주의를 벗어나 아리스토텔레스주의로 이동하는 과정에서 아우구스티누스의 가장 신플라톤주의적인 영향으로 평가되는 흔적이라는 설명은 전혀 사용하지 않는다. 단지 인간의 마음에서 일어나는 현상들을 삼위일체를 설명하는데 유비적으로 이용하고 있다. 아퀴나스 역시 아우구스티누스를 따라 인간 정신 활동 속에서 한 하나님 안에서 세 위격의 현존을 파악하는 유비를 보고 있다.

그는 먼저 하나님의 발출의 성격을 정신의 내재적 인식 행위를 통해 유비적으로 설명한다. 아퀴나스는 하나님 안에서의 발출은 피조세계에서 일어나는 외부로의 발출과는 달리 행위자 자신 안에 머무르는 것이라고 지적한다. 이러한 성격은 "지성의 활동, 즉 인식하는 것이 인식하는 자 안에 머물러 있는" 활동에서 가장 명백하게 드러난다. 인식활동에서 "사물의 회임, 즉 개념"이 지성적 힘으로부터 발출하여 인식자 안에 머무른다.

그는 좀 더 구체적으로 성부로부터 성자와 성령의 발출을 바로 인간의 마음에서 지성과 의지의 작용을 통해 유비적으로 이해한다. 하나님의 내부에서 일어나는 아들의 출생과 성령의 발출의 성격의 차이를 이해하기 위해 정신의 두 기능인 인식과 의지가 그에 상응하는 유비로 등장한다. 그는 지성의 발출이 유사성에 입각하여 발생하기에 출생이라고 부른다. 출산자는 자신과 유사한 것을 출산하기 때문이다. 피조된 지성들에서 인간의 인식 행동은 그것이 발출하는 근원인 본성에 속하지 않으나, 대조적으로 하나님 안에서 인식 행동은 하나님의 단순성 때문에 하나님의 본질과 동일하다. 그러므로 발출하는 말씀은 동일한 본성의 자존자로서 발출한다. 따라서 하나님 안에서의 발출은 출생이라 불리고 발출하는 말씀 자체는 아들이라고 불린다.

그런데 의지의 발출은 유사성 때문이 아니라 원하는 상대자에로 이끌리는 성향에 입각해서 발생한다. 그러므로 하나님에게 있어서 말씀을 산출하는 지성작용은 유사성의 산출과 같아서 '출생'이라고 지칭할 수 있고, 의지작용은 유사성의 출산행위가 아니라 성향적 발출행위이기에 '발출'로 표현해야 한다. 아퀴나스는 하나님 안에서 말씀과 사랑의 두 발출 이외에 다른 발출은 가능하지 않다고 본다. 이러한 심리학적 유비는 그가 삼위일체 하느님의 내적 신비를 설명하는데 도움이 되었다.

아퀴나스는 성자의 위격을 말씀이란 용어로 설명할 때 다시 심리학적 유비를 사용한다. 그는 말씀이 위격의 명칭이라는 설명에서 아리스토텔레스의 언어 이론과 함께 인간 영혼으로부터 끌어온 유비를 사용한다. 여기서 그는 아리스토텔레스의 입장에 따라 정신의 내적 개념, 내적 개념을 표시하는 음성, 그리고 음성의 표상 자체라는 말의 세 가지 고유 양태와 말로 표시되거나 행해지는 말인 한 가지 형상적인 양태를 구분한다. 결국 외부로 발성되는 음성의 말은 개념인 "내부의 말"을 나타낸다. 이러한 분석에 따르면 말은 지성에 의해 형성된 개념이다. 이 말은 알려진 사물을 표현하고, 내부에서 이것을 형성하는 지성에 대한 기원의 관계를 소유한다. 그러므로 이러한 정신의 내부 개념이 하나님께 사용되기에 적합한 말씀이며, 여기에 발출의 의미를 포함하고 있다.

말의 실질적인 형성의 주제는 유비에 의해 하나님의 말씀이 성부에 의해 회임되고 실질적으로 그로부터 구별되는 것을 이해하도록 도와준다. 그리고 불가타 성경의 요한복음 1장 1절은 "말씀이 근원 안에 있었다"라고 되어 있어 말씀이 근원, 즉 성부 안에 있었다고 이해하도록 되어 있다. 그러므로 아퀴나스에 따르면 "말씀"이란 용어는 비유나 언어 관습에 의한 것이 아니라 하나님 안에서 고유하게 즉 위격적으로 언급되고, 하나님 안에서 지성의 유출에 의해 발출하는 위격은 성자라 불리며, 이런 발출은 출생이라고 불린다.

토마스는 다음으로 사랑의 명칭을 통해 성령의 발출과 특성을 인식해야만 하는 방식을 설명한다. 토마스는 인간 행동에서 의지가 자체 안에 사랑받는 존재에 대한 정서를 일으키는 구조를 유비적으로 사용하여, 하나님의 경우에도 사랑하는 것과 사랑의 대상의 관계만을 나타낼 때는 본질적 행동이고, 의지가 사랑을 발한다고 하여 발출을 표현하면 위격적 명칭이라고 한다. "사랑을 통해 발출하는 사랑이 인식되고 '애정을 가진다'는 것을 통해 '발출하는 사랑을 발하다'가 인식되는 한에 있어 사랑은 위격의 명칭이다." 우리가 "성령이 위격 안에서 사랑이다"라고 말할 때, 이 사랑이란 이름은 사랑하는 행동이 아니라, 아버지와 아들의 사랑의 행동의 열매, 즉 아버지와 아들의 사랑하는 의지 안에서 일어나는 역동적인 충동을 가리킨다.

토마스는 아우구스티누스의 심리적 유비를 통해 말씀과 사랑의 교리를 발전시켜, 모든 신적 행동의 삼위일체의 토대를 수립한다. 반면에 그는 성령이 상호사랑의 교제이자 끈이라는 아우구스티누스의 입장은 별로 강조하지 않는다. 그는 아우구스티누스의 심리학적 유비를 통해 성부로부터 성자와 성령의 발출을 설명하고, 좀 더 구체적으로 인간의 지성과 의지의 작용을 사용하여 성자의 출생과 성령의 발출을 설명한다. 그는 이 과정에서 인간의 지성과 의지의 작용과 아들의 출생과 성령의 발출의 유사성과 차이

점을 유비적으로 설명한다.

(3) 아퀴나스의 아리스토텔레스의 철학의 사용

아퀴나스는 삼위일체론의 설명에서 아리스토텔레스의 철학을 변용하여 사용하고 있다. 토마스는 당시 스콜라주의에 도입되는 과정에서 많은 갈등을 불러일으켰던 아리스토텔레스의 자연철학을 이미 나폴리 대학에 다니면서 자연스럽게 배웠다. 그는 그 후 가족들의 반대를 무릅 쓰고 도미니크 교단에 들어가 1248년부터 4년간 쾰른에 가서, 파도바 대학에서 1233년 경부터 아리스토텔레스 철학을 배워 대가가 되었던 대 알버트를 통해 수준 높은 아리스토텔레스 철학을 배웠다. 그는 1252년 파리로 돌아와 1256년 까지 롬바르두스의 명제집 강사로 가르치는데, 그의 명제집 주석에는 알버트의 입장과 함께 자연스럽게 아리스토텔레스 철학의 많은 부분이 반영되어 있다. 그는 신학대전에서 아리스토텔레스의 형이상학을 비롯한 다양한 저술의 주장들을 이용하는데 자신의 주장에 맞도록 변용시켜 사용한다.

삼위일체론에서 사용되는 용어 가운데 아퀴나스가 아리스토텔레스에게서 차용하여 변용시킨 대표적인 용어가 관계이다. 관계는 아리스토텔레스의 10개의 범주들 가운데 하나인데, 이것을 확장하여 아퀴나스는 삼위일체론의 관계 이론을 정립한다. 그에게 있어서, 이 세상에서 사물들 "사이"의 관계는 개념상의 우유이고 사물들 "안에" 존재하는 관계는 실질적인 우유들이다. 그는 후자의 경우에 비추어 "같은 본성의 근원으로부터 발출할 때 발출되는 근원과 그로부터 발출하는 자는 필연적으로 같은 질서에 속해야" 하고, "실재적인 관련을 맺어야 한다"고 말한다. 그러므로 본성의 동일성 안에서 일어나는 하나님의 발출들에 근거하여 인정되는 관계들은 "필연적으로 실재적인 관계들이어야 한다."

아리스토텔레스의 사상을 확장하여, 아퀴나스는 아리스토텔레스의 9가지 종류의 우유들의 각자와 같이 관계에서도 우유로서의 존재와 고유한 성격을 고찰한다. 관계의 우유로서의 존재는 주체에 내재한다는 것이고, 고유한 성격은 관계가 외부의 어떤 것과 관련을 가진다는 것이다. 그는 관계의 이러한 이중적인 측면을 하나님께 전이시켜 하나님의 위격을 고찰한다. 1) 관계의 존재의 측면으로부터, 관계의 우유는 하나님께 전이되면 내재적인 실체적 존재를 가지며, 하나님의 단순성 때문에 신적 관계는 하나님의 본질의 존재를 갖는다. 2) 그런데 관계의 고유한 본성의 측면으로부터, 관계는 다른 것에 대한 것이므로 하나님 안에서 기원에 따른 반대(부성, 자성, 그리고 발출)의 순수한 관계로 전이된다. 이와 같이 아퀴나스는 아리스토텔레스의 용어를 자신의 삼위일체론을 위해 변용시켜 사용한다.

토마스는 하나님 안에 지성과 의지의 행동의 두 가지 형태의 내재적인 행동들만이 있을 수 있다는 것을 유비를 통해 보여주려고 아리스토텔레스의 인간론에 대한 자신의 해석을 이용한다. 생명과 다른 신적인 작용들은 그의 지식과 의지로 환원될 수 있는 반면에, 감각은 하나님으로부터 배제되어야만 한다. 이것이 삼위일체가 지성의 방식에 의한 발출과 사랑의 방식에 의한 발출을 배치하여 시작하는 이유이다. 하나님 안에는 말씀의 발출과 사랑의 발출이 주어진다. 지성의 양식에 따른 발출은 말씀의 출생이고, 의지의 양식에 따른 사랑의 발출은 하나님 안에서 성령의 발출이다. 그는 지성과 의지가 아는 사람과 사랑하는 사람 안에서 무엇인가를 생산하는 유익한 행동들이라는 것을 보여주어야만 한다. 그러므로 여기서 그는 지성과 의지의 내재적 작용들이 아무 것도 만들어내지 않는 아리스토텔레스의 인간론을 심도 있게 수정해야만 했다.

위격과 본질이 동일하면, 위격도 본질과 동일하게 하나인지 아니면 복수인지에 대한 질문에 대해 아퀴나스는 위격이 "하나님 안에서 관계를, 하나님의 본성 안에 자존하는 것을 표시하므로" 복수의 위격들이 있다고 설명한다. 그러면 하나님 안에서 숫자상의 용어들은 무엇을 규정하는가? 라는 질문에 답하면서 그는 아리스토텔레스를 이용한다. 이 질문에 대해 롬바르두스는 위격이 셋이라는 말은 하나님의 고독성을 제거할 뿐이라고 하였다. 아퀴나스는 부정적인 의미를 넘어 숫자상의 용어들은 개체의 불분할

성과 형상적 분할을 통한 초월적 숫자상의 용어로 일과 다의 관계를 규정한다고 긍정적으로 설명한다. 아퀴나스는 양, 질료, 형상 등 아리스토텔레스로부터 상속한 개념들을 사용하면서, 양적 질서가 아닌 초월의 질서에서 형상적인 복수성을 유지하기 위해 하나님으로부터 물질적인 복수성을 배제한다. 그에 따르면 복수성은 분할을 의미하는데, 분할에는 질료적 분할과 형상적 분할이 있다. 그는 하나님에 대해 양적 질서를 따르는 질료적 분할을 부정하고 형상적 분할에는 다수성이 수반되는데, 이 다수성은 유를 넘는 초월적 사물에 대한 것이라고 규정한다. 그는 "하나님에 대해 서술되는 숫자상의 용어들은 초월적인 것에 따라 다수로부터 취해진다"고 하면서 위격의 복수성을 설명한다. 초월적 다수는 다수로 언급되는 것들 위에, 개개의 것들에 대한 불가분할만을 첨가한다. 이런 의미에서 하나님의 본질이 하나라는 의미는 분할을 부정하여 나누어질 수 없는 본질을 의미하고, 위격들이 하나라고 하는 경우 나눌 수 없는 위격을 표시한다. 또 위격들이 복수라고 하는 경우 그 위격들이 표시되며, 그 위격들의 각각에 대해 불가분할이 표시된다. 이러한 초월적 다수는 각각의 위격이 다른 위격들로부터 실질적으로 구별된다는 것을 첨가하는 반면에, 복수성 안에서 각각의 하나됨의 긍정에 존재한다. 아퀴나스는 아리스토텔레스의 개념들을 빌려와 엄격한 신플라톤주의자에게 있어서는 전혀 무의미한 개념인 초월적 복수성이란 독창적 개념을 만들어 냈다.

(4) 존재론적 유비 이론의 사용

아퀴나스는 유비이론을 통해 하나님에 대한 자신의 인식을 설명한다. 그는 가장 근본적으로 질문 13에서 이미 유비 이론을 통해 하나님을 설명하는 원리를 제시하였고, 실제로 삼위일체를 설명하면서 그러한 원리들을 철저하게 적용시킨다.

아퀴나스의 유비이론은 근본적으로 아리스토텔레스에서부터 전해 내려온 이론들을 수용하면서 자신의 목적에 맞게 조정해 나가는 것이다. 그러므로 그의 유비이론은 처음에는 언어학적 분석에서 출발하고 있다. 그런데 그가 언어학적인 분석에서 유비개념을 사물의 유비나 언어의 개념에서 사용하는 것이 아니라 언어의 명칭에서 사용하고 있다는 점이 주목되어야 한다. 이것은 "많은 것에 대해 유비적으로 언급되는 모든 명칭에 있어서는 필연적으로 그 모든 것이 하나에 관련되어 언급되어야 한다. 그러므로 그 하나는 모든 정의에 들어있어야 한다"(Ⅰ.13.6)라는 개념 규정에 의해 확인될 수 있다.

아퀴나스는 이러한 언어학적 분석에서 나온 유비 개념을 자신의 형이상학적이고 신학적인 목적에 사용하고 있다. 그가 신학적인 논의에 유비 이론을 끌어들이는 이유는 하나님에 대한 인식이 피조물을 통해서 이루어지기 때문이다. "하나님은 이 세상에서 그 본질을 통해 우리에게 보일 수 없지만 근원과의 관계에 따라 피조물의 탁월성과 제거의 방법으로 우리에게 인식될 수 있다." 그러므로 우리는 피조물에 근거하여 하나님의 이름을 지을 수 있다. 이러한 하나님의 명칭은 "하나님께 대한 다른 사물의 관계를 표시하는 것이 명백하다."

토마스가 특히 하나님에 대한 명칭을 논의하면서 "유비라는 개념으로 도달하고자 하는 목표는 무엇보다도 인간의 언어의 한계를 주목하게 하고, 하나님께 부과되는 명칭들의 부적합한 사용이나 해석을 통해 생겨날 수 있는 위험을 피하는 것이다." 아퀴나스는 하나님과 피조물 사이에 관계를 표현하는 명칭에 대해 다의성과 일의성 개념을 부정하고 유비 개념을 사용한다. 일의성 개념은 하나님과 피조물을 동일선상에 놓기 때문에 불가능하고, 다의성 개념은 서로 다른 개념으로 소통이 불가능하기 때문에 하나님과 피조물 사이의 관계를 논하기에 적합하지 않다. 유비는 공통성과 함께 다른 점을 가지고 있을 때 사용할 수 있다. 하나님과 피조물은 존재라는 면에서 동질성을 가지고 있으나, 창조주와 피조물로서 차원이 다르기 때문에 비례에 따라 사용할 수 있다. 수학에서의 비례의 유비나 인간 윤리 행동과 관련된 비례성의 유비에서는 엄격한 일치가 요구되나, 피조물과 하나님

사이의 관계에서는 그러한 엄격한 비례성의 일치가 설정될 수가 없다. 여기서는 형이상학적인 관점이나 신학적인 관점에서 비례성이 설명된다. 피조물과 하나님 사이에는 정확한 비율에 의한 유비 관계는 성립되지 않으나, 하나님이 창조주이시고 인간이 피조물이기 때문에 창조주와 피조물 사이에 원인과 결과로서의 불완전한 비율의 유비가 설정된다. 그리고 이러한 불완전한 비례에 근거해서 하나님과 인간 사이의 유비의 명칭이 사용될 수 있다. 이러한 유비는 하나의 다양한 것들의 대한 유비의 형태이다. 다양한 피조물들이 결과로서 원인이신 하나님과의 유비적 관계가 형성된다.

이러한 유비적 관계가 형성되면 선차적이고 후차적이라는 순차적 관계에서 다음과 같은 서술이 가능하다. 본질적인 순서에서 보면 그 명칭이 하나님에게 먼저 존재할 것이다. 그러나 인간의 인식 순서에서 보면 인간은 피조물에 대한 인식을 통해서만 하나님에 대한 인식에 이를 수 있다. 그러므로 인식의 순서에 따르면 인간의 인식이 선행하고 그 인식의 결과를 하나님에게 후차적으로 적용하게 된다.

아퀴나스는 이러한 유비 이론을 삼위일체론을 논의하면서 필요한 곳에서 적절하게 이용하고 있다. 아퀴나스는 보에티우스의 인격의 정의를 삼위의 위격에 적용하면서 유비 이론을 사용한다. 그의 위격 연구의 출발점은 보에티우스의 유명한 정의인 "위격은 이성적 본성을 지닌 개별적 실체이다"에 근거하고 있다.

보에티우스의 위격의 정의는 원래는 그리스도론의 이단들인 유티케스의 단성론과 네스토리우스의 주장이 제기한 문제를 해결하고자 하는 논의에서 출발하였다. 그는 본성이 보편성을 지닌 것인데, 그 본성을 개별적인 실체와 연결시킨다. 그는 이성적 본성을 지닌 것은 하나님, 천사, 인간이라고 구분한다. 이러한 이성적 본성을 지닌 존재들 가운데 위격은 개별적이며, 본성은 실체에만 존재할 수 있기 때문에 위격은 이성적 본성을 지닌 개별적 실체라는 정의가 도출된다. 이러한 정의는 철학적 관점에서 정의된 것으로 그 이전의 교부들의 주석적인 관점과는 구별된다.

그런데 이러한 정의는 기독론에 적용하는 데는 별로 문제가 없었다. 그러나 이러한 개념이 삼위일체론에 적용되면서 성 빅토르의 리카르두스를 비롯한 여러 학자들에 의한 비판이 제기되었다. 그러나 아퀴나스는 이러한 비판들을 알고 있으면서 이 정의를 지적하였다.

그는 이러한 인격에 대한 논의를 한 뒤에 결국 이 논의를 존재의 유비를 통해 하나님의 위격에 적용시킨다. 하나님의 위격은 전체 본성에서 가장 완전한 것, 즉 이성적 본성에서 자립하는 것을 표시한다. 하나님의 본질이 그 자체 안에 완전성을 내포해야만 하는 한에서, 완전성에 속하는 모든 것은 하나님께 귀속되어야 하므로, 위격이란 명칭이 하나님께 사용될 수 있다고 한다.

그리고 토마스는 신과 신성을 구별하고, 관계는 본질에 부과된 외부적인 것이라고 하여 하나님의 단순성을 위태롭게 했던 질베르를 비판하고, 관계를 본질 안에 있으면서, 본질과 동일하다고 하였고, 동시에 위격이 실재하는 관계라고 함으로써, 위격도 본질과 구별되는 것이 아니라 동일하다는 것을 설명하여 하나님의 단순성을 확립하였다. 우리의 지성은 하나님의 것들을 그 사물들의 양태를 따라 인식할 수 없어 피조물에서 발견되는 양태에 따라 인식하므로 관계와 본질 사이에 "실질적인 동일성"이 있으나 "이성에 의한 개념상의 구별"만이 있다.

본질과 위격이 하나님 안에서 실질적으로 동일한데, 이와 같이 다른 개념들로 이해해야 하는 이유는 우리의 지성은 하나님의 일들을 있는 바대로 이해할 수 없으므로, 피조물에 속하는 방식을 통해 유비적으로 이해한다고 지적한다. 감각으로 이해하는 형상과 질료로 구성된 피조물에 대한 "표현 양태"는 삼위일체에 대한 말에까지 확대된다. 하나님의 본성은 형상과 같고, 이 본성을 소유하는 위격들은 대당관계에서 구별되는 개체이다. 우리는 형상의 측면으로 하나님 안에서 하나인 것을 표현하고, 개체화시키는 측면(위격)으로 하나님 안에서 셋 인 것을 표현한다. 그러나 우리의 말하는 방식과 달리 이러한 두 측면들은 동일하다.

(5) 언어 분석의 사용

아퀴나스의 삼위일체의 논의의 많은 부분이 언어분석에 의존하고 있다. 그는 언어 구조의 분석을 통해 어떤 서술이 삼위일체에 합당한지 아닌지를 분석하고 있다. 그는 질문 31에서 "하나님 안에서 단일성 혹은 복수성에 속하는 것에 대하여" 논한다. 그는 질문 31의 3항에서 '홀로'(solus)라는 배타사가 하나님 안에서 본질적 명사에 부가될 수 있는지를 질문한다. '홀로'라는 용어는 자체 서술사 혹은 공서술사로 이해될 수 있다. 그런데 자체 서술사는 어떤 주체에 대해 표시된 것을 무조건으로 나타내는 표현이기 때문에 '홀로'의 이러한 의미는 하나님께 적용되면 고독성을 부과하므로 사용될 수 없다. 반면에 공서술사는 주어에 대한 술어의 질서를 내포하는 말이므로 '홀로'의 이런 의미는 하나님께 사용이 가능하다. 이러한 논의는 중세 대학에서 문장에 사용되는 단어들의 문맥에서의 의미를 분석하기 시작하던 논의의 결과를 이용하는 사례이다.

질문 39 항목 3에서 7에 걸쳐 본질적인 명칭들이 세 위격에 대해 단수적으로 서술되는지, 구체적인 명칭들이 위격을 지시할 수 있는지, 추상적으로 표시된 본질적 명칭들이 위격을 지시할 수 있는지, 위격들은 본질적 명칭들에 대해 서술될 수 있는지, 본질적 명칭들은 위격들에게 고유화될 수 있는지를 논하고 있다. 이러한 항목들에서 아퀴나스는 본질과 위격에 대한 서술들이 언어 표현을 통해 논리적으로 모순이 발생하지 않는지를 집중적으로 논의하고 있다.

맨 먼저 "본질적 명칭들이 세 위격에 단수적으로 서술되느냐?" 하는 문제에서 하나님의 본질을 실체적으로 표시하는 명칭들은 세 위격에 단수적으로 서술되고, 본질을 형용사적으로 표시하는 명칭들은 세 위격에 대해 복수적으로 서술된다. 다음으로 하나님이 하나님을 낳는다는 말이 성립되는 것은 하나님이란 명칭이 본질 혹은 위격 혹은 위격들을 나타낼 수 있기 때문이다. 반면에 본질이 본질을 낳는다는 표현은 본질이 일체를 나타내는 용어이기 때문에 위격과 관련된 낳는다는 표현에는 사용될 수 없다. 그리고 위격과 본질이 동일하므로 "하나님이 세 위격이다" 혹은 "본질이 세 위격이다"와 같이 위격들은 본질적 명칭들에 서술될 수 있다. 본질과 위격의 실질적인 동질성 때문에, 각 위격들은 본질의 모든 속성들을 소유하여 고유화시킬 수 있다. 아퀴나스는 이러한 전용의 방법을 통해 이성으로 어느 정도 알려질 수 있는 본질의 속성을 가지고 신앙으로만 알려지는 위격들의 고유성을 유비적으로 설명한다. 이러한 전용은 유사성과 비유사성의 두 가지 방식으로 이루어질 수 있다. 지성에 속하는 일들은 유사성으로 아들에게 전용할 수 있다. 늙으면 힘이 없는 아버지와의 비유사성으로 능력을 성부에게 전용할 수 있다.

토마스는 위격과 관계의 고유성(자성, 부성, 발출), 그리고 위격과 기원은 실체적으로는 동일하나 서술되는 표시의 양태에 따라서는 다르게 나타난다고 지적한다. 위격과 고유성의 경우에 "낳는다"와 같은 기원을 나타내는 인식 표징적 동사들과 분사들은 인식 표징적 작용을 표시하는데, 이러한 작용들은 위격의 작용이다. 그런데 부성, 자성 같은 고유성들은 위격들로 표시되지 않고, 오히려 위격의 형상들로 표시되므로, 기원을 나타내는 분사들이나 동사들이 고유성에 서술된다는 것은 표시의 양태에 배치된다. 그러므로 위격과 관계적 고유성은 동일하지만, 표현 양태는 다르게 나타난다. 성부가 낳는다고 말하지만, 부성이 낳는다고 말하지는 않는다.

또한 위격들은 낳음과 성령의 발출과 같은 작용에 의해 명명되는 기원과 실체적으로는 같지만 표현양태는 다르게 나타난다. 토마스는 이러한 위격들의 기원의 질서를 나타내는 작용을 인식 표징적 작용이라고 부른다. 이러한 작용과 위격의 관계들은 실체적으로는 동일하지만, 표시의 양태에 따라 개념상으로는 다르다. 그러므로 위격은 작용의 양상으로는 기원을 통해 구별되고 관계의 양상으로는 대립을 통해 구별된다. 그러므로 아퀴나스는 기원을 나타내는 "인식표징적 작용들과 위격들은 사물들로서는 같으면서도 표시의 양식에 관한 한 다른 것들이라는 것이 명백하다"고 말한다. 이와 같이 아퀴나스는 삼위일체를 논의하면서 당시에 발전하던 논리학의 언어 분석의 방법론을 도입하여 삼위일체에 대해 정확한 표현을 하고자 시도하였다.

4) 여러 이단들에 대한 비판

아퀴나스는 이러한 방법론들을 사용하면서 자신의 삼위일체론을 정립하면서 동시에 고대로부터 당시까지에 대두되었던 다양한 이단들을 비판하여 정통교리를 변증하고자 하였다. 그는 이러한 이단들의 비판에도 바로 새로운 방법론을 도입하였다.

(1) 고대 이단들에 대한 비판

아퀴나스는 아리우스와 사벨리우스의 오류가 발출에 대한 잘못된 형이상학적 이해에서 발생하였다고 지적한다. 이들은 발출을 피조세계에서 외부를 향해 일어나는 것으로 이해하여 성경 해석을 잘못하게 되었다. 아리우스는 결과가 원인에서 발출한다는 의미에서 "성자는 성부께로부터 첫 번째 피조물로서 발출하고 성령은 성부와 성자로부터 두 분의 피조물로 발출 한다"고 해석한다. 반면에 사벨리우스는 원인이 결과를 움직인다는 입장에서 "하나님 자신이 동정녀한테서 육신을 취했다는데서 성자라고 불린다. 그리고 같은 분(하나님)이 이성적 피조물을 성화시키고 움직여 간다는데서 성령이라고 불린다"고 해석한다.

이들은 성자와 성령의 발출을 "밖의 어떤 것으로 향하는 의미"로 이해하였다. 반면에 행위자 안에 머무르는 발출도 있는데, 피조 세계에서 이러한 발출의 가장 현저한 예는 지성의 활동인 인식이 지성 안에 머무는 경우이다. 그런데 하나님은 만물 위에 존재하므로 하나님 안에서 말해지는 것들은 낮은 수준의 몸을 따라서가 아니라 지성적 실체들인 최상위의 피조물들의 유사성을 따라 인식되어야 한다. 따라서 하나님 안에서 일어나는 발출은 자신 안에 머무는 발출로 이해되어야 하고, 가톨릭교회의 신앙이 이것을 요구하고 있다.

(2) 질베르의 견해에 대한 비판

아퀴나스는 삼위일체론을 전개하는 과정에서 본질과 위격, 위격과 관계, 본질과 관계 등이 서로 다른 것으로 이해했던 질베르의 오류를 극복하는 것을 주요한 과업으로 삼았다. 그의 견해에 대한 다른 반대자들의 거의 이름이 언급되지 않으나, 질베르는 여러 번 이름을 거명하고 있다. 그는 이러한 질베르의 오류를 극복하는 과정에서, 위격들이 본질에서 발출하는 것으로 이해하는 오류를 피하려고 위격들의 관계와 함께 관계와 본질의 관련성을 논의한다. 그는 아리스토텔레스의 우유적인 관계 개념을 재해석하여 하나님 안에서의 발출들은 동일 본성 안에 있어 실재적인 관계를 맺어야 한다고 지적한다. 그러므로 하나님 안에서 부성과 자성은 실재적인 관계들이다. 아퀴나스는 위격들이 실질적인 관계를 가지므로, 관계가 다른 것들과 관련되어 보조적이라는 질베르의 입장은 아리스토텔레스의 입장을 따라 오류를 범한 것이라고 해석한다.

반면에 관계는 내재하면서도 다른 것과 관련된 것이라는 이중성을 동시에 가진다. 그는 관계의 이러한 이중적 측면을 하나님께 전용하여 하나님 안에서의 관계를 고찰한다. 내재하는 실재적인 하나님의 위격들의 관계는, 하나님 안에 있는 모든 것은 하나님의 본질과 전적으로 동일한 것이므로, 하나님의 본질의 존재를 가진다. 그러므로 "하나님 안에 실재적으로 존재하는 관계는 인식의 개념으로만 다르고 실제로는 본질과 같은 것이다." 그런데 관계는 다른 것에 대한 관계를 말하는 점에서는 본질과의 관계가 아니라 대당되는 관계를 표현한다. 즉 하나님 안에서 기원에 따른 반대의 순수한 관계가 존재하여 위격의 실재적 구별이 존재한다. 이러한 측면 하에서, 관계는 신적 본질의 결정에 존재하는 것이 아니라, 오히려 기원이 다른 위격 사이에만 존재한다.

토마스는 위격들의 실질적인 관계의 종류를 구분하기 위해 아리스토텔레스의 관계 성립의 세 가지 근거들인 양, 행동, 그리고 열정을 분석한다.

위격들의 비 물질성 때문에, 양이 배제되고, 위격들의 동등성 때문에 열정의 개념이 배제되는 것이 필수적이므로, 행동, 즉 기원만이 하나님 안에서 실질적인 관계의 유일한 근거로 남는다. 이러한 기원에 근거하여 그는 부성, 자성, 영기발, 그리고 발출의 4가지 실질적인 관계를 확립한다.

그리고 토마스는 위격이 관계를 표시하는지를 질문한다. 위격은 본질 안에서 구별을 표현하는데, 하나님에 있어서의 구별은 기원의 관계들에 의해서만 이루어진다. 그런데 하나님 안에서 관계는 하나님의 본질 자체이다. 따라서 관계는 하나님의 본질이 자존하는 것과 같이 자존한다. 그러므로 하나님의 위격은 자립하는 것으로서의 관계를 표시하는데, 관계를 하나님의 본성 안에 자립하는 자주체인 실체의 양태로 표시한다. 그러므로 위격은 직접적으로는 관계를 표시하고 간접적으로 본질을 표현한다. 아퀴나스는 위격을 아우구스티누스의 견해를 따라 실재하는 관계로 정의하는데, 이러한 논의를 통해 12세기에 신은 신성이 아니라는 질베르의 언어학적인 논의가 제기했던 문제들을 해결하였다. 질베르는 신과 신성을 구별하고, 관계는 본질에 부과된 외부적인 것이라고 하여 하나님의 단순성을 위태롭게 했는데 반해, 아퀴나스는 관계를 본질 안에 있으면서, 본질과 동일하다고 하였고, 동시에 위격이 실재하는 관계라고 함으로써, 위격도 본질과 구별되는 것이 아니라 동일하다는 것을 설명하여 하나님의 단순성을 확립하였다. 그는 이러한 논의를 질문 39 항목 2에서 다시 한 번 논의하면서, 우리의 지성은 하나님의 것들을 그 사물들의 양태를 따라 인식할 수 없으므로, 피조물에서 발견되는 양태에 따라 인식한다고 주장한다. 그러므로 관계와 본질 사이에 "실질적인 동일성"이 있으나 "이성에 의한 개념상의 구별"만이 있다.

(3) 보나벤투라와 요아킴의 견해 비판

도미니크파의 신학을 대표하는 아퀴나스는 프란시스파를 대표하는 보나벤투라와 삼위일체론의 위격에서 관계가 더 우선적인가 아니면 기원이 더 우선적인가에 대해 의견을 달리한다. 보나벤투라는 위격에서 기원을 더 중요하게 여기는 반면에 아퀴나스는 관계를 중요하게 여긴다. 보나벤투라는 성부의 낳아지지 않음(ingenitum)이 근원을 가지고 있지 않다는 부정적인 측면과 동등하게 다른 위격의 근원이 되는 풍성함이란 긍정적인 측면을 포함하고 있다고 본다. 반면에 아퀴나스는 아버지의 근원적인 풍성함은 낳아지지 않는 것이 아니라 아들과 성령의 근원이신 아버지를 나타내는 부성과 영기발(spiratio)에 의해 표현된다고 이해하며, 그의 주장을 진실해 보이지 않는다고 거부한다.

보나벤투라는 아버지의 위격의 구별이 낳아지지 않는 것에 의해 미완성으로 제시되고, 부성을 통해 성취된다고 이해한다. 그러나 아퀴나스는 이러한 입장은 위격들을 구별하고 구성하는 관계들의 배타적인 역할을 부정하며, 아버지의 관계 이전의 개념을 포함한다고 거부한다. 성부는 아버지이기 때문에 아들을 낳는 것이지, 아들을 낳기 때문에 아버지가 아니다. 그러므로 그는 낳지 않음을 성부의 위격의 구별의 척도로 삼는 보나벤투라와 의견을 달리한다.

관계와 위격이 같다면, 어떻게 위격들은 관계들에 의해 구별되는가? 아퀴나스는 위격들이 기원과 관계라는 두 가지 차이의 원리에 의한 삼위일체의 발출들에서 구별된다고 설명한다. 기원은 낳음과 같은 작용에 의해, 관계는 부성과 같은 형상에 의해 표현된다. 그런데 두 가지 이유 때문에 위격들의 구별을 묘사하는데서 기원보다 관계가 더 적절하다. 관계는 내재하는 반면에 기원은 내재하지 않으므로 관계는 기원과 달리, 내재적 구별, 안정된 위격 관계를 설명할 수 있다. 둘째로 기원은 위격을 구성하는 것이 아니라, 위격이 구성되는 길을 보여준다. 대조적으로 관계는 위격을 구성한다. 관계는 우유일 때 주체들의 구별을 전제하나 관계들이 실재할 때는 구별들을 전제하는 것이 아니라, 초래한다.

이와 같이 관계들이 위격들을 구성하고 구별하므로, 만약에 우리가 삼위일체에서 관계를 제거한다면, 위격들도 우리의 지성에서 사라질 것이다.

우리는 아버지는 아들에 대한 관계에 의해서만 아버지로 생각될 수 있기 때문에 보나벤투라와 같이 아버지를 기원에 의해 최초의 신적 존재로 생각할 수 없다. 위격이 신적 본질의 열매가 아니라, 실재하는 관계라고 생각하는 것이 아퀴나스에게서 위격의 관계적인 이해의 특성을 나타낸다. 아퀴나스는 관계적 고유성들이 인식 표징적 작용들보다 선행하다고 주장하여 관계의 중요성을 더욱 강조한다.

아버지가 아들을 낳을 때 피조물이 부분적으로 본성을 전달해 주는 것과 달리 기원에 따른 구별은 남아 있으면서 본성 전체를 전달해 준다. 성자가 성부로부터 낳는다는 것은 피조물의 질료적 근원이 아니라 동일본질적인 출산의 근원을 표현한다. 능력은 수동과 능동의 개념과 가능성의 개념을 내포하므로, 하나님께 기원과 관련하여 인식표징적 작용과 관련된 능력이란 용어의 사용이 합당치 않다는 주장이 있으나, 근원으로서의 능력은 하나님께 귀속될 수 있으며, 낳음의 근원으로서 아버지는 낳는 능력을 가지고 있다. 아퀴나스는 낳는 능력이 관계라는 보나벤투라의 주장에 반대하여 하나님 안에서, 낳는 하나님의 능력은 그의 본질에 속하는 반면에 부성은 아버지의 위격이라고 구별한다. 하나님의 위격들은 동일한 능력을 소유하나, 그들이 하나님의 본질을 소유하는 위격적 특성과 일치하여 그렇게 한다. 그러므로 위격들은 본질의 능력이 아니라, 관계들 안에서 구별된다.

또한 토마스는 피오레의 요아킴의 견해를 비판하였다. 요아킴은 본질과 위격의 동일하다는 주장을 통해 본질이 위격들에 네 번째 실재로 첨가된다고 보았다. 그는 하나님은 그 단순성 때문에 본질과 같다고 보아 "하나님이 하나님을 낳았다"고 하는 것과 같이 "본질이 본질을 낳았다"고 할 수 있다고 주장하였다. 즉 본질도 위격과 같이 서술될 수 있다고 보았으며, 결과적으로 본질이 세 위격에 네 번째 실재로 첨가된다고 보았다. 그러나 이러한 주장은 진실한 말이 되려면 표시된 사물뿐만 아니라 표시의 양태도 고려해야 한다는 점을 간과하여 오류를 범하였다. 표시된 사물로서 하나님과 신성이란 본질은 동일한 것이다. 그러나 표시의 양태로서 하나님이란 명칭은 본질과 위격을 같이 표현하나, 본질이란 명칭은 위격을 배제한다. 그러므로 본질은 낳는다는 표현을 사용할 수 없다. 그러므로 요아킴의 견해는 잘못된 것이다.

아퀴나스는 삼위일체론을 논하면서 삼위일체 하나님에 대한 신앙은 삼위일체를 증명하는 것이 아니라, 오히려 신자들에게 삼위일체 하나님의 계시의 이해가능성을 제시하는 유비의 수단들을 통해 삼위일체 신앙을 합리적으로 설명할 수 있다는 것을 보여주고자 하였다. 삼위에 관한 인식은 근본적으로 계시로 주어지지만, 그에 관한 설명은 유비를 통해 피조물의 것들을 가지고 이루어진다. 그는 삼위일체를 설명하면서 아우구스티누스의 삼위일체의 심리학적인 유비를 근본원리로 삼으면서, 아리스토텔레스의 철학과 존재적 유비와 중세의 언어분석들을 이용하고 있다.

그러므로 그는 삼위일체론의 논의에서 위격을 설명하는데 초점을 맞추어, 삼위일체론과 관련하여 제기되었던 세 가지 잘못된 견해들을 집중적으로 논의한다. 첫째는 아리우스와 사벨리우스의 이단에 대해 그들은 발출을 외부와 관련하여 이해하여 오류를 범했다고 비판한다. 둘째로 하나님과 신성을 구분하고 관계를 보조적인 것이라고 이해하는 질베르의 견해를 비판하여, 본질과 위격과 관계가 근본적으로 동일하나, 인간의 이해의 방식에 따른 표현의 차이라고 해명하여 하나님의 단순성을 옹호한다. 동시에 위격은 하나님의 내부에 실재하는 관계의 대당관계를 통해 구분된다고 설명한다. 셋째로 성부의 낳지 않음을 근본원리로 삼는 프란체스코파의 보나벤투라의 견해를 비판하고 관계를 중심원리로 확립한다. 그리고 요아킴의 견해를 비판하며 하나님과 본질은 사물에서는 동일하나 표현양태에서는 구별된다고 지적한다.

5. 아퀴나스에 대한 평가

아퀴나스는 스콜라주의의 전성기인 13세기에 활동하면서 아리스토텔레스의 철학을 자신의 신학 안에 종합하여 『신학대전』을 저술하였다. 이 책을 저술하면서 당시에 제기되었던 여러 가지 신학적인 논쟁들에 대한 해결책을 제시하고자 시도하였다. 그는 이 책을 저술할 때 기본적으로 발출과 귀환이라는 신플라톤주의의 구조를 채택하면서 아리스토텔레스의 철학을 비판적으로 차용하여 자신의 신학체계를 수립하였다. 그러므로 그의 신학 안에는 아우구스티누스의 신학이 이용되지만, 아리스토텔레스의 철학의 측면이 더 두드러지게 나타난다. 특히 신학대전 2부 1편과 2편에서는 아리스토텔레스의 철학이 이용되면서 인간의 행복론과 그에 이르는 수단들이 논의되어, 방대한 인간윤리학이 되었다. 그렇지만 아퀴나스의 철학과 신학에 대한 이러한 종합은 이후에 스코투스와 오캄에 의해 비판을 받으면서 해체되기 시작한다.

더 읽어야 할 책들

박경숙. 『중세와 토마스 아퀴나스』. 살림, 2004.
토마스 오미어러. 이재룡 역. 『신학자 토마스 아퀴나스』. 가톨릭출판사. 2012.
로버트 오도넬. 이재룡 역. 『쉽게 쓴 토마스 아퀴나스 철학』. 가톨릭대학교출판부, 2007.
이명곤. 『토마스 아퀴나스 읽기』. 세창미디어, 2013.
양명수. 『토마스 아퀴나스의 신학대전 읽기』. 세창미디어, 2014.
쥬세뻬 잠보니. 이재룡 역. 『토마스 아퀴나스의 인식론』. 가톨릭대학교출판부, 1996.
제임스 와이스헤이플. 이재룡 역. 『토마스 아퀴나스 수사 : 생애, 작품, 사상』. 성바오로출판사, 2011.
토마스 아퀴나스. 정의채 역. 『신학대전』. 바오르딸.

14장

둔스 스코투스
(Duns Scotus, 1264-1308)

중세 스콜라주의 역사에서 아퀴나스와 보나벤투라가 1274년에 세상을 떠난 후에 등장한 중요한 인물이 둔스 스코투스(Duns Scotus, 1264-1308)이다. 둔스의 학문의 형성에 중요한 영향을 미친 것이 1277년에 이루어진 아리스토텔레스의 철학에 대한 텅피어 대주교의 정죄이다. 이러한 정죄가 신학에서 아리스토텔레스의 철학의 사용을 중단시킨 것은 아니지만, 상당한 영향을 미쳤다. 그러한 영향 속에서 신학과 철학을 종합하는 아퀴나스의 방법론은 비판을 받기 시작하였다. 따라서 계시와 이성의 관계에서 아퀴나스는 양자의 관계를 조화시키려는 입장인 옛 길(via antiqua)에 속한다. 그는 특히 계시를 이성을 통해 합리적으로 설명하는 것이 가능하다고 보았다. 반면에 둔스 스코투스는 계시를 이성을 가지고 합리적으로 설명하는 것에 비판적인 입장에 서 있다. 물론 그에게 아직도 여전히 신존재 증명을 시도하는 측면에서 그러한 측면이 남아 있다. 그렇지만 지성을 강조하는 아퀴나스와 달리 스코투스는 하나님은 인간의 이성으로 이해할 수 없는 분이며, 그의 뜻대로 모든 것을 행하신다고 주장하는 주의주의자이다. 하나님이 뜻하시는 것이 선한 것이다. 따라서 인간 행동에서도 이성보다 의지가 중요한 역할을 하여 이성이 의지에 복종한다고 주장한다. 주의주의를 주장해도, 하나님은 자신의 본성을 거스르는 일이나 논리적인 모순이 되는 일을 하시지는 않는다고 인정한다.

이와 같이 둔스 스코투스는 계시와 이성의 관계에서 양자의 조화를 모색하는 옛 길과 해체시키는 새 길(via moderna)의 방법론의 중간에 있는 인물이다. 그는 토마스 아퀴나스의 이성과 계시의 종합을 비판한다. 그는 아리스토텔레스적인 온건실재론의 관점을 취하지만 주지주의에서 주의주의로 넘어간다. 그는 성모 마리아의 무염수태 강조를 강조하고, 성육신은 타락이 없어도 일어난다고 주장한다.

1. 둔스 스코투스의 생애

스코투스는 그 이름 자체가 스코틀랜드 출신이라는 것을 알려준다. 그의 성은 던스(Duns)인데, 그가 태어난 스코틀랜드 마을의 이름이기도 하다. 던스는 영국 국경에서 불과 몇 마일 떨어진 곳에 있다. 스코투스의 출생 시기는 정확하게 알 수가 없다. 그의 출생 시기를 추측해 볼 수 있는 두 개의 자료가 있다. 하나는 스코투스가 영국 노샘프턴에 있는 세인트 앤드류스 소수도원에서 프란체스코 수도회의 사제로 서품받은 1291년 3월 17일이다. 당시에 서품을 받을 수 있는 최소 나이가 25세였으므로 스코투스가 1266년 3월 17일 이전에 태어난 것은 확실하다. 그가 최소 나이인 25세에 서품을 받았다고 가정하면, 성 앤드류스 소수도원뿐만 아니라 스코투스가 공부하고 있던 옥스퍼드를 포함하는 교구인 링컨 주교가 1290년 12월 23일에 와이콤베(Wycome)에서 사제들을 서품했기 때문에, 스코투스의 탄생은 1265년 12월 23일에서 1266년 3월 17일 사이라고 판단할 수 있다.

스코투스는 아주 어린 나이에 옥스퍼드에 있는 프란체스코 수도회에서 공부를 시작했을 가능성이 높다. 1280년대 어느 시기부터 옥스퍼드에서 먼저 철학을, 그 후에 신학을 공부했다. 그는 정교한 박사(Doctor Subtilis)로 불렸으며, 철저히 기독교적 관점에서 철학을 연구했다. 그는 1298-99 학년에 옥스퍼드에서 페트루스 롬바르두스 『명제집』의 1-2권에 대해 주석하며 강의했다. 그는 1300-1년에 브리들링턴의 필립(Philip of Bridlington) 교수 아래서 진행된 토론에 참여했다. 스코투스는 아마도 1302년에 옥스퍼드를 떠나 파리로 가서 다시 『명제집』에 대해 강의하기 시작했다. 그는 파리에 머무는 동안 메디아 빌라의 리챠드, 스페인의 곤잘부스, 베드로 올리비 같은 인물들을 알게 되었고 그들로부터 많은 사상적 영향을 받았을 것으로 추측된다. 1303년 6월 스코투스는 프랑스 국왕 필립 4세와의 분쟁에서 교황 보니훼이스 8세를 지지한 혐의로 80명의 다른 수도사들과 함께 프랑스에서 추방되었다. 1303년 10월 교황 보니훼이스 8세가 죽은 후에 왕은 추방된 학생들과 스승들의 귀환을 허락했으므로 스코투스는 1304년 4월에 돌아와 『명제집』에 관한 강의를 재개할 수 있었다. 스코투스는 1305년 초에 신학박사가 되었고 1306-07년 파리에서 프란체스코 교단의 가르치는 교수가 되었으며, 무슨 질문이나 받는 자유 토론을 시행하였다. 그는 갑작스럽게 쾰른에 있는 프란체스코 교단 학교로 옮겨 갔으며, 아마도 1307년 10월에 교수로서의 임무를 시작했다. 그는 1308년 11월에 그곳에서 사망하였다.

2. 스코투스의 작품

스코투스가 그의 저술 활동의 초기에 저술한 작은 논리학 작품들은 주로 아리스토텔레스의 구 논리학에 대한 그의 토론집들이었다. 그 토론집들은 『포르피리의 이사고게(입문서)에 대한 토론집』(*Quaestiones super Porphyrii Isagogem*)과 『아리스토텔레스의 범주론에 관한 토론집』(*Quaestiones super libros Categorias Aristotelis*), 2권으로 된 『해석론에 관한 토론집』(*Quaestiones in librum Perihermeneias*)과 『궤변반박론에 관한 토론집』(*Quaestiones in libros Elenchorum*)등이었다. 이 작품들은 아마도 1295년경으로 거슬러 올라간다. 『영혼에 관한 토론집』(*Quaestiones super De anima*)도 역시 초기 작품일 가능성이 매우 높다. 그의 작품의 편집자들은 1280년대 후반이나 1290년대 초반의 작품으로 보고 있다. 스코투스의 또 다른 아리스토텔레스의 작품에 대한 주석인 『형이상학 토론집』(*Quaestiones super libros Metapysicorum Aristotelis*)은 일찍 시작된 것 같지만, 6권에서부터 9권은 전체가 늦게 저술되었거나 적어도 스코투스의 경력의 후기에 수정되었다. 스코투스는 또한 아리스토텔레스의 『형이상학』에 대한 『강해』(*Expositio*)를 썼다. 이 작품은 수세기 동안 확인되지 않았지만 최근 조르지오 피니(Giorgio Pini)에 의해 확인되고 편집되었다.

스코투스가 페트루스 롬바르두스의 네 권의 『명제집』에 대해 강의한 것을 보면 정말로 상황이 복잡해진다. 그가 두 번 이상 『명제집』에 대해 강의하고 그의 강의를 오랜 기간에 걸쳐 수정했기 때문이다. 우리에게 내려온

다양한 판들의 관계가 항상 명확하지는 않다. 확실히 『강의집』(Lectura)은 우리에게 1298-99년에 옥스퍼드에서 했던 스코투스의 『명제집』의 1-2권에 관한 강의를 제공한다. 옥스퍼드 대학 강의의 『정본』(Ordinatio)이 있는데, 이것은 부분적으로 『강의집』과 파리 강의 자료를 바탕으로 저자가 직접 출판하기 위해 준비한 교정본이다. 스코투스가 죽을 때까지 수정하고 있었던 것으로 보이는 『정본』은 일반적으로 스코투스의 최고 작품으로 받아들여지는데, 그 비평 판본은 마침내 2013년에 완성되었다. 최종적으로 스코투스는 파리에서 『명제집』에 대해 강의했고, 이러한 강의들에 대한 다양한 『보고록』(Reportatio)들이 있다. 학생들의 강의 기록인 『보고록』들에 대한 비평판 작업이 진행 중이다. 현재 우리는 합리적으로 신뢰할 수 있는 제1권 원고의 편집을 가지고 있다. 비록 파리 강의 자체는 옥스퍼드 강의보다 늦었지만, 『정본』의 일부분들인 『명제집』 4권과 아마도 또한 3권은 『보고록』의 해당 부분보다 늦을 가능성이 있다.

이 작품들 외에도 1300~1305년 사이의 『모음집』(Collation)이라 불리는 46개의 짧은 논쟁들과 『원리론』(De primo principio)라고 불리는 후기의 자연 신학에 관한 작품, 그리고 (1306년 대강절이나 1307년 사순절에) 스코투스의 교수시절의 『자유토론집』(Quaestiones Quodlibetales)이 있다. 마지막으로 『테오레마타』(Theoremata)라는 작품이 있다. 비록 그 진위에 대한 의구심이 제기되었지만, 최근의 비평판은 그것을 스코투스의 진정한 작품으로 받아들인다.

3. 스코투스의 사상

스코투스는 13세기 전반에 진행된 아우구스티누스주의와 아리스토텔레스주의 간의 연속적인 논쟁 상황에서 이 두 사상 체계의 종합을 극적으로 실현하였다. 그의 이러한 작업은 각 학설들을 종합할 수 있는 능력과 함께 아리스토텔레스와 토마스 아퀴나스에 대해서도 해박한 지식이 있었기에 가능했다. 그런 만큼 그는 당대의 사상가로서 매우 뛰어난 인물이었을 뿐만 아니라 토마스 아퀴나스에 비견될 만한 종합력을 소유한 사상가로 평가되고 있다. 그는 또한 프란체스코주의와 토마스주의뿐만 아니라 아우구스티누스와 아리스토텔레스, 플라톤에 이르기까지 당대의 모든 사상적 흐름들을 하나로 묶어 이해하고 새로운 종합으로 이끌어낸 인물로 기록되고 있다. 그는 프란체스코 교단에 속하여 13세기 중반 교단 총장이었던 신비주의적인 보나벤투라의 영향을 받았다. 그는 그와 함께 안셀무스를 통해 전해진 아우구스티누스의 신학을 수용하면서도 토마스 아퀴나스를 통해 전해진 아리스토텔레스의 입장도 비판적으로 수용하였다. 그러므로 그는 토마스 아퀴나스의 입장 가운데 일부는 수용하면서 동시에 일부에 대해서는 비판하였다. 이와 같이 그는 아우구스티누스, 안셀무스, 보나벤투라의 영향을 많이 받으면서 아퀴나스의 주지주의적 경향에 반대해서 의지를 강조하는 주의주의적 성격을 띠고 있다. 아퀴나스가 신앙 위에 철학을 세우려고 노력했다면, 스코투스는 철학으로 신앙을 증명해 내려고 했다.

그는 정교한 박사라고 불릴 정도로 논리가 치밀할 뿐만 아니라 언어 표현이 난해하여 그의 저술들을 읽는 작업은 쉽지가 않다. 그렇지만 그는 철학을 탐구한 모든 학자를 통틀어 가장 날카롭고 예민한 정신력을 지닌 인물로 평가된다. 그는 많은 주제들에서 아퀴나스와 정반대되는 태도를 취하였고, 또한 자신보다 조금 앞서 활동한 겐트의 헨리의 조명설도 비판했다. 헨리는 1276년부터 1292년까지 파리 대학에서 당시 인문학부의 일부 학자들이 극단적인 아리스토텔레스주의를 택하는데 반대하여 아우구스티누스 식의 신플라톤주의가 내세웠던 많은 주장들을 옹호했던 인물이다. 헨리는 초기에는 아우구스티누스의 조명설을 지지했지만 감각을 통한 인식을 지지하는 아리스토텔레스의 입장을 수용하여 감각을 통한 표상의 인식을 인정하고 그 표상 속에 들어있는 존재론적 본질의 진리 인식에는 신의 조명이 필요하다고 보았다.

헨리의 겐트는 철학적인 입장에서 토마스 아퀴나스와 시제의 브라방과 달랐으며, 이미 1276년에 아퀴나스의 이론에 대하여 강하게 비판하였다.

그의 이러한 입장은 1277년의 단죄목록에 아퀴나스의 창조론에 대한 몇 가지 입장을 포함시키는데 영향을 미쳤을 것이다. 그는 인문학부를 통제하여 신학부를 보호하려는 목적으로 1277년의 정죄에 참여하였으며 그 이후 1288년에도 탁발수도사들에 반대하여 재속사제들의 입장을 옹호하려고 노력하였다. 헨리는 인문학부와 토마스 아퀴나스의 입장에 불만이 있었지만, 그와 함께 교황에 의한 신학부의 간섭에도 반대하였다.

4. 스코투스의 인식론

스코투스는 인식론에서 직관적 인식을 주장하여, 아퀴나스의 보편개념을 통한 인식과 겐트의 헨리의 조명론을 부정하여 오컴의 유명론으로 넘어가는 계기를 만들었다.

1) 감각과 추상

스코투스는 동물들 중에서 인간만이 감각과 지성의 두 가지 다른 종류의 인지 능력을 가지고 있다는 중세 표준적인 아리스토텔레스의 견해를 채택하고 있다. 감각은 육체적인 기관을 가지고 있다는 점에서 지성과는 다르다. 지성은 비물질적이다. 그러므로 지성이 감각 정보를 이용하기 위해서는 어떻게든 감각에 의해 제공된 원료를 물질적 이미지의 형태로 취하여 이해하기에 적합한 대상으로 만들어야 한다. 이 과정은 문자적인 의미로 "끌어낸다"는 라틴어 아브스트라헤레(abstrahere)로부터 생겨난 추상화라고 알려져 있다. 지성은 그것이 내재되어 있는 물질적 개체로부터 추상화 과정을 통해 보편성을 끌어낸다. 이 활동은 능동 지성이 수행하며, 이 지성은 감각 경험에서 파생된 "표상(phantasma)"을 취하여 그것을 "가지상(intelligible species)"으로 바꾼다. 수동지성은 그러한 상들을 현실화시키는데, 그 기능은 능동 지성이 제공한 가지상을 수신하고 저장하는 것이다. 스코투스는 능동 지성과 수동 지성이 실질적으로 구별된다는 것을 부정하고, 오히려 두 가지 구별되는 기능을 가진 하나의 지성의 능력들이 그러나 일단 가지상들이 추상화되더라도 표상은 쓸모가 없어지는 것은 아니다. 왜냐하면 스코투스는 (아퀴나스가 주장했던 바와 같이) 인간의 지성은 표상을 지향하지 않고서는 아무것도 이해하지 못한다고 주장하기 때문이다. 다시 말해, 지성이 이미 획득한 개념을 사용하기 위해서는 감각 데이터를 어느 정도 활용해야 한다. 그렇지만 이미 획득한 개념을 사용하는 데 채용되는 표상이 처음에 그 개념이 추상화된 표상과 같은 것일 필요는 없다. 사람은 개의 표상으로부터 개의 가지상를 얻었지만, 지금 그 개념의 활용은 개의 이미지를 불러내는 것뿐만 아니라 개를 뜻하는 라틴어의 소리를 상상하는 것으로도 가능하다. 스코투스의 요점은 단순히 어떤 지적 인식 행위에도 어떤 감각적 맥락이 있어야 한다는 것이다.

그런데 그 점조차도 그렇게 일반적인 것은 아니다. 우선, 스코투스는 우리의 지성이 인식할 때 표상을 필요로 하는 것은 잠정적인 상태라고 믿는다. 현세에서 지성은 표상을 지향해야만 한다. 그러나 우리는 내세에서는 표상 없이도 인식할 수 있을 것이다. 그 뿐만 아니라, 스코투스는 그의 후기 작품에서 우리는 이생에서도 표상을 우회하는 일종의 지적인 인식을 향유한다고 주장하는데, 그것을 "직관적인 인식"이라고 불렀다.

2) 직관적인 인식

스코투스는 추상적인 인식과 대조하여 직관적인 인식을 이해한다. 이미 고찰한 바와 같이 추상적 인식은 보편을 포함하고 있으며, 개체 자체가 예시될 필요가 없다. 즉, 개에 대한 나의 가지상은 나에게 개가 무엇인지 말해 줄 뿐이지, 나에게 어떤 특정한 개가 실제로 존재하는지 여부를 말해주지 않는다. 이와는 대조적으로 직관적인 인식은 바로 지금 존재하는 사물에 대한 정보를 제공한다. 감각적 인식은, 스코투스가 분명히 인정하듯이, 이러한 이유로 직관적 인식으로 간주된다. 결국, 내가 개를 보거나 그 소리를 듣는 것이 내가 개를 보거나 들을 때 존재하는 어떤 특정한 개에 대한 정보를 제공한다는 것은 전혀 논란의 여지가 없다. 스코투스의 훨씬 대담한 주장은 지성의 직관적 인식에 관한 것으로, 지성은 직관적 인식으로 특정한 것을 바로 그 순간에 존재하는 것으로 인식한다. 지성의 직관적 인식은 표상을 필요로 하지 않으며, 가지상을 포함하지도 않는다.

지성의 직관적 인식은 두 가지 다른 종류의 대상을 가지고 있는데, 그것은 정신 외부의 감각적인 대상과 영혼 자신의 행동이다. 스코투스는 그의 생애 초기에 정신 외부의 물건에 대한 직관적 인식의 가능성을 부인했는데, 그의 후기 작품에서는 그것을 인정하였다. 우리는 정신 외부의 대상들을 존재하는 것으로 지성적으로 인식할 수 있기 때문에 정신 외부적인 대상에 대한 직관적인 인식을 가져야만 한다. 우리는 그것에 대한 명제를 형성하고 그러한 명제를 삼단논법에서 사용할 수 있다. 그래서 예를 들어 내가 "이 꽃은 빨강이다"라는 명제를 성립시킨다면 그 명제의 내용은 단지 감각 속에가 아니라 지성 속에 있어야 한다. 이것은 개념적이기 때문에 지적인 인식이다. 그것은 존재하는 바로서의 어떤 것에 관련되기 때문에 직관적인 인식이다. 감각상(꽃의 모양과 색깔)에 포함된 정보는 감각기관 내의 물질적 존재에서 비감각기관인 지성 속의 비물질적인 존재로 중개하는 지성에 의해 촉진되어 지적인 인식에 이용될 수 있다. 지성의 직관 인식에서 감각상의 역할은 스코투스가 왜 우리가 이생에서 천사 같은 비감각적 대상의 인식을 할 수 있다는 것을 부정하는지를 설명해 준다. 이와 함께 그는 영혼의 행위에 대한 직관적인 인식의 가능성에 대해서는 일관된 입장이다. 우리는 감각적 대상뿐만 아니라 또한 우리의 정신적 행위에 대한 직관적인 인식을 가지고 있다.

스코투스는 인식론에 있어서 보편을 경유할 필요가 없이 구체적이며 개별적인 것이 전적으로 인식된다고 생각한다. 우리는 감각적, 정신적 직관에 의해 실재 사물을 직접적으로 파악한다. 스코투스는 보편개념은 능동지성의 추상작용에 의한 만들어진다고 보았다. 능동지성은 공통본성에서 출발하여 보편개념인 가지상을 형성한다. 그는 인식과정에서 능동지성의 역할을 강조한다. 감각적 직관은 인식작용에서 부분적인 원인이자 기회에 불과하다. 능동지성은 수동지성에 대상을 만들기 위해서는 그 자체로서 충분한 원인이다. 이런 지성의 작용은 인식수단과 인식대상 사이에 어떤 관계를 만들어내는데 있다. 스코투스는 인식되는 것이 다 인식하는 것의 양식에 따라 된다는 아퀴나스 이상으로 인간 인식의 고유한 법칙을 강조하여 인식론에서 주체가 전면에 나선다.

스코투스의 직관적 인식은 두 가지 측면에서 중요한 변화가 있었다. 하나는 아우구스티누스적인 프란체스코회의 전통인 하나님의 특별한 조명설을 부정한다는 것이다. 특히 프란체스코회는 아우구스티누스의 주장을 수용하여 보나벤투라에 이르기까지 우리들의 인식은 하나님의 빛인 조명이 있어야 가능하다고 보았다. 그런데 아퀴나스는 이러한 조명설을 부정하였다. 아퀴나스는 하나님의 조명이 아니라 바로 우리에게 주어진 보편 개념이 우리에게 인식을 가능하게 하는 빛이라고 보았다. 아퀴나스 후에 다시 조명론을 주장한 인물이 겐트의 헨리이다. 스코투스는 자신보다 바로 앞서 활동했던 겐트의 헨리가 주장했던 조명주의의 견해에 반대하여 논쟁을 벌였다. 그는 헨리가 신의 조명을 포기하는 것으로부터 따라올 것이라고 주장한 회의적 결과들을 반박했다. 스코투스는 만약에 우리의 사고가 헨리가 믿었던 방식으로 오류를 범한다면 그러한 조명은 원칙적으로 "참되고 순수한 지식" 보장할 수 없다고 주장했다. 함께 하는 것들 가운데 하나가 확실성과 양립할 수 없을 때, 확실성은 달성될 수 없다. 필연적인 하나의 전제와 우발적인 하나의 전제로부터는 우발적인 결론 밖에 아무 것도 따라오지 않는 바와 같이, 확실한 것과 불확실한 것으로부터 나온 전제들이 어떤 인식에서 함께 모이면, 확실한 인식은 뒤따라오지 않는다. 스코투스는 인간의 지성이 보편을 파악하기 위해서는 신으로부터 특별한 조명이 필요하다고 주장하는 아우구스티누스와 겐트의 헨리의 주장을 거부하지만 그의 인식론에서 신을 완전히 배제하지는 않는다. 왜냐하면 신은 모순과 함께 존재할 수 없기에 우리를 속이는 방식으로 절대적 능력을 발휘하지 않기 때문이다.

둘째로 직관적인 인식에서 생득관념인 보편 개념은 부정하지만 공통본성을 주장한다. 토마스 아퀴나스는 아리스토텔레스의 보편 추상론인 생득관념, 즉 보편개념을 통해서 개체를 인식할 수 있다고 보았다. 그러므로 아퀴나스에게는 하나님의 조명이 아니라 보편 개념이 인식에 있어서 필수적이다. 아퀴나스에게 있어서 보편 개념은 바로 형상을 의미한다. 그러나 스코투스는 인간의 지적 인식의 대상을 개별화의 원리인 질료로부터 추상된 형상과 보편 개념을 통해 인식되는 형상이 없이 어떤 개체들을 직접 인식할 수 없다는 토마스 아퀴나스의 견해를 수용하지 않았다. 그 대신에 그는 정신은 개체 자체에 대한 막연하기는 하지만 적어도 어떤 원초적인 지적 직관을 지니고 있다고 생각한다. 그래서 그는 만일 우리가 미리 개체에 대한 지적 직관을 가지고 있지 않다면 어떻게 개체로부터 보편을 추상할 수 있겠는가 하고 반문을 한다. 그런데 실재론과 관련하여 그는 소크라테스와 플라톤 역시 인간이라는 점에서 인간 본성을 지니고 있다는 점에서 보편적이지만, 그럼에도 불구하고 그 본성에 대한 본질은 각 개체에 존재한다고 보았다. 이러한 그의 견해는 후에 오컴에 의한 실재론이라고 비판을 받았다. 직관적 인식의 주장은 하나님의 조명 혹은 보편적인 개념이 없이 지성이 대상을 직접적으로 인식한다는 점에서 당시까지의 주장과는 다른 새로운 주장이었다. 이러한 주장은 오컴의 유명론으로 나아가는 과도적인 주장으로, 보편 개념은 부정하였지만, 인간들의 공통본성을 주장하는 점에서는 보편 개념을 완전히 벗어나지 못한 측면이 있었다.

5. 일의성 교리

스코투스는 아퀴나스의 유비론을 비판하고 일의성 교리를 주장하였다. 일의성 교리는 어떤 용어가 어떤 대상에 대해서도 동일한 의미를 갖는다는 주장이다. 그는 존재를 비롯하여 '좋음'과 같이 보편적으로 적용될 수 있는 술어들이 서로 유사한 많은 것들을 지칭하는 개념이 아니라 오직 한 가지

의미만을 지니며 피조물에 대하여 사용될 때와 정확하게 동일한 의미로 신에게도 사용될 수 있다는 일의성을 주장함으로써 아리스토텔레스적인 전통과 결별하였다.

  스코투스는 신이나 피조물에 대해 서술하는 존재개념에 대해 근원적인 일의성을 주장한다. 그렇다고 스코투스가 신과 세계에 대한 유비개념을 전적으로 거부하는 것은 아니다. 그는 오래된 유비개념을 인정하나 우리가 만물에 대해서 항상 인식하고 있는 가장 보편적인 존재는 사물들이 극단적으로 차별을 갖고 있다 할지라도 존재에 대해서 말할 때는 같은 개념을 가지고 있어야 한다는 것이다. 즉 모든 유비성에도 불구하고 그 근저에는 항상 공통적인 것이 있어야 한다. 이런 존재 개념은 어떤 중간적 의미 혹은 공통적 의미를 지니며, 무의 대당 개념으로 존재한다. 이와 같은 존재 개념은 초월적 개념에도 해당한다. 그러나 스코투스가 유한존재와 무한존재를 같은 의미의 존재라고 생각하지는 않으며, 존재라는 명사를 류라고 생각하지도 않는다. 존재가 일의적 개념이라는 것은 무와 대립하는 견지에서이다. 무에 대립하는 존재 개념을 지성이 가지고 있지 않는 한 유한존재에서 존재근거인 무한존재로 혹은 피조물에서 신에게로 인간사고가 전진할 수 없다. 그는 유비 개념을 전제하고 일의성을 주장하므로, 범신론자가 아니며, 유비가 일의성을 전제해야 토마스 아퀴나스의 자연신학도 불가지론이 되지 않는다고 주장한다.

  이러한 일의성은 신의 속성들에 대해서도 성립된다. 지혜의 개념은 인간에 나타나는 지혜에서 구성되는 개념이다. 따라서 인간에 사용되는 의미 그대로 신에게 서술하기는 곤란하다. 반면에 인간에 사용되는 것과 완전히 다른 의미로, 즉 다의적으로 사용되면 우리에게는 아무런 의미가 없는 것이 되기 때문에 그렇게 사용할 수도 없다. 그러므로 스코투스는 인간과 신에게 일의적으로 사용될 수 있는 "(sapientia in se) 자체"의 개념을 추출한다. 그러므로 예지 자체는 하나님과 인간에게 일의적으로 사용할 수 있다.

6. 신의 무한성 교리

또한 스코투스는 형이상학을 존재자체로서 존재를 탐구하는 학문으로 정의한 아리스토텔레스의 주장을 독창적인 방식으로 이해하면서 존재 안에 무한하신 하나님의 존재를 포함시킴으로써 존재의 범위를 매우 크게 넓혔다. "무한 존재"라는 개념은 스코투스의 자연 신학에서 특별한 역할을 한다. 스코투스에게 있어서 신의 무한성은 아퀴나스에게 신의 단순성과 같은 중심 개념이다. 무한성은 스코투스에게 있어서 중심적인 신의 속성이다. 그러나 아퀴나스에서 단순성의 속성의 역할과 스코투스에서 무한성의 속성의 역할 사이에는 몇 가지 중요한 차이가 있다. 아퀴나스에게 있어서 단순성은 신의 중심적인 속성이다. 그러나 형이상학적으로 말하면, 단순성은 신에 대한 우리의 언어를 심각하게 복잡하게 만든다. 신은 자존하는 단순한 존재이다. 그러나 우리 언어는 모두 단순하지만 비자존적이거나 자존하나 복합적인 피조물로부터 파생되기 때문에, 우리는 우리의 언어를 단순한 하나님에게 직접적으로 적용할 어떤 방법도 가지고 있지 않다. 신의 단순한 본성은 우리의 언어에서 포착되는 것에 대해 조직적으로 저항한다.

하지만 스코투스에게 있어서 무한성은 하나님에 대해 속성상으로 중심적인 것일 뿐만 아니라, 신학 언어로 표현하는 데서도 아주 유리한 점을 가지고 있다. 즉 스코투스의 신학적 의미론과 전혀 충돌하지 않는 가장 좋은 존재론은 그의 신학적 의미론을 지지하고 그것에 의해 지지받는 것이다. 스코투스는 자신의 일의성 개념을 안셀무스의 등급의 차이에 의한 주장에 적용해 보면 설명이 되지 않는다고 주장한다. 일의성 교리는 부분적으로 "적어도 신의 순수한 완전들의 소유와 관련하여 신과 생물 사이의 차이는 궁극적으로 등급의 차이"라는 주장에 의존한다. 그러한 경우에, 만약 우리가 모든 순수한 완전을 신에게 귀속시키는데서 안셀무스를 따르려고 한다면, 우리는 우리가 피조물에게 귀속하는 것과 똑같은 것을 신에게 귀속시키고 있음을 주장해야 한다. 신은 그것을 무한히 가지고 있는 반면에 피조물은 한정된 방법으로 가지고 있다. 이렇게 표현하면 존재론(신이 무엇인가)과 의미론(우리가 그에 대해 생각하고 이야기할 수 있는 방법) 사이에 보다 조화로운 협력이 거의 이루어질 수 없었다.

스코투스는 신의 무한성의 주장을 아퀴나스의 형상 질료론에 적용시키면 오류가 발생한다고 지적한다. "형상이 질료에 의해 제한된다면, 그것은 유한하다. 신은, 단순하시므로 질료에 의해 제한되지 않는다. 그러므로 신은 유한하지 않다." 그러나 스코투스는 이러한 논증은 전건을 부정하는 경우이므로 잘못된 것이라고 지적한다. 하지만 그 오류와는 별개로, 단순함은 우리를 무한으로 만들지는 않을 것이다. 스코투스가 표현한 대로, "어떤 실체가 유한하거나 무한하다면, 그것은 그 자체에 우발적인 어떤 것에 의한 것이 아니라, 그 자신의 유한하거나 무한한 완전의 내재적인 등급을 가지고 있기 때문이다." 그래서 단순성은 무한성을 수반하지 않는다. 왜냐하면 유한은 복합성의 결과가 아니기 때문이다. 그것을 다른 방식으로 보자면, 아퀴나스의 무한성에 대한 개념은 부정적이고 관계적이다. 무한이란 다른 것에 의해 제한되지 않는 것이다. 그러나 스코투스는 무한성에 대한 긍정적인 개념을 가질 수 있다고 생각하는데, 그에 따르면 무한성은 부정적이고 관계적인 속성이 아니라, 대신 긍정적이고 내재적인 속성이다. 그것은 "완전의 내재적 등급"이다.

어떻게 하면 긍정적이고 내재적인 무한성에 대한 개념을 습득할 수 있을까? 우리는 "양에서 잠재적으로 무한한 것"으로 시작한다. 아리스토텔레스에 따르면, 아무리 많은 양을 가지고 있어도 언제나 더 많은 양을 가질 수 있기 때문에, 결코 실제적인 양적 무한성을 가질 수 없다. 당신이 가질 수 있는 것(과 실제로 가지고 있는 것을 아리스토텔레스는 생각한다)은 연속적인 부분에 의한 양적 무한성이다. 다음 단계는 그 양적 무한성의 모든 부분이 동시에 존재한다고 상상하는 것이다. 즉, 우리는 실제의 양적 무한성을 상상한다. 그 때 스코투스는 우리에게 실제의 양적 무한성에 대한 생각에서 실제의 질적 무한성에 대한 생각으로 이동할 것을 요구한다. 어떤 품질(말하자면, 선함)을 무한히 존재하는 것으로 생각하라. 그러면 그 선함에 그 이상 더하여 더 크게 만들 수 있는 선함이 없게 된다. 그것은 무한한 선이다. 그러나 어떤 식으로든 작은 선함(그들의 무한한 숫자일 뿐)으로 구성된 무한한 선함을 생각할 수 없다는 것을 주목하라. 내가 만약 천사가 인간보다 선하다고 말한다면, 천사가 약간의 엑스트라를 더하여 그 많은 것을 가지고 있는 반면, 인간은 일정한 수의 선함을 가지고 있다는 것을 의미할 수는 없다. 오히려 어떤 사물의 선함의 특별한 등급은 그 사물의 본질적인, 비모양적인 모습일 뿐이다. 무한의 존재는 바로 그런 것이다. 스코투스는 그것을 "유한하지 않은 내재적인 우수성의 척도"라고 설명한다. 그렇기 때문에 무한한 존재라는 개념은 우리가 신을 이해하는 데 이용할 수 있는 가장 단순한 개념이다. 무한함은 존재에 대한 일종의 우발적인 첨가가 아니라 내재적인 존재의 방식이다. 물론 이것이 옳다면, "무한한 선함," "무한한 힘" 등의 개념은 "무한한 존재"의 개념만큼이나 모든 것이 단순하다.

7. 온건실재론과 형상적 구별

스코투스는 온건실재론에서 유명론으로 옮겨가는 과도기적인 인물이다. 스코투스는 보편성을 실재로 취급했다는 점에서 일반적으로 (유명론자에 대비되는) 온건실재론자로 간주된다. 그는 나중에 오컴이 옹호한 것에 가까운 입장을 공격하면서, 사물은 공통 본성을 가지고 있다고 주장하는데, 예를 들어 소크라테스, 플라톤, 플루타르코에게 공통된 인간성을 가지고 있다. 그는 이러한 공통된 본성을 주장하면서 동시에 그 본성들 안에서 형상적인 구별을 한다.

아퀴나스와 겐트의 헨리 같은 그 시대의 다른 실재론 철학자들과 같이 스코투스는 단순히 개념적인 것도 아니고 완전히 실재적이거나 정신에 의존하지 않는 중간적 구별의 필요성을 인식했다. 스코투스는 형상적인 구별을 주장하였는데, 이 구별은 실재에서는 분리할 수 없지만 구별할 수 있고 그들의 정의는 동일하지 않은 실체들 사이에서 유효하다. 예를 들어 삼위일체의 위격적 특성들은 형상적으로 신적 본질로부터 구별된다. 이와 마찬

가지로 사물의 개차나 개별성의 원리 사이의 구별은 실질적인 구별과 개념적인 구별 사이의 중간적인 것이다. 또한 신의 속성들 사이에 그리고 영혼의 힘들 사이에는 또한 형상적인 구분이 있다.

스코투스가 생각하는 형상적 구별은 사물 사이의 실재적인 구별도 아니고 정신 안에서 이루어지는 순수한 논리적 구별도 아닌 그 중간적인 구별이다. 형상적 구별은 정신이 한 대상에게서 객관적으로는 서로 다르면서도 분리되지 않는 두 개 이상의 형상성을 구별하는 경우에 적용된다. 이 구별은 서로 다른 사물들 사이의 구별이 아니라 한 사물의 서로 다른 완전성 또는 형상들 사이의 구별이다. 이 구별은 존재자 안에서 본질과 존재 사이의 구별에 아주 적합하게 적용된다. 본질과 존재는 서로 다른 것이 아니라 다만 형상적으로 다를 뿐이다. 존재는 본질이 자신의 규정들을 완전하게 수용할 때 갖게 되는 존재자의 일정할 양상일 뿐이다. 따라서 본질과 존재가 형상적으로 구분되지만 본질이 존재보다 우선한다. 본질은 존재보다 앞서면서 존재자의 고유한 원인으로 정립된다. 형상적 구별은 영혼과 그 기능 사이, 신과 신의 속성 사이, 본질과 존재 사이, 한 영혼 안에서의 생장적, 감각적, 이성적 생명 사이에 성립되는 구별이다. 이런 구별은 하나인 사물의 양태들의 문제이며, 그런 양태들은 하나에 근거하며 그것과 불가분리적이다. 플라톤과 소크라테스가 공통적으로 가지고 있는 인간본성(본질)과 플라톤과 소크라테스를 구별시키는 것을 구별할 때, 후자를 형상적 구별이라고 부른다.

8. 형상질료론

물체는 형상과 질료로 구성되어 있는데, 스코투스는 질료를 순수가능성만으로 생각하지 않는다. 오히려 고유한 현실을 갖는 어떤 적극적 존재로 생각한다. 스코투스는 배아이성(rationes seminales)설을 거부한다. 배아이성설은 질료가 배아 형태로 모든 형상을 포함하고 있다는 주장이다. 또 한편에서는 하나님께서 우주를 배아인 씨의 형태로 창조했으며, 그러한 가능성인 배아가 시간이 흐르면서 성숙하여 발전한다고 본다. 그는 인간에게는 형상으로서의 영혼 이외에 물질의 형상이 있다고 본다.

그는 아리스토텔레스를 따라 형이상학의 주제는 "존재로서의 존재"라고 주장했다. 일의적 개념으로서 보면 존재는 그에게 있어서 지성의 첫 번째 대상이었다. 존재의 일의성에 대한 교리는 본질과 존재 사이의 어떤 실질적인 구별의 부정을 암시하고 있다. 아퀴나스는 신을 제외한 모든 유한한 존재에서 사물의 본질은 그 존재와 구별된다고 주장했다. 그러나 스코투스는 그러한 구별을 거부했다. 우리는 어떤 것이 존재하는지(si est)와 그것이 무엇인지(quid est) 사이를 구분해서는 안 된다. 왜냐하면 우리는 우리가 존재한다고 알고 있는 것에 대한 어떤 개념을 가지고 있지 않는 한, 어떤 것이 존재하는지 결코 알 수 없기 때문이다.

스코투스는 자신을 차별화하는 세 가지 중요한 강력한 논리를 가지고 질료형상론에 대한 차별화된 견해를 정교하게 기술하고 있다. 그는 1) 아퀴나스에 반대하여 모든 변화의 기초가 되는 물질로서 어떠한 형상도 가지지 않는 질료나 혹은 제일 질료가 존재한다고 주장했다. 2) 생성된 모든 실체들이 형상과 질료의 복합체가 아니며, 다시 말해, 순수하게 영적인 실체들이 존재하고, 3) 하나의 동일한 실체가 하나 이상의 실질적인 형상을 가질 수 있다는 것, 예를 들어, 인간은 영혼과 몸의 형상이라는 적어도 두 가지 실질적인 형상을 가지고 있다고 주장한다.

그는 '질료, 형상, 실체, 우연' 등의 용어를 사용함으로써 아리스토텔레스적인 질료형상론의 구성 요소들을 충분히 활용한다. 그러나 그는 이런 용어들 대부분을 근본적으로 새롭게 해석한다. 공간에 대해서 그는 아리스토텔레스와 달리 단지 물체의 가능성만으로도 진공을 둘러싼 벽을 유지하고 공간을 확보하기에 충분하다고 본다. 또한 시간에 대해서 그는 시간은 단지 운동을 위한 잠재성만을 측정하기 때문에 현실적인 운동 없이도 시간이 존재할 수 있다고 보았다. 이러한 주장으로 그는 가능 세계에 관한 철학의 창시자라는 이름을 얻었다. 그는 또한 아퀴나스와 비교하여 인간 지성의 영역을 두 방향으로 확정했다. 아퀴나스와 달리 그는 각각의 존재가 자신의 내부에 개체화의 원리를 지니고 이를 파악할 수 있기에 지성은 각 개체의 단일성을 파악할 수 있다고 생각한다.

9. 개체성(haecceitas)과 보편(universalia)과 개체화

스코투스는 보편은 정신 안에만 있고 현실적으로 객관적으로 존재하지 않기 때문에 온건실재론자이다. 그렇지만 그는 아퀴나스와는 다른 개체화의 독창적인 원리를 주장했다. 사물 안에는 본성에서 형상적으로 구별되는 개체성 혹은 개차(haecceitas)가 있다. 그는 온건실재론에서 보편이 본성으로 사물 안에 존재하고, 그것과 형상적으로 구별되는 개차가 있어 사물이 구성된다고 본다. 따라서 개체화에서 사물의 보편성과 구별되는 개차가 존재하여 개체화되기 때문에, 그에게서 질료가 개체화의 원리가 아니다. 질료는 무규정적이기 때문에 개체화의 원리가 될 수 없다. 또한 본성이나 공통본질도 개별적인 것이 아니기 때문에 개체화의 원리가 아니다. 형상도 종의 개체들에게 공통적인 것이기 때문에 개체화의 원리가 아니다. 그러므로 개체화의 원리는 개체적 사물들의 개별성을 규정하는 최종적인 근거이며 내적 규정의 원리인 개체성이다.

개체성의 이 원리는 유일한 개체의 궁극적인 통일성의 원리이다. 이 원리는 개체들의 어느 것에게라도 존재하는 공통 본성(natura communis)의 모습에 반대되는 것이다. 스코투스에게 있어 개체만이 존재한다고 서술하는 공리는 실재의 이해에 대한 지배적인 원칙이다. 스코투스 이전까지는 보편자에 관심을 집중했던 데 반해, 그는 개체성을 강조하여 새로운 기운을 조성하였으며, 이것이 발전하여 근대의 개체주의가 탄생하게 되었다.

10. 의지 중심의 인간 이해

아퀴나스가 인간을 지성중심으로 이해하는 주지주의적인 견해를 가졌던데 반해, 스코투스는 인간을 의지 중심으로 이해하는 주의주의적인 견해를 가졌다. 아퀴나스를 중심으로 한 주지주의자들은 지성이 선의 보편적 개념에 근거하여 여러 대상 가운데 가장 선한 것을 선택하여 의지가 결정하도록 인도한다고 보았다. 지성의 판단은 이러한 측면에서 합리적이고, 의지는 이러한 합리적인 결정에 따른다는 점에서 자유롭다는 것이다. 그러나 스코투스는 이러한 주장은 자유를 합리성으로 환원시키는 것이라고 비판하였다. 스코투스가 해결해야 할 문제는 인간은 의지에서 결정할 자유를 가지고 있는데, 이 결정이 합리성을 가진다는 것을 조화롭게 설명하는 것이다. 아퀴나스는 이성이 합리성을 가지고 선택을 하면 의지가 따라간다고 설명하는데, 여기서는 인간의 자유가 설명되기 어렵기 때문이다. 그래서 스코투스는 의지는 지성과 독립된 고유한 자기 결정능력을 가지고 있으며, 이러한 면에서 지성보다 우월한 능력이고, 이러한 주의주의적인 결정이 완전해 지려면 합리성 개념 자체를 지성이 아닌 의지의 활동의 특성으로 간주하는 것이 필요하다고 생각했다. 의지의 활동은 지성의 합리성으로 환원되는 것이 아니라 의지 자체가 합리성의 발현의 장소가 된다는 것이다.

이러한 그의 주장을 설명하기 위해 스코투스는 인간의 합리성과 자유를 이성과 의지의 상호작용으로 설명하던 관점에서 완전히 새로운 길을 모색한다. 스코투스는 합리성을 이성의 능력이 아니라 의지의 능력이라고 설명하여 합리성과 자유를 동일한 의지의 능력으로 설명하고자 한다. 그는 이성이 아니라 의지를 이성적인 능력으로 해석할 수 있는 근거를 바로 아리스토텔레스가 형이상학 9권 2장에서 제시하는 이성능력과 비이성능력의 구별에서 찾는다. 스코투스는 아리스토텔레스의 이성능력과 비이성능력의 구분을 형이상학적 관점에서 의지의 본질을 해명하는 토대로 삼는다. 그는 자연과 의지가 작용하는 방식에 대한 후험적 고찰을 통해 이성능력과 비이성능력을 해석한다. 이성능력은 대립자에 관계하는 능력이다. 다시 말해 대립하는 것 가운데서 선택하는 능력으로 이것이 의지이다. 반면에 비이성능력은 하나의 대상에 관계하는 능력으로 이것이 자연이다. 자연의 방식은 본성에 따라 작용하는 방식이고 이것은 비이성능력이며, 의지의 방식은 의지가 작용하는 자기결정방식으로, 작용할 수도 있고 하지 않을 수도 있고 반대의 작용을 할 수도 있으며, 이것은 이성능력이다. 그는 인간의 의지 안에 자연에 따른 방식인 이익의 성향(affectio commodi)과 의지의 방식에 따른 정의의 성향(affectio iustitiae)의 두 가지 성향을 구분했다. 이것은 정의의 성향인 이성 능력과 이익의 성향인 비이성능력이라고 할 수 있다. 의지의 이성능력은 통제력으로 자신이 원하는 것을 선택하거나 선택하지 않을 수 있는 자유를 가지고 있다. 정의의 성향을 선택하고 이익의 성향을 억제하는 이성의 통제능력이 자유이다. 이와 같이 의지는 할 것인지 하지 않을 것인지의 실행의 차원과 이것을 할 것인지 저것을 할 것인지의 종별화의 차원에서 비결정성을 가지고 있다. 의지의 이러한 비결정성은 바로 대립자에 관계하여 선택하는 능력이다.

그러므로 스코투스에게서 의지의 비결정성은 의지 자체의 본성적 능력이기 때문에, 여러 대상들 사이에서 자연에 따른 선택능력이 아니고, 대립자에 관계하여 비결정적 상태에서 의지가 자기 결정하는 것은 말한다. 의지 가운데 이익의 성향은 자신의 목적을 이루려는 자연 혹은 본성에 따라 결정하는 것이다. 그러므로 이러한 의지의 성향은 지성이 자연에 따라 선택하는 것을 결정한다. 지성의 결정은 대상의 본성에 따라 결정되는 것이므로, 본성의 우열에 따른 제한된 의미에서 자유를 가진 결정이지만, 비결정성을 가지는 의지가 가지는 의미의 이성적 능력은 되지 못한다. 지성은 의지에게 어느 정도 결정을 위한 정보를 제공하지만, 의지의 결정 자체를 결정하지는 못한다. 아리스토텔레스는 대립자에 대한 인식을 우선시했기 때문에 의지보다 지성을 더 중시했다. 그러나 스코투스는 행위의 결정에서 비결정성의 상태에서 결정하는 것을 이성적이라고 보았기 때문에 지성이 아니라 의지가 이성적이라고 보았다. 그러므로 스코투스는 인간에게서 지성보다 의지가 더 중요한 능력이라고 보았다. 스코투스는 의지가 비결정상태에서, 다시 말해 자유로운 상태에서 결정하는 것을 이성적이라고 보았기 때문에 본성에 따라 결정하는 지성보다 우월하다고 보았다.

그러므로 스코투스의 이성적 능력으로서의 의지의 개념은 1) 의지가 지성보다 우월하다는 것을 확립하고 2) 의지가 지성적 욕구로서 목적을 이룬다는 아퀴나스의 의지 이해를 극복하고 이익 성향의 자연의 의지와 구별되는 정의 성향의 인간의 의지의 독자성을 확립하게 만들었다. 자연과 구별되는 의지의 성향을 정의의 성향이라고 부른다. 자기실현이라는 목적론적인 의미의 이익 성향과 구별되어 선을 추구하는 정의의 성향을 구별하여, 의지의 도덕적인 의미를 암시하고 있다. 따라서 형이상학적 관점에서 자유로운 결정을 하는 이성적 의지의 자기 제어는 결국 정의의 성향의 작용이며, 여기서 의지의 이성적 합리성이 성립된다. 이성적인 합리성은 자연 경향의 선 혹은 목적을 추구하려는 것이 아니라 선 그 자체를 일종의 규범으로서 수용하여 추구하려는 결정이다.

이와 같이 스코투스는 의지가 자기 제어의 능력을 지니고 있어 자신이 원하는 대상을 선택할 수도 있지만 얼마든지 원하지 않아 선택하지 않을 수도 있는 능력을 가지고 있다는 사실을 의지의 합리성의 가장 중요한 표지로 보았다. 그러므로 지성이 아니라 의지가 본래적으로 이성 능력이라는 스코투스의 이론은 스콜라철학의 의지의 자유와 이성의 합리성 사이의 딜레마를 해소할 수 있는 시야를 열었다.

스코투스는 의지를 일종의 자기결정력이자 통제력이라고 보았다. 인간의 의지는 서로 정반대의 것들도 원할 수 있는 능력이며, 따라서 스코투스는 의지의 고유성으로 인간의 최고 가치인 자유를 강조한다. 의지는 자체에 의해서만 결정되므로, 자유를 가진 인간본질의 최고완전이다. 지성에 대한 의지의 우위는 의지가 지성을 통제할 수 있다는데서 나타난다. 그러한 면에서 지성은 의지에 봉사한다. 이와 같이 스코투스는 인간을 의지 중심으로 이해하여 주의주의적인 인간 이해를 발전시켰다. 그리고 이러한 의지 중심의 인간 이해는 신을 이성이 아닌 의지 중심으로 이해하는 것과 연관되어 있다.

스코투스는 인간을 의지 중심으로 이해한 바와 같이 하나님의 이해에서도 신의 의지를 강조하였다. 하나님은 이성을 토대로 존재의 유비를 통하여 하나님을 이해했던 아퀴나스의 주지주의적인 신이해를 비판하면서 스코투스는 하나님의 의지를 중심으로 하나님을 이해하였다. 하나님은 이성을 통해 합리적으로 이해되는 분이 아니라, 하나님께서는 모든 것을 자신의 뜻대로 하시는 분이시다. 그러므로 하나님께서 자신의 의지로 결정하는 것이 선이고 도덕이다. 물론 하나님께서 자신의 의지로 결정하실 때에 자신의 본성과 모순되는 것을 결정할 수는 없으시지만, 선이 먼저 존재하여 하나님이 그 선을 따라 결정하는 것이 아니라, 하나님께서 결정하는 것이 선이 된다.

11. 신의 존재 증명

스코투스는 아퀴나스의 신 존재 증명이 아리스토텔레스의 자연학에 지나치게 의존한다고 비판하면서 신의 현존을 확립하기 위한 자기 자신의 매우 정교한 형이상학적 증명을 제시한다. 그는 아퀴나스와 달리 신의 속성을 오직 계시를 통해서만 알 수 있다고 보았다. 스코투스는 인간이 지상에서 나그네 인생을 살아가는 동안에는 하나님을 직관적으로 인식할 수 없다고 보았다. 그러므로 신의 존재인식과 증명은 후험적으로(a posteriori) 되는 것이다. 우리의 인식은 감각적 사물에서 시작하여 경험의 대상에 대한 반성에서 신의 자연적 관념적 인식을 갖게 된다.

스코투스는 프란체스코 교단에 속한 점에서 아우구스티누스의 가르침을 따르는 측면이 있으면서도 아퀴나스의 영향 속에서 아리스토텔레스의 엄격한 논리학을 따르는 논변으로 신 존재를 증명하고자 하였다. 그는 운동에 따른 신의 존재를 증명하려는 입장을 비판하면서 아래와 같이 아리스토텔레스의 논리에 따라 신 존재를 증명하고자 하였다. 그는 신의 무한성을 강조하였고, 제1의 존재라는 관점에서 신의 존재를 증명하고자 하였다. 스코투스와 같은 이러한 아우구스티누스주의자들은 마음의 내면의 경험을 바탕으로 신의 존재를 증명하려고 한 사람들이다. 이들은 아퀴나스가 자연의 객관적 사실에서 출발하여 하나님을 증명하려고 한 방법론을 비판하고 인간의 마음의 경험을 바탕으로 하여 아리스토텔레스의 엄격한 논리성을 바탕으로 하나님의 존재를 증명하려고 하였다. 특히 이들은 아리스토텔레스의 명제 논리를 바탕으로 신을 증명하려고 해서는 안 되고 다른 방법으로 해야 한다고 주장하였다.

스코투스는 보편적 형상을 부정하지 않으나, 각각의 개체의 고유성을 강조하여 개체성을 주목한다. 그는 아리스토텔레스의 방법론적인 엄격성도 중요하지만, 인간을 움직이는 내면적인 경험, 즉 의지의 작용도 중요하다는 것이다.

1) 제일원리론의 신존재증명

스코투스는 『제일원리론』(De Primo Principio)에서 신 존재증명을 하는데, 안셀무스의 '신 존재증명'과 흡사하지만 안셀무스에 비해 현격히 철학적이다. 그는 이 책에서 '신을 가장 탁월한 존재이자 최초의 작용인인 동시에 궁극적 목적인'으로 본다. 모든 것이 신으로부터 시작되었다는 것과 존재하는 것들이 그로 인해 존재하게 된다는 인과론의 입장을 취한다. 토마스 아퀴나스는 신을 증명하는데 아리스토텔레스의 철학을 기반으로 결과에서 원인을 추적한다. 하지만 스코투스는 아퀴나스의 그러한 방식을 비판하며 원인에서 결과를 도출해야 한다고 주장한다. 결과에 의해 원인을 찾아가는 후험적인(a posteriori) 논증을 배척하고, 원인에서 결과를 도출하는 선험적인(a priori) 논증을 참이라고 주장한다. 『제일원리론』은 플라톤적 철학 사조가 깊이 스며있는 스코투스의 저술이다.

스코투스의 선험적인 논증은 의지를 이성 위에 두는데, 이것은 매우 획기적인 발상이었다. 이러한 발상의 전환은 이성을 최고로 중시하던 '지식'에 대한 의미를 의지의 문제로 사유의 축을 옮기는 결과를 가져온다. 그의 사유방식은 스콜라적 방식을 따르면서도 주지주의에서 주의주의로 다른 방향을 제시하게 된다.

스코투스는 아리스토텔레스를 따르는 아퀴나스가 선호하는 운동에 근거하는 보다 일반적인 물리적인 논증보다는 신의 존재를 위한 형이상학적 논증을 구성하는 것이 낫다고 주장했다. 『제일원리론』의 신 존재증명이 가장 완전하고 최종적이다. 이 책은 4장으로 되어 있는데, '본질적 질서들의 유형', '본질적 질서에 따라 배열된 요소들 사이의 상호 관계', '제일원리의 삼중의 수위성', '제일 존재의 단순성, 무한성, 그리고 지성'을 다룬다.

2장에서 그는 질서의 관점에서 본질적으로 질서를 세우는 자는 존재하지 않으므로, 후행자는 필연적으로 선행자의 인과성에 의존한다고 주장한다. 인과성이 존재한다면 존재하는 것은 목적인이 존재하는 것이며, 이것은 인과성에 따른 질서이다. 목적인은 결과를 도출한다. 목적은 인과에 있어서 제일 원인이며, 원인들의 원인이라 부른다. 목적은 인과관계에 있어서 본질적으로 제일 원인이다. 목적은 사랑이고, 지향한다. 자연은 목적을 위해 행위한다. 결국 존재하는 것은 목적인에 의해 그 질서가 세워진다. 진리를 실질적으로 포함하는 목적은 결론의 주체보다 더 완벽하다. 목적은 인관에 있어서 제일원인이다.

그러므로 그는 3장에서 제일원인인 제일원리가 가지는 3중의 수위성을 말하면서 열여덟 가지 결론을 증명한다. 제일원리가 제일 작용인이고 제일 탁월한 자이며, 궁극적 목적이라는 점에서 3중의 수위성을 가진다고 말하면서 열여덟 가지 결론을 증명한다. 작용할 수 있는 것은 제일자이다. 무한한 순환은 존재하지 않는다. 제일자의 수위성이 불가피하다. 그 자체가 필연적으로 존재한다는 것은 오직 단 하나의 본성에 속한다. 만일 우주가 하나이면 하나의 질서가 존재한다. 그곳은 유일한 제일자가 있는 곳이다. 제일 목적은 인과 지워질 수 없다. 제일이기에 그보다 선행하는 것은 존재할 수 없다. 그것은 가장 탁월하다. 탁월한 본성은 단순히 제일이다. 최고선의 본성은 인과 지워질 수 없다. 모든 존재하는 것은 본질적으로 질서 지우는 원인이 존재한다. 그러므로 최고의 본성은 현실적으로 존재하는 어떤 것이다. 현실적으로는 존재하는 유일무이의 어떤 본성에는 앞서 이야기한 삼중의 본질적 질서, 즉 작용인, 목적인, 그리고 탁월성의 질서에 있어서 삼중의 수위성이 있다.

그는 4장에서 제일원리의 본성이 지니는 완벽성을 보여주며, 그 결과 열한 가지의 결론을 증명한다. 제일원리의 본성은 단순하고, 무한하고, 지혜롭고, 의지를 지니고 있다. 먼저 제일원리의 본성은 그 자체로 단순하며, 질료와 형상을 갖지 않는다. 제일 본성은 어떤 유(類)에 속하지 않는다. 최고의 본성은 그 어떤 것도 최고의 것이다. 제일 본성은 완벽하다. 어떤 지식도 제일 본성에게 우유적(우연적)일 수 없다.

제일원인의 본성은 제일 작용인이며, 궁극적 목적이다. 당신은 완벽성에 있어서 최상이요, 모든 것들을 초월한다. 당신은 완전히 인과 지워지지 않으며, 그러므로 생성될 수 없고, 소멸될 수도 없다. 당신은 필연적 존재이고, 지적이며 의지를 가지고 있다. 당신은 한없는 선이시고, 당신의 선함을 가장 자유로이 전해 주시는 빛이며, 가장 사랑할 만한 당신에게 모든 존재들은 그것의 궁극적 목적으로 향하듯 그 자신의 방식으로 되돌아간다. 선지자를 통해 말씀하셨던 당신 외에는 신이 없는 유일한 신이시다. 그러므로 지성도 하나, 의지도 하나, 능력도 하나, 필연적 존재도 하나, 선도 하나이다. 당신은 영원히 복되십니다. 아멘!

둔스 스코투스의 논리 전개는 이전의 안셀무스와 상당히 다르다. 안셀무스가 현상에서 신의 존재로 나아갔다면, 스코투스는 신 존재의 필연성으로부터 현상을 파악했다. 신이 있기 때문에 존재하고, 존재하는 것들은 필연적으로 목적을 가지며, 그로 인해 다양한 인과관계를 가진다는 것이 스코투스가 말하는 제일원리론의 핵심이다

2) 『정본』의 신존재증명

스코투스의 『정본』에 나타난 신 존재 증명의 주장을 간략하게 정리해 보자. 그는 실제로 무한한 존재의 실재를 논증할 때 우리가 취해야 할 두

개의 각도가 있다는 것을 설명함으로써 그의 증명을 시작한다. 첫째로, 우리는 신의 상대적 특성의 관점에서 접근해야 하고, 둘째로, 신의 절대적 특성에서 접근해야 한다. 상대적 특성은 창조와 관련하여 신에게 서술될 수 있는 것들이고, 절대적 특성은 그가 창조하기로 선택했든 아니든 간에 신에 속하는 것들이다. 상대적 특성들의 첫 번째 표제 아래, 스코투스는 효율성, 최종성, 그리고 탁월성의 세 가지 우선성을 주장한다. 거기서 그는 하나의 우선성이 다른 것들을 내포하고 있다는 것을 보여주며, 마지막으로 최초의 효율적인 원인, 궁극적인 종말, 그리고 가장 완벽한 본성이라는 하나의 본성만이 존재할 수 있다는 것을 보여준다. 거기서부터 영민한 박사는 신의 절대적 특성에 대해 논한다. 제1의 존재는 지적이고 의지적이며, 지성과 의지는 이 최고의 본성의 본질과 동일하다. 제1의 존재는 또한 무한의 존재다. 스코투스는 신의 무한성을 논하면서 안셀무스의 주장을 부활시키고, 안셀무스가 개념에서 실재로 불법적인 도약을 한다는 비판에 응답한다. 마지막으로 그는 실질적으로 무한한 존재가 존재하는가 하는 질문에 대해 "그렇다"는 확답을 한다. 정본의 바로 다음 질문은 이렇게 해서 존재하는 것으로 판명된 본성의 일의성을 다루고 있다.

 논증이 매우 길고 많은 부분이 있기 때문에, 여기서는 첫 번째 효율적인 원인의 존재를 위한 전제를 명시하는 해 보도록 하자. "어떤 효율적인 원인은 효과가 될 수도 없고, 그 자신 이외의 것에 의해 효과를 일으킬 수도 없는 단순하게 첫 번째 그러한 것"이라는 결론에 대한 증거는 다음과 같다.

1) 무언가가 생산될 수 있다.
2) 그것은 자체에 의해, 무에 의해 혹은 또 다른 것에 의해 생산된다.
3) 그런데 무는 무를 발생시키기 때문에 그것은 무에 의해 생산될 수 없다.
4) 효과는 결코 자체를 발생시킬 수 없기 때문에 그것은 자체에 의해 생산될 수 없다.

5) 그러므로 그것은 다른 것에 의해 생산되어야 한다. 그것을 A라고 부르자.
6) 만약에 A가 첫째라면 우리는 결론에 도달했다.
7) 만약에 A가 첫째가 아니라, 오히려 역시 효과라면, 우리는 2항으로 돌아간다. A는 그 자체, 무에 의해 혹은 다른 것에 의해 생산된다.
8) 3)과 4)부터 우리는 또 다른 B를 말한다. 상승 시리즈는 무한히 계속되거나 아니면 마침내 그것 이전에 아무것도 없는 어떤 것에 도달하게 될 것이다.
9) 무한 상승 시리즈는 불가능하다.
10) 따라서 최종적인 원인이 있어야 한다.

스코투스는 이러한 정교한 논리로 자신의 주장들을 전개하기 때문에 영민한 박사라고 불렸지만, 후대에는 사변적이라는 비판도 받았다.

12. 스코투스에 대한 평가

스코투스는 토마스 아퀴나스 이후에 활동하면서 아우구스티누스의 사상과 함께 아리스토텔레스의 사상을 종합하는 경향성을 보인다. 그는 온건실재론의 입장에 있는 점에서 아퀴나스와 함께 아직까지 옛 길에 서 있으나, 아퀴나스보다는 보편보다 개체를 중시하는 성향을 보인다. 특히 개체화의 원리에서 공통본성을 인정하면서 동시에 형상적 구별을 통해 개체화시키는 개차(개체성)를 확립하였다. 이러한 측면에서 그는 인식에서 개체를 직관할 수 있다고 보았다. 현실에 존재하는 사물의 개별성을 존중하여 개별성이야말로 사물의 본질을 완성시키는 최종적 요소라고 하였다. 현실에 있어서 보편성과 개별성이 동등하게 작용한다고 생각하여 종래의 보편성 우위에 반대하고 개별성의 입장을 대등한 위치로 끌어올렸다. 이러한 입장은 후에 윌리엄 오컴에 의한 개별성 우위의 사상으로 발전한다.

지성과 의지의 관계에 대해서는 직관의 인식을 중요시하여 의지의 우위를 말하고 자유로운 의지에 의한 인식을 존중하였다. 그러므로 그는 인간의 속성 가운데 지성보다 의지를 중시하는 주의주의로 나아간다. 의지는 지성과 독립하여 자유롭게 결정하여, 정신활동을 지배하며 인간에게 개성을 가져다주는 것으로 보았다. 그리고 그의 논법은 미세한 점까지 파고들었으므로 "영민한 박사"(Doctor Subtilis)라는 별명을 얻었으며, 그의 독창적 사고는 스콜라 철학에 머무르면서도 토마스주의를 비판하여 새로운 철학의 길을 준비하였다.

신 존재증명에서, 토마스 아퀴나스의 결과에서 원인으로 올라가는 신 존재증명을 비판하였다. 본래 증명은 원인으로부터 결과를 이끌어내야 하는데 거꾸로 결과로부터 원인을 증명하는 토마스 아퀴나스의 신의 증명은 이성적인 논증이라고는 할 수 없다고 하였다. 여기에서 이성의 논증을 행하는 철학과 계시에 바탕을 두는 신학을 분리하는 길이 열렸다.

더 읽어야 할 책과 논문들

김현태. 『둔스 스코투스의 철학 사상』. 가톨릭대학교출판부, 1994.
김현태. 『명민한 박사 둔스 스코투스의 삶과 사상』. 철학과현실사, 2006.
김율. "실천적 학문으로서의 신학 — 둔스 스코투스의 이론을 중심으로." 「철학」 112 (2012): 1~32.
김율. "둔스 스코투스의 의지이론 연구 (II) — 의지의 이중성향과 도덕적 자유." 「철학」 98 (2009): 51~80
김율. "둔스 스코투스의 의지이론 연구 (I) - '이성적 능력(potentia rationalis)'으로서의 의지." 「철학사상」 28 (2008): 213~241.
김율. 개별 학문의 단일성은 어떻게 성립하는가? 「철학」 116 (2013): 1~44.

15장

윌리엄 오컴

(William Ockam, 1300-49)

윌리엄 오컴은 스코투스 이후에 등장하여 유명론 사상과 새로운 길을 완성한 인물이다. 그는 아퀴나스가 신학과 철학을 종합하여 진행했던 학문 방식을 비판하고, 신학은 계시에 근거하여 연구해야 하고, 철학으로 대표되는 일반학문은 인간의 이성으로 해야 한다고 주장하여 철학과 신학을 분리시켰으며, 이것이 종교개혁에 상당한 영향을 미쳤다. 그와 함께 유명론 사상에 입각하여 실재론에 기초하여 주장되었던 교황권을 비판하고, 각 지역 국가들의 주권을 인정하여 새로운 정치사상의 태동을 이끌었다. 오컴의 생애와 그의 사상의 형성과정을 살펴보자.

1. 생애

1) 잉글랜드에서의 교육과 활동 시기(1287-1324)

오컴의 윌리엄은 1287년경 서리(Surrey) 주 오컴에서 태어나 7-13세 사이의 어린 나이에 프란체스코 교단에 가입했다. 그런데 오컴에는 프란체스코 수도원이 없었고 가장 가까운 곳인 런던에 그러한 시설이 있었으므로 런던으로 간 것으로 보인다. 물론 수도원 교육은 당시 만개해 하고 있던 옥스퍼드와 파리 대학들보다는 수준이 낮았지만, 런던의 수도원 학교는 교육시설로, 더 나아가 고등교육기관으로 유명한 곳이었다. 그는 런던 수도원 학교에서 초등교육의 대부분을 받았고, 다음으로 14세경에 시작하는 기본적인 논리와 과학(자연 철학)에서 고등 교육으로 생각할 수 있는 과정으로 옮겨갔다.

그는 23세인 1310년부터 1321년까지 옥스퍼드 대학에서 신학을 공부했다고 생각되는데, 그 장소가 옥스퍼드 대학인지 런던 수도원인지 확실하지 않다. 옥스퍼드에는 대학과 연결된 다른 프란체스코 수도원이 있었다. 어쨌든 오컴은 페트루스 롬바르두스의 『명제집』을 주석하는 필수적인 2년 기간의 강의를 시작할 때인 1317년에 옥스퍼드에 있었던 것으로 보이고, 최소한 1318-19년에는 옥스퍼드에서 신학을 연구하고 있었다. 그 후 아마도 1321년에 오컴은 런던의 프란체스코 수도원으로 돌아와 그곳에 머물렀다. 그는 옥스퍼드에서 신학 과정의 시작하는 단계들을 밟았지만, 거기서 과정을 완성하지 못했으며, 옥스퍼드에서 신학의 충분하게 자격을 갖춘 "석사"가 되지 못했다. 그는 옥스퍼드에서 신학 과정을 시작했으므로 그의 공식적인 별명이 존경할만한 개시자(Venerabilis Inceptor)이다.

그럼에도 불구하고 런던의 수도원은 지적으로 활력 있는 장소였으며, 오캄은 학문적인 논쟁의 열기로부터 고립되어 있지 않았다. 그의 동료들 가운데 당시 두 명의 유명한 프란체스코 사상가는 월터 채턴(Walter Chatton)과 아담 워데함(Adam Wodeham)이었다. 이들은 오캄의 견해에 대한 날카로운 비평가들이었다. 이러한 맥락 속에서 오캄은 그의 가장 중요한 철학 작품들과 신학 작품들 가운데 많은 것들을 저술하였다.

1323년에 오캄은 몇몇 동료들이 의심했던 그의 견해들을 변호하고자 브리스톨에서 열린 프란체스코 수도회의 지방 참사회 모임 앞에 소환 당했다. 같은 시기에 신원미상의 사람이 아비뇽에 있는 교황청에 가서 오캄이 이단을 가르친다고 고소하였다. 그 결과 이 사건을 연구할 신학자들의 위원회가 설치되었다. 오캄은 이 고소에 답변하기 위하여 1324년 5월에 아비뇽으로 소환 당했다. 그는 이후에 다시는 영국으로 돌아가지 못했다.

2) 아비뇽에서의 활동 시기(1324-28)

1324년은 오캄에게 사상적 변혁을 가져오는 중요한 계기가 있었다. 그 해에 그는 아비뇽으로 소환되었다. "오캄은 논리학을 오용했으며, 신학의 학문적 성격을 파괴하여 개념과 단어를 불신하게 만들었다"는 죄목으로 요한네스 루테렐(Johannnes Lutterell)에 의해서 기소되었다. 오랫동안 재판이 진행되면서 판결은 루테렐 쪽으로 유리하게 되었고, 오캄의 사상은 위협받기 시작했다. 이러한 교회와의 분쟁과 갈등으로 인해서 그의 사상은 변하기 시작하였다. 1324년 이전까지 오캄의 철학적 관심은 논리학과 명제집, 아리스토텔레스에 대한 주석 등의 이론적 영역이었지 실천적이고 정치적인 주제에 대해서는 별로 관심을 두지 않았다. 그러나 1324년 이후

계속되는 교회, 교황과의 분쟁으로 인해서 오컴은 교회의 타락과 부조리에 대해서 싸우게 되었다. 따라서 오컴의 1324년 이후의 작품들은 정치적, 윤리적영역의 글들이 저술되었고, 교황의 우위권에 대한 가르침에 대항하여 싸웠으며 이것은 다른 사상가들과 더불어 교황주의에 대한 비판으로 이어졌다.

아비뇽에 있을 때, 오컴은 거기에 있는 프란체스코 수도원에 머물렀다. 때때로 그는 실질적으로 가택 연금 상태에 있었다고 주장되고 있으나, 이러한 주장은 과장인 것 같다. 반대로 그는 조사위원회가 그의 저술들에 대해 그에게 질문하기를 원하는 경우에 물론 출석해야만 했지만, 그는 다소간에 그가 원하는 것을 할 수 있는 자유를 가졌던 것으로 나타난다. 그는 그의 마지막으로 중요한 신학 작품인 『자유토론집』(Quodlibets)을 완성하는 것을 포함하여 그가 아비뇽에 있는 동안에 많은 다른 계획들을 진행할 수 있었기 때문에, 조사가 틀림없이 그의 많은 시간을 빼앗지는 않았다. 오컴의 조사로부터 나왔던 몇몇 강력한 발표들이 있었지만, 그의 견해들이 공식적으로 이단으로 정죄되지 않았다는 점도 지적되어야만 한다. 1327년에 프란체스코 수도회의 총장인 케세나(Cesena)의 미카엘(Michael)도 비슷하게 아비뇽으로 오게 되었다. 그는 당시 교황 요한 22세와 프란체스코 수도사들 사이에 발생하고 있던 사도적 청빈 이념에 대한 논쟁 때문에 아비뇽에 왔다. 사도적 청빈 이념은 예수와 사도들이 자신들을 위해서 재산을 전혀 소유하지 않고, 프란체스코 탁발수도사들과 같이, 구걸하여 다른 사람들의 자선으로 살아가려고 돌아다녔다는 입장이었다. 프란체스코 수도회는 이러한 견해를 가지고 있었고, 그들의 실천은 그리스도를 본받는 특별한 형식이라고 주장하였다. 교황 요한 22세는 이 교리를 거부하였고, 이것이 케세나의 미카엘이 아비뇽에 오게 된 이유였다.

미카엘과 교황이 이 문제에 대하여 중대한 대결을 벌었던 1328년에 심각한 위기가 발생하였다. 그러한 결과로 미카엘은 오컴에게 전임 교황의 저술들의 관점과 이 주제에 대한 요한 22세 자신의 저술들의 관점으로부터 발생하는 문제를 연구하도록 요구하였다. 오컴이 그러한 연구를 했을 때, 그는 어느 정도 그 자신에게도 놀라울 정도로 요한 22세의 입장이 잘 못 되었을 뿐만 아니라 명백하게 이단이라는 결론에 도달했다. 더구나, 그의 이단은 결코 정직한 실수가 아니었다. 요한 22세는 그의 주장이 잘못 되었다는 것을 그에게 제시한 후에도 계속해서 주장했던 견해라는 점에서 이것은 완강하게 이단적인 견해였다. 결과적으로 오컴은 교황 요한 22세는 이단을 가르치고 있을 뿐만 아니라 가능한 가장 강력한 의미에서 그 자신이 이단이며 그러므로 실질적으로 그의 교황직을 포기했다고 주장하였다. 간단히 말해 교황 요한 22세는 전혀 교황이 아니다. 분명하게 이러한 사태는 아비뇽에 있는 오컴에게 있어서 용납될 수 없었다.

3) 뮌헨에서의 활동시기 (1328/9-47)

1328년 5월 26일 밤에 야음을 틈타 미카엘, 오컴, 그리고 몇몇 다른 공감하는 프란체스코 수도사들은 아비뇽에서 탈출하여 망명하였다. 그들은 처음에 이탈리아로 갔다. 이 때 신성로마황제인 바바리아의 루드비히(Ludwig)가 그의 재판관들과 수행원들과 함께 피사에 머물고 있었다. 신성로마황제는 교황청과 정치적인 논쟁을 하고 있었고, 오컴의 그룹은 그의 보호 아래서 피난처를 발견하였다. 1328년 6월 6일에 오컴은 허락 없이 아비뇽을 떠난 것에 대하여 공식적으로 파문을 당했다. 1329년경에 루드비히 황제는 미카엘, 오컴과 그들의 도망친 무리의 나머지 사람들과 함께 뮌헨으로 돌아왔다. 오컴은 그가 죽을 때까지 거기에 머물거나 어쨌든 제국의 통제 아래 있는 지역에 머물렀다. 그는 대략 60세의 나이로 1347년 4월 9/10일에 세상을 떠났다.

2. 오컴의 저서들

오컴의 저서들은 관례적으로 소위 '학문적인' 저술들과 '정치적인' 저술의 두 그룹으로 나뉜다. 대체로 전자는 오컴이 영국에 있는 동안 저술했거나 적어도 시작했고, 후자는 오컴의 아비뇽 시대가 끝날 무렵이나 그 후 망명시기에 저술하였다. 거대한 정치적인 저작인 그의 『대화』(Dialogus)를 제외하면, 현재 그의 모든 저술이 현대의 비평본으로 제공되고 있으며, 많은 작품들이 전체 또는 부분적으로 영어로 번역되어 있다. 학문적인 글들은 차례로 '신학적인' 작품과 '철학적인' 작품의 두 그룹으로 분류되는데, 두 그룹 모두 오컴의 철학을 연구하는 데 필수적이다.

오컴의 가장 중요한 학문적인 작품들 가운데 신학적인 작품들은 페트루스 롬바르두스의 명제집에 대한 주석(1317-18)과 7권으로 구성되어 있는 『자유토론집』이 있다. 『명제집 주석』 1권은 『정본』(ordinatio)으로 보존되어 있는데, 이것은 저자 자신이 배포를 위해 승인한 수정되고 교정된 판이다. II-IV 책들은 나중에 저자가 수정하거나 교정하지 않고, 실제로 전달된 강의의 『보고록』(Reportio)으로서만 보존되어 있다. 7권의 『자유토론집』은 1322-24년에 개최된 런던 논쟁에 토대를 두고 있으나, 아비뇽에서 1324-25에서 개정 및 편집된 작품이다.

철학 작품들 가운데 논리학적인 저술들은 포르피리의 『이사고게』와 아리스토텔레스의 『범주론』, 『해석론』, 『궤변 반박론』에 대한 강해들(1321-24)과 논리와 의미론에 관한 크고 독립적이며 체계적인 취급인 『논리학 대전』(Summa Logica, 1323-25), 『미래의 우연에 관련된 예정과 하나님의 예지에 관한 논문』(Tractatus de praedestinatione et de prescientia dei respectu futurorum contingentium, 1321-24)이 있다.

자연철학에 관한 저술들은 미완성의 상세하고 면밀한 주석인 『아리스토텔레스의 물리학 강해』(1322~24)와 (1324년 이전) 아리스토텔레스의 물리학 책에 대한 질문들이 있다. 후자는 엄밀히 말해 주석은 아니지만, 그럼에도 불구하고 이 작품은 아리스토텔레스의 물리학에서 발생하는 일련의 질문들에 대해 논하고 있다.

정치적인 저술들은 교황의 권력에 관한 8가지 질문(1340-41), 교황 요한 22세에 반대하여 프란체스코 수도회의 가난에 대한 변증집인 90일의 작품(1332-34), 탁발수도사들에게 보내는 편지(1334), 짧은 강화(1341-42), 대화(c. 1334-46) 등이 있다.

3. 오컴의 유명론 사상

오컴의 사상에서 가장 중요한 것은 유명론이다. 그는 유명론을 바탕으로 그의 사상들을 전개하였다. 유명론을 바탕으로 토마스 아퀴나스의 온건 실재론과 스코투스의 공통본성이론을 비판하였다.

토마스 아퀴나스는 아리스토텔레스의 형상과 질료의 이론에 근거하여 온건실재론을 주장하였다. 아리스토텔레스는 사물들은 형상과 질료로 구성되어 있고 형상이 실체를 산출해 낸다고 보았는데, 아퀴나스는 그의 이론을 자신의 기독교 철학 안으로 수용하여 형상을 보편으로 보고, 질료를 개체화의 원리로 보았다. 그러므로 보편인 형상이 개체화의 원리인 질료와 결합해서 개체가 생겨난다. 그러므로 보편은 개체 안에 포함되어 있다. 그리고 아퀴나스의 경우에 개별적 사물에 내재하는 형상을 수용하여 인식하는 것은 지성의 기능이다. 사물이나 실체는 질료와 형상의 결합이므로 인간이 사고할 때 형상은 그것이 관련을 맺고 있는 질료로부터 분리되는 것이 필요하다. 오컴은 아퀴나스가 개별 인간을 마치 하나의 보편적 본질로 서술하고 그 보편적 본질이 이차적으로 질료를 통해 개별화되는 것으로 생각했다고 비판했다

이러한 토마스 아퀴나스의 생각에 둔스 스코투스는 다시 아우구스티누스의 사상을 주입하여, 형상적 구별을 주장하였다. 그는 개체화의 원리를 질료의 수준이 아니라, 형상의 수준에서 논하였다. 질료는 모든 보편을 받아들일 수 있는 무규정적인 것이기 때문에, 개체의 원리가 될 수 없다는 것이다. 질료를 개별화의 원리라고 가르친 토마스와는 대조적으로 스코투스는 동일한 종(種)의 구성원 사이에 상이함을 조성하는 것은 질료라기보다는 형상이라고 주장한다. 예를 들면 개개의 인간은 자신을 타인과 구분시

키는 독특한 형상을 지닌다. 형상이 언제나 질료와 결합되어 있는 것은 사실이나 개별적 사물의 개성(quidditas)에 대해 개별성(haecceitas)을 부여하는 것은 형상이다. 그러므로 개체화의 원리는 질료에 있는 것이 아니라, 형상의 구별에 있는 이것임(haecceitas)이다. 따라서 질료가 개체화의 원리가 아니고, 형상 안에서 구별을 가능하게 하는 형상적 구별이 개체화의 원리이다. 이 구별은 사고 속에서 이루어지는 구별이지, 실체 속에서 이루어지는 구별이 아니다. 그러므로 둔스 스코투스까지는 보편과 질료가 하나의 개체 안에 있다는 온건 실재론자였다.

그렇지만 스코투스는 여기서 지금까지 보편을 강조하던 아퀴나스의 입장을 비판하고, 우리의 사물의 인식에서 개체성이 중요하다고 강조하였다. 이러한 측면에서 스코투스는 아퀴나스의 입장에 아우구스티누스의 사상을 접목시키면서, 궁극적으로 개체의 중요성을 강조하게 된다. 따라서 그가 개체의 중요성을 강조했다는 점에서 그는 유명론에 속한다고 말할 수도 있다. 이러한 면에서 그는 온건실재론에서 유명론으로 넘어가는 과도기에 속하는 인물이다. 그럼에도 불구하고 보편의 중요성을 포기하지는 않았으며 그러한 점에서는 온건실재론의 입장을 가지고 있다. 스코투스에 의하면, 그 자체로는 보편자도 개체도 아닌 공통 본성이 있고, 이 공통 본성은 이것임(개체)에 의해 이 개체, 저 개체로 개체화되며, 이 개체 안에서 개체화된 공통본성은 개체와 형상적으로 구별된다.

오컴은 스코투스가 공통본성을 주장하는 이러한 측면을 비판하면서 보편 개념을 완전히 포기하고 개체만을 강조하며 유명론을 주장하게 된다. 오컴은 스코투스가 보편 개념을 포기하지 않고 이것임을 주장하여, 너무 많은 것을 증명하려고 하는 옛 길에 속한다고 명시적으로 비판하였다. 오컴은 현실적인 것은 그 자체로 개별적이라는 아리스토텔레스적인 견해를 고수하였다. 즉 실존하는 것은 "인간성"이 아니라, 단지 하나하나의 인간뿐이다. 다음으로 우리는 우리의 사유와 언어 속에서 보편적 구조를 구성한다. 이러한 "명칭"이 사실적으로 실존하는 개별 사물을 지탱하는가 하지 않는가에 모든 주의력을 기울여야 한다. 오컴은 보편적 "명칭"에 어떤 것이든 보편적인 어떤 것이 상응한다는 입장을 공격했다. 사람들은 그의 이러한 관점의 견지에서 오컴을 유명론자라고 불렀다.

오컴은 보편과 개체 사이에서 보편의 존재를 부인하고, 개체의 실체성만을 인정하였다. 그러므로 그에게 보편 개념은 이름에 불과하게 된다. 그리하여 그는 유명론자로서 인간의 감각이 사물을 직관적으로 인식한다고 보았다. 따라서 보편 개념을 경유해서 인식하는 것이 아니고, 사물을 직접적으로 인식한다고 보았다. 그러므로 그는 이러한 직관적 인식을 주장하면서 여러 복잡한 개념들을 제거하는 오컴의 면도날을 주장하게 되었다. 그러므로 오컴의 유명론에 이르면, 사물을 관찰하여 진리를 인식하는 경험론이 가능하게 된다.

따라서 오컴의 철학은 본질적으로 추상에 대한 비판이었으며, 모든 현실적인 것은 개별적이고 이론이란 가능한 한 단순해야 한다는 근본 법칙에서 나왔다. 추상화된 모든 인식은, 그 인식이 현실성을 서술해야 한다면, 하나의 개별자에 대한 직접적 파악을 바탕으로 하지 않으면 안 될 것이다. 오컴에 의하면 안다는 것은 사실과 관계되고, 보편적 명칭은 사물에 관련하여 존재한다. 그러나 학문은 이를 증명하지 않으면 안 된다. 그 증명은 보편적 표현이 어떻게 개별적 사물로 환원되는지를 보여 주는 결과로 성립되지 않으면 안 된다. 개별 사물의 인식이 그 출발점이고, 학문은 그 개별 사물에서 함축성 있는 추상에로의 길을 비판적으로 서술하지 않으면 안 된다. 학문의 이론들이 "경제적"이라는 것을 스스로 보여주지 않으면 안 된다. 여기에서 지금까지 중세철학이 수호해 왔던 수많은 것들이 떨어져 나간다. 따라서 사람들은 이것을 오컴의 면도날이라고 부른다. 오컴의 면도날은 경제성의 원리이다. 따라서 존재자의 수를 불필요하게 늘려서도 안 되고, 불필요하게 다수가 설정되어서도 안 되며, 소수를 가정하여 설명될 수 있는 것을 다수로 가정하여 설명하는 것은 쓸모없는 일이다. 이러한 오컴의 면도날은 조금이라도 신비스러운 기미가 있는 보편자와 같은 존재자들을 철저하게 제거해 버리는 것이다. 어떠한 전제를 세울 때는 쓸데없이 추상적이거나 불필요한 수식어로 그 뜻을 애매모호하게 해서는 안 된다. 우리에게 불필요한 것은 제거해 버리고 필요한 부분으로 전제를 명확하게 단순화해야 한다. 즉 진리의 나무에서 불필요한 가지를 제거하는 것과 같은 것이다.

오컴의 면도날이란 실체는 필요이상으로 증가되어서는 안 되며, 검증할 수 없는 사실을 경험된 사실을 설명하는데 사용해서는 안 된다는 것이다. 실재론자들은 보편자를 통해 개별자를 인식한다는 입장이었으나, 유명론자들은 개별자들의 관찰을 통해 개념이 만들어지며, 그러므로 보편 개념은 단지 이름에 불과한 개념이다. 따라서 단일한 사물에 대한 인식을 독립적인 본질들(아우구스티누스, 안셀무스, 보나벤투라), 혹은 보편 개념들(아퀴나스), 혹은 공통본성들(스코투스)과 같은 존재들을 가지고 설명할 필요가 없다. 직관적 인식이 모든 지식이 토대이다. 왜냐하면 개별적인 대상에 대한 직접적인 파악만이 지성으로 하여금 대상의 존재여부를 판단할 수 있도록 해주기 때문이다. 그러므로 보편적인 것이 아니라 개별적인 것이 실재와 지식에서 우선한다. 보편자는 오직 정신의 내용으로만 존재하며 많은 사물들을 상징하기 위하여 고안된 관례적인 상징들인 인간의 언어 내에서만 작용한다.

4. 오컴의 학문의 단일성 이론

오컴은 유명론을 근거로 하여 아퀴나스와 스코투스의 학문의 단일성 이론을 비판하고 자신의 독자적인 학문의 단일성이론을 정립한다. 오컴은 학문의 단일성에 대해 형상적 대상을 바탕으로 주장하는 아퀴나스와 공통본성을 바탕으로 주장하는 둔스 스코투스의 이론을 비판하고 명제의 주어가 학문의 단일성의 토대라고 주장한다. 그러므로 오컴은 학문을 명제화시켰으며, 이러한 학문의 명제화를 통해 유명론에 근거한 학문론을 정립시켰다. 이러한 학문의 단일성 이론은 아리스토텔레스의 학문에 대한 논의를 토대로 하여 전개되었다.

아리스토텔레스가 학문(epistame, scientia)이 습성이라고 말할 때, 이것은 두 가지 의미를 가진다. 하나는 주관적으로 내가 소유하고 있는 능력이다. 자신이 어떤 능력을 지속적으로 훈련하여 소유하고 있는 안정적인 능력 혹은 성향이 주관적 습성으로서의 학문이다. 다른 한 면에서 이러한 습성을 통해서 얻게 된 지식의 객관적 체계가 습성의 객관적인 의미이다. 아리스토텔레스가 이러한 학문을 습성이라고 말할 때, 이미 이러한 두 가지 개념이 함께 있었는데, 중세에서는 주관적 능력으로서의 학문과 객관적 지식 체계로서의 학문이란 두 가지 개념들이 경쟁하게 되었다.

아리스토텔레스는 학문의 단일성을 학문 대상의 류의 단일성으로 설명하고 있다. 류의 단일성에 대해 아퀴나스는 형상적 대상이라고 하였고 스코투스는 일차적 주제라고 해석하였다. 아퀴나스는 우리가 추론에 의해 어떤 지식을 가지게 되었을 때, 우리의 지성의 능력에 생겨나는 어떤 습성이 학문이라고 말한다. 그는 학문뿐만 아니라 습성을 복잡한 성질이 아니라 단순한 성질이라고 규정한다. 그는 학문이 여러 개의 결론들을 포함해도 복잡한 성질이 아니라, 단일한 성질로 구성되었다고 본 것은 그 단일한 성질이 그러한 지식들을 습득함으로 완전해진다고 보았기 때문이다. 그렇게 학문이 복합적인 구조로 되어 있는 것으로 보여도, 학문의 단일성을 주장할 수 있었던 것은 그가 대상을 질료적 대상과 형상적 대상으로 구별했기 때문에 가능하였다. 그런데 학문은 형상적 대상과 관련되기 때문에 학문의 단일성을 가지고 있다. 그는 각 학문의 단일성의 원리를 사물들의 공통의 형상적 특성으로 파악한다. 한 능력이 다른 능력과 구별되어 학문의 단일성을 구성할 수 있는 원리는 그 형상적 대상에 있다. 우리는 대상이라는 개념으로써, 특정 습성(능력)과 관계할 수 있는 개별 사물들을 지목할 수도 있지만, 그 사물들이 특정 능력과 관계하게 되는 근거, 곧 그 사물들 공통의 형상적 대상을 지목할 수도 있다. 토마스는 전자를 질료적 대상으로 후자를 형상적 대상이라고 부르며, 한 능력이 다른 능력들과 구별되어 그 능력으로 규정될 수 있는 원리는 바로 형상적 대상에 있다고 본다. 천사적 박사가 가르치는 바, 한 능력이 무엇인지, 그 능력이 어째서 하나의 능력인지, 그 능력이 그것 아닌 다른 능력과 왜 구별되는지는 그 능력의 형상적 대상이 무엇인지를 파악함으로써 답할 수 있다. 따라서 모든 학문은 형상적 대상에 해당하는 특수한 주제를 가지고 있다. 신학은 성경이 하나님의 계시라는 형상적 대상에 따라 이루어지는 학문이다. 학문은 대상에 따라 고찰되어야 하되, 질료적으로가 아니라, 대상의 형상적 의미에 따라 고찰되어야 한다. 학문은 형상적 대상에 따른 단일성을 가지고 있어서, 신학은 계시될 수 있는 것, 형이상학은 존재자로서의 존재자가 그 형상적 대상이다. 아퀴나스는 습성을 인간이 소유한 능력으로 이해하였고, 그 능력에 관련한 형상적 대상을 설정하여 학문의 단일성을 설명하였다.

이에 반해 당시 스코투스는 곤살부스 히스파니우스의 명제가 습성이라는 견해와 아퀴나스와 겐트의 헨리의 종적 차별성에 따른 형상적 대상에 근거한 습성의 단일성이 학문이라는 견해를 비판하면서 제일차 주제에 대한 단일한 습성을 학문이라고 정의한다. 그는 한 학문에 여러 가지 명제들이 포함되어 있지만, 그 모든 것들을 포괄하는 제일 상위의 주제인 제일차적 주제를 가지고 있다는 의미에서 한 학문은 다른 학문과 구별되고, 그러한 학문은 단일한 습성의 대상인 학문의 단일성을 가진다고 주장하였다. 한 학문이 다수의 명제를 가지고 있지만, 그 다수의 명제는 단수의 습성의 대상이다. 이 단수의 습성의 대상이 바로 스코투스가 찾아낸 개별 학문의 단일성의 원리이다.

오컴은 아퀴나스가 『신학대전』에서 신학의 학문적 단일성을 논한 것을 비판하면서 이러한 주장은 오류라고 단정한다. 이러한 비판의 근거는 오컴이 형상적 대상과 질료적 대상의 구별 자체를 인정하지 않기 때문이다. 유명론의 정신에 따르면, 아퀴나스가 말하는 형상적 대상은 정신 안의 개념일 뿐, 실제적 대상이 아니다. 아퀴나스는 동일한 대상을 인식하지만, 그 동일한 대상 안에 인식가능한 다양한 개념들이 존재한다고 가정하였다. 감각기관과 지성이 동일한 대상을 인식할 때, 감각기관은 질료를 통해 개별성을 인식하고 지성은 형상을 통해 보편성을 인식한다고 생각한다. 아퀴나스는 아리스토텔레스의 이론에 따라 형상과 질료로 구별을 하였고, 따라서 형상적 대상과 질료적 대상을 구별하였다. 그러나 오컴은 형상적인 대상은 지성으로 인식하고 질료적 대상은 감각 기관으로 인식한다는 아퀴나스의 주장을 수용할 수 없었다. 오컴은 인간의 지각 기관이 동시적으로 한 대상으로 동일하게 인식하지 구별하여 따로 인식하는 것은 불가능하다고 주장한다. 오컴은 그러므로 질료에 들어있는 공통성인 질료적 대상도 존재하지 않고 형상적 대상의 공통성에 근거하는 학문의 단일성이나 형상적 대상들에 따른 학문의 구별도 존재할 수 없다는 것이다. 형상적 대상의 공통성을 부인하여 토마스 아퀴나스의 학문적 단일성 이론을 쉽게 비판한다.

오컴은 스코투스에 대해서는 학문의 주제는 제일차적 주제라는 주장에 대해 주제는 대상이 아니고, 명제라는 비판과 함께 제1차적 주제가 무엇인지는 그 대상을 보는 각도 내지 관점에 따라 달라지기 때문에 모호성이 있다고 지적한다. 그러므로 오컴은 학문은 주체가 대상에 대해서 가지는 습성이라는 아퀴나스와 스코투스의 입장을 비판하여 학문은 습성을 통해 얻게 된 객관적 지식이며, 결국은 명제화라는 주장을 하게 된다.

이와 같이 오컴은 유명론을 사용하여 학문의 대상이 사물이나 사태가 아닌 명사와 명제라고 주장함으로써 객관적 지식이라는 학문 개념의 두 번째 의미가 부각되는 계기를 만든다. 오컴에게서 학문의 대상은 명제이므로, 명사가 아닌 어떤 실재하는 단일한 대상을 찾음으로써 학문이라는 심적 습성의 단일성을 입증하려는 종래의 시도는 무의미해진다. 즉, 엄격한 의미에서 학문적 습성은 증명된 결론 명제의 소유이므로, 다수 명제들로 구성된 개별 학문은 결코 하나의 습성으로 환원되지 않으며 그 자체가 다수 습성의 집합으로 간주되어야 한다. 오컴은 각각의 학문에 집합의 단일성을 구성하는 질서가 있다고 가정함으로써 자신의 학문 단일성 이론에 완결성을 부여하고자 한다.

이러한 학문론은 하나의 학문 안에 다양한 명제들을 포함하게 되고, 이러한 명제들의 질서를 어떻게 수립할 것인지의 문제를 야기한다. 그는 이렇게 학문들을 명제적으로 이해하는 가운데 학문은 인간의 이성을 통해 명증하고 필연적으로 증명해야 한다고 말한다. 오컴은 명제에 대해 명증한 명제와 증명된 필연적 명제를 말한다. 그런데 우리는 명증한 명제를 증명하지는 못하지만 그 내용을 알 수 있다. 그렇지만 그렇게 필연적으로 증명된 명증한 지식에서 자신이 직접적으로 증명하여 증명된 명증한 지식을 가질 때 이것이야말로 지성적 탁월성을 가진 지식이다. 아리스토텔레스의 증명할 수 있는 습성이라는 학문의 정의는 여기서 가장 명확하게 나타난다. 근거를 제시하는 증명능력을 소유하면 이것이 엄밀한 의미의 학문이 된다.

오컴은 유명론에 따른 명제의 해석에서 당시에 절정에 이른 논리학을 이용하였다. 중세철학의 시초부터 주도적 역할을 했던 논리학은 13세기에 이르자 고도로 발달된 전문적인 학문이 되었다. 논리학의 높은 수준은 대학의 토론의 분위기와 신학에 영향을 끼쳤다. 본문 속의 언어 분석은 더욱 전문화되었고 사람들은 논증의 기교에 주의를 기울였다. 중세의 철학자들은 형이상학적 진리에 대해서 가장 설득력 있게 답변하려고 했던 시도에서 논리학에 몰두하게 되었다. 난해하고 개연성이 높은 신학적 진리에 대해 많은 사람들을 이해시켜 그들로부터 동의를 얻어낼 수 있는 가장 좋은 방법은 강력한 논리학을 도구로 사용하여 다른 사람들을 설득시키는 것이었다. 중세의 신학자들이 논증에 많은 관심을 가지면서 논리학이 발전하게 되었고 중세 논리학은 현대 언어철학의 양상, 양화논리의 시초가 되었다.

오컴의 경우에도 역시 중세의 학자들과 마찬가지로 그의 주된 관심은 언어였다. 그는 단어 사용에서 추상의 개입을 배제하고자 하였다. 중세 철학에서 언어적 형식을 세계의 형식으로 간주하려는 노력이 시도되었다. 아베로에스는 이것을 아비체나 때문이라고 비난한 반면, 오컴은 이것을 스코투스와 아퀴나스 때문이라고 비판했다.

언어를 세계의 형식으로 보는 보편의 개념의 문제를 해결하기 위해 오컴은 지칭이론을 이용하였다. 그는 12-13세기 논리학 전통에 따라 한 명칭이 독립적으로 지니고 있는 뜻인 의미(significatio)와 그 명칭이 명제 안에서 지니는 기능인 지칭(suppositio)을 구별하였다. 용어들은 명제 안에서만 어떤 것을 지칭하는 기능을 갖는다.

당시 중세의 지칭 이론에 따르면 '인간은 반드시 죽는다'라는 명제에서 인간이 보편 실재를 의미한다고 주장되고 있었다. 오컴은 이에 대해 그렇지 않다고 주장하였다. 이 문장에서 인간은 구체적인 개별적인 인간을 가리킨다는 것이다. 그는 인간이 죽는다는 것을 증명하는데 개인과 정신만으로 충분하며 여기에 보편 개념을 개입시킬 필요가 없다고 주장하였다. 보편은 개체들의 종류를 나타내는 용어나 명칭의 속성일 뿐이지, 실체가 아니기 때문이다. 이와 같이 오컴은 논리학적이고 의미론적인 분석을 통해서 명제의 정확한 의미를 해석하게 되었고, 기존의 주장들을 개체 중심으로 새롭게 해석하여 근대로 나아가는 토대를 놓았다.

5. 신앙과 이성

중세철학에서 신에 대하여 언급하지 않은 철학자는 없었다. 왜냐하면 중세철학이 가장 우선적으로 답해야만 하는 문제가 바로 신 존재증명이기 때문이다. 이것은 중세인들의 최고의 난제였다. 그리스도교들에게 신앙의 정당성을 확립시키고 무신론자들과 이교도들에게 하나님의 전능함과 신의 은총을 설명하기 위해서는 우선적으로 신 존재 증명이 해결되어만 하기 때문이다.

중세 스콜라주의에서 오컴의 사상이 영향력을 발휘했던 것은 그가 철학에서 근본적인 경험론을 표방하면서 신앙의 이해를 거의 최소한으로 축소하고자 했던 시도 때문이다. 오컴의 철학은 신학이 증명해야만 하는 중세의 난제의 문제들에 대해서 어떠한 도움도 주지 못하는 상황이 되었다. 형이상학적 진리에 대해서 응답해야 하는 신학이 오컴 철학의 정신으로 인하여 여러 면에서 비판받고 있었기 때문이다. 중세후기는 이성과 계시의 최종적인 결별을 가져온 오컴의 등장으로 인해서 스콜라 철학과 아울러 스콜라 신학의 전체적인 분리라는 필연적인 결론으로 나아가게 되었다.

중세의 사상적 변화의 과정에서 말기 스콜라 철학은 스코투스를 시작으로 토미즘에 대해서 반발하였고 신학과 철학을 각기 다른 영역으로 분리하려는 운동이 시작되고 있었다. 스코투스에 의해서 신앙과 지식의 일치를 주장하는 스콜라철학은 흔들리게 되었으며, 유명론이 발전하면서 그러한 움직임이 더욱 강화되었다.

오컴은 스코투스에 대해서 반대하면서 자연적인 이성의 빛으로는 신에 관해서, 또한 신의 존재에 관해서까지도 전적으로 아무것도 증명할 수 없다고 주장하였다. 아베로에스와 마찬가지로 그에게도 이성이 신학적인 것에 대해서 말할 수 있는 것은 단순한 변증법적 개연성을 결코 넘어서지 못하고 있었다. 신학의 교리는 모두 개연적인 사실뿐이다. 신학에서 말하고 있는 명제들은 어떤 것도 철학에서 증명될 수 없으며, 결국 오컴에게서 스코투스와 아퀴나스의 신 존재증명은 모두 개연적일 수밖에 없었다. 목적성에 따른 증명에서 신의 존재가 전제되지 않는다면 비지성의 행위자는 본성의 필연성을 따른다고 말할 수 밖에 없다. 그러므로 목적성에 따른 설명도 개연적인 것이 될 수 밖에 없었다.

철학과 신학의 관계에 대하여 오컴은 스콜라철학의 시기동안 두드려졌던 대부분의 사람들이 주장한 입장과 철저하게 결별하였다. 모든 과학적, 철학적 지식이 그리스도교 신앙을 지지하는데 유용하다고 가르친 아퀴나스와는 반대로 그는 그러한 것들이 신학분야와 아무런 관계가 없다고 주장하였다. 즉 철학과 신학은 별개의 영역이며 그들 중 어느 하나도 다른 것의 영역을 침범할 권리는 없는 것이다. 모든 과학은 하나의 체계적인 전체를 형성하기 위하여 질서있게 정돈된 일련의 명제들로 되어있으며 이것은 철학에서도 마찬가지이다. 이 둘 모두 각자의 영역에서 지식을 획득한다. 과학 및 철학과는 대조적으로 신학은 다른 목표를 가진다. 오컴에게 있어서 신학은 인간을 영혼의 구원과 영원한 행복으로 이끌고자 하기 때문에 신학의 목표는 단순한 지식보다는 행위라고 할 수 있다. 오컴은 중세에 있어서 철학의 합리적인 작업을 하기 위한 선두에 섰다. 오컴은 신학은 학문이라고 생각하지 않았다. 왜냐하면 진리를 다루는 학문은 신앙에 근거를 두지 않고 있기 때문이다.

이렇게 학문을 명증하고 필연적으로 증명하는 것이라고 정의하는 가운데 오컴은 신학을 학문이 아니라고 주장하였다. 토마스 아퀴나스는 명증하고 필연적으로 증명된 명제를 학문이라고 정의할 때, 신학은 그러한 엄격한 의미의 학문은 될 수 없다. 그렇지만 아퀴나스는 학문의 의미를 확대하여, 이미 주어진 원리에서 증명된 것도 학문이라고 말했다. 그는 다른 학문으로부터 원리를 받아서도 학문이 성립될 수 있다고 보았다. 이러한 학문은 보조적인 학문이라고 말할 수 있었다. 그러므로 신학은 하나님으로부터 주어진 계시에서 원리를 받지만, 그 받은 계시를 토대로 논의를 명증하게 전개하여 학문화할 수 있었다.

그렇지만 오컴은 이성과 신앙을 분리하여 신학의 학문성을 부정한다. 신학은 신앙에 근거하여 학문성을 주장할 수 있으나, 이성에 근거하여 신학의 학문성을 주장할 수는 없다. 왜냐하면 이성은 성경의 계시를 명증하게 증명할 수도 없고 인식할 수도 없기 때문이다. 그러므로 성경의 계시는 신앙에게는 확실한 것이나, 이성에게는 개연성있는 진리가 될 뿐이다. 그러므로 오컴은 신학은 이성에 입각한 학문이라는 것을 부정한다. 그리하여 오컴은 인간의 이성에 근거하여 명증하고 필연적인 증명에 토대를 둔 일반 학문과 신앙에 근거하여 성립된 학문인 신학을 분명하게 구분하여 이성의 관점에서 신학의 학문성을 부정한다.

또한 오컴에 이르면 신학과 철학에서의 학문하는 방법이 완전히 달라진다. 신학에서는 인간의 감각은 아무런 작용을 할 수 없다. 신학은 성경에 근거하여 믿음으로 하는 것이다. 그러한 면에서 오컴은 오직 성경으로 나아가는 종교개혁을 예비하는 측면이 있다.

종교적 교리 안에서 진리는 틀에 갇힐 수 밖에 없다. 왜냐하면 인간의 이성이 그것을 따를 수 밖에 없기 때문이다. 인간에게는 이성이 있고 이성은 사유할 수 있는 자유의지가 있다. 그러나 중세는 인간의 이성이 교회의 교리에 의해서 신학적 굴레에만 묶여져있었다. 그러나 시간이 지남에 따라 교리를 벗어나서 독자적으로 철학적 체계를 구성하려는 의도가 싹트게 되었고 오컴이 바로 그러한 시대적 상황에 놓여있었다.

유명론자로서 오컴의 입장은 철학적 실증주의 내지 개체주의에 입각한 주관주의 내지는 상대주의이다. 오컴의 유명론은 보편성을 객관성에 일치시키는 서구의 전통적인 사고방식을 전복시킨다. 기독교 신앙은 이성이 아니라 믿음으로 수용하는 것이다. 따라서 그는 토마스의 신 존재증명을 전면 부정하였다. 신은 인간 이성으로 이해할 수 없는 존재다. 신은 인간의 지적인 이해의 대상이 되지 못한다. 신은 초월적 존재로 감각을 통한 이해 대상이 아니다. 지상세계는 전적으로 개별자, 각각의 인간들에게 주어졌다. 중세를 지배하던 교권의 위계질서는 무너졌고 각각의 개별자들은 신과 등거리에 위치하게 된다. 각각은 신 앞의 단독자로 존재한다.

여기서 이중진리론이 등장한다. 오컴의 이중진리론은, 간단하게 말해 "천상계에는 천상의 법칙, 지상계에는 지상의 법칙"이다. 신적 세계에는 거기에서만 통용되는 법칙이 있고, 지상에는 지상의 법칙이 따로 있다. 그래서 이중진리론이다. 이로써 종교와 철학의 끈끈한 유착은 떨어져 나가게 되고 숨죽여온 과학은 숨통을 틔게 된다. 천상의 법칙으로 지상을 지배하던 시기는 오컴에 의해 종식되었다. 코플스톤은 후기의 유명론자들에 대해 용어주의자들이라 부르고자 했는데, 그 이유는 그들이 실재론에 반대했지만 보편의 실재에 관한 논쟁보다는 개념의 논쟁에서의 기능과 중요성을 논의했기 때문이다.

6. 오컴의 정치사상

오컴이 활동하던 14세기는 그리스도 사회에 대한 보편적 지배권을 둘러싸고 세속권과 교황권이 첨예하게 대립하고 있을 때였다. 오컴은 아비뇽에서 탈출하여 신성로마 황제의 보호를 받으면서, 황제파를 지지하여 교황파를 반대하였다. 그는 교황의 권력은 세속의 문제를 간섭할 수 없다고 주장하여 양자의 권리를 분리하였다. 이러한 그의 주장에는 보편적인 교황의 지배권을 부정하고 각자의 개별적인 정치권력의 독자성을 인정하는 유명론에 근거를 두고 있다.

오컴의 정치사상의 유명론적인 측면은 교황과 국왕들의 정치권력의 지배보다 개인들의 자율권을 강조한 점에서 드러난다. 그는 교황과 국왕들의 지나친 지배 권력을 제한하고 개인들의 권리와 자유를 강조하고자 하였다. 그러한 측면에서 그는 교회와 국가의 정치제도의 성립에서 개인들의 동의를 강조하였다. 그는 교황 요한 22세와의 청빈논쟁과 교권과 속권의 구조적인 관계에 대한 논쟁에서 교황의 속권에 반대해서 신성로마 황제 루드비히를 지지하였다.

오컴은 자신이 속한 프란체스코 수도회의 절대 청빈의 이상에 따라 교황 요한 22세에 반대하여 수도회가 주장하는 이상을 옹호하기 위한 사상적 배경을 마련하고자 노력한다. 오컴에게 정치 권력은 사회를 구성하는 자유로운 개인들의 이성적이고 자율적인 판단에 근거한 합의에서 출발한다. 그러므로 교권과 속권은 자율적이고 주권적인 개인들로 구성되는 종교 공동체나 사회의 세속적 공동체 체제 내에서 제한된 권력만을 지니게 된다. 그러므로 그의 정치사상은 기본적으로 교황의 보편적인 지배권을 무너뜨리는데 기여하지만, 그와 동시에 세속권의 지배에서도 개인들을 해방시키는 측면을 가지고 있다.

오컴은 정치적 지배권이 단일하다는 중세의 실재론적인 견해를 부정하고 개인이 정치적 주권을 갖는다는 유명론적인 인식을 주장한다. 이러한 개인의 정치적 주권은 자연법적 정치질서에 의해 보장되어야 한다. 오컴의 자연법 사상은 객관적 정치 질서를 거부하고 구체적이고 개별적인 요구에 대해 예리한 감각을 가진 유명론적 주지주의 사상과 더불어 전개된다. 인간의 공동의 소유와 공동의 자유는 자연적이고 정당하다고 주장한다. 이것은 객관적이고 공통적인 질서를 강조하는 실재론적 주장으로 보일 수 있으나, 오컴은 그러한 것들을 통하여 개인의 자유와 권리를 강조하기 때문에 유명론적인 입장의 자연법 사상을 주장하는 것이다. 주지주의자들은 자연법이 신의 이성에 자리잡고 있다고 주장하나, 주의주의자들은 신의 의지에 자리잡고 있다고 주장한다. 오컴은 신의 의지인 신법에 자연법이 종속되어야 한다고 주장하면서 자연법의 기초는 신의 이성이 아니라 의지라고 본다.

오컴의 자연법 사상은 능력(potestas)과 권리(ius)의 차이에 입각하고 있다. 능력은 자연법에서 생겨나는 행동으로 실천하는 모든 주권적이고 잠재적인 힘이고, 권리는 자연법적인 질서를 구체화하는 것에 부합하는 객관적이고 합법적인 권한이다. 권리는 자연법이 허용하는 구체적인 합법적 권한이다. 능력은 정당한 권리의 토대이다. 오컴은 신의 절대적 능력은 인간의 권리를 부정하는 능력이 아니라, 인간 개인의 권리가 절대적인 것임을 보장하는 것이라고 주장한다. 오컴이 자연법의 본질을 신의 의지로 규정하는 것은 신의 능력이 자연질서의 기반일 뿐만 아니라, 신의 절대적 능력이 인간 권리들의 정당성을 확인시켜 주기 때문이다. 오컴은 자연법의 정당성을 신의 의지와 함께 올바른 이성에 둔다. 그래서 오컴의 신법과 자연법은 모두 신적이며 동시에 이성적인 것이다. 이것은 인간의 올바른 이성과 신적 의사가 서로 부합하는 것으로 이해하고자 하는 것이다.

이러한 의미에서 교권과 속권 모두는 사회의 공공이익을 보호하고 섬기는 종(servus)이어야 한다. 여기에서 정부와 통치자에 대한 저항권은 개인에게 부여된 양도할 수 없는 본성적인 권리이자 의무이다. 특히, 오컴이 보기에 절대적인 교황권은 자유 혹은 해방의 법을 따르는 성서의 복음에 위배된다.

이러한 오컴의 정치 철학은 그의 자연법사상에 기초하는데, 그는 자연법을 절대적, 이상적 그리고 조건적 자연법의 세 가지 유형으로 구분한다. 그는 이 세 가지 중에서 이상적 자연법을 토대로 자신의 청빈 논쟁의 사상적 근거를 준비한다. 오컴은 실정법상으로 소유권이나 재산권을 가지고 있지 않은 사람이 현세적 사물에 대해 사용권만을 주장하는 것은 잘못이라는 교황 요한 22세에 반대하여 사용권과 소유권을 구별했다. 오컴은 사용권을 자연적 형평 상태에서 생겨나는 합리적 질서라는 의미에서 자연법적 권리로 여기고, 사유 재산의 소유는 사회의 이해관계에 따라 변할 수 있는 실정법에 근거해 생겨난 인정법적 권리로 파악한다. 이러한 관점에서 자연법적 권리는 인정법적 권리보다 우선시 된다. 특히, 오컴은 소유권의 기원을 인간의 원죄라는 신학적 차원에서 설명한다.

오컴의 정치 철학의 윤리학적 측면에서 보면, 인간의 모든 행위는 올바른 이성에 대한 인식과 결부된다. 그는 자신의 정치 철학의 실천적 근거를 이성과 의지의 자유로운 선택에 둔다. 오컴의 행위 규범 이론에 따르면, 올바른 이성에 근거하여 행위가 도덕적인가 또는 행위자가 자신의 행동에 책임을 지는지의 여부가 달려 있게 된다. 오컴은 그의 정치 철학에서 이 점을 강조한다.

오컴의 정치철학은 이성과 자율을 신뢰하는 그의 자연법사상에서 잘 드러난다. 오컴은 무엇이 절대적이고 이상적인 정치 질서의 근거인지를 찾으려 하지 않고, 그 대신에 무엇을 최상의 정치 질서를 간주하며 서구의 전통이 그것을 어떻게 고찰하는가를 중요하게 여긴다. 오컴은 최상의 국가 형태에 대한 이론 문제를 정치 상황에 따른 행위와 사회 제도의 조건을 비판적으로 분석함으로써 정치적 행위의 필연성 문제로 유도한다. 또한, 오컴은 교회 정부와 세속 정부가 객관적 정치 질서에 기초해야 한다는 신념을 그의 정치 철학에서 피력한다. 이 점은 중세후기 정치적 위기 국면에서 오컴의 정치 철학이 중요성을 갖게 되는 까닭이다. 그는 국가법에서 영구법과 자연법 등의 보편법을 부정하고, 정당한 입법자의 의지가 법으로 구현된다고 주장한다. 여기서 그는 천상세계를 대표하던 교황권이 지상 세계를 지배하는 것을 반대하고 지상세계에서 황제권의 우위를 주장한다.

7. 오컴의 신학에서 하나님의 절대적 능력과 규정된 능력

오컴은 14세기 전반기 프란체스코 학파에 속하여 철학적으로 유명론을 주장하면서, 새 길(via moderna)에 속한 인물로 오컴학파를 형성하였다. 오컴의 철학 사상인 유명론은 같은 프란체스코 학파에 속하는 둔스 스코투스의 사상을 비판하면서 형성되었다. 유명론은 다양한 입장이 존재했던 것이 아니라, 근본적으로 신학적 입장과는 관계없는 철학적 사조로, 스코투스 시기까지 인정되었던 보편의 실재를 부정하여 개체만을 강조하고 보편 개념은 인식 수단에 불과하다고 주장한다. 그러나 오컴의 유명론은 단지 철학적 관점으로 끝나는 것이 아니라 그의 여러 가지 신학적인 주장과 결합된다. 오컴을 따르는 아담 워드햄, 로버트 홀코트 등은 그와 동일한 점도 있지만 여러 면에서 입장을 달리하여, 14세기 중엽에는 오컴학파가 존재했다고 보기 어렵다. 그러나 15세기에 대학의 교양 학부 안에 옛 길(via antiqua)과 새 길(via moderna)의 구별이 생겨났는데, 오컴은 후자의 중요한 권위로 인정되어 갔으므로, 15세기 말에 이르러 오컴학파가 확인된다. 오컴학파를 형성하는 피에르 다알리와 비엘 등은 "그리스-아랍의 숙명론"에 반대하여 하나님의 자유를 보존하는 수단으로 절대적 능력과 규정된 능력의 구별을 이용하였다.

새 길은 온건실재론의 철학적 관점을 사용하는 옛 길과 대조하여 사용되는 말이다. 옛 길과 새 길은 스코투스와 오컴의 인식론과 관련되어 있다. 스코투스는 직관적 인식에서 보편개념들을 통해 인식한다고 보았던 온건실재론자인 반면에 오컴은 지성과 감각이 개별적인 대상을 직접 인식한다고 주장하여 인식과정에서 류나 종의 보편개념을 부정하는 유명론자이다. 이와 같이 유명론자들은 철학 사상의 조류인 새 길을 구성한다. 그런데 맥그래스는 유명론의 철학적 입장을 신학에 적용시킨 사람들을 새 길의 학자들이라고 보았고, 새 길을 절대적 능력과 규정된 능력의 개념, 언약 개념, 귀속된 가치 개념을 가지고 구원론을 중심으로 한 신학 주제를 설명하는 특징을 가지고 있다고 해석한다. 그러므로 오컴이 유명론을 신학에 적용시키면서, 하나님의 두 능력의 구별이 신의 속성, 구원론, 그리고 예정론 등의 오컴 신학의 주제와 가지는 관련성을 살펴보자.

1) 하나님의 절대적 능력과 규정된 능력

하나님의 두 능력의 구별은 11세기에 다미안(Peter Damian)이 우주 질서의 지속성과 함께 하나님의 자유와 절대적 초월성을 주장하는 수단으로 사용하였다. 13세기에 이르면 롬바르두스와 헤일즈의 알렉산더 등이 하나님의 절대적 능력을 아베로에스같은 아랍학자들과 아벨라르두스의 창조의 필연성을 반박하고 창조에 대한 하나님의 자유를 주장하려고 사용했는데, 아퀴나스가 이 문제를 심도있게 논의하였다. 절대적 능력은 추상적으로 논의되는 하나님의 능력이고, 질서에 따른 능력은 창조 후에 하나님이 정해진 질서에 따라 실제로 행사하는 능력을 언급하므로 하나님의 능력은 하나이지 두 개가 아니다. 그런데 하나님의 능력의 구별이 아퀴나스, 스코투스, 그리고 오컴의 사용과 관련하여 강조점의 변화가 일어났으므로, 그러한 강조점의 차이가 무엇인지를 먼저 살펴보고자 한다.

아퀴나스는 아벨라르두스의 창조의 필연성을 비판하고 창조 질서의 궁극적인 임의성을 확립하는 방법으로 이 용어들을 사용하였다. 아퀴나스는 『신학대전』 1권의 질문 19와 25(하나님의 의지와 능력)에서 이러한 용어들을 사용하지 않지만 하나님의 창조의 필연성과 자유의 문제를 논의하였다. 그는 하나님의 생각은 본질로부터 분리될 수 없으므로, 세상을 창조하려는 생각은 외부의 강요나 원인 없이 자유롭게 형성되지만, 창조과정은 그의 선하심의 본성에 따라 필연적으로 형성된 것으로 보았다. 그러므로 창조 자체는 하나님의 전능에 따른 임의적인 것이나, 자연 질서는 그의 정해진 능력에 따라 수립된다. 이와 같이 아퀴나스는 이러한 능력의 구분을 하나님의 결정으로부터 그의 의지의 자유의 강조에서 사용했다. 그런데 그는 절대적 능력을 현재와 미래가 아닌 과거의 창조와 연결시켰으므로 이 능력은 가정적인 가능성의 영역으로 결코 실질적인 것이 아니었다.

아퀴나스 이후 스코투스에 오면 하나님의 능력의 구별의 적용 범위가 확대되고 강조에서 이동이 일어나, 과거의 가능성보다 현재와 미래의 우연성의 문제와 관련되었다. 스코투스는 1270년경부터 교회법 법률가들이 절대적 능력을 교황의 전능권(plenitude potestatis) 논의에 적용시켜 기존법을 임의로 바꿀 수 있는 교황의 예외적인 행동권이란 의미로 고전적인 의미를 급진적으로 변질시킨 것을 수용하였다. 그는 보니훼이스 8세가 교령 '교좌 위로부터'(Supra cathedram)에서 탁발수도사들의 특권을 축소시킨 직후에, 특권회복을 요청하면서 절대적 능력을 교회법학자들의 용법에 맞추어 법률 밖에서 행동할 수 있을 뿐만 아니라 법을 바꿀 수 있는 능력으로 재해석하였다.

법이 그의 의지에 종속된다면, 그는 법에 따른 능력과 관련하여 할 수 없었던 것을 절대적 능력과 관련하여 할 수 있다. 예를 들어, 법을 만들고 바꾸는데서 자유로운 그러한 왕의 경우를 가정해보자. 그 때, 그는 법을 변화시켜 다른 것을 제정할 수 있으므로 절대적 능력과 관련하여 법 밖에서 다르게 행동할 수 있다.

그는 이런 주장을 하면서 로마법의 경우를 염두에 두고 있다. 스코투스는 절대적인 통치자에게는 불법이 불가능하다는 로마법을 염두에 두면서 법을 고칠 수 있는 절대적 능력을 논의한다. 절대적 통치자의 규정된 능력은 기존법 체계를 따르는 것인 반면에, 절대권은 신법을 세울 수 있다. 그러므로 스코투스에게서 절대적 능력은 기존법을 바꿀 수 있는 능력이다. 스코투스는 모든 질서는 하나님의 뜻에 따라 결정되기 때문에, 그의 뜻에 따라 법이 바뀐다면 그것은 무법한 것이 아니라고 강조한다.

오컴은 스코투스가 도입한 이러한 새로운 해석을 비판하고 하나님의 두 능력의 구별은 말하는 두 가지 방식일 뿐 결코 두 개의 능력들을 말하지 않는다고 해석한다. 그는 스코투스가 하나님의 절대적 능력을 현재 질서와 연결시켜 논의하면서 신의 능력이 두 개 있다는 해로운 오해가 발생하여, 교황 요한 22세는 부분적으로 이러한 구별이 신성의 단순성을 훼손한다고 이해하여 그러한 구별을 거부했다고 비판하면서 하나님의 능력은 하나이지 두 개가 아니라고 지적했다. 하나님의 능력의 구별은 신성 안에서 두 능력들의 구별이 아니라 본질적으로 하나님을 인식하고 부르는 방식들 사이에 존재하는 구별이다. 이러한 구별은 다만 하나님의 세상에 대한 관계, 즉 외부를 향해(ad extra) 할 수 있다.

오컴은 신의 능력의 구별 방식을 이용하여 하나님의 급진적인 주권적 활동을 설명한다. 그는 신의 능력의 구별을 철학적 원리들과 결합시켜 신의 활동들을 해석한다. 그는 하나님이 2차적인 인과관계들을 통하여 할 수 있는 것은 무엇이든지 직접 할 수 있다고 주장한다. 그러므로 2차적인 인과관계 체계는 신이 규정한 선택된 체계이지만, 절대적 능력에서는 필연적인 것이 아니라 임의적인 것이다. 그는 신의 절대적 능력의 가정적인 논의를 통해 규정된 능력을 통한 질서의 임의성을 주장하여, 신의 주권적인 자유를 강조한다. 그는 절대적 능력의 가능성을 과거 영역에 한정하지 않고 미래 영역으로 확장시킨다. 그리하여 급진적으로 자의적인 하나님의 절대적 능력에 대한 논의는 미래의 가능성의 영역에서, 가정적으로 이루어지고 있다.

그러므로 오컴은 스코투스보다 더 많은 영역에서 하나님의 능력의 구별을 사용하여 자신의 견해를 전개하였다. 스코투스는 하나님의 수용, 도덕법들, 혹은 성례들과 같은 신학의 일부 문제들의 논의에서 신의 능력의 구별을 사용했던 반면에, 오컴은 『명제집 주석』에 있는 문제들의 1/3에서 이러한 구별을 핵심 원리로 사용하였다. 오컴은 스코투스보다 주의주의 방향으로 더 나아감에 따라 상당히 많은 논의들을 이러한 방향으로 진행시켜, 여러 신학적인 문제들을 절대적 능력과 규정된 능력의 변증법을 사용하여 설명한다.

2) 오컴의 신론

스콜라주의 전성기의 아퀴나스는 온건실재론의 아리스토텔레스주의에 근거하여 계시와 이성, 신학과 철학을 종합하는 신학방법론을 추구하였는데, 스코투스와 오컴 등이 이러한 입장을 비판하였다. 스코투스는 기독교의 아리스토텔레스주의에 아우구스티누스주의의 관점을 도입하여 아퀴나스의 신학을 비판하며 하나님의 자유와 의지를 강조하였고 신학과 형이상학을 분리시켜 13세기 스콜라주의의 종합이 붕괴되는데 가장 큰 영향을 미쳤다. 그는 여전히 철학적인 인과 개념을 사용하여 무한성을 비롯한 하나님의 존재와 속성의 일부를 증명할 수 있다고 믿었다. 그러나 스코투스는 아퀴나스의 신존재증명은 인과세계를 넘어선 초월세계를 설명할 수 없다고 비판하고, 절대적 능력 개념을 사용하여 하나님의 초월을 설명하면서 중세 후기 교리의 적극적인 출발을 나타낸다.

오컴은 유명론을 신학에 도입하고 하나님의 능력의 구별을 폭넓게 이용하여 새로운 신학 작업을 시도하였다. 그는 스코투스보다 신의 의지를 더 강조함에 따라 신의 능력의 구별을 더욱더 사용할 수 밖에 없었다. 절대적 능력은 하나님의 의지의 행사를 통한 초월과 전능을 강조하는 주의주의의 입장을 뒷받침하는 개념으로 사용되었다. 그렇지만 스코투스도 오컴도 하나님이 논리적으로 모순되는 것을 할 수 없다고 인정하여 하나님의 의지나 능력의 완전한 자의성을 주장하지 않았다. 그들은 특히 절대적 능력조차 하나님의 다른 속성들과 본성 자체에 의해 제한된다고 전제하였다.

오컴은 스코투스보다 한 걸음 더 나아가, 신앙의 문제를 이성을 사용하여 합리적으로 논의하는 것이 불가능하다는 것을 보여주려는 의도로 신의 능력의 구별을 사용하였다. 하나님은 절대적 능력의 영역에서 모든 것을 자신의 의지대로 결정할 수 있는데, 그러한 결정들이 법과 규범이 되기 때문에, 선악에 대한 기독교의 도덕성의 구별은 합리적으로 추론될 수 없다. 신의 행동들이 규정된 능력들에 속한다고 하더라도, 자연신학은 속박되지 않는 신의 가능성 때문에 신지식에 도달할 수 없었다. 그러므로 하나님의 절대적 능력의 논리는 이성과 자연신학을 넘어선 곳에 하나님의 본질과 속성들을 배치하여 신의 단순성을 강조한다. 오컴이 신앙과 이성을 분리시킨 결과로 신앙은 이성이 아니라 믿음에 근거해서만 논의할 수 있게 되었다. 그러므로 그는 이성이 하나님에 대해 논의하는 것이 불가능하다는 것을 강조하려고 신의 절대적 능력의 개념을 사용하였다.

오컴이 발전시킨 유명론과 신의 능력의 구별은 형이상학과 신학의 형이상학적 부분들에 대해 비슷한 제한하는 효과를 가진다. 한 편에서 유명론의 비판적인 인식론은 현재 실재와 개체들에 사상을 집중시켜 존재의 위계질서에 대한 낙관적 증명들과 유비에 토대를 둔 형이상학의 구성들을 철학에서 제거시켰다. 다른 한 편에서, 오컴이 두 능력의 변증법이라 부른 것에 대한 강조는 우리의 세계가 존재의 영원한 구조의 존재론적인 필연적 유출이나 반영이 아니라, 하나님의 계약(pactum Dei)의 결과로서 임의적인 것이라고 표현하였다.

유명론과 두 능력의 변증법은 신의 단순성을 강조하여 신의 본질과 속성에 대한 새로운 이해를 가져온다. 아퀴나스의 존재론적 유비의 입장에 서게 되면 하나님과 인간의 유비에 입각하여 하나님의 속성을 이해하게 되고, 그러한 가운데 합리적으로 속성들을 구분하게 된다. 이러한 속성의 구분은 자칫 잘못하면 속성들이 복수로 존재하게 되어 하나님의 단순성과 모순을 일으킬 소지가 있게 된다. 이러한 입장을 비판하여 둔스 스코투스는 온건실재론에 근거한 신과 피조물의 존재의 단일성(univocality)에 입각하여 신의 속성들의 형상적인 구분을 주장하였다. 그러나 오컴은 유명론에 근거하여 그러한 형상적인 구분을 부정할 뿐만 아니라 신의 본질과 속성의 단일성에 근거하여 신의 속성들을 구별할 수 없다고 보았다. 용어들은 개체들을 언급하므로 단순하신 하나님 안에서 속성들의 구분은 불가능하다. 그렇지만 오컴은 스코투스가 말하는 단일성이 아니라 하나님과 인간에 대해 공통 용어가 사용되지만 동일한 내용은 없는 단일성을 통해 신의 속성을 논의한다. 하나님과 피조물에 대하여 단일하게 서술되는 것은 공통 용어로 사용되나 공통 내용은 없는 그러한 개념이다. 그러므로 하나님의 속성의 구별은 인간들의 입장에서 구별한 후험적인 것으로 인간의 인식 도구들이 반영된 것이다. 그러므로 신론의 관점에서 오컴의 유명론 모델은 속성들의 구별, 그러므로 하나님의 내적 질서에 대한 스코투스주의의 관심의 완전한 거부를 나타낸다.

3) 하나님의 절대적인 능력과 구원론

1317-30년 사이에 영국에서 아우레올, 오컴, 그리고 루테렐과 채턴 사이에 가장 뜨겁게 진행되었던 논쟁들 가운데 하나가 바로 절대적 능력과 구원에서 주입된 은혜의 필연성 문제에 집중되었다. 이 논쟁은 주입된 은혜를 통해 창조된 습성이 하나님의 인간의 수용과 영생의 보상에 대하여 절대적으로 필요한지의 여부를 둘러싸고 전개되었다. 아퀴나스는 인간의 구원에서 하나님이 주입한 은혜가 필수적이라고 주장했는데, 스코투스는 그러한 필연성을 부정하였다. 스코투스는 규정된 권능에 따르면 구원에서 주입된 은혜가 필수적이나 절대적 능력을 따르면 하나님이 그것 없이 인간을 수용할 수 있다고 주장하였다. 그러므로 스코투스에 따르면 하나님은 절대적 능력에서 인간 수용을 결정하는 데서 절대적으로 자유롭다.

이러한 스코투스의 주장에 대하여 아퀴나스의 입장에 서서 반론을 제기했던 아우레올은 1317년의 『명제집 주석』에서 주입된 은혜의 습성과 하나님의 인간 수용 사이의 밀접한 필연성을 주장하였다. 이 문제에 대한 그의 교훈은 다음의 세 명제들로 요약될 수 있다. 1. 하나님의 수용은 영혼에 있는 창조된 형상의 존재의 자연적이고 필연적인 결과이다. 2. 이러한 형상은 하나님의 수용 결과가 아니라, 영혼이 하나님의 사랑의 적용에 의해 하나님에게 수용될 수 있게 만든다. 3. 영혼이 수용되는 이러한 형상은 하나님이 영혼에 직접 주입하며, 인간의 자연적 능력들로부터 생겨나지 않는 하나님의 어떤 성향적인 사랑이다. 하나님의 영생과 유기의 결정이 주입된 은혜의 성향의 소유에 근거하여 합리적으로 이루어지므로 하나님을 불의하다고 비난할 수 없다. 주입된 자비의 성향들은 하나님이 초자연적으로 주입한 것이므로 펠라기우스적인 것이 아니며, 성례들은 은혜가 주입되는 수단이므로 구원에 필수적이다.

오컴은 신의 수용에 대한 인간 성향의 우선권에 대한 아우레올의 주장을 거부하고, 위의 세 명제들의 임의성을 증명한다. 첫째로 하나님은 절대적 능력으로부터 창조된 성향의 부재에서 영혼을 영생으로 수용하며 그것을 간과할 수도 있다. 하나님은 그렇게 정하지 않았다면 어떤 사람에게도 빚쟁이가 되지 않는다. 절대적 능력과 함께, 그는 어떤 실책도 없이 피조물을 처벌할 수 있으며 사람에게 어떤 손상을 입히는 것도 없이, 공적없이 피조물에게 보상할 수 있다. 둘째로 오컴에 따르면 어떤 행동도 하나님의 수용과 별도로 공적이 되지 않기 때문에, 어떤 현재의 내재하는 습성도 절대적 능력에 관련되는 한, 하나님의 수용에 대해 임의적이다. 이러한 논의는 물론 절대적 능력에 대한 가정적인 논의이다. 오컴은 신이 절대적 능력을 가지고 무슨 일을 하더라도 그가 하는 일이 정의이므로 그 일에서 정당하다고 주장한다. 그러므로 피조물과 관련된 하나님의 활동은 필연적인 것이 아니라 임의적인 것이다. 셋째로 오컴은 신의 수용은 자신의 언약의 결정에 따른 것이므로 자연적이거나 도덕적인 선은 하나님의 수용을 강요하는 것이 될 수가 없다고 주장한다. 절대적 능력과 관련하여 인간을 수용할 때에 하나님은 "결국, 언제나 임의로 자유롭게, 자비롭고 은혜롭게 지복을 베푸는 누구에게라도 지복을 베푸신다."

오컴은 신의 인간 수용이 절대적 능력에서 임의적으로 정하신 약속에서 나온다고 주장하면서 왕이 납동전에 금화의 가치가 있다는 법을 세우는 바와 같이 하나님의 행동 자체가 사람의 행동에 가치를 수여한다는 것을 강조한다. 오컴은 실체 개념이 아니라 언약의 인과관계를 설정하였다. 오컴은 칭의에서 하나님의 절대적 능력에 근거하여 그러한 습성들의 필연성이 아니라 급진적인 임의성을 증명하였고, 결과적으로 그러한 은혜의 습성의 신학이 13세기에 수립했던 개념적인 토대를 붕괴시켰다.

오컴은 공적뿐만 아니라 죄가 되는 것도 사물 자체의 내재적인 본성에서 기인한 것이 아니라 하나님의 규정에 의한 것이라 생각한다. 그래서 그는 "죄가 삭제되는 것은 본성적으로 어떤 절대적이거나 상대적인 것이 죄인으로부터 제거되거나 분리되는 것이 아니라, 범해졌거나 빠진 행동이 그에게 처벌로 귀속되지 않는 것이다"라고 결론짓는다. 오컴은 하나님이 구원 과정에서 절대적인 능력과 관련하여 완전히 자유로워, 성례에 의해서도 구속받지 않는다고 주장한다. 성례들은 하나님의 자비나 은혜의 주입에 대해 논리적으로 필연적이거나 충분하지 않을 뿐만 아니라, 또한 유효한 원인들이라는 것도 부정되고, 더 나아가 도구적 원인일 수도 없다. 이와 같이 구원 질서의 임의성을 강조하여 오컴은 아퀴나스의 입장에 따라 구원에서 주입된 은혜와 성례의 절대적인 필요성을 강조하는 아우레올의 입장을 비판한다.

4) 하나님의 주권과 예정론의 논의

스코투스의 예정론은 주의주의의 입장에 따라 초기 프란체스코 학파의 견해에서 이탈하여 예정이 하나님의 지성보다는 의지의 행동이라고 주장한다. 스코투스의 예정론은 타락전 예정론으로, 그는 하나님이 목적을 먼저 정하고 그 후에 수단을 정한다고 보았다. 따라서 영광으로 영혼의 선택이 공적의 예지보다 선행해야만 하므로 예정의 근거는 하나님의 의지 외에 다른 아무 것도 없다. 예정은 피조물 안에 예정의 어떤 근거를 가지기 전의 하나님의 의지의 행동이므로 전적으로 은혜로운 것이다. 이러한 하나님의 의지의 행동은 하나님의 절대적 능력에 근거한 것이다. 반면에 유기의 경우에는 인간의 의지의 잘못된 사용에 대한 예지에 근거하여 이루어진다.

오컴은 생명으로의 예정에 원인이 없다는 스코투스의 입장을 비판하면서 예정에 대해 어떤 경우들에는 원인과 이유가 있고 다른 경우에는 없다고 분명하고 확실하게 말할 수 있다고 주장한다. 이것에 대한 설명은 일부 사람들은 자발적으로 공적을 쌓지 않았더라면, 구원받지 못했을 방식으로 공적 때문에 구원받을 것이다. 그러나 일부는 특별한 은혜에 의해 영생으로 정해진다. 이것은 예를 들어 성모 마리아와 어떤 다른 사람들의 경우이다. 하나님의 은혜가 그들이 범죄하여 영생을 잃어버리는 것을 막는다.

오컴은 예지된 공적 때문에 예정을 얻는 사람들과 성모 마리아와 같이 하나님의 의도 외에 다른 이유 없이 예정된 두 가지 경우를 설명한다. 전자는 자유의지의 예지된 선한 사용이 예정 원인이고, 후자는 예정의 이유 없이 하나님이 그들에게 영생을 주시기를 원하시기 때문에 예정된다. 오컴은 중세 전통과 같이 "자유의지의 예견된 악용이 유기자 안에 있는 유기에 대한 원인이다"라고 주장한다. 이러한 오컴의 논의에서 예지된 공적 때문에 예정되는 것은 규정된 능력으로부터, 이유 없이 예정되는 것은 절대적인 능력으로부터 나오는 것으로 보인다.

오컴의 예정 원인에 대한 설명에 대해 세 가지 평가가 나타난다. 첫째 오버만은 오컴이 예정 원인을 예지된 공적 이전과 이후로 나누었다고 설명한 후에, "하나님은 자유롭게 이러한 권력의 일부를 피조물들에게 위임하려고 결정했으므로 사실상 순례자들은 예지된 공적 이후의 예정과 행위들에 의한 칭의에 의해 조건화된 실재를 살아 간다"고 이해하여, 스코투스의 절대예정론의 입장을 배척하고 "예지된 공적 이후의" 단일예정론을 가르친다고 주장한다. 그리고 이러한 오컴의 예정론은 결국 하나님의 규정된 능력에 의해 수립된 규칙인 행위에 의한 칭의인 펠라기우스주의를 내포한다고 주장한다.

이러한 오버만의 주장에 대해 맥그래스는 예지된 공적 이전과 이후라는 정통주의 시대의 시대착오적인 용어를 도입했을 뿐만 아니라 예정과 칭의를 연결시키는 정통주의 신학 구조를 끌어들여 오컴의 예정을 칭의와 관련시켜 논의하여 오류를 범한다고 비판했다. 맥그래스는 오컴의 예정론을 예지된 공적과 함께 하는 일반 예정과 특별 은혜로부터 나오는 특별 예정으로 나누고, 양자는 규정된 능력으로부터 가능하다고 보았다. 그는 또한 하나님의 수용이 예정의 근거이므로, 이러한 두 종류의 예정의 경우에 예정의 궁극적 토대는 사람 밖에 있게 되어 펠라기우스주의라는 평가는 잘못된 것이라고 비판한다. 뿐만 아니라 오컴의 예정론은 칭의론과 연결된 것이 아니라 종말론과 연결되어 있으므로 예정은 하나님이 사람에게 수여한 영생의 최종적인 선물의 견지에서만 정의된다고 주장한다.

아담스는 오컴의 예정론을 아퀴나스, 겐트의 헨리, 스코투스의 견해 등과 비교검토한 후에 그의 예정론이 펠라기우스의 성격을 가지고 있다고 평가하였다. 아담스는 오컴이 예정론을 논의할 때 신의 주권과 인간 의지의 자유의 조화를 모색하는 기본 전제에서 출발한다고 이해한다. 그러므로 하나님의 예정은 과거와 관련해서는 필연적이지만 현재와 미래와 관련해서는 임의적이고, 변할 가능성이 있다. 그러므로 이러한 논의에서 인간 행동에 따른 신의 예정의 변화가능성을 말하는 펠라기우스주의의 모습이 나타난다고 평가한다.

이러한 오컴의 펠라기우스주의의 주장하는 아담스의 견해를 비판하여 우드는 예지된 선행은 시간상의 선후관계에서 인과관계일 뿐 예정에 관련된 모든 규정들은 신의 의지에서 나오기 때문에 그의 주장을 펠라기우스주의로 볼 수 없고 오히려 하나님의 은혜성을 강조한다고 주장한다.

오컴의 예정론의 펠라기우스주의에 대한 논의는 결국 신의 두 능력의 변증법에 의해 설명할 수 있다. 신의 규정된 능력의 관점에서 신이 정한 규정에 따라 예지된 공적이 예정의 원인이라고 말하면 펠라기우스주의로 평가될 수 있는데, 지금까지의 많은 평가가 오컴의 이러한 측면에 초점을 맞추었다. 반면에 오컴의 예정론에서 신의 절대적 능력에 근거하여 신의 예정에 대한 모든 규정 자체가 정의가 되므로, 모든 것이 신의 주권에 달려 있다고 보는 사람들은 오컴의 펠라기우스주의를 부정하게 된다. 맥그래스는 오컴의 두 종류의 예정이 모두 규정된 능력에서 가능하다고 보았지만, 하나님이 아무 이유 없이 예정하는 것은 규정된 능력에 따른 것이기보다는 절대적 능력에 따른 것으로 보인다. 오컴은 바울과 마리아의 예정을 설명하면서 신만이 모든 것을 결정한다고 강조한다. 오컴은 예정이 인간의 자유의지와 관련되어 결정된다는 겐트의 헨리의 입장을 비판하면서 선택과 유기에서 인간의 어떤 속성들이 아니라 하나님이 정하신 규정들이 정의가 된다고 강조한다. 시간적 순서로 보면 예지된 공적이 예정의 원인이라고 말할 수 있으나, 더 근본적으로 그러한 규정을 정하는 것은 하나님의 절대적 규정에 의한 자유로운 결정이었다. 그러므로 오컴의 예정론은 하나님의 절대적인 능력에서는 하나님의 주권에 의한 절대적인 결정을 언급하나, 이러한 경우는 마리아와 바울과 같이 소수의 경우이다. 대부분의 사람들은 규정된 능력에 따른 예지된 공적에 따라 구원을 받으므로 펠라기우스주의적인 측면이 드러난다. 그는 하나님의 절대적 능력의 강조에 따른 구원의 임의성을 완화하기 위하여 인간의 예지된 공적을 강조한 것으로 보인다.

8. 오컴에 대한 평가

중세 후기에 둔스 스코투스를 지나면서 보편과 개체에 대한 철학사상은 실재론에서 유명론으로 변화하였다. 아우구스티누스의 사상에서는 보편이 밖에 있으면서 개체들과 관계를 맺는 것으로 이해되었다. 이것은 플라톤의 이데아 사상에 근거를 두고 있다. 천상의 이데아가 먼저 존재하고 그 이데아에 의해 지상의 개체들이 존재하게 된다. 그러한 사상에 근거를 두고 안셀무스는 우리들이 가지고 있는 관념은 바로 선재하는 이데아 혹은 보편의 반영이라고 보았고, 그러한 보편의 반영인 관념이 그것의 실재를 보장한다고 주장하였다.

그런데 토마스 아퀴나스에 이르면 보편과 실재의 개념이 아리스토텔레스의 형상과 질료의 이론에 근거하여 온건실재론으로 바뀌게 된다. 아리스토텔레스는 사물들은 형상과 질료로 구성되어 있고 형상이 실체를 산출해 낸다고 보았는데, 아퀴나스는 그의 이론을 기독교 철학 안으로 수용하여 형상을 보편으로 보고, 질료를 개체화의 원리로 보았다. 그러므로 보편인 형상이 개체화의 원리인 질료와 결합해서 개체가 생겨난다. 그러므로 보편은 개체 안에 포함되어 있다. 이러한 토마스 아퀴나스의 생각에 둔스 스코투스는 다시 아우구스티누스의 사상을 주입하여, 형상적 구별을 주장하였다. 그는 개체화의 원리를 질료의 수준이 아니라, 형상의 수준에서 논하였다. 질료는 모든 보편을 받아들일 수 있는 무규정적인 것이기 때문에, 개체의 원리가 될 수 없다는 것이다. 그러므로 개체화의 원리는 질료에 있는 것이 아니라, 형상의 구별에 있는 이것임(haecceitas)이다. 따라서 질료가 개체화의 원리가 아니며, 형상 안에서 구별을 가능하게 하는 형상적 구별이 존재한다는 것이다. 이것은 사고 속에서 이루어지는 구별이지, 실체 속에서 이루어지는 구별이 아니다. 그렇지만 스코투스는 여기서 지금까지 보편을 강조하던 아퀴나스의 입장을 비판하고, 우리의 사물의 인식에서 개체성이 중요하다고 강조하였다. 이러한 측면에서 스코투스는 아퀴나스의 입장에 아우구스티누스의 사상을 접목시키면서, 궁극적으로 개체의 중요성을 강조하게 된다. 이러한 면에서 그는 온건실재론에서 유명론으로 넘어가는 과도기에 속하는 인물이다. 그러므로 둔스 스코투스까지는 보편과 질료가 하나의 개체 안에 있다는 온건 실재론자였다. 그렇지만 그가 개체의 중요성을 강조했다는 점에서 그는 유명론에 속한다고 말할 수도 있다. 그럼에도 불구하고 보편의 중요성을 포기하지는 않았으며 그러한 점에서는 온건실재론의 입장을 가지고 있다. 오컴은 바로 스코투스의 이러한 측면을 비판하면서 보편 개념을 완전히 포기하고 개체만을 강조하며 유명론을 주장하게 된다. 오컴은 스코투스가 보편 개념을 포기하지 않고 이것임을 주장하여, 너무 많은 것을 증명하려고 하는 옛 길에 속한다고 명시적으로 비판하였다.

그러므로 옛 길은 보편을 인정하는 스코투스까지의 철학적 입장을 가리키는 용어이며, 새길은 오컴이 주장하는 유명론에 근거한 철학적 입장이다. 따라서 오컴은 보편과 개체 사이에서 보편의 존재를 부인하고, 개체의 실체성만을 인정하였다. 그는 유명론자로서 인간의 감각이 보편을 경유하지 않고 사물을 직관적으로 인식한다고 보았다. 그러므로 그는 이러한 직관적 인식을 주장하면서 여러 복잡한 개념들을 제거하는 오컴의 면도날을 주장하게 되었다. 그러므로 오컴의 유명론에 이르면, 사물을 관찰하여 진리를 인식하는 경험론이 가능하게 된다.

또한 오컴에 이르면 신학과 철학에서의 학문하는 방법이 완전히 달라진다. 신학에서는 인간의 감각은 아무런 작용을 할 수 없다. 신학은 성경에 근거하여 믿음으로 하는 것이다. 그러한 면에서 오컴은 오직 성경으로 나아가는 종교개혁을 예비하는 측면이 있다.

더 읽어야할 논문들

김영철. "오컴의 정치철학과 포스트 모던적 모티브." 「철학논총」 3/45 (2006): 47~68.

김율. "신학의 학문성에 대한 윌리엄 오컴의 비판." 「철학」 104(2010): 63~93.

유대칠. "오컴 철학에 이르는 길." 「중세철학」 21(2015): 121~152.

유대칠. "범주 이해에 따른 오컴의 유명론." 「중세철학」 22(2016): 257~288.

임성철. "오컴의 정치철학에 나타난 '권력'의 본질규정의 사상적 배경과 근거." 「철학연구」 90(2004): 275~312.

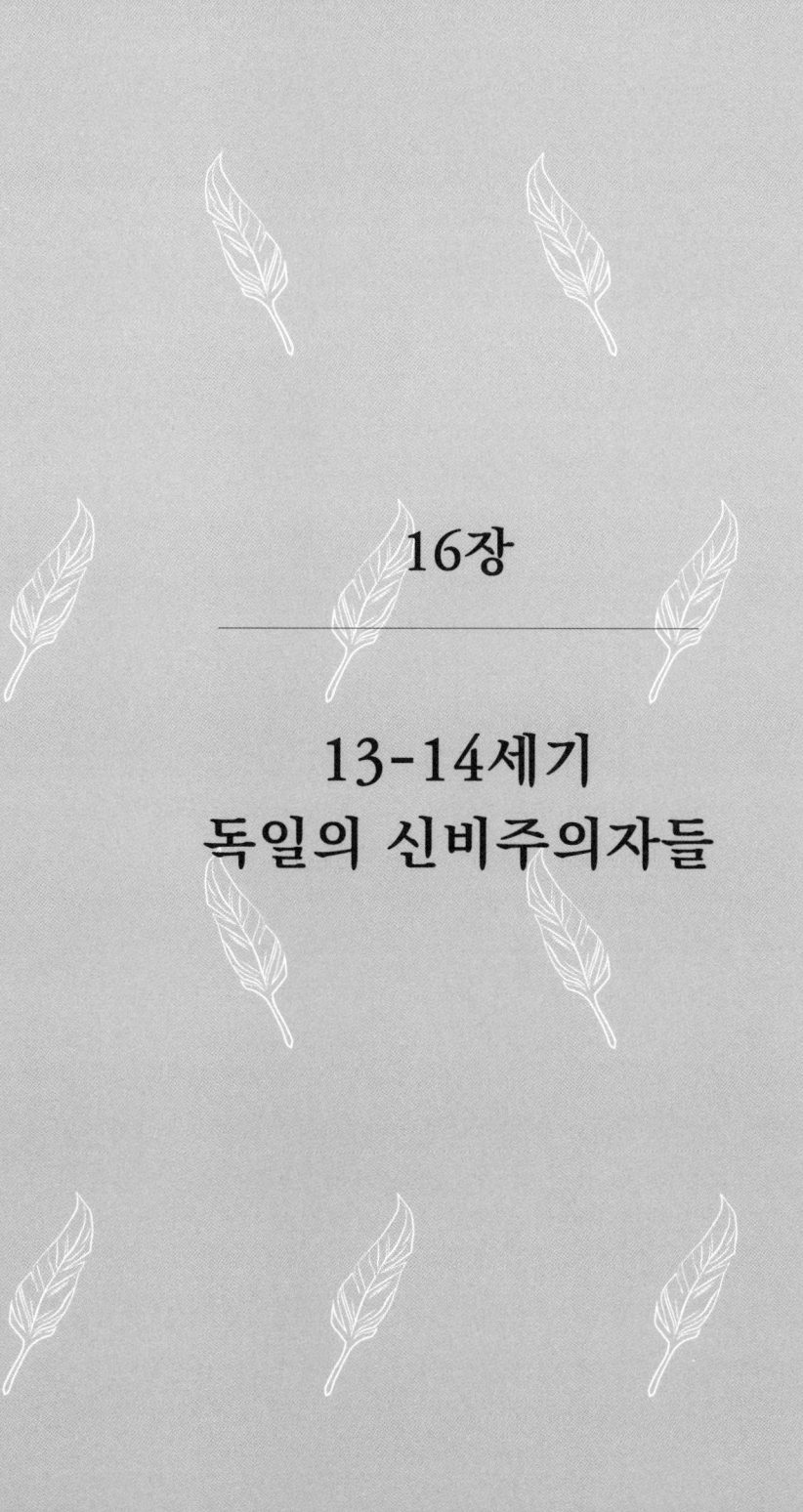

16장

13-14세기 독일의 신비주의자들

13세기 후반부터 14세기에 걸쳐 독일에서는 신비주의가 크게 성행하였다. 독일의 신비주의는 마이스터 에크하르트, 하인리히 수도, 요한 타울러 등으로 이어지면서 독일 수도원들과 함께 일반 성도들에게도 중요한 영향을 미쳤다. 이 시기에 신비주의가 발전했던 것은 첫째로 기존 교회들이 성도들의 영적인 필요를 채워주지 못했기 때문이었다. 중세 교회는 이 시기에 이르면 7성례를 중심으로 성례주의와 사제주의를 흘러 교회가 생명력을 잃어가고 있었다. 이러한 때에 신비주의자들은 하나님과 성도들 사이에서 직접적인 교제를 강조했다. 둘째로 스콜라주의 신학이 지나치게 사변화되면서 일반 성도들의 삶과는 유리되어 가고 있었다. 반면에 이들은 독일어로 설교하면서 일반성도들에게도 영향력을 미치게 되었다. 셋째로 이들은 성도들이 일상적인 삶 속에서 순결하고 겸손한 삶을 실천할 것을 강조하였고 그러한 삶을 위해 신비적인 체험의 중요성을 가르쳤다. 넷째로 교황청은 이 시기에 십자군운동에 실패하고 교황이 아비뇽으로 이전하면서 권위를 상실하고 오히려 교회의 분열을 일으키고 있었다. 이러한 교회 분열 속에 이들은 성도들의 생활 속으로 파고 들어가 함께 생활하며 그들을 일상적인 신비체험의 삶으로 이끌고자 하였다.

따라서 이러한 혼란기에 독일에서 성도들의 영적인 필요를 충족시켜주는 역할을 신비주의를 추구하는 수사들이 담당하게 되었는데, 특별히 독일에서는 도미니크 수도회가 이런 역할을 담당하였다. 교황 클레멘트 4세(1265-68)는 독일의 도미니크 수도사들에게 주변의 수도원과 수녀원들의 수도사와 수녀들에게 신학적으로 영적인 성숙을 할 수 있도록 지도하도록 지시하였다. 이들은 이러한 교육을 위해 라틴어보다는 독일어로 교재들을 만들면서 교육을 시행하였고, 이러한 교육을 통해 도미니크 수도회를 통해 신비주의 사상이 전파되었다. 여기서 한 가지 주목할 것은 에크하르트와 수소, 그리고 타울러는 대학에서 가르치는 교수이면서 신비주의자라는 사실이다. 이들은 당시 대학의 스콜라주의 사상을 배웠으면서도 그것을 넘어서서 신비주의를 추구하였다. 이들의 교육은 수도원과 수녀원을 넘어 당시 발전하던 도시 공동체 안에서 생겨나던 평신도들의 신앙단체들에게도 영향을 미쳤다. 그래서 수사들은 신비주의에 입각한 저술들과 설교들을 통해 영향력을 미치게 되었다. 신비주의는 당시에 교회의 성례주의를 벗어나 직접 신과 교통할 수 있는 길을 제시하게 되었고, 따라서 일반 성도들이 신과의 교제에 직접 나설 수 있는 길을 제시하였다. 당시에 도미니크 수도회의 수도사들을 중심으로 성도들의 신앙적 지식과 경건을 높이려는 노력을 하는 가운데 이들은 하나님의 친구들(Friends of God)이란 영예로운 이름을 얻었다. 그런데 평신도들 가운데는 이러한 신비주의의 영향을 받는 가운데 지상에서의 영적인 완전에 이를 수 있다고 주장하면서 이러한 완전의 단계에 이르면 교회의 질서와 지도도 필요없다는 주장을 하게 되었고, 교황청은 그 배후에 에크하르트의 사상이 있다고 보아 교황 요한22세는 1329년 3월 27일 발표한 교황령 "주의 밭에(In agro dominico)"를 통해 에크하르트를 이단으로 정죄했다.

1. 마이스터 에크하르트 - 신과의 합일을 추구한 신비주의자

1) 생애와 저술들

이 시기 독일 신비주의자들 가운데 가장 첫 번째 인물이 마이스터 에크하르트(Meister Eckhardt, 1260-1327)였다. 독일 도미니크 수도회 수도사였던 에크하르트는 그리스도교와 신플라톤주의 양쪽에서 영감을 받아 사변적 신비주의를 발전시켰다. 그는 대략 1260년경에 고타에서 그리 멀리 떨어지지 않은 튀링겐의 호흐하임(Hochheim)에서 기사 가문의 아들로 태어났다. 그는 어렸을 때 에어푸르트에 있는 도미니크 수도원의 설교단에 가입하였다. 그는 1300년에 당시 서구의 학문적 중심지였던 파리로 가서 공부를 했으며 1302년에 마기스터 자격을 얻어 파리 대학에서 강의를 시작하였다. 그렇지만 1303년 작센 지역의 관구장으로 발탁되어 강의를 할 수 없게 되었다. 그는 4년 후에 『위안의 책』을 저술했는데, 플라톤과 프로클로스, 위 디오니시우스와 스코투스 에리우게나, 알베르투스 마그누스의 사상을 핵심적으로 소화하고 있었다. 그는 1310년 두 번째로 파리에서 강의를 하게 되었으며, 일 년 뒤에 삼분된 작품을 집필하였다. 1314년에 그는 스트라스부르크의 도미니크 수도원으로 옮겼으며 라인강 계곡에서 수도하던 수녀들에게 설교를 하여 신비적 삶의 깊이를 심어주면서 당시 이곳에서 꽃피고 있던 신비주의 발전에 기여하였다. 그러나 에크하르트는 설교를 하면서 비유적인 설교를 많이 했다. 그는 1326년에 이러한 그의 설교를 독일어로 하여 일반 성도들의 신앙을 위태롭게 한다는 이유로 쾰른의 추기경인 비네부르크의 하인리히(Heinrich of Vineburg)에 의해 고발당했다. 전통적인 성례주의 신앙을 가지고 있던 교회 당국자들의 눈에 에크하르트의 신비주의적인 설교는 상당히 위험한 것으로 인식되었던 것이다. 그의 신비주의는 신과의 존재론적인 합일을 추구하는 것으로 의심받았다. 그는 1327년에 자신의 입장을 변호하며 항의하였으나 아비뇽 교황청의 심문을 받아야 했다. 그는 교황청에서의 심문과정을 통해 자신의 입장에 대해 밝혔으나 완전히 이단 혐의를 벗지는 못하였다. 그는 끝까지 자신의 신비주의적인 입장을 견지하며 활동하다가 1327년경에 세상을 떠났다.

에크하르트의 작품들은 라틴어와 독일어로 되어 있으며, 라틴어 작품과 독일어 작품이 각각 5권으로 출판되어 있고, 그의 설교집들은 지금도 편집되어 출판되고 있는데, 『에크하르트의 신비주의 작품집』(*The Complete Mystical Works of Eckhart*)에는 97편의 설교가 편집되어 있다.

2) 에크하르트의 신비주의 사상

에크하르트는 14세기의 위기의 영향을 받아 보편적인 것이 아니라 구체적인 개인의 종교적인 체험을 추구하였고, 그러한 방향으로 사람들을 이끌고자 하였다. 그는 전통적인 스콜라주의의 이론과 함께 신비주의 전통을 이어받아 발전시켜 나갔다. 그는 지상적인 것들을 사랑하고 자신 주변의 사람들을 위해 기도하는 것에서 벗어나 궁극적으로 신과의 합일을 추구할 것을 강조하였다. 그는 신과의 합일을 추구하기 위한 최고의 덕목은 영혼의 가난함과 근원에 대해 진지하게 탐구하는 공손함이라고 보았다. 가난함과 공손함을 통해 순수해질 때, 그곳에서 모습을 나타내는 것은 삶과 세계의 근원인 진리요 세계 법칙이며 신이다. 인간이 이와 같이 자신을 비우고 신에게 다가갈 수 있는 것은 인간에게 영혼의 불꽃이 있기 때문이다. 이 영혼의 불꽃이라는 내면의 정신과 힘은 감각이나 일상적인 지식이 가지는 사물의 피상적이고 부분적인 면을 형식적으로 관찰하는 것을 넘어서서 사물의 내면에 스며들어가 사물의 원리를 직접적으로 보는 직관적인 앎을 가능하게 해 준다.

에크하르트의 신비주의는 세 단계로 구분해 볼 수 있다. 첫째는 우리가 매여 있는 일상의 것들을 버리고 떠나가는 것이다. 그는 이렇게 버리고 떠나가는 것을 가난함이라고 표현하였다. 버리고 떠나야 할 것은 의지와 지식과 소유욕이다. 버리고 떠나 가난해진 후에는 복귀적인 돌파가 일어나야 한다. 복귀적인 돌파는 인간의 가장 깊은 심연인 영혼의 불꽃 혹은 영혼의 근저로 돌아가는 것이다. 영혼의 복귀가 돌파가 일어나면 다음 단계로 영혼의 근저에서 하나님의 아들의 탄생이 일어나고 하나님과의 합일이 일어나게 된다.

이와 같이 에크하르트가 마지막에 도달하기 원했던 지점은 신과 인간이 합일되어 하나가 되는 것이었다. 그는 이 상태에 대해 다음과 같이 설교하고 있다. "신의 근저가 바로 나의 근저이고, 나의 근저가 바로 신의 근저이다. 여기서 신이 자신의 고유한 것으로부터 살듯이, 나도 나의 고유한 것으로부터 산다." 이러한 단계로 나아가려면 우리는 어떻게 해야 할까? 그는 신의 근저로 들어가려면 먼저 자신의 근저로 들어가야 한다고 말한다. "누구든지 신의 근저로, 그(신)의 가장 내적인 곳으로 들어서고자 하는 사람은 먼저 자기 자신의 근저로, 자신의 가장 내적인 곳으로 들어서야 한다. 왜냐하면 먼저 자기 자신을 인식할 수 있기 이전에는 신을 인식할 수 없기 때문이다."라고 말한다.

에크하르트의 신비주의는 체계화된 것이 아니라 설교에서 강론되면서 전파된 것이기 때문에 파악하기가 쉽지 않다. 이부현은 그래도 근저의 신비주의로 파악할 때 그의 신비주의를 체계적으로 파악할 수 있다고 주장한다. 이러한 근저의 사상을 바탕으로 할 때만, 신과 인간의 신비적 일치에 대한 이해뿐만 아니라, '그냥 놓아두고 있음'(Gelassenheit)과 '버리고 떠나 있음'(Abgeschiedenheit)인 '가난'(Armut)에 대한 그의 논의, '복귀적 돌파'(Durchbruch)에 대한 논의, '영혼의 근저에서의 신의 탄생'(Geburt Gottes im Grund der Seele)에 대한 논의, 그리고 '일상의 신비주의'(Mystik des Alltags)에 대한 논의 등을 제대로 이해할 수 있는 거점이 마련될 수 있기 때문이다.

먼저 에크하르트는 영혼의 근저를 '정신 안에서 자유로운 능력', '정신의 수호자', '정신의 빛', '작은 불꽃' 등으로 말하면서 동시에 이것도 저것도 아니고 그 모든 것을 넘어서는 능력이라고 말하고 그 다음에는 이러한 것도 부정하고 넘어서는 것을 언급한다. 이와 같이 그는 부정신학의 변증법을 말하며 부정과 긍정을 넘어서는 부정을 말하고 있다. 따라서 영혼의 근저는 '이것도 저것도 아닌 어떤 것'이다. 그래서 에크하르트는 "이 어떤 것은, 신이 자기 자신 속에서 벗어나 있어 자유롭듯이, 모든 이름으로부터 자유롭고, 모든 정식들로부터 벗어나 있어 항상 자유롭다. 이 어떤 것은 신이 하나이고 단순한 것처럼, 전적으로 하나이고 단순하다. 그래서 사람은 어떠한 방식으로도 그 안을 엿볼 수 없다"고 말한다. 영혼의 근저는 하나이고 단순하기 때문에, 부정적 언명과 긍정적 언명도 모두 온전히 넘어선다.

영혼의 근저는 '이것도 저것도 아닌 어떤 것'이다. 이처럼 신도 또한 '이것도 저것도 아닌 어떤 것'이다. 이 '어떤 것'은 모든 이름과 모든 정식들로부터 벗어나 있다. '이것도 저것도 아닌' 이 '어떤 것'인 신을 에크하르트는 신성이라 부른다. 그래서 이 '어떤 것'인 영혼의 근저와 이 '어떤 것'인 신성은 전적으로 하나라는 주장이 성립한다. 그래서 이것이나 저것을 버리고 떠나 있는 영혼의 근저에서 신이 탄생한다. 바로 그곳에서, 창조 이전의 영원 가운데서, 내재적 삼위일체론적 운동이 역동적으로 전개된다.

에크하르트는 신이 모든 피조물들을 창조했을 때, 인간의 영혼의 작은 불꽃은 낳아졌으면서 창조되지 않은 것이라고 말한다. 성자가 성부에게서 나셨으면서도 창조되지 않은 것과 같다. 그리고 아들은 모든 상들을 넘어서는 원상이다. 이러한 의미에서 영혼의 불꽃은 영원으로부터 낳았던 아들과 같다고 그는 설교한다. 아버지의 영원한 감추어진 감춤의 곳은 어떠한 술어도 속성도 배제되어 있는 순수성으로 가득 차 있는 최초의 시작이다. 이 최초의 시작으로부터 나는 낳아질 수도 있고, 그 최초의 시초에 머물러 있을 수도 있다. 이 최초의 순수성은 영혼의 가운데에 신의 탄생을 넘어서 있으면서도 동시에 그러한 탄생을 가능하게 하는 지반이다. 이러한 순수성으로 가득 차 있는 최초의 시작이 신의 근저이며 동시에 영혼의 근저이기도 하다. '영원한 은신처에 숨겨진 어두움'은 최초의 시작, 곧 근저를 의미한다. 영원한 은신처에 숨겨진 어두움은 유출된 것이 다시 복귀하여 안식하는 곳이다. 거기서 영원한 아버지의 빛은 영원히 자신 안에서 빛나고 있어 왔다. 이러한 근저로 다시 되돌아가는 것이 가난이고 복귀적 돌파이다.

그러면 사람들은 어떻게 해서 이 영혼의 근저로 돌아갈 수 있는가? 가난에 의해 돌아갈 수 있다. '가난'은 인간에 의해 구성된 인간 자신의 의지, 지식, 소유욕 등을 완전히 벗어나는 것이다. 그때 인간은 자신의 근저에 도달할 수 있고, 신과 어떠한 차이도 없이 있게 된다. 곧 신과 전적으로 하나 된다. 에크하르트에서 '가난'의 개념은 '버리고 떠나 있음', '그냥 놓고 있음'과 동의어이다. 이러한 가난은 동시에 복귀적 돌파이기도 하다. 에크하르트는 정신적으로 가난해진 사람이 자신이 말하는 영원한 진리를 이해할 수 있다고 말한다. 그가 말하는 영원한 진리는 창조 이전의 영원한 근저에서 드러나는 진리일 것이다. 그러므로 이 영원한 진리를 이해할 수 있는 가난은 영원한 근저에서 서 있게 될 때 비로소 이해되는 내적 가난일 것이다. 그는 자신이 말하는 가난한 사람은 어떤 것도 원하지 않고, 어떤 것도 알지 않고, 어떤 것도 갖지 않는 사람이라고 말한다.

　아무 것도 원하지 않는다는 것은 참된 가난을 소유하기 위하여 자신에 의해서 만들어진 모든 의지를 버리는 것이다. 하나님의 뜻에 일치시키고자 하는 의지조차도 내가 만들어 소유한 의지이고, 하나님을 나와 분리된 대상물로 인식하기 때문에 신과의 참된 일치를 이룰 수 없으며, 그러므로 아무 것도 원하지 않는 단계에 이르지 못한 것이다. 에크하르트는 창조 이전에 영원성 가운데서는 신성과 인간성의 본래성은 차이가 없었다고 말하며, 이것을 회복하는 것이 가난하게 되는 것이다. 개인의 의지를 벗어나는 가난은 아무 것도 소유하지 말라는 의미가 아니고, 모든 것에서 벗어나 자유로워져야 한다는 말이다. 그때 나의 최초의 원인 가운데서 신과 모든 사물에서 벗어나 진정한 자유를 누릴 수 있다. 에크하르트는 자신 안에 머무는 신성과 피조물을 창조한 신을 구분한다. 그가 추구하는 궁극적인 지점은 피조물과 마주하는 신을 넘어서 자신의 본래성 가운데 머무는 신성과의 신비적 합일이다. 그는 이러한 면에서 인격적인 창조주를 부정하고 있어서 신비주의적 무신론자라고 비판을 받는다. 에크하르트가 말하는 신은 사람들이 자신의 욕망을 충족시키고자 대상으로 삼고 있는 신이다. 그는 사람들이 이렇게 자신의 욕망을 충족시키고자 하는 기도를 잘못된 기도라고 비판한다. 인간이 아무 것도 원하지 않는다는 것은 그가 이전에 존재하지 않았을 때 원하고 갈망했던 것처럼 적게 원하고 갈망하는 것이다. 인간은 창조되기 이전에 신성과 함께 있었을 때와 같이 원해서, 자신이 만들어낸 의지로부터 벗어나야 한다는 것이다.

　그는 가난에 대해 말하면서 아무 것도 원하지 않는 것을 넘어서서 아무 것도 알지 말아야 한다고 말한다. 아무 것도 모르는 가난은 무엇을 의미하는가? 그는 이것에 대해 다음과 같이 말한다. "인간이 (여전히) 영원한 신의 존재 가운데서 서 있었을 때, 자신 가운데 어떤 것도 살고 있지 않았기 때문이다. 거기서 살고 있었던 것은 그 자신이었다. 그러므로 인간은 그가 여전히 존재하지 않았을 때 그랬던 것처럼, 자신의 모든 앎에서 벗어나야만 한다. 인간은 신이 원하는 것을 신이 하도록 내버려 두어야 한다. 인간은 모든 것으로부터 벗어나 있어야 한다." 인간은 지식을 가지고 자신을 정당화하고 진리를 입증하고 동일한 입장의 사람들을 모아 자신을 합리화는 활동을 하는데 이것이 바로 지식을 통한 합리화의 이데올로기일 수 있다는 것이다. 에크하르트는 오히려 우리는 무엇 때문에 살지 말고, 무엇을 위해 살지 않는다는 것조차 모르고 살아야 하며, 셋째로 아는 것에서 온전히 자유로워져야 한다는 것이다. 그 이유는 인간이 영원한 신의 존재 가운데 있었을 때, 인간은 따로 알아야 것이 없었기 때문이다. 영혼의 근저는 사랑과 인식이 흘러나오는 곳으로 인식하지도 사랑하지도 않는다. 영혼의 근저는 신이 영혼 자신 가운데 작용하는 지식으로부터 벗어나야 한다. 영혼자신이 신이 작용하는 지식을 안다는 것은 신과 분리되어 있는 상태를 의미하기 때문이다. 오히려 신이 신 자신 안에서 행하는 방식대로 사는 것인데, 신이 행하는 방식은 방식 없는 방식이며, 신이 모든 것이 되는 방식이다. 따라서 정신적으로 가난한 사람은 신에 대해서, 자신에 대해서도, 피조물에 대해서도 모를 만큼 모든 앎에서 가난해져야 한다.

그는 가난의 다음 단계로 아무 것도 갖지 않아야 한다고 말한다. 아무 것도 갖지 않는 것은 물질적인 가난이 아니라 하나님이 작용할 수 있다는 장소가 되어야 한다는 생각에서조차 벗어나는 것을 말하고 이것이 가장 지극한 가난이다. 신은 우리가 자신이 작용할 장소가 되는 것을 요구하시지 않는다. 이것에 대해 에크하르트는 다음과 같이 말한다. "신이 영혼 가운데 작용하고자 하는 한, 신이 작용하고자 하는 자리가 (신) 자신일 수 있도록…인간이 신의 모든 작용으로부터 벗어나 있어야 한다. 이것만이 정신에 있어서 가난이다. 신은 인간이 이같이 가난하다는 것을 안다면, 자신의 작용을 행한다. 그리고 인간은 신을 자신 속에 받아들인다. 신(자신)이 자신의 작용의 자리이다. 신이 자신 가운데서 작용하시는 분이라는 사실에서 보면 인간은 신의 작용에 있어 신을 순전히 받아들이는 자이다." 우리가 신이 작용하는 자리이고자 할 때, 신이 우리 안에서 작용하게 되고, 우리는 그를 받아들이게 된다.

　에크하르트의 신앙의 지향점은 철저하게 영원한 신성과 인간의 신비적 일치이다. 영원한 신성 가운데 인간의 모습에 대해 에크하르트는 거기서는 여전히 나는 시간적으로 태어나지 않았고 영원의 단순한 현재 속에 살았다. 거기서 나는 나 자신의 원인이었다. 나는 창조주 신이 있게 한 원인이었다. 그곳이 바로 에크하르트가 도달하고자 하던 지점이었다. 우리가 아무 것도 소유하지 않는 지극한 가난에 도달하게 되면, 우리는 이 영원한 신성 가운데로 복귀하게 된다. 그러므로 에크하르트는 지극한 가난을 말하는 곳에서 복귀적 돌파를 논하게 된다.

　인간이 이 지극한 가난의 상태에 도달하면, 창조주인 신도 넘어가고 자신도 넘어가고 신의 근저와 영혼의 근저의 합일에 도달하게 되어 영원한 현재에 머물게 된다. 돌파라는 것은 바로 자신을 넘어서고 창조주인 신도 넘어서는 말한다. 이러한 돌파가 일어나면 신은 (버리고 떠나 있는 사람의) 정신과 하나가 된다.

　이렇게 버리고 떠난 사람의 정신과 신이 하나가 되면, 여기서 신의 아들의 탄생 사건이 발생한다. 사람에게 근저로의 돌파가 일어나서 신과 하나가 되면, 거기서 그쳐서는 안 되고 다시 생명을 잉태해야 한다. 마치 근저가 뿌리라면, 아들의 탄생 사건은 뿌리로부터 활짝 피어나는 꽃과 같다. 항상 근저로부터 내재적 삼위일체론적 사건이 생기한다. 단적으로 에크하르트에 따르면, 내재적 삼위일체론 속에서 아들의 탄생과 영혼 가운데 아들의 탄생 사건은 근저로부터 비롯되는 영원 속의 생기 사건이다. 이런 정황을 미루어 볼 때, 에크하르트는 철저하게 그리스도교적이다. 단지 그는 자신의 문제들을 해결하기 위해 의지하는 창조주 하나님을 벗어나야 삼위일체 하나님을 있는 그대로 체험할 수 있게 된다는 것이다. 그러므로 근저로의 돌파와 그 돌파 속에서 인간 영혼 속에 신의 아들의 탄생은 하나로 연결되어 있는 사건이다. 이와 같이 그의 신비주의는 인간적인 모든 것들을 버리는 가난의 상태에 도달하면, 신이 있는 그대로 드러나고, 인간도 있는 그대로 드러나 합일에 이르는 신비적 경험을 말하고자 했다.

에크하르트가 이러한 신과의 합일을 추구하는 것은 궁극적으로 일상적인 신비주의를 실천하기 위함이다. 그는 누가복음 10장의 마리아와 마르다의 이야기에서 일상적 신비주의를 설명한다. 그는 누가복음 10장 38절 이하의 마리아와 마르다의 이야기에서 마리아는 아직도 정신적 위로가 필요한 존재로 해석하고, 마르다는 영원의 근저를 체험하고 그러한 체험 위에서 일상적인 삶을 영위하는 이상적인 상태로 해석한다. 에크하르트는 명상보다 실천을 중시한다. 그런데 그러한 실천은 영원의 근저에 대한 체험을 바탕으로 이루어져야 질서정연하게 이루어지며, 이러한 삶을 일상의 신비주의라고 말할 수 있을 것이다.

그러면 에크하르트에게 있어서 은총의 역할은 무엇인가? 영원의 근저에 도달하지 못한 상태에서는 여전히 은총이 필요하다. 우연한 것이 본질적인 것으로 완성되기 위해서는 은총이 필요하다. 그러나 본질적인 완성되어 영원의 근저에 도달하면 은총이 필요 없다. 이것은 시간의 관점이 아니라 영원의 관점에서 말하는 것이다. 그렇지만 인간이 그러한 영원의 근저에 도달하지 못한 상태라면 언제나 은총은 필요할 것이다.

3) 에크하르트의 신비주의와 스콜라주의의 관계

에크하르트의 신비주의는 성경과 기독교 신비주의 사상에 토대를 두고 있을 뿐만 아니라 아리스토텔레스의 철학을 자신의 신비주의 사상에 종합하는 스콜라주의적인 경향을 가지고 있다. 그의 신비주의는 버리고 떠나는 가난함의 측면과 함께 돌파하여 하나님의 아들이 탄생하고 신과 합일을 이루는 측면을 가지고 있다. 이러한 신비주의의 성경적 근거는 "그리스도로 옷입으라"(롬13:14)와 "내 안에 사는 것은 그리스도라"(갈2:20)는 말씀이다. 에크하르트는 바울의 두 명제를 자아포기와 세상부정 안에서 하나님과 동일한 형상으로 되는 것으로 해석한다.

그런데 버리고 떠나 있는 영혼은 스콜라학자들이 아리스토텔레스의 형이상학과 관련하여 수용한 분리된 실체이다. 에크하르트의 인간론에서 이러한 버리고 떠나 있음이 발견된다. 이성적 인간과 관련될 때, 버리고 떠나 있음은 지금과 여기의 사물로부터 벗어나 있는 상태를 말한다. 따라서 그의 버리고 떠나 있음은 또한 아리스토텔레스의 지성론과 관련하여 지성의 무제한적인 개방성과 수용성으로 이해될 수 있다. 그러므로 '버리고 떠나 있음'은 한편에서는 피조세계의 구속들로부터 벗어나 자유로운 것을 다루고, 다른 한편에서는 그러한 것들에서 벗어나 하나님을 향해 방향을 돌려 합일에 이르고자 하는 것이다.

버리고 떠나 있음은 시간성, 공간성, 피조성으로부터의 분리이다. 여기서 해방될 때 인간은 하나님을 만나고 그와 연합하게 된다. 아리스토텔레스의 버리고 떠나 있음은 분리된 실체인데, 이것을 차용하여 에크하르트는 하나님과의 연합이란 신비주의의 방향으로 발전시켰다.

인간이 자신의 영혼과 함께 하나님을 인식하고 하나님의 말씀을 듣는 것을 방해하는 세 가지 장애물이 시간성, 다수성, 그리고 육체성이다. 영혼은 시간성, 다수성, 그리고 육체성과 관련하여 욕망을 가지면서 영혼이 소유하고 있는 모든 신적인 것을 상실하게 된다. 그러므로 영혼은 하나님의 영원성, 일치성, 그리고 정신과는 멀어지고, 하나님은 인간의 영혼 안에서 활동할 수 없게 된다.

신적인 것을 상실한 외적인 인간은 감각성의 구체화이고, 이것의 관심은 창조성의 유지, 강화 그리고 사용에 있다. 외적인 인간은 감각적으로 인지하고 감지하는 인간이다. 이와 반대로 그는 인간적인 버리고 떠나 있음을 내적인 인간, 즉 '지성'(intellectus)과 '의지'(voluntas)의 가장 높은 영혼의 능력들과 관련 짓는다.

인간론적인 관점에서 이해된 외적인 인간과 내적인 인간과 같은 그의 이분법적인 해석은 앞선 스콜라주의자들과 커다란 차이가 발견되지 않는다. 더욱이 그는 앞선 스콜라주의자들처럼 아리스토텔레스를 논증의 근거로 삼았 고, 이 또한 스콜라주의적 테두리 안에서 머물려는 시도였다. 게다가 "버리고 떠나 있음"이라는 그의 사상은 인식론적인 견지에서도 영혼을 최고의 능력으로 비유하고 있고, 이는 당시 스콜라주의적 인식론과 비견된다.

피조물과 하나님과의 관계에서 피조물이 취해야만 하는 자세는 당시 스콜라주의자들이 가지고 있었던 보편적인 사상을 뛰어넘어 서고 있다. 버리고 떠나 있는 인간은 모든 피조성과 시간성과 공간성에서 완전히 독립적인 존재로 있어야만 하고, "버리고 떠나 있음"이란 피조적인 지식으로부터 해방과 초월성을 바탕으로 한다는 점에서 이성적인 인간에게서 볼 수 없는 형태에 속한다. 더 나아가 이는 단순히 버리고 떠나는데 그치지 않고 인간 영혼과 하나님과의 만남의 전제 조건, 즉 신비적인 연합(unio mystica)을 지향하고 있다는데서 에크하르트 사상의 독특성을 발견할 수 있다.

에크하르트의 스콜라적인 사상은 "버리고 떠나 있음"이라는 사상에서 신비적인 사상으로 전용되었고, 스콜라적인 배경으로 한 그의 사상의 진일보를 이루고 있다: 모든 피조물들에서 해방, 시간성과 공간성의 초월, 지식에서 벗어남과 지식의 초월, 그리고 자기 부정과 모든 사물들에 대한 죽음. 이러한 사상은 실제로 에크하르트의 신비 사상의 정점에 위치하고 있는데, 하나님과 인간 영혼 사이에 신비적인 연합을 위한 전제 조건 역할을 한다. 따라서 에크하르트의 사상인 버리고 떠나 있음에는 스콜라주의와 신비주의와의 상호 밀접한 관계를 형성하고 있으며, 동시에 당시 시대적인 정황을 반영한 사상의 발전을 꾀하고 있는 것이다.

2. 하인리히 수소(Heinrich Suso)

1) 수소의 생애와 저술들

하인리히 수소(1295-1366)는 1295년 경 독일 콘스탄스의 귀족 집안에서 태어났다. 하인리히의 본래 가족명은 그가 출생한 귀족 가문의 성인 베르크이므로 그의 본명은 하인리히 폰 베르크(Heinrich von Berg)이다. 그러나 후에 어머니를 존경하여 어머니의 출생지인 수소(Suso)를 채택하여 자신의 이름을 하인리히 수소로 바꾸었다. 그의 집안은 원래 성직자 가문이었으나 아버지가 콘스탄스 시내로 이주하여 상업에 종사하였다. 그러나 아버지는 아들이 성직자가 되기를 원하여 15세의 입학 연령보다도 2살이 빠른 13세에 그를 콘스탄스에 있는 도미니크 수도회에 입회를 시켰다. 그의 수도원 생활은 처음에는 평범했으나, 5년이 지난 17세가 되던 해에 영적인 갈등과 변화를 경험하게 되었다. 그는 이 때부터 외적인 수도원의 규율의 준수와 학문연구보다는 오히려 내면적인 성숙에 초점을 맞추게 되었다. 그는 이러한 영적인 변화를 체험한 후에 자신의 부모가 자신을 정규나이보다 먼저 수도원에 입교시키기 위해 많은 돈을 기부한 것을 성직매매라고 생각하여 고통스러워했고, 이 문제를 해결하려고 심한 육체적 고행을 하면서 내면적인 성숙을 추구하였다. 그의 자서전적인 기록인 『종의 생애』에 따르면 그는 예수님의 고난에 동참하기 위해 그리스도의 이름 약자(IHS)를 날카로운 도구로 가슴에 새겨 넣기도 했으며 그의 모자와 수도복 안에 쇠사슬을 묶어 놓거나 날카로운 못을 박아 넣기도 했고, 자는 동안 허리띠로 자신의 목을 조르기도 했다.

수소는 수도원에서 생활하면서 도미니크 수도회의 교육과정을 따랐을 것이다. 그곳에서 라틴어와 성경연구, 그리고 초대교부들과 수도원과 관련된 교부들의 작품들, 중세 신학자들이 쓴 페트루스의 명제집과 아퀴나스의 신학대전을 공부했을 것이다. 그 후에 그는 수도회에 의해 수도사들과 수녀들의 교사가 될 인물로 선택된 것으로 보인다. 그는 더 높은 수준의 교육을 받기 위해 1324년부터 27년까지 쾰른 대학으로 파견되었다. 그가 쾰른에서 교육받을 때 교수는 에크하르트였던 것으로 보인다. 에크하르트는 1323년부터 스트라스부르크로부터 쾰른으로 옮겨와서 대학에서 가르치면서 주변의 수도원과 수녀원을 대상으로 설교사역을 감당하고 있었다. 그러므로 수소는 쾰른에서 교육받는 동안 에크하르트의 신비주의와 그의 설교사역을 통해 영향을 받았을 것이다.

1327년에 콘스탄스로 돌아온 수소는 이 지역의 수도원의 책임자가 되었다. 이 때 그의 스승인 에크하르트가 그의 신비주의에 대해 이단으로 심문받고 정죄당할 때였으므로, 그는 그의 사상의 정통성을 변호하였다. 그러면서 그의 신비주의 사상을 담은 저서들을 발표했는데, 그의 사상도 이단의 의심을 받아 1330년에 조사를 받으면서 수도원의 책임자의 자리에서 물러났다. 그는 이 조사 후에 다시 수도원의 책임자의 자리로 복귀하여 1334년까지 봉사하였다. 이 때 콘스탄스에서는 교황파와 황제파의 갈등으로 수도원들의 공적 예배가 금지되어 수도원들은 영적 질서에서 어려움을 겪었다. 교황청이 예배를 금지했음에도 불구하고 수도원장으로서 수소는 이 때에도 수도원들과 수녀원들에서 설교를 했으며, 특히 퇴스에 위치한 수녀원에서 슈타겔을 만나 그녀가 세상을 떠날 때인 1360년까지 서신을 통한 영적 교제를 하였다.

1338년 신성로마 황제가 콘스탄스에서 예배를 재개할 것을 명령했는데, 시내의 사제들은 황제의 명령에 따라 예배를 재개했으나, 도미니크 수도회는 교황에 충성하여 예배를 거부하여 콘스탄스에서 추방을 당하여 주변지역으로 물러났다가 1348년에야 도시로 돌아올 수 있었다. 그는 이 혼란기에 무엇을 했는지 정확히 나타나지는 않는다. 그는 1348년에 울름으로 이주하여 그곳에서 교육과 설교사역을 감당하여 여생을 보냈고, 이곳에서 마지막 시기에 독일어로 자신의 저서들을 정리하였다. 그는 1366년에 이곳에서 세상을 떠났다.

수소의 첫 작품은 콘스탄스에서 1328년에서 1334년 사이에 저술된 『진리에 관한 작은 책』(*Büchlein der Wahrheit*)이다. 이 책은 1328-9년에 이단혐의로 재판을 받고 유죄판결을 받았던 스승인 에크하르트의 가르침에 대한 짧은 변호였다. 1330년 이 책과 또 다른 저술이 도미니크 교단에 대한 반대파들에 의해 이단적이라고 비판을 받자, 수소는 자신을 방어하기 위해 1330년 도미니크 수도회의 총참사회가 열린 마스트리히트로 여행하였다.

1328-1330년경에 저술된 수소의 『영원한 지혜에 관한 작은 책』(*Das*

Büchlein der ewigen Weisheit)은 덜 사색적이고 더욱 실용적이다. 그는 1334년과 1337년 사이의 어느 시점에 이 작품을 라틴어로 번역하면서, 상당한 내용을 증보하여 거의 완전히 새로운 책으로 만들었으며, 이 책을 『지혜의 시계』(Horologium Sapientiae)라고 불렀다.

그 이후 수십 년간의 어느 시점에 스테겔은 『대서간집』(Grosses Briefbuch)에 수소의 편지 28통을 모아 모았는데, 이 책은 현재까지 전해지고 있다. 또한 수소는 자신의 영적 생활과 금욕적 실천에 대한 이야기를 전하기 위해 장문의 글을 썼는데, 일반적으로 『종의 생애』(Das Buch von dem Diener) 혹은 『수소의 생애』(Lebens Sueses)라고 불린다. 그리고 『진리에 관한 작은 책』과 『영원한 지혜에 관한 작은 책』을 개정하였다. 아마도 그의 생애의 후반기인 1361-3년경의 어느 시점에, 그는 이러한 작품들을 (『대서간집』에 있는) 그의 편지들 가운데 11개를 모은 『소서간집』(Briefbüchlein)과 함께 수집하고 서문을 써서 그가 『모범』(Exemplar)이라고 부르는 하나의 책으로 만들었다.

수소는 중세 후기에 널리 읽혀졌다. 현존하는 중세독일어로 된 『영원한 지혜에 관한 작은 책』의 232권의 필사본이 있다. 『지혜의 시계』의 라틴어 본은 훨씬 더 인기가 있어, 4백권이 넘는 사본이 있고, 8개어로 번역된 다양한 중세 언어 번역본이 2백권이 넘는다. 그러므로 『지혜의 시계』는 후기 중세의 영적 저술 중에서 『그리스도를 본받아』 다음가는 인기를 누렸으며, 토마스 아 켐피스가 그를 존경하던 독자였다.

이와 같이 수소는 자신의 저술들을 대부분 독일어로 저술하여 일반인들이 읽을 수 있도록 하였으며, 그러한 결과로 대중들에게 상당히 폭넓게 읽히면서 그들에게 영향을 주었던 것을 알 수 있다.

2) 수소의 신비주의 신학사상

수소의 첫 번째 작품인 『진리에 관한 책』은 7장으로 되어 있으며, 제자와 영원한 진리 사이의 대화형식으로 구성되어 있다. 그는 자신이 독자들에게 전달하고 싶은 진리를 대화의 형식으로 전개하고 있다. 그가 이 책에서 가장 중시하는 것은 초연 혹은 그냥 놓아두고 있음(gelassenheit)과 분별이다. 초연은 인간이 하나님과 하나 되기 위해 취해야 하는 자세이다. 그는 하나님은 한 분이며, 모든 피조물들을 넘어서는 절대적인 존재이라고 본다. 수소는 에크하르트와 더불어 하나님이 궁극적으로는 이름을 붙이거나 규정할 수 없다는 의미에서 절대적이며 신성한 무(nothingness)임을 주장했다. 이러한 하나님은 한 분이며, 모든 피조물들은 영원한 하나님 안에서 영원한 개념으로 존재하고 있었고, 다른 한 면에서는 하나님께 의존하는 존재이다.

인간이 하나님께 나아가 합일하고자 할 때에 인간이 잘못된 길로 빠져들지 않고 올바른 길로 나아가려면 분별이 가장 중요하다. 이 분별을 사용하는 가운데 초연의 길로 나아가는데 가장 큰 장애물은 개별화된 자아이다. 이러한 자아를 극복하고 나아가면 진정한 초연의 길로 나아가 참된 평안을 누리는 행복을 얻게 된다고 말한다. 에크하르트는 이러한 단계에서 인간이 존재론적으로 변화되어 하나님과 합일을 이루게 된다고 말하였다. 그러나 수소는 스승이 이러한 가르침에 대해 이단 시비에 휘말리는 것을 보면서 피조물은 끝까지 피조물로 남아 있으며, 피조물이 행복을 얻게 되는 것은 하나님에 대한 존재의 변화를 통해서가 아니라 태도의 변화를 통한 것이라고 설명한다.

그는 이 책에서 그리스도와의 연합에 대해 설명한다. 그리스도는 인성을 취하셨으므로 하나님과 인간의 연합에서 중요한 역할을 하게 된다. 그러나 인간은 그리스도의 형상의 모양만을 취할 뿐이다. 사람들은 명상과 외적인 금욕을 통해 그리스도와의 연합에 이를 수 있으며 이 연합의 절정에 이르면 인간은 자기 자신을 상실하게 된다. 그렇지만 수소는 여기서도 인간은 존재론적으로 그리스도와 연합된다는 것을 부정한다.

그는 다음으로 저술한 『영원한 지혜에 관한 작은 책』에서는 초연을 통해 하나님과의 연합으로 가는 실천적인 길을 제시한다. 이 책은 3부로 되어 있는데 1부는 1-20장으로 그리스도의 수난에 대한 수난을 아주 생생하게 묘사하면서 다루고 있고, 2부에는 금욕을 위한 4가지 지침으로 잘 죽는 방법과 내면적으로 살아가는 방법과 합당하게 성찬을 받고 하나님을 찬양하는 방법을 논의한다. 3부는 장의 구분 없이 묵상을 위한 짧은 경구와 작품의 요점을 제공한다. 그는 이곳에서 그리스도의 고난을 묵상할 때, 그의 대속의 의의를 묵상하기보다는 우리가 닮아가야 할 형상으로서 그리스도의 고난을 묵상한다. 이 책은 라틴어로 번역할 때 지혜의 시계라고 하였는데, 24장으로 된 것이 하루 24시간을 상징한다는 의미인 것으로 보인다.

그는 『종의 생애』에서는 자신의 신비의 체험들을 바탕으로 성도들에게 올바른 신비주의의 실천의 길을 제시하고자 한다. 그는 이곳에서 지나친 고행의 문제점들을 지적하면서 오히려 내면적인 진보의 중요성을 강조하고 있다. 그는 환상이나 신비적인 체험보다는 이 책에서 금욕주의적인 삶을 통한 내면적인 성숙이라는 목회적이고 실천적인 길을 제시하고자 노력한다.

이와 같이 수소는 에크하르트의 제자로서 독일의 신비주의의 대중적인 실천과 확산에 커다란 영향을 미쳤다. 그는 에크하르트와의 차별적인 점은 초연을 통한 하나님과의 합일에 이른다 해도, 그것이 존재론적인 연합이라는 것을 부정하고 그에 대한 태도변화를 통한 연합을 통해 내적인 진보를 이루는 것이라고 말한다.

3. 요한 타울러(Johannes Tauler)

1) 그의 생애

타울러(1301- 1360)는 스트라스부르에서 1300년경에 태어났으며, 1304년에 스트라스부르 시의회 의원이었던 니콜러스 타울러의 아들이었던 것으로 보인다. 그는 15세에 도미니크 수도회에 들어갔고, 그 도시의 도미니크 수녀원이 운영하는 학교에서 교육을 받았다. 그에게 큰 영향을 준 마이스터 에크하르트는 스트라스부르에서 1313년에서 1326년 사이에 활동했지만, 그들이 어떤 관계를 맺었는지는 불분명하다. 수도원에서 8년간의 관례적인 학습 과정을 밟는 동안 에크하르트가 설교하는 것을 들었을 가능성이 있으며, 그는 에크하르트의 신비주의 작품들에 정통했다. 스트라스부르크에서 그는 쾰른에 있는 도미니크 수도회 대학으로, 그리고 아마도 파리에 있는 성 제임즈 대학으로 갔다가 마침내 스트라스부르크로 돌아왔을 가능성도 있지만, 아마도 쾰른에서 바로 스트라스부르크로 돌아왔을 가능성이 더 크다. 그는 쾰른에서 공부하는 동안 같은 수도회 출신인 하인리히 수소와 함께 생활했다.

1330년경 타울러는 스트라스부르크에서 설교 생활을 시작했다. 그 도시에는 8개의 도미니크 수녀원들과 그보다 더 작은 70개의 베긴수녀회 공동체가 있었다. (마이스터 에크하르트와 헨리 수소와 마찬가지로) 그의 설교의 상당 부분이 이들 수녀들에게 향한 것이었을 가능성이 있어 보인다. 비록 이것이 부분적으로 그러한 설교가 기록되고 보존된 가능성을 높이는 배경설정을 반영할 가능성이 높은데, 거의 80개에 달하는 타울러의 설교 대부분은 수녀원 상황을 반영하는 것 같다. 1338년 또는 1339년에, 교황 요한 22세와 바바리아의 루이스 2세 사이의 긴장의 결과로 도미니크 수도회 사람들은 스트라스부르크에서 추방당했다. 타울러는 추방당한 기간(1339-1343)에 바젤에서 생활했다. 여기서 하나님의 친구들(Gottesfreunde)로 알려진 경건한 성직자들과 평신도들의 모임을 알게 되었다. 타울러는 설교에서 하나님의 친구들에 대해 자주 언급한다. 이 집단과의 깊이 있는 연계에 대한 증거는 뇌르들링겐의 세속 사제 헨리와 그의 영적 친구인 도미니크 수도회 수녀 마가렛 에브너가 주고받은 편지들에 발견된다. 타울러는 헨리를 통해 마그데부르그의 '신격의 흐르는 빛'의 메크힐드(Mechthild)와도 알게 되었다.

타울러는 하나님의 친구들과 함께 일했는데, 그는 그들과 함께 영혼의 상태는 외부의 실천보다 하나님과의 개인적 관계에 의해 더 큰 영향을 받는다는 믿음을 가르쳤다. 이러한 방식으로 그는 상대편인 에크하르트에 못지않게 사람들의 삶을 바꾸려고 하였다.

타울러는 1343년경에 스트라스부르크로 돌아왔지만, 이듬해에 여러 가지 위기를 만났다. 스트라스부르크는 1346년에 엄청난 파괴를 가져온 지진과 화재를 만났고, 1347년 말부터 1349년까지 도시는 흑사병으로 황폐화되었다. 도시를 떠날 수 있는 모든 사람들이 떠나 도시가 버려졌을 때, 타울러는 그의 자리에 남아 설교와 개인적인 방문으로 공포에 질린 동료 시민들을 격려했다.

타울러는 그의 생애의 마지막 25년 동안 꽤 광범위한 지역을 여행했다. 그는 쾰른으로 몇 번 여행을 했다. 중세 독일어의 쾰른 사투리로 보존된 설교에서 알 수 있듯이 그의 여러 설교가 그곳에서 분명히 전달되었다. 전통에 따르면 타울러는 1361년 6월 16일 스트라스부르크에서 사망했다.

2) 타울러의 신비주의 신학사상

타울러는 하나님과의 신비적인 합일을 이루기 위해서는 그 합일을 위한 인간의 내면의 장소인 자신의 영혼의 근저를 인식해야 한다고 강조한다. 신비주의 사상 안에서 근저를 강조한 것은 에크하르트인데, 그는 이 용어를 140회 정도 사용한 반면에 타울러는 400번을 사용할 정도로 광범위하게 사용한다. 하나님과의 합일을 위한 장소인 영혼의 근저라는 용어는 독일 신비사상의 기본입장을 이해하기 위한 열쇠이며 타울러에게도 예외가 아니다. 타울러는 영혼의 근저를 표현하기 위해 다양한 용어들을 사용하는데, 이러한 세밀한 묘사를 통한 그의 작업은 독일의 신비사상의 합리적 이해를 위한 중요한 기여로 평가된다.

그는 영혼의 근저는 영혼의 가장 깊은 곳으로 삼위일체의 가장 귀한 모상이 머무는 곳이라고 하였다. 인간 영혼의 가장 깊은 곳에 머무는 삼위일체의 가장 귀한 모상은 인간에게 신의 현존을 나타내는 가장 확실한 표지이다. 근저에 머무는 삼위일체의 모상이 신과의 합일을 지시하고 있다. 그는 인간이 3단계를 거쳐 신과 합일에 이른다는 3중 인간론을 주장한다. 그는 인간을 본성에 따라 사는 동물적 인간, 이성에 따라 본성을 통제하지만 외부 세계에 대한 애착을 끊지 못하는 이성적 인간, 온전히 신과 일치된 신적인 인간으로 분류한다. 그는 이 세 번째 인간인 신적인 인간을 영혼의 근저와 동일시하며, 영혼의 근저를 온전히 실현한 인간이라고 본다. 영혼의 근저는 영혼 안에 내재된 능력이 아니라 어떤 형태와 형상도 가지지 않는 순수한 정신 그 자체이다. 이 영혼의 근저는 영혼의 모든 정신적 능력의 총체를 지시하는 것이 아니라, 그 반대 지점인 모든 정신적, 영적인 능력이 배제된 무의 영역을 지시하고 있다. 그는 이러한 다양한 능력을 통해 영혼의 근저를 표현하면서 이 영혼의 근저를 통한 신과의 합일을 추구하고 있다.

타울러는 신비적 합일을 위한 필수조건으로 자기 인식을 제시한다. 자신인식 과정은 먼저 자기 내면을 성찰하는 과정으로 자신의 윤리적인 무를 인식하는 것이고 다음으로 자신의 무를 인식하라는 것으로 자신의 창조된 무를 인식하는 것이다. 타울러가 영혼의 근저와 동일시하는 이 자신의 창조된 무는 신의 창조되지 않은 무를 직접적으로 경험할 수 있는 유일한 장소이다. 신과의 신비한 합일에 도달하고자 하는 사람은 우선 자신의 창조된 무로 침잠해 내려가야 한다. 신비적 합일은 인간에게 신의 창조되지 않은 무를 수용하는 능력이 있음을 전제하고 있다. 그렇지만 영혼의 근저는 무이다. 그러므로 신비적인 합일은 두 존재자의 합일이 아니라 두 무의 합일이다. 이 근저와 무의 동일성에서 "심연은 심연을 부른다"라는 시편의 비유를 통해 요약되는 신비적 합일의 근본적인 구조가 드러난다. 타울러는 이 비유를 통해 신비적 합일은 인간의 창조된 무가 신의 창조되지 않은 무 속으로 침몰해 들어가는 것으로 설명한다. 신의 창조되지 않은 무에 상응하는 것은 인간 정신의 어떤 능력이 아니라 그 근저인 무이기 때문에 "자신의 근저로 침잠하라. 신의 무를 끌어들이는 자신의 무로 들어가라"는 실천적인 요구가 나오게 된다.

타울러에게서 '자기 자신을 인식하라'는 말은 윤리적인 무를 인식하여 인간의 죄성을 깨닫는 것과 함께 존재론적 차원에 속한 무로서, 인간이 피조물로서 신에게 철저하게 귀속되어 있음을 인식하는 것이다. 인간이 하나님과 합일하는 단계로 나아가려면 먼저 윤리적인 무, 즉 인간의 자기 과오 수정의 자기 수양뿐만 아니라 불완전성에 대한 인식을 통해 자기 치유가 필요한 훼손된 인간 본성에 대한 통찰까지 포함한다. 그렇지만 이것만으로는 하나님과의 합일에 이를 수 없어, 다음으로 필요한 것이 직접적 인식으로 도달하는 자연적인 무에 대한 인식이며 이 인식은 다음으로 신이 인간의 창조된 무 안에서 활동하여 신비적 합일에 이르게 된다. 이 창조된 무는 인간이 그 고유성에서 아무 것도 아니며, 인간존재는 무일 뿐이라는 것을 지시한다. 타울러가 인간의 무를 강조하는 것은 인간의 구원사적 맥락에서, 그리고 창조주 앞에서 피조물들이 가지는 절대적 의존성을 강조하는 맥락에서이다.

  인간이 무라는 말은 신의 압도적 위대함과 비교할 때 인간은 거의 무에 불과하다는 의미이다. 타울러는 인간이 이 상대적인 무성의 인식을 통해 하나님 앞에서 인간이 점하는 본연의 위치를 깨닫게 되고 이를 통해 하나님 앞에서 신과의 합일에 필수적 덕목인 진정한 겸손에 이르게 된다고 말한다. 다음으로 신의 절대성 앞에서 인간의 무에 대한 고찰은 '오직 신만이 존재한다'는 명제에서 출발한다. 신만이 본연의 존재라면 인간의 존재는 무일 수 밖에 없다는 것이다. 신만이 존재한다는 사상은 에크하르트의 사상인데, 타울러는 이것을 계승하면서 심화시키고 극단화시킨다. 신만이 참된 존재라면, 인간에게 속하는 고유한 존재는 있을 수가 없으며, 인간 자신에게서 나오는 것은 심지어 악한 것이 된다고 말한다. 인간이 무라는 말은 인간의 존재가 없다는 말이 아니라, 신만이 존재라는 것을 지시하는 것이다. 이러한 인간의 무성에 대한 인식은 인간 자신이 무라는 인간의 실존적 통찰에 이르게 하여, 신과의 합일에 이르게 한다.

  타울러에게 있어서 윤리적 무와 존재론적 무에 대한 인식은 하나님과의 신비적인 합일에 있어서 필수적이다. 특히 자신이 존재론적으로 무라는 인식은 자신의 영혼의 근저에 이르는 인식이며, 여기서 신과의 합일이 가능하게 된다. 타울러에게서 이러한 자기 인식이 중요한 것은 자기 무성에 대한 인식에서 겸손의 덕을 갖추게 할 뿐만 아니라, 자신의 영혼의 근저에 대한 인식이기 때문이다. 영혼의 근저는 신과의 신비적 합일의 통로이며, 더 나아가 신비적 합일로 변화된 신적인 인간 그 자체이다. 영혼의 근저는 신비적 합일을 위한 가능성이며, 동시에 신비적 합일의 목적지이다. 또한 영혼의 근저는 신적인 합일을 위한 추동성이다. 영혼의 근저에는 신적인 근원으로 향하는 영원한 경향성이 있어, 지속적으로 신을 향하여 나아가게 하는 추동력이 된다. 이러한 논의를 통해서 알 수 있는 바와 같이 이 신비주의 사상은 사제들의 중재 없이 인간의 영혼이 하나님께 나아가는 길을 열어주는 역할을 한다. 그렇지만 종교개혁의 시각에서 볼 때 가장 근본적인 문제는 신과의 합일이 인간에게 있는 영혼의 근저에서 출발하여 신에게로 나아가는 자연신학이고 인간의 노력에 의한 여정이라는 것이다.

3) 타울러의 설교와 기도

요한 타울러는 1320년대의 기근, 1330년에서 40년까지 지속된 교황권과 황제권의 갈등으로 인한 수도원 폐쇄의 영적인 혼란, 1340년대와 60년대를 휩쓴 흑사병 등의 고통 속에서 살아가던 라인강 부근의 수녀원의 수녀들과 평민들에게 설교를 하였다. 스트라스부르에만도 50-80명으로 구성된 도미니크 여성 수도원이 7개나 있었고, 베긴 수도회의 수녀원도 많았다. 그가 수녀원에서 설교했을 때 들었던 수녀들이 그 설교를 기록하여 당시에도 많이 읽혀졌고 오늘날까지 전해오게 되었다. 그는 설교에서 하나님의 현존 안에서 살면서 일상적인 성화를 이루어 이웃과 하나님을 사랑하지 못하도록 방해하는 모든 것들로부터 초연해질 것을 강조하였다.

그는 모든 사람들이 하나님을 찬양하는 삶을 살도록 부름받았다는 것을 사실을 아주 분명하고 힘있게 전달하기 위해 비유와 일상적인 일화들, 많은 친숙한 사례들을 사용하였다. 농부들에게도 그들의 영혼의 속(근저)을 깊이 들여다보면서 초연함이란 일생을 통해 이루어가는 과정으로 인내와 용기, 하나님의 은총을 필요로 한다는 것을 강조하였다. 그는 부를 얻어 만족을 누리는 것에 관심을 가졌던 상인들에게 일상에서 하나님을 사랑하고 찬미하는 것을 방해할 수 있다고 경고하였고, 수녀들에게는 기도원의 기도뿐만 아니라 일상에서 그들의 도움을 필요로 하는 사람들을 돕도록 설교하였다. 그는 또한 외적 수련보다는 묵상을 강조하였고, 하나님을 신뢰하며 근심에서 벗어날 것을 권유하였다.

그는 하나님과의 합일을 추구하기 위해 세상을 등질 필요는 없지만, 자신의 영혼의 깊은 곳을 바라보는 묵상과 기도는 필요하다고 강조한다. 그는 우리의 영혼 속에 하나님의 현존을 깊이 인식하며 살아가고 예수님같이 생활과 관상을 조화시킬 개인적인 책임을 강조하였다. 그는 이러한 개인들의 책임을 강조하면서도 동시에 하나님께서 은총으로 이끌어주신다는 하나님의 주도성을 강조하였다.

타울러는 도시에 사는 신흥 상인계급들의 이상이라 할 성덕(sanctity)을 쌓는 방식으로 일의 중요성을 강조한다. 일을 중요성을 강조하지 않은 설교가 없을 정도로 일의 중요성을 강조하는데, 그 일 속에는 노동뿐만 아니라 종교적 실천, 금식, 철야기도 등을 포함시켰다. 그는 새로운 일을 시작할 때, 하나님의 뜻과 영광을 먼저 구하고, 일을 시작하는 지향의 순수성을 먼저 살피면서, 그 일에 필요한 하나님의 은총을 구하면서 하여 일상생활 속에서 성화를 추구할 것을 권유한다. 그는 더 나아가 우리의 삶이 하나님과 이웃을 사랑하는 삶이 되어야 하며, 그러한 생활을 하는 사람들이 그리스도의 거룩한 몸이라는 것을 인식해야 한다고 지적한다. 이와 같이 타울러는 관상하는 삶과 행동하는 삶이 일치하도록 설교하였다. 그러한 면에서 타울러는 삶의 스승이면서 실천하는 신비주의자라고 평가할 수 있다.

이러한 그의 설교에 대한 평가에서 에크하르트의 영향을 받았다는 전제에서 이루어지는 평가와 그의 독자성을 강조하는 평가가 있다. 그는 역사적으로 1313-1326년까지 그의 고향인 스트라스부르크에서 활동했던 에크하르트의 영향을 받았을 것이라는 전제이고, 사상사적으로 그가 설교에서 에크하르트의 이름을 인용하는 것에서 그의 영향을 받았을 것이라는 전제이다. 이러한 전제에서 이루어지는 연구들은 타울러의 사상을 지나치게 에크하르트의 영향을 받았다고 평가하는 경향이 있다. 다른 한 경향의 연구는 그의 사상의 독자성을 강조하는 것으로, 그의 수녀들의 돌봄과 하나님의 친구들이란 사람들과의 만남을 중시한다. 이러한 만남은 그에게 실천적인 사고의 동기와 사상의 독특성을 형성하는데 기여했을 것이다. 그의 사상의 이러한 측면은 그가 설교에서 이론의 스승이기보다는 삶의 스승이기를 원한다는 발언에 잘 나타나 있고, 그가 도미니크 수도회에서 전문적인 신학을 훈련받은 수도사였음에도 불구하고 이론적인 신학자가 되기보다는 실천적인 교사가 되기를 갈망한 점에서 찾아볼 수 있다. 그의 설교 가운데 일부가 편집되어 독자들에게 제공되었는데, 그 제목이 『그리스도를 본받아』와 『완덕에의 길』이었다는 점에도 그러한 실천적이고 목회적인 성격이 잘 드러난다. 타울러의 사상적 논제들 - 도덕적 엄격주의, 자기인식, 그리스도를 본받아, 인간론 그리고 위계적 신비주의 - 중 관상하는 삶(Vita contemplativa)과 행동하는 삶(Vita activa)의 일치성에 관해 고찰한다.

타울러는 자신의 설교를 듣는 회중들에게 신비적 연합을 이루는데서 기도의 중요성을 강조하며 기도를 실천하도록 인도하고자 하였다. 그는 기도의 정의에 대해 "창조되지 않은 신의 영과 연합을 위한 창조된 영의 침입"이란 성서적 전통과 "하나님을 향한 영의 상승"이라는 교부의 정의를 채택한다. 기도는 언어, 공로 그리고 방법에서부터 벗어나 하나님을 향한 내적 비움과 해방을 추구하는 일이다. 타울러에게서 상승을 추구하는 기도는 신비적 연합에의 길이다. 타울러에 의하면 예배는 기도에 속하는 일이다. 예배(헌신)의 본질은 인간의 순종, 하나님과 인간의 연합의 길에 존재한다. 그렇기에 타울러에게 하나님과의 연합을 추구하는 기도는 "가장 고귀하고 영광스러운 사역"이다. 타울러의 독특성은 기도를 관상의 삶에 예속시키는 중세 전통을 따르지만 기도를 관상에 종속시키는 전통과 달리 관상을 기도에 종속시킨다는 점이다.

타울러는 에크하르트에게서 영향을 받았지만, 하나님과의 만남인 신비적 합일의 내재성을 강조하던 에크하르트와 달리 관상하는 삶과 행동하는 삶의 일치성을 추구하였다. 이러한 점에서 그는 기도에서 외재적인 기도와 내재적인 기도 사이에 인간의 힘으로 하는 외재적인 기도가 신과의 합일로 이끄는 내재적인 기도와 대립하는 측면을 발견하지만, 다른 한 편에서는 외재적인 기도가 내재적인 기도로 이끄는 통로의 역할을 한다는 점에서 양자 사이의 일치를 발견한다. 그와 같이 외재적인 사역과 내재적인 사역 사이에서도 동일하게 대립하는 측면과 일치하는 측면을 발견한다. 외재적인 사역이 하나님과의 연합을 방해하는 측면이 있지만, 내재적인 사역과 연결될 때 그 사역으로 인도하는 측면이 있어 일치하는 측면이 있다. 여기서 그는 마르다와 마리아를 가지고 설명한다. 특히 마르다가 일을 하는 것에 대해서 책망을 받은 것은 일을 한 것 때문이 아니라 일을 하면서 근심하였기 때문이다. 그러므로 근심에서 벗어나 침묵 속에서 일을 하는 것은 외적 사역과 내적 사역을 연결하는 통로의 역할을 한다. 외적 사역과 내적 사역의 매개 개념은 기도와 같이 탈피이다. 이러한 탈피는 단순하게 세상을 벗어나야 한다는 당시 수도원의 관념을 비판하면서 세속에 살면서도 세상에 대한 사랑을 벗어나 하나님과 관계를 맺으려는 삶이다.

이와 같이 타울러는 관상적인 삶과 행동하는 삶의 유기적인 연대와 긴장적 일치는 당시의 삶의 모델에 대한 새로운 이해를 제공할 뿐만 아니라, 신앙인의 삶 속에서 하나님과 인간, 인간과 인간의 만남에 대한 새로운 모델을 제공해 준다. 이 때 두 삶의 일치는 내적인 기도와 외적인 기도, 내적인 삶과 외적인 삶의 일치를 통해서만 가능한 일이다.

4. 에크하르트부터 하인리히 수도와 타울러의 신비주의에 대한 평가

이들의 신비주의의 이해에서 가장 중요한 것은 이들이 모두 도미니크 수도회에 속한 수도사들이고, 독일 출신이라는 것이다. 이들은 대학에서 공부하고 가르쳤던 학자이면서 신비주의자들이었다. 그러므로 이들은 스콜라주의의 영향을 받아서 학문적인 이해와 능력을 가지고 있으면서도 당시의 일반적인 스콜라주의 경향을 벗어나서 신비주의의 노선을 따라 신과의 합일을 추구하였다. 이들이 그러한 신비주의의 노선을 취한 것은 당시 독일에서 수녀원의 수녀들과 일반 성도들 사이에 이러한 신비주의에 대한 요구가 많았기 때문이었다. 이들은 신비주의적인 노선을 따르면서 독일어로 된 설교를 하면서 수녀들과 평신도들에게 많은 영향을 미쳤다.

이들의 가장 큰 관심은 하나님과의 신비적인 합일에 이르고자 하는 것이다. 이렇게 하나님과의 합일에 이르고자 하는 삶을 관상적인 삶이라고 한다. 에크하르트는 바로 이러한 관상적인 삶에 초점을 맞추어 인간에게 영혼의 불꽃이 있어서 이러한 연합이 가능하다고 보았다. 하나님의 삼위로의 구분 이전의 하나에서와 인간의 창조 이전의 영원에서의 일치를 강조한다. 이러한 일치 가운데 인간의 영혼에 하나님의 아들의 탄생을 강조한다. 이러한 일치를 위해서는 이 세상의 것들을 버리고 떠남과 내버려 둠과 돌파를 강조한다. 이러한 인간영혼과 하나님의 하나 되는 합일을 강조하는 그의 신비주의는 존재론적인 연합을 주장하는 것으로 의심을 받아 이단으로 정죄를 당했다.

하인리히 수소는 초연(내버려 둠)을 강조하고 인간의 분별을 강조한다. 그리고 하나님과의 일치를 위한 실천적인 강조를 한다. 그러면서 하나님과의 일치에서 에크하르트와는 차별되게 존재론적인 일치의 위험성을 피하고 신에 대한 태도변화를 통한 일치를 강조한다. 수소는 하나님과의 일치를 위한 실천에서 그리스도의 고난의 묵상을 강조한다.

타울러는 영혼의 근저에서 인간의 무성을 인식하고 하나님의 창조되지 않은 무성과의 만남을 통한 일치를 강조한다. 이러한 일치를 위해서는 초연을 강조한다. 그러면서 타울러는 관상적 삶과 행동하는 삶의 일치를 강조한다. 타울러는 예수 그리스도를 닮아가는 것을 강조한다. 이러한 예수 그리스도를 닮아가는 것을 강조하는 것은 바로 14세기의 공동생활 형제단의 그리스도를 본받아와 연결되어 있다. 그리고 완덕에의 길을 강조한다. 그러므로 이들의 신비주의는 인간의 내재성에서 출발하는 자연신학의 성격과 함께 인간의 노력과 함께 하나님의 은총을 강조하는 아퀴나스의 기본적인 노선을 따르고 있다.

더 읽어야 할 책과 논문들

게르하르트 베어. 이부현 역. 『마이스터 에크하르트 : 독일 신비주의 최고의 정신』. 안티쿠스, 2009.
버나드 맥긴. 김형근 역. 『마이스터 에크하르트의 신비주의 사상 : 하나님이 아무것도 감추지 않은 사람』. 은소몽, 2019.
이준섭. "마이스터 에크하르트(Meister Eckhart)의 설교들의 중심 주제로서 '영혼 안에 하나님의 탄생'." 「한국교회사학회지」 25(2009): 93~120.
이준섭. "마이스터 에크하르트(Meister Eckhart)의 사상에서 스콜라주의와 신비주의와의 상관관계", "버리고 떠나 있음"(Abgeschiedenheit)의 사변적-신비적 이해를 위한 한 논고." 「장신논단」 50/5(2018): 147~170.
이부현. "에크하르트의 영혼의 근저에서 신의 탄생." 「신학전망」 180 (2013): 74~105.
김요섭. "하인리히 수소의 신비주의 사상 연구." 「ACTS 신학저널」 44(2020): 141~180.
이준섭. "삶의 스승과 실천적인 신비주의자로서 요하네스 타울러(Johannes Tauler)- "관상하는 삶(Vita contemplativa)과 행동하는 삶의 일치성(Vita activa)"을 중심으로." 「한국교회사학회지」 27(2010): 93~125.

17장

가브리엘 비엘
(Gabriel Biel, 1420-1495)

가브리엘 비엘(Gabriel Biel, 1420-1495)은 오컴의 사상을 이어받아 발전시킨 인물로서 새 길 신학의 대표자이다. 비엘의 사상은 구원론에서 인간이 자연 상태에서 재량공로를 쌓을 수 있으며, 재량공로가 그 후에 세례를 받고 나서 은혜가 주입되면 적정공로로 변화된다고 주장하였다. 이러한 그의 신학사상은 에르푸르트 대학에서 공부하던 루터에게 전달되었고, 루터가 구원의 확신을 갖지 못하고 불안에 시달리며 종교개혁을 추진하는 촉매제가 되었다.

1. 가브리엘 비엘의 생애

비엘은 독일의 스콜라 신학자인데, 슈파이어(Speyer)에서 태어났고, 튀빙겐(Tübingen) 근처의 아인시델(Einsiedel)에서 죽었다. 1432년 사제 서품을 받고 학사 학위를 얻고자 하이델베르크 대학에 입학하였다. 그는 학문적으로 성공하여 에르푸르트 대학에서 더 높은 학위를 추구할 때까지 3년간 인문학부 강사가 되었다. 그는 에르푸르트에서 잠시 체류한 후에, 쾰른 대학교로 옮겨갔다. 그는 거기서 박사학위를 마치지 못했고, 1451년에 학위를 마치려고 에르푸르트로 돌아왔다. 이 두 대학의 커리큘럼은 크게 달라서 쾰른은 토마스 아퀴나스와 전반적인 스콜라주의적인 커리큘럼을 아주 강조한 반면에, 에르푸르트는 오컴의 윌리엄의 가르침을 강조했다. 따라서 오컴의 유명론적인 견해뿐만 아니라 스콜라적인 전통에 대한 의존 때문에, 그는 종종 새 길의 훌륭한 대변자이자 옛 길의 사상의 통찰력 있는 사용자로 인정받는다.

이와 같이 비엘의 연구는 하이델베르크, 에르푸르트, 쾰른, 에르푸르트에서 계속되었다. 1460년대 초, 그는 마인츠 대성당에서 설교자가 되었고, 교구 사제가 되었다. 그는 후에 부츠바흐(Butzbach)의 성당참사회의 상급자가 되었고, 1468년까지 레인가우(Rheingau)의 공동생활형제단에서 생활하였다. 그는 에버하르트 1세 공작의 초대를 받아 마리엔탈(Marienthal)에 있는 공동생활형제단의 초대 주임신부가 되었다. 그는 이곳에서 9년간 재직하면서, 마인츠에 있는 상류 라인강 지역에 있는 공동생활형제단의 총회를 마인츠로 옮겨와서 거기에 있는 학교의 커리큘럼에 형제단의 경건을 통합시킴으로써 형제단 운동을 더욱 촉진시켰다. 그는 1479년 우라흐(Urach)의 성당참사회원들의 주임신부로 임명되었다.

이 시기에 비엘은 튀빙겐 대학을 설립하면서 에버하르트 공작과 협력했다. 1484년 새로운 교수진 가운데 최초의 신학 교수로 임용된 그는 1484년과 1489년 학장까지 역임하며 사망할 때까지 가장 유명한 교수진 가운데 한 명이었다. 거기서 그는 실재론자인 요한 헤인린(Johann Heynlin)의 교수진 임명에 반대했다.

그는 가르치기 시작했을 때 거의 60세가 되었지만, 교수와 저술가로서 비엘의 활동은 신생 대학에 최고의 명예를 가져다주었다. 그의 활동은 그의 스승인 윌리엄 오컴의 견해들의 조직적인 발전에 기여하였다. 나중에, 그는 스콜라주의자들 가운데 마지막 인물로 알려졌다. 그는 튀빙겐 근처의 아인지델에 있는 성 베드로 교구의 신설된 형제단으로 은퇴하였고, 그것에서 세상을 떠났다.

그의 가장 중요한 작품은 페트루스 롬바르두스의 『명제집』에 대한 주석이다. 이 주석은 다가오는 종교개혁 동안 루터에게 중요한 영향력을 미쳤다. 이 저술에서 그는 오컴의 윌리엄을 그의 스승이라고 부르지만, 마지막 세 권의 책은 그가 유명론자보다는 스코투스주의자라는 것을 보여준다.

비엘은 지나치게 좁지도 않고 지나치게 사색적이지도 않았다. 유명론자였지만, 그는 실재론에 관용적이었으며, 실재론은 콘라드 슈멘하르트(Konrad Summenhart)의 지도 아래 튀빙겐에서도 번성했다. 그는 공허한 사색을 하지 않았고, 실제적인 생활의 문제들과 요구들에 관심을 가지며 당대의 사회운동에 관심을 갖고, 인문주의자들과 우호적인 관계를 유지했다.

2. 가브리엘 비엘의 신학사상에 대한 배경

오컴이 하나님의 절대적인 능력을 강조하여 구원의 질서의 임의성을 강조하면서 14세기에 접어들어 신학적 회의주의가 발생하였다. 결국은 구원의 확실성을 가질 수 없게 되자, 그 구원의 확실성을 담보하고자 인간이 행할 수 있는 공로를 강조하게 되었고, 그러한 신학적인 입장에서 그리스도를 본받아 닮아가려는 신학이 발전하게 되었다. 이러한 시대적 배경에서 활동했던 인물이 오컴의 제자인 가브리엘 비엘이다.

가브리엘 비엘은 인간의 능력에 대해 토마스 아퀴나스보다도 더 긍정적인 방향으로 나아간다. 인간의 능력이 하나님의 은혜를 받기 전에도 하나님의 뜻을 행할 수 있다고 보았다. 비엘은 이러한 상태에서 인간이 행하는 것을 "화쎄레 쿠오드 인 세 에스트(facere quod in se est)"라고 표현하였다. 그보다 앞서 아퀴나스는 이 표현을 "본성을 따라 행하는 것"으로 이해하는데, 은혜로 존재를 부여받은 인간이 자연 상태에서 행하는 것을 의미한다. 아퀴나스는 인간이 존재를 부여받는 것 자체가 은혜이고, 존재를 가진 인간이 하나님을 알려고 하는 것도 하나님의 은혜이다. 따라서 토마스에게서 은혜와 자연은 대립하지 않는다. 토마스에게서 자연(본성)은 하나님의 은혜로 주어진 것이다. 그러므로 인간에게 주어진 자연(본성)은 인간이 죄를 범했을지라도 파괴된 것이 아니라 연약해진 것이므로, 이 자연은 하나님의 은혜로 완전해진다. 그러므로 은혜는 자연을 파괴하는 것이 아니라 완성시킨다고 보았다. 그렇지만 아퀴나스는 인간의 자연 상태에서 행하는 것이 하나님의 은혜이지만, 그것이 구원에 이를 수는 없다고 보았다. 왜 그런가? 첫째는 인간이 타락한 상태이기 때문에, 타락한 상태에서 행하는 행위가 하나님의 구원의 가치를 가질 수가 없다. 둘째로 구원에 기여하는 인간의 습성적 덕은 자연 상태의 은혜가 아니라, 초자연적 은혜의 결과이기 때문이다. 습성적인 덕은 하나님께서 인간에게 먼저 작용적인 은총을 주실 때에, 그 결과로 나타나는 협력적 은총이다. 작용적인 은총이 먼저 주어져 우리의 타락한 의지가 변화되어 하나님의 뜻을 행할 수 있게 되었을 때, 그 의지는 하나님의 뜻을 실천하게 된다. 먼저 작용적 은총이 역사하여 의지가 변화되어야, 그 후에 인간의 의지가 작용하여 협력적 은총이 가능하다. 그러므로 아퀴나스에게 있어서 습성적 은총은 인간이 주체가 되는 것이 아니라, 하나님께서 주체가 되신다. 하나님께서 먼저 인간의 본성에 은총으로 작용하셔야, 그 후에 인간의 본성적 습성이 변하여 덕을 행하게 된다. 그러므로 습성적 덕은 자연적 은총이 아니라, 초자연적 은총의 결과이다.

반면에 스코투스와 오컴 등의 유명론자들의 입장은 아리스토텔레스의 논리적인 필연성을 신학에 적용하여 신앙적 인과관계가 논리적인 관계를 따라야 한다고 주장한 라틴아베로에스주의자들을 반박하면서 생겨났다. 라틴아베로에스주의자들은 논리적 필연성의 문제를 본성에 따라 행함의 문제에 적용시키면서 구원을 철저하게 인과적 결과에 종속시키는 극단적인 펠라기우스주의자가 되었다. 이러한 라틴아베로에스주의자들의 입장은 1270년과 1277년에 파리에서 이단으로 정죄당하게 되었다. 이러한 이단 정죄를 통해 드러난 사실은 이성은 논리적인 인과관계의 파악에서 한계를 가지고 있으며, 하나님은 논리적 필연성에 얽매이지 않는 절대적인 자유의지를 가진 분이라는 것이었다.

스코투스는 이러한 문제들을 해결하기 위해 존재의 유비를 부정하고, 하나님의 절대적인 자유를 주장하기 위해 하나님의 절대적인 권능(absoluta potentia)을 주장하게 되었다. 스코투스는 인간의 이성이 인과적인 논리관계를 완전하게 파악할 수 없는 것은 하나님께서 우리와 존재의 유비를 가지고 계시지 않기 때문이라고 보았다. 토마스 아퀴나스는 자연과 초자연의 세계가 완전히 단절되지 않고 유비적인 관계가 있다고 보아서 존재의 유비에 근거하여 하나님에 대한 논의를 하였다. 그러나 스코투스는 자연과 초자연의 세계가 완전히 단절된다고 생각하였다.

그러면 하나님에 대한 논의를 어떻게 할 수 있는가? 논의의 가능성을 주장하기 위해 스코투스는 용어의 일의성을 주장한다. 하나님의 존재는 적어도 존재하지 않는다는 것을 부정하는 의미에서 존재한다는 점에서 피조물의 존재와 동일한 하나의 의미를 가지고 있다. 이렇게 존재를 가지고 있지만, 하나님은 초월적 존재이고, 인간은 피조물적인 존재를 가지고 있어서 각자의 범주에 따라 논하게 된다. 하나님은 초월적인 존재로서 절대적인 권능을 가지고, 자신이 모순되지 않는 모든 것들을 행하시게 되고 그러므로 논리적인 인과관계에 매이지 않게 된다. 그렇지만 그 분의 절대적인 권능은 우리에게는 규정된 능력을 통해서 알려지게 되기 때문에, 우리는 하나님을 알게 된다.

오컴은 인간의 행위가 신적인 의미를 가지게 되는 것은 전적으로 신적인 수용에 달려 있다고 주장한다. 오컴에게서 하나님은 절대적인 권능으로 인간의 행위를 수용하기 때문에, 하나님의 행위가 자의적인 행동으로 보이게 만들 위험성이 있고, 그래서 맥그래스는 하나님의 구원의 질서가 돌발성을 지니게 된다고 언급하였다. 아퀴나스에게 있어서 은혜는 인간이 하나님의 진리와 선을 향해 행동하게 하는 것이었는데 반해, 오컴에게 있어서 은혜는 하나님께서 주권적으로 인간을 수용하시는 것이다. 그러므로 이러한 하나님의 주권적인 인간의 행동의 수용은 14세기를 회의와 불안의 세기로 만들었다. 오컴이 강조하는 개체성의 논리가 인간적 행위와 신적 행위 사이의 의미의 연결고리를 차단하여, 14세기는 신학적 회의주의의 시기요, 신앙적 가르침에 대한 확실성을 가질 수 없게 만들었다. 왜냐하면 모든 것이 하나님의 주권적인 결정에 달려 있기 때문에, 인간 편에서 확실한 것을 가지는 것이 어렵게 되었다.

이러한 상황 속에서 오컴은 인간의 본성으로 행하는 행위들이 별로 가치가 없는 것들이지만, 하나님께서 그러한 인간의 행위들을 구원의 가치가 있는 것으로 수용하신다는 입장을 발전시킨다. 하나님께서는 인간과의 계약이나 약속에 의해 그러한 행위에 가치를 부여하신다. 이러한 주장은 결국 하나님은 최선을 다하는 자에게 결코 은혜를 거절하지 않으신다(facientibus quod in se est Deus non denegat gratiam)는 입장의 토대가 된다. 유명론자들은 이러한 신적 수용과 약속을 통해 회의주의와 펠라기우스주의의 위험성을 극복하고자 하였다. 유명론자들은 최선을 다하는 삶이 이성과 신앙의 불일치가 존재함에도 불구하고 하나님을 찾아가는 데 있어서 인간의 지적이고 도덕적인 책임을 수행하도록 이끄는 실마리가 된다고 보았다.

로버트 홀코트(R. Holcot)는 최선을 다하는 삶에서 구원에 필수적인 신앙의 항목들에 대한 지식을 충분히 얻을 수 있다고 하였다. 물론 그에게서 구원에 필수적인 신앙은 이성과 충돌하거나 반하는 지식이 아니라 이성을 초월하는 지식이었다. 홀코트는 구원의 계시가 하나님을 찾아 이해하고자 자신의 합리적인 이성을 최대로 사용하는 자들에게 인정된다고 주장한다. 구원의 계시(은총)는 최선을 다하는 삶으로 인정되는 자들에게 허락된다. 홀코트의 이러한 입장은 오컴주의적인 은혜의 입장과 연결된다. 홀코트에게 있어서 최선을 다하는 사람은 초월적인 이성에 대한 회의주의에서 하나님의 약속에 대한 신뢰로 나아간다. 홀코트 같은 유명론자들의 신학에서 하나님의 약속은 하나님의 계시를 통해 주어져 회의주의를 극복하는 중요한 통로가 된다. 유명론에서는 하나님의 계시가 없으면 인간은 하나님과 소통할 길이 없기 때문에 불안에 사로잡히게 된다. 질송에 따르면 유명론자들이 회의주의를 극복하는 유일한 수단이 경험이므로, 유명론이 낳은 14세기의 회의주의를 극복하는데 있어서 최선을 다하는 삶은 생활에서 실천을 강조하는 근대적 경건운동(devotio moderna)에서 큰 결실을 맺었다. 유명론자들의 하나님의 수용에 의한 인간 행동의 가치 평가는 토마스 아퀴나스의 존재론적 은총론에 커다란 본질적인 변화를 가져왔다.

3. 가브리엘 비엘에게서 최선을 다하는 삶

비엘에게 있어서 최선을 다하는 삶은 전형적으로 펠라기우스적인 것으로 평가되고 있다. 물론 최근의 몇몇 연구들이 이러한 견해를 반대하지만, 여전히 대부분의 견해들은 그렇게 평가하고 있다. 가브리엘 비엘은 1484

년부터 튀빙겐 대학에서 가르쳤는데, 그의 페트루스 롬바르두스의 『명제집』주석이 가장 주목을 받는다. 왜냐하면 이 주석에 '하나님은 최선을 다하는 자에게 은혜를 거절하지 않는다'라는 문장이 들어 있기 때문이다. 따라서 이 문장이 『명제집』주석에 들어가게 된 배경에 관심을 기울이지 않을 수 없다. 그는 공동생활 형제단과 함께 생활하면서 이 문장을 알게 되었을 것이다. 그는 1468년부터 공동생활형제단의 일원이 되어 근대적 경건운동에 참여하게 되었으며, 1471년경부터 상부 라인강 지역의 공동생활형제단이 비엘의 지도하에 들어오게 된다. 그는 동료들과 함께 지속적으로 공동생활형제단을 조직하였다.

그는 마리엔탈(Marienthal)에 공동생활형제단의 숙소를 짓는 동안에 『사도적 순종에 대한 변론』을 저술하였다. 이 저술은 그리스도를 뒤따라가면서 하나님의 뜻에 적합하게 사는 덕스러운 삶을 살 수 있도록 인간의 의지를 변화시키는데 목적이 있었다. 그는 이 책에서 신학자를 순례 하는 중에 있는 존재로 아직 목적지에 도달하지 않았다고 하였으며, 나그네로 있는 사람은 아직 최종적인 복을 얻지도 못했고 최후의 정죄를 받지도 않은 상태였다. 그러므로 이러한 상황은 인간에게 회의를 낳을 수 밖에 없는 상태였다. 그는 롬바르두스의 『명제집』을 해설하는 가운데 "최선을 다하는 사람에게 하나님께서는 은총을 거절하지 않는다"는 견해를 제시한다. 비엘에게서 이 표현(facere quod in se est)은 "최선을 다하는 것"으로 번역된다. 그런데 여기서 아퀴나스와 달리 비엘에게 있어서 최선을 다하는 것은 은혜 안에서가 아니라 자연 상태에서 최선을 다하는 것을 의미하게 되었다. 인간이 자연 상태에서 자신이 가지고 있는 능력을 가지고 최선을 다해 행하는 것에 대해 하나님께서 은혜를 주셔서 이것을 공로로 인정해 주신다. 이러한 견해 속에는 하나님께 은총을 받기 위해서는 하나님의 인정을 받을 만한 공로를 필요로 하며, 최선을 다하는 자에게 하나님께서 은혜를 주신다는 의미가 포함되어 있다. 이러한 공로를 재량공로(congruo meritum)라고 한다. 이 공로는 하나님께서 자신의 재량에 따라 주시는 공로라 하여 재량공로라고 부른다.

　이러한 명제 속에서는 하나님의 의지의 절대적인 자유가 인정된다. 하나님의 의지는 선에 일치하는 것을 넘어서 선이 무엇인지를 인정하는 자유를 가지고 있다. 이러한 입장은 오컴의 신적인 자유와 신적인 수용의 입장을 잘 반영하고 있다. 둘째는 하나님의 약속이나 언약에 대한 신뢰가 전제되어 있다. 비엘은 하나님께서 자신의 약속과 언약을 신뢰하는 자에게 은총을 베푸신다고 주장한다. 이러한 주장들을 통해 비엘은 오컴주의의 주장 속에 들어있는 구원의 돌발성이나 회의주의를 극복하고 오히려 잘 정립된 구원의 질서를 지키고자 했을 뿐만 아니라 더욱 견고하게 자랄 수 있는 언약개념의 신학적 토대를 제공하려했다고 볼 수 있다. 그러면 비엘이 말하는 최선을 다하는 삶은 어떤 삶인가? 그가 말하는 최선을 다하는 삶은 교회가 정한 모든 성례들을 충실하게 지키며 순종하는 것이다. 그리고 믿는 사람이 그 믿음의 상태에서 성찬에 참여하거나 예배를 드려서 얻는 공로는 합당한 공로(condigno meritum)이다. 그러므로 이러한 삶이 정말로 성경이 말하는 근거를 가지고 있다고 말하기는 어렵다.

　비엘은 14세기 중세사회에서 새 길로 인해 발생한 회의주의에 직면하여 그것을 극복하고자 재량공로를 주장하며 인간의 구원의 확실성을 담보하고자 하였다. 그는 이것이 중세의 계약사상에 근거할 때 하나님의 은혜라고 주장하였다. 인간의 자연 상태에서 행하는 것(facere quod in se est)은 아주 작은 가치 밖에 가지고 있지 않지만, 하나님께서 은혜로서 그것을 구원받을만한 가치가 있는 것으로 인정해 주신다는 것이다. 비엘은 근본적으로 오컴의 입장을 계승하여 인간의 자연 상태에서의 능력이 구원에 기여할 수 있는 것으로 보았다.

　이러한 비엘의 입장은 펠라기우스적이라는 비판이 자주 제기된다. 이러한 비판을 반대하는 사람들은 칭의에서 개인의 역할에 대한 비엘의 이해는 반드시 신적 계약이란 정황 아래 놓여져만 한다는 점을 강조한다. 비엘의 입장은 펠라기우스의 입장과 달리 하나님의 언약을 강조하는 입장에 서 있다는 것이다.

  그럼에도 불구하고 비엘의 입장은 종교개혁자들에 의해 비판받은 바와 같이 하나님의 은총 혹은 승인이나 인정을 받기 위해 인간이 최선을 다해야 한다고 주장하여 인간을 불안의 상황에 처하게 만든다. 비엘의 입장은 인간 행위에 대한 최종 승인을 하나님의 주권 아래 두어 인간을 불안하게 만든다. 그는 인간의 행위에 대한 최종 승인을 교회의 성례에 두었고, 고해성사에서 사제의 사죄 선언의 승인을 가장 중요한 위치에 두었다. 그러므로 교회의 성례론을 문제삼는 종교개혁자들에게 비엘의 입장을 비판의 대상일 수 밖에 없었다. 이러한 비엘의 입장에 대해 루터는 그의 시편 주석에서 이것은 펠라기안주의라고 강력하게 비판하였다. 루터는 인간은 타락한 존재이기 때문에, 인간이 그 타락한 상태에서 자신 안에 있는 것을 행하는 것은 죄를 짓는 것에 불과하며, 그것을 공로로 인정해주는 것은 다름 아닌 펠라기우스주의라고 비판하였다.

  가브리엘 비엘의 구원론이 근본적으로 펠라기우스주의를 대변하는 측면은 재량공로가 합당한 공로로 변하는 과정에 대한 논의에서 잘 드러난다. 인간이 자연 상태에서 행하는 행위에 대해서 하나님이 주시는 은혜가 재량 공로이다. 이렇게 인간이 자연상태에서 행하는 것에 대해 재량공로가 주어지는데, 그 사람이 세례를 받으면 여기서 주입된 은혜가 주어지고, 거저 주어지는 은혜가 작용하여 재량공로가 합당한 공로가 된다. 그러므로 재량공로에서 합당한 공로가 주어지는 과정에서 칭의의 작용은 인간이 의롭게 되어 가는 과정의 출발일 뿐이다. 칭의는 그리스도의 의가 우리에게 전가되어 우리가 의롭다고 인정받는 과정이 아니라, 주입된 은혜를 받아 이제 그리스도의 본받아가는 칭의의 출발이고 그것은 성화로 연속된다. 그러므로 그리스도의 구속의 의보다는 행위의 의가 더 중요하게 여겨진다. 비엘에게서 절대적인 능력은 규정된 능력 안에서 행해지기 때문에, 구원의 돌발성보다는 구원의 질서가 안정적으로 세워진다. 반면에 구원의 질서가 규정된 능력 안에서 운영되면서, 구원의 은혜에서 의의 전가라는 법정적인 성격이 사라지고, 인간의 능력에 기초하여 이루어지는 공로가 되어 의의 증가만이 나타난다. 그러므로 비엘에게서는 하나님의 절대적인 능력이 하나님의 구원의 임의성을 강화시키는 방향으로 작용하는 것이 아니라, 절대적인 능력이 규정된 능력 안에서 역사하여 구원의 질서를 인간의 공로에 의지하게 만드는데서 보조적인 역할을 하게 된다. 따라서 비엘의 주장은 루터가 지적하는 바와 같이 인간의 공로에 의지하여 구원을 이루려는 펠라기우스주의라는 비판을 면하기 어렵다.

더 읽어야 할 논문들

문병호. "가브리엘 비엘의 "facere quod in se est (자질대로 행함)" 교리 비판: 칼빈의 입장에 비추어 오버만의 오류를 지적하며." 「개혁논총」 40(2016): 105~135.

정원래. "facere quod in se est 둘러싼 논의." 「한국개혁신학」 41(2014): 151~177

18장

중세 후기 아우구스티누스주의

중세 후기에 오컴의 유명론 사상을 이어받은 가브리엘 비엘은 인간이 자연상태에서 최선을 다하는 인간의 행위에도 하나님께서 재량공로를 인정한다고 주장하였다. 이러한 그의 주장은 나중에 루터에게 최선을 다해도 구원의 확신을 가질 수 없는 불안의 상황을 야기시켰고, 그러한 상태를 벗어나기 위하여 아우구스티누스의 구원론에 영향을 받으면서 그의 칭의론을 발전시키게 되었다. 따라서 루터의 칭의론의 형성에 영향을 미친 아우구스티누스의 신학사상이 중세 후기에 발전한 과정은 많은 학자들의 관심사였다. 그래서 중세신학 이야기를 마무리 하면서 중세 후기 아우구스티누스주의를 살펴보고자 한다. 아래의 글은 피츠제럴드(A. D. Fitzgerald)가 편집한 『통시적 어거스틴 이해: 백과사전』(*Augustine Through the Ages: An Encyclopedia*) 754-748페이지를 번역한 것이다.

1. 후기 스콜라주의와 아우구스티누스주의

루터의 종교개혁에 미친 아우구스티누스의 영향을 연구하면서 초기에 관심은 13세기 후반 파리 토론의 맥락에서 아우구스티누스주의와 아리스토텔레스주의라고 명명한 철학적 입장들 사이에 차이에 집중되었다. 더 나아가 아우구스티누스주의와 세미 펠라기우스주의의 신학적 정의들을 주목하였다. 그렇지만 중세 후기 아우구스티누스주의를 연구하면서 아우구스티누스가 중세 후기에 미친 영향력이 아주 광범위하다는 것이 밝혀졌다. 실질적으로 중세 후기의 지성적인 삶의 영역 가운데 아우구스티누스의 작품의 영향을 받지 않은 부분은 거의 없다고 해도 과언이 아니다. 직접적으로든 혹은 간접적으로든, 아우구스티누스는 시간에 대한 철학적 논의들, 인식론, 윤리, 그리고 존재론, 성직자정치 이론의 정치적 교리, 정당 전쟁, 그리고 은혜의 지배, 고전문헌과 사상의 전달, 그리고 르네상스 인문주의의 출현 등의 분야에 기여하였다. 더구나, 신학적으로, 어느 누구도 아우구스티누스의 권위의 무게를 부인하지 않는다. 따라서 아우구스티누스의 영향은 어디에나 있었다. 아우구스티누스의 영향은 어디에나 있었지만, 아우구스티누스의 영향력에 대한 평가는 다양하게 도출되고 있다. 아우구스티누스의 영향력의 분야는 크게 보아 네 가지로 분류해 볼 수 있다.

먼저 중세 후기 아우구스티누스의 영향은 어느 수도회에서 드러나는가? 후기 스콜라주의의 시기에 아퀴나스가 아리스토텔레스의 철학과 신학을 종합하고자 한 것이 붕괴되면서 다시 프란체스코 교단의 스코투스와 오컴에 의해 철학과 신학의 분리가 이루어지기 시작하였다. 이들은 아우구스티누스의 영향을 강하게 받은 프란체스코 교단의 소속이었다. 그렇지만 이들의 사상 속에서 아우구스티누스의 영향은 강하게 드러나지 않는다. 아우구스티누스의 영향력은 다양한 인물들에게서 나타나기 때문에 특정 수도회와 결부시키지 쉽지 않다. 물론 아래서 살펴보는 바와 같이 아우구스티누스 은수사회에서 그에 대한 연구가 많았던 것도 사실이다.

중세 후기 그에 대한 긍정적인 평가는 다양한 인물들에게서 나타난다. 특히 14세기 아우구스티누스 수도회의 수도사 쿠에들링부르그의 조르단(Jordan of Quedlinburg)은 가장 확실하게 아우구스티누스를 찬양했다. 그는 아우구스티누스를 아주 위대하게 평가해서 다음과 같이 선언하였다. "축복받은 아우구스티누스는 하나님의 도성이라고 불릴 수 있다 ⋯ 삶을 위하여 필요한 무엇이라도 도성 안에 소유될 수 있는 바와 같이, 축복받은 아우구스티누스 안에서 구원을 위해 필요한 무엇이라고 발견될 수 있다." 조르단은 심지어 아우구스티누스의 가르침은 "거룩한 성경 안에 있는 어떤 것도 그의 권위에 의해 확정되지 않으면 안전하지 않을 정도로 그의 가르침은 권위를 가지고 있다"고 주장하는 데까지 나아갔다.

그렇지만 조르단의 평가가 대부분의 사람들의 평가보다 더욱 생동감이 넘쳤다고 하더라도, 그는 아우구스티누스의 칭찬에서 결코 유일하지 않았다. 이미 13세기에 도미니크 수도회 출신인 야코부스 데 보라진(Jacobus de Voragine)은 교회의 모든 다른 박사들은 별들에 비교될 수 있는 반면에, 아우구스티누스만이 태양에 비교될 가치가 있었다고 주장할 정도로 그의 『황금 전설』(Legenda aurea)에서 아우구스티누스에 대한 충분한 찬가들을 수집하였다. 그러한 아우구스티누스에 대한 보편적인 승인은 중세 후기 스콜라주의에 대한 그의 영향력을 구별하는 임무를 더욱 어렵게 만든다.

이와 함께 아우구스티누스의 영향력을 구별하는 데서 발생하는 부가적인 어려움은 그의 작품이 대학 커리큘럼의 일부가 아니었다는 사실이다. 우리는 여러 종류의 『신의 도성』의 주석들을 가지고 있다. 도미니크 수도사인 니콜라스 트레베트(Nicolas Trevet)와 토마스 왈레스(Thoms Waleys), 카르멜 수도회원인 존 바콘도르프(John Baconthorp), 프란체스코 수도사인 존 리데발(John Ridevall), 그리고 아우구스티누스 수도사인 산 엘리피디오의 알렉산더(Alexander of San Elpidio) 등의 주석을 가지고 있다. 『삼위일체론』에 대한 주석은 바콘도르프와 리차드 피츠랄프(Richard Fitzralph)의 것이 있고, 『고백록』 주석은 리데발의 것이 있다.

왈래스는 『신의 도성』 1-10권에 대한 주석을 썼는데, 이 주석은 중세 후기에 트레베트의 11-22권의 주석과 함께 회람되었다. 왈레스는 그 주석의 서론에서 4명의 교부들 가운데 한 사람을 성경 해석 방식의 각각에 할당하였다. 그렇게 해서 성경의 역사적 의미에 대해서는 제롬을 따르고, 도덕적 혹은 비유적 의미에 대해서는 그레고리우스 대제를, 알레고리의 의미에 대해서는 암브로시우스를, 종말론적 신비적 의미에 대해서는 아우구스티누스를 따랐다. 성경의 종말론적 신비적 의미는 특별히 사람을 하늘의 영역에서 고찰하도록 인도하기 때문에, 그러므로 이것은 다른 것들보다 특권이 있으며, 결과적으로 아우구스티누스는 다른 박사들보다 우월하다. 그렇지만 왈레스와 트레베트는 고대의 설명을 제공하려고 시도하는 만큼 아우구스티누스에 대한 해석을 제공하지 않는다. 그러므로 그들의 작품들은 아우구스티누스의 구체적인 영향보다는 오히려 그의 전반적인 호소력을 나타낸다. 아직까지 이러한 주석들이 충분하게 연구되지 않았을 뿐만 아니라, 아우구스티누스의 학문연구와 해석의 발전을 추적하기 위한 본문의 토대를 현대 학자들에게 제공하기 위하여 아리스토텔레스에 관한 주석들에 유사한 아우구스티누스의 주석들의 전집은 존재하지 않는다. 그러한 임무를 수행하기 위하여 학자들은 중세 후기의 아우구스티누스 지식을 위한 주요한 통로들 가운데 하나인 페트루스 롬바르두스의 『명제집』의 주석들과 성경 주석들 같은 사료들로 돌아가야만 한다. 아우구스티누스의 중세 후기의 일반적인 영역 안에서, 이러한 요구되는 학파의 본문들에 토대를 두고, 아우구스티누스의 특별한 영향이 식별될 수 있다.

아우구스티누스의 영향이 특별하게 이해될 수 있는 중세 후반의 적어도 네 가지 확인할 수 있는 발전들이 있다. 첫째로 아우구스티누스 학문 연구에서 현저한 증가가 아우구스티누스 은수사회에서 특별하게 인식될 수 있다. 1340년대 초에 시작하여, 리미니의 그레고리우스(Gregori of Rimini), 알폰수스 바르가스(Alfonsus Vargas), 존 클렌코크(John Klenkok), 오르비에토의 후골리노(Hugolino), 그리고 바젤의 존이 그들의 동시대인들이나 선구자들보다 아우구스티누스 작품들에 대한 훨씬 깊고 넓은 지식을 보여주고 있다. 두 가지 인용 체계가 자주 채용될 정도로, 가능한 한 정확하게 아우구스티누스의 작품들을 인용하는데 면밀한 관심을 기울이고 있다. 13세기에 로버트 킬워드비(Robert Kilwardby)가 이미 『신의 도성』의 책들을 장으로 구분했고 아담 마쉬(Adam Marsh)가 『삼위일체』에 대하여 동일한 작업을 했던 반면에, 알폰수스 바르가스같은 아우구스티누스파 학자들은 『신의 도성』, 『삼위일체론』, 『자유의지론』, 『문자적 창세기 주석』 그리고 『기독교 교육론』에 대해 소문자와 대문자로부터 인용되는 바와 같이 두 개의 장에 대한 언급들을 제공했다. 알폰수스는 상당히 다양한 아우구스티누스 작품들을 인용할 뿐만 아니라 롬바르두스의 『명제집』들에서 발견되는 아우구스티누스의 간접적인 인용들에 대해 정확한 언급을 해서 그의 아우구스티누스에 대한 지식의 증거를 제공한다. 그에 대한 광범위한 지식과 결합된 아우구스티누스 작품들의 정확한 인용에 대한 이러한 강조는 『성 아우구스티누스의 천어록』(*Milleloquium Sancti Augusti*)의 편찬을 가져왔다. 이 책은 1345년에 우르비노의 바톨로뮤

(Bartholomew of Urbino)에 의해 편집되었으며, 아우구스티누스의 전집으로부터 나온 대략 15000개 문단으로 구성되어 있고, 1081개 항목들을 알파벳 순서로 정리했다. 『천어록』은 바젤에서 1506년에 나온 아우구스티누스 전집의 아머바하 판 이전의 아우구스티누스 학문연구의 최고 정점이다.

둘째로 새롭게 대두되던 펠라기우스주의에 반대하는 새롭고 연합된 싸움이 드러난다. 1344년에 토마스 브래드워딘(Thomas Bradwardine)이 하나님께서 『펠라기우스에 반대하는 원인에 대하여』(De Causa Dei contra Pelagium)라는 대작을 출판하였다. 그는 이 작품에서 인간의 구원이나 정죄가 어느 정도라도 인간의 협력에 의존한다고 주장하는 어떤 사람이라도 반대하여 하나님의 위엄과 전능을 변호하려고 시도하였다. 브래드워딘은 "현대의 펠라기우스주의자들"이 다만 부분적이라고 하더라도 인간이 재량공로로부터 은혜를 공적으로 얻을 수 있다고 주장하여 하나님의 주권을 침범했다고 주장하였다. 인간은 오직 은혜로 구원받는다. 아우구스티누스는 우리가 은혜를 받기 전에 믿음을 받는다고 했는가? 그러나 우리가 은혜 안에 거하지 않으면 믿음으로 행할 수 없다. 그렇다면 이 은혜를 어떻게 받는가? 우리의 선행적 공로에 의해서인가? 은혜란 주어진 것이지 지불이 아니다. 그것은 값없이 주어진 것이기 때문에 은혜라 불린다. 당신은 이미 선물로서 주어진 것을 당신의 선행적 공로로 살 수 없을 것이다. 그러므로 죄인은 … 죄사함을 받기 위하여 먼저 은혜를 받는다. 그는 공로에 따라 무엇을 얻는가? 만일 그가 공의를 요구한다면 심판을 받을 것이고, 자비를 구한다면 은혜를 받을 것이다(『펠라기안주의자에 대한 하나님의 주장』 1:47). 이와 같이 신입협력적인 구원론을 비판한 브래드워딘은 옥스퍼드 머튼 대학(Merton College)에서 수학하던 위클리프에게 영향을 끼쳤다. 그리고 이와 비슷한 신학적 입장들이 또한 리미니의 그레고리우스와 오르비에토의 후골리노 등의 아우구스티누스 은수사회 수도사들의 『명제집』 주석들에서 개진되었다.

셋째로 아우구스티누스의 영향은 특별히 은혜의 지배 이론에 토대를 둔 "정치적 아우구스티누스주의"의 출현에서 이해될 수 있다. 이 이론에 따르면 은혜의 상태에 있는 사람만이 권위를 행사하거나 재산을 소유할 권리를 가지고 있다. 정치적 아우구스티누스주의는 애기디우스 로마누스(Aegidius Romanus)와 아우구스티누스 트리움푸스(Augustinus Triumphus)의 성직자 통치이론, 탁발수도사들의 특권에 반대하는 리차드 피츠랄프의 싸움, 존 위클리프와 존 후스의 교회론과 같은 다양한 입장들에 기여하였다. 애기디우스는 아우구스티누스를 교황 수위권의 합법성을 증거로 사용했던 반면에, 후스는 건전한 교리들을 가르치나 자신들의 가르침을 따르지 않는 사람들은 모세, 베드로, 혹은 그리스도의 자리를 소유할 자격을 가지고 있지 못하다는 그의 주장을 위하여 아우구스티누스에 호소하였다. 가르치지도 않고 선을 행하지도 않는 사람들은 더욱 더 자격이 없고, 진리를 그들 자신의 소원들에 일치시키려고 전복시키면서, 건전한 가르침을 금지하는 사람들은 최악의 사람들이다.

넷째로 1320년대 후반에 시작하여, 은수사회의 설립자로서 아우구스티누스의 이미지는 어느 수도회가 가장 순수하게 아우구스티누스의 참된 상속자인지에 대한 논쟁의 맥락에서 생겨났다. 1343년에 조르단이 파리의 아우구스티누스파들에게 그의 『성 아우구스티누스의 모음집』(*collectanea Sancti Augustini*)의 자필 복사본을 제출했다. 이것은 다른 것들 가운데 『은수사 형제들에 대한 설교』(*Sermones ad fratres in Heremo*)와 『아우구스티누스와 모니카의 전기』(*Lives*)의 첫 번째 편집을 포함하고 있었다. 조르단은 1327년에 교회법 논쟁이 발생하기 전에 (1319-22) 파리에서 학생인 동안에 그의 『모음집』에 대한 활동을 시작했지만, 그의 아우구스티누스의 편집은 은수사회가 참된 아우구스티누스 수도회(Ordo Sancti Augustini)라는 문서적인 증거를 제공하였다. 1357년에 이르면 조르단은 중세 시대에 아우구스티누스 수도회의 생활방식의 가장 포괄적인 변호와 해설인 『형제들의 생활의 책』(*Liber vitas fratrum*)을 완성했다. 이 책은 옛날의 선조들과 현대의 형제들의 삶으로부터 나온 수많은 모범들을 가지고 해설된 수도회의 규칙과 헌장에 대한 광범위한 주석이다. 아우구스티누스의 참된 상속자들은 "우리의 교부 아우구스티누스의 모방자들"이 되어야 할 것이다. 은수사회만이 "모든 우리의 행동들의 규칙이고 모범인" 역사적 아우구스티누스의 추종자들이었다. 수도회의 종교적 생활이 아우구스티누스파 신학자들이 교육을 받은 맥락을 제공한다는 사실을 고려해 보면, 수도회의 매일의 생활은 중세 후기에 대한 아우구스티누스의 중대한 영향의 하나로 간주되어야만 한다.

2. 중세 후기 아우구스티누스니즘에 대한 최근의 연구 성과들

위에서 확인할 수 있는 아우구스티누스의 특별한 영향의 4가지가 드러나면서 현대 학자들이 언급한 아우구스티누스파 혹은 아우구스티누스주의가 무엇을 가리키는지와 관련하여 의견의 일치를 볼 수 없었다. 따라서 20세기의 아우구스티누스주의에 대한 여러 연구들은 상당히 혼란스러운 결과를 가져왔다. 신 아우구스티누스 학파(Schola Augustiana Moderna), 아우구스티누스 학파(Augustinian school)와 아우구스티누스 르네상스 같은 명칭들이 개진되어 왔으며, 각각은 아우구스티누스의 영향을 도표화하는데서 상호 겹치지만 구별되는 정의와 개념들을 가지고 있었다.

아우구스티누스 수도회 소속 학자인 다마수스 트랩(Damasus Trapp)은 아우구스티누스가 교단 신학자들에 의해 어떻게 전용되는지에 대한 문제를 연구했다. 그는 신 아우구스티누스 학파는 아우구스티누스의 전체 전집에 관한 편집과 관련하여, 자료비평을 하는 역사 비평적 태도의 특징을 가지고 있다고 주장한다. 트랩은 중세 후기 아우구스티누스주의 안에서 애기디우스 로마누스의 고전 아우구스티누스주의로부터 리미니의 그레고리우스가 시작한 신 아우구스티누스주의로의 이동을 지적했다. 트랩에 따르면 애기디우스의 아우구스티누스주의는 스트라스부르그의 토마스(Thomas of Strasbourg)와 함께 끝나고 "중세 시대 최고의 아우구스티누스 학자"인 그레고리우스가 했던 것만큼 역사적인 아우구스티누스를 강조하지 않았다. 다른 한 편에서, 신 아우구스티누스 학파는 모든 입장을 위한 증거의 추구에서 원전들로 돌아갔다. 아우구스티누스주의의 이러한 재탄생은 바젤의 존에 의해 절정에 이르렀다. 존은 1365/66년에 파리에서 『명제집』을 강독하였고 후에 아비뇽 교황 클레멘트 7세 하에서 교단의 총장이 되었다. 그렇지만 아우구스티누스 은수사회(Order of Augustinian Hermit) 안에서 특별한 전통으로서 신 아우구스티누스 학파는 단명하였다. 이 학파는 리미니의 그레고리우스에 의해 설립되었는데, "분열이 학문적인 세계를 파괴하고, 학문연구 기관들과 관리들의 위엄을 정치적 편리성에 종속시켜 파리의 학문적 표준을 파괴했을 때" 끝났다. 그러므로 트랩은 신 아우구스티누스 학파는 단명하여 큰 영향력을 행사하지 못했다고 이해한다.

역시 아우구스티누스 교단에 속한 아돌러 줌켈러(Adolar Zumkeller)는 분명하게 확인할 수 있는 아우구스티누스 학파에 대한 주요한 주창자였다. 원죄, 은혜, 공적, 그리고 칭의의 교리들에 초점을 맞추면서, 줌켈러는 이 학파의 애기디우스를 따르는 성격을 강조하였다. 그는 우리의 박사들(doctores nostri)과 우리의 학파(schola nostra)라는 용어의 견지에서 학파의 통일성을 검출하였다. 14-15세기에 걸쳐있는 아우구스티누스학파는 애기디우스 로마누스의 전통 안에서 아우구스티누스 신학에 집착하는 아우구스티누스파의 학자들의 협조된 노력이었다. 그렇지만 "학파"는 엄격한 교리적 통일성을 구현하는 바로서 이해되어서는 안 된다. 교리의 엄격한 통일보다는 오히려, 줌켈러는 아우구스티누스 학파를 교단 신학자들의 자기 이해로 정의한다. 프란체스코 학파, 도미니크 학파, 카르멜 학파와 같이 아우구스티누스 학파는 아우구스티누스 은수사회에 속하는 신학자들의 총합으로 정의된다. 이들은 상호간의 확실한 교리적 의존으로 자주 결합되는 다소간에 강한 영적인 관계의 증거를 제시한다. 그러므로 줌켈러에게 있어서 아우구스티누스파의 "집단적인 정신"이 아우구스티누스의 특별한 교훈들에 대한 분명한 집착의 문제와 구별되는 아우구스티누스 학파의 토대를 형성하였다.

하이코 오버만(Heiko A. Oberman)은 중세 후기 사상에서 아우구스티누스 르네상스라는 명칭을 부여하는 폭넓은 운동을 설명하여 트랩과 줌켈러의 어느 정도 협소한 정의들을 극복한다. 이 르네상스는 아우구스티누스의 은혜와 예정론 교리에 대해 새롭게 강조하면서 당시에 등장하던 "근대 펠라기우스주의"에 반대하는 운동을 공유하는 신학자들을 포괄한다. 이러한 영향은 아우구스티누스 수도회 안에서 리미니의 그레고리우스, 카스치아의 시몬 피다티(Simon Fidati of Cascia), 그리고 오르비에토의 후골리노와 요한네스 폰 스타우피츠(Johannes von Staupitz) 안에서 추적될 수 있다. 후골리노의 롬바르두스의 『명제집』 주석은 비텐베르크 도서관에 보관된 한 권으로 된 손으로 쓴 원고(manuscript) 형태로 남아 있다. 수도원 밖에서 우리는 14세기 재속 신학자인 브래드워딘의 작품들 안에서뿐만 아니라 15세기 후반의 가브리엘 비엘의 제자인 벤델린 스타인바하(Wendelin Steinbach)와 16세기 초반의 안드레아스 칼스타트(Andreas Karlstadt)의 작품들에서 아우구스티누스 르네상스의 증거들을 발견할 수 있다. 아우구스티누스의 저술들, 특히 반펠라기우스 저술들에 대한 강한 학문적인 관심을 불러일으키면서, 아우구스티누스의 르네상스는 아우구스티누스 작품들의 아머바하(Amerbach)판과 비텐베르크에서 그레고리우스 리미니의 교훈을 가르치는 그레고리우스의 길(via Gregorii)에서 절정에 이르렀다. 이 그레고리우스의 길은 토마스 아퀴나스를 가르치는 토마스의 길과 둔스 스코투스를 가르치는 스코투스의 길의 옛 길과 나란히 현대의 길(via moderna)의 명칭으로 1508년에 설립되었다. 중세 후기 르네상스로부터 루터 신학에 대한 직접적인 노선은 없었지만, 아우구스티누스 르네상스는 비텐베르크에서 종교개혁 신학의 발전을 위한 맥락을 제공하였다.

이러한 논의에서 윌리엄 커트니(William J. Courtenay)는 '우리의 스승들', '우리의 박사들', '나의 스승' 등과 같은 용어들은 사상 학파들을 묘사하려고 사용될 수 없다는 점을 지적하였다. 이러한 명칭들은 특별한 신학적 "학파"라기보다는 오히려 학문적 맥락에 대한 언급으로 해석될 수 있다. 커트니의 주장같이 그러한 용어들이 학문적인 형식들이었을 수 있지만, 또한 학파의 결속으로 사용된 경우들도 있었다.

분명히 아우구스티누스 은수사회는 새로운 아우구스티누스 학문연구에 대하여 책임이 있었고, 비록 다양한 표현들과 강조들이 제공되고, 아우구스티누스 은수사회에 완전하게 고유한 것은 아니라고 하더라도, 공통적인 경향들이 확인될 수 있다. 아우구스티누스의 해석에 토대를 두고, 애기디우스 로마누스로부터 바젤의 존까지 수도회의 신학자들은 의지, 은혜, 그리고 사랑의 우위를 지지하였다. 지성이 아닌 의지가 하나님을 보고자 하는 타고난 인간의 소망의 토대였다. 덧붙여서 아우구스티누스파 신학자들은 신학을 사색적 지식으로부터 구별되는 정서적 지식(scientia/notitia affectiva)으로 정의하는데서 통일되어 있었다. 아우구스티누스 신학의 목표를 형성했던 하나님과의 합일로 인도하는 것은 지성의 지식이 아니라 마음의 지식이었다. 은혜의 우위도 사랑의 우위와 지성의 우위와 밀접하게 연결되어 있었다. 타락후 선택설 예정론에 관한 수도회 안에서의 공통적인 가르침, 그리고 치유하는 은혜(gratia sanans)에 대한 강조가 확인될 수 있다. 타락과 그 결과는 예지된 공적에 앞서는(ante praevisa merita) 은혜의 선행하는 주입 없이 공적을 쌓는 은혜를 인간에게 방해한다. 그러나 은혜의 우위가 "현대의 펠라기우스주의자들"에 반대하는 의식적으로 긴급한 캠페인으로 필연적으로 인도하지 않는다. 우리는 반(反) 펠라기우스주의와 갱신된 아우구스티누스 연구 사이에 인과적인 연결을 발견하지 못한다. 특정한 신학자의 반 펠라기우스주의가 아우구스티누스 작품들에 대한 갱신된 연구로 그를 인도하였거나 아우구스티누스 작품들의 갱신된 연구가 그를 강력하게 반 펠라기우스 입장을 발전시키도록 인도했다는 것이 틀림없이 개별적인 경우들에 있어서 사실일 수 있는 반면에, 중세 후기 아우구스티누스주의의 발전을 위한 어떤 일반적인 형태가 확립될 수 없다.

어떤 사람이 "아우구스티누스 학파"를 수도회 안에 있는 통일된 교훈에 대한 엄격한 충성을 언급하는 것으로 해석한다면, 그는 그러한 것을 찾을 수 없을 것이다. 과거 20년간의 학문연구는 중세 후기 사상의 다양성을 입증하였다. 어떤 사람도 합법적으로 아우구스티누스파들에 대립시켜 유명론자들을 배치할 수 없는 바와 같이, 어떤 사람도 중세 후기에 아우구스티누스 수도회 안에서 혹은 밖에서 통일된 신학적 아우구스티누스주의에 대해서 더 이상 언급할 수가 없다. 미래 연구는 아우구스티누스 작품들에 대한 지식과 그러한 지식의 수용 사이를 구별해야만 한다. 새로운 정치적, 철학적, 그리고 신학적 아우구스티누스주의와 아우구스티누스 수도회의 연구(studia)에서 수행된 가르침을 구별해야만 한다. 신 아우구스티누스 학파(Schola Augustiniana Moderna), 아우구스티누스 학파, 그리고 아우구스티누스 르네상스 같은 명칭들은 주의 깊게 그리고 그들의 역사편찬의 맥락의 인지와 함께 사용되어야만 한다. 수도회의 종교적 생활의 구조 안에서 기술적인 용어로서만 "아우구스티누스파"와 "아우구스티누스주의"가 선험적인(a priori) 철학적 혹은 신학적 정의들로부터 구별되는 역사적인 의미를 가질 수 있다.

실질적으로 중세 후기 철학이나 신학에 대한 모든 연구가 지나가면서 최소한 아우구스티누스의 영향을 취급하는 반면에, 둔스 스코투스, 오캄의 윌리엄, 로버트 홀코트, 혹은 장 제르송 같은 중세 후기 학자들에 대한 아우구스티누스 자신의 영향력을 분석하는 연구 작품들은 존재하지 않는다. 후기 스콜라주의에 대한 아우구스티누스의 전반적인 영향력에 대한 충분한 지식을 성취할 심도 있는 연구가 요청되고 있다. 이러한 연구는 그의 더욱 구체적인 영향의 더욱 깊은 이해를 위해서 필요하다. 중세 후기 신학, 철학, 그리고 종교 생활에서 아우구스티누스의 영향력있는 역할은 새로운 연구를 위한 가장 결실맺는 분야이다. 후기 스콜라주의에 대한 아우구스티누스 영향의 정확한 역사적 개요가 모호하다는 것은 아마도 그 영향력의 광범위함에서 기인한다.

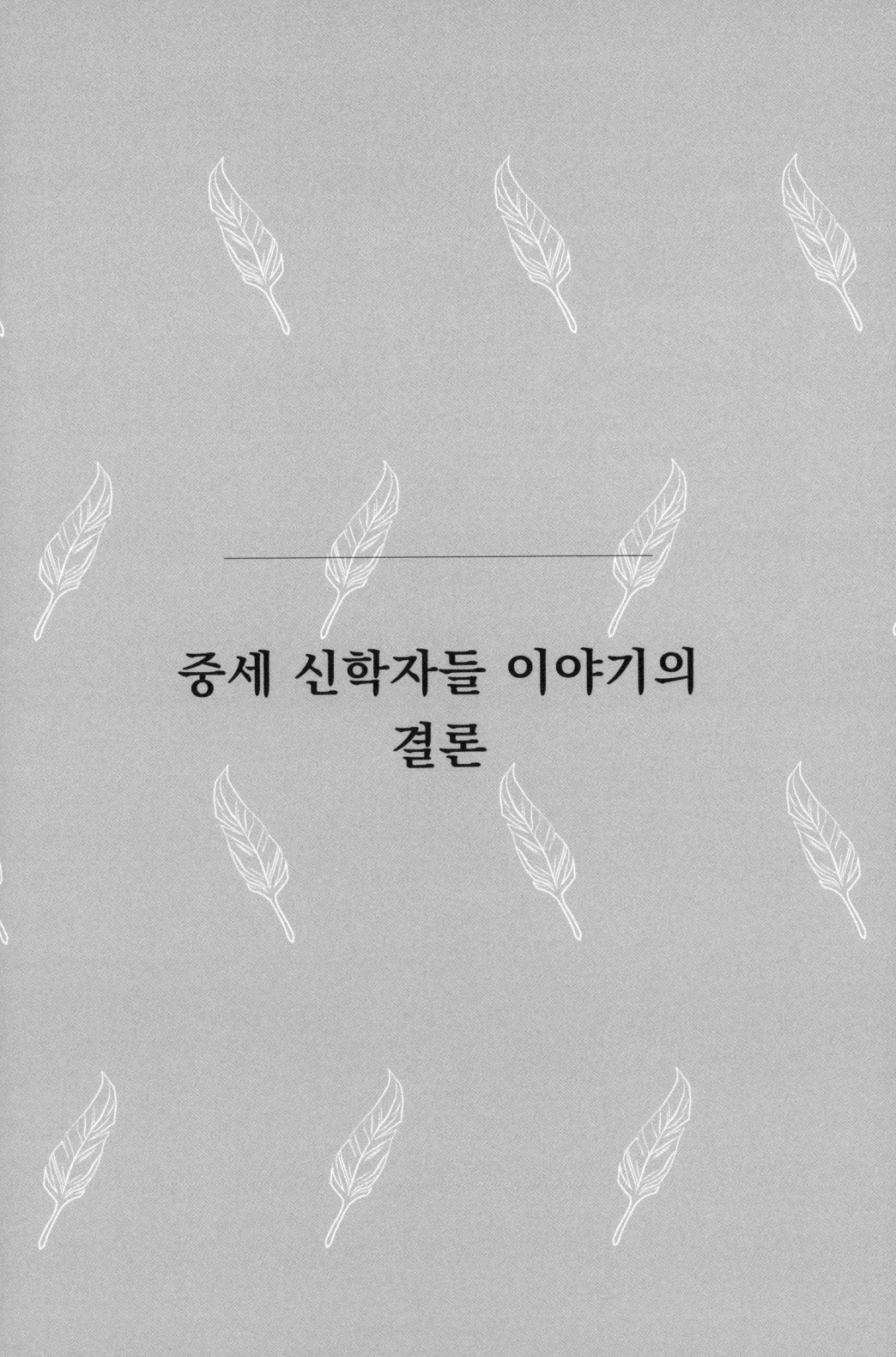

중세 신학자들 이야기의 결론

우리는 중세의 사상 자체의 전개 과정에서 다양한 흐름들을 발견할 수 있고, 그러한 흐름들은 그 자체적으로 이해하는 것도 대단히 중요한 작업이다. 위에서 볼 수 있는 바와 같이 중세의 사상의 흐름은 11세기 이후의 흐름들을 대별해 보면 아우구스티누스의 신학을 이어받는 안셀무스와 보나벤투라의 길, 토마스 아퀴나스의 아리스토텔레스의 철학과 신학을 종합하려는 길, 스코투스와 오컴의 양자를 분리하려는 길, 그리고 신비주의의 길, 아우구스티누스 학파의 길들이 있다. 물론 아우구스티누스 학파의 길은 다양한 흐름들이 분류될 수 있다는 것을 알 수 있다.

안셀무스가 아우구스티누스의 지식에서 지혜로 올라가는 이해를 추구하는 신앙을 이어받아 인간의 마음 속에서 하나님과 대화하며 하나님을 탐구하는 방법을 추구하였다. 그리고 이러한 플라톤적인 하나님 탐구방법이 보나벤투라에게 이어져 마음으로 하는 하나님 여행이 나왔다. 보나벤투라는 말한다. "진실한 믿음에서 우러난 고통을 수반하지 않는 독서 여행은 성공하기 어렵다." 단테보다 한 세기 전에 발표한 『하나님을 향한 영혼의 여정』의 결론부에서 이렇게 결론을 지었다. 이들은 하나님과의 만남을 주로 플라톤의 전통을 이어받아 인간의 마음을 통해서 하고자 하였다. 반면에 아퀴나스는 아리스토텔레스의 철학을 토대로 이 세상의 피조물들에서부터 출발하여 신에게로 가고자 하였다. 이것이 5가지 신존재증명이고, 신학대전 2권의 내용이다. 인간이 윤리학에서 하나님을 찾아 올라가는 것이다. 믿음, 소망, 사랑의 신덕과 4추덕을 바탕으로 인간은 하나님께 올라가는 것이다. 토마스 아퀴나스는 존재의 유비에 의해 하나님을 이해하고자 하는 주지주의적인 태도를 가진다. 그런데 그 주지주의에서 언어는 유비적인 기능을 가지고 있다. 다의적인 것도 아니고 일의적인 것도 아니며 유비적인 것이다. 그런데 둔스 스코투스는 이러한 유비성에 근거한 성경 이해는 적실성을 가지기 어렵다고 보았다. 그래서 그는 언어의 일의성을 주장하면서, 인간의 이성이 언어의 일의성을 근거로 하나님을 알 수 있다는 자연신학을 주장하고자 하였다. 그 후에 오컴은 신학과 철학을 완전히 분리하면서 하나님의 의지에 따른 인간 구원의 불확실성을 제기하는 반면에, 하나님의 언약에 기초한 인간의 공로의 실천에서 구원의 안정성을 구축하고자 하였고, 이러한 신앙을 완성한 인물이 가브리엘 비엘이었다. 이러한 오컴의 주장들을 펠라기우스주의자라고 비판하는 브래드워딘과 리미니의 그레고리우스, 스타우피츠 등은 아우구스티누스의 은혜를 통한 구원의 길을 강조하게 되었다. 그리고 에크하르트, 수소, 타울러 등의 신비주의자들은 하나님과의 영적인 교제를 강조하며 삶에서 신앙을 실천하는 신비주의를 주장하였다.

이와 함께 이러한 흐름들이 루터의 종교개혁과 어떻게 연결되어 있는지를 이해하는 작업도 우리에게는 중요하다. 루터는 대학에서 오컴과 가브리엘 비엘로 이어지는 유명론과 새 길의 신학사상을 배운 뒤에 구원의 확실성에 대한 불안에 시달리면서 타울러를 비롯한 신비주의자들의 영향과 스타우피츠로 대변되는 아우구스티누스 수도회의 영향을 받으면서 이신칭의의 종교개혁의 길로 나아갔다.